Oldenbourg
Grundriß der Geschichte

herausgegeben von
Jochen Bleicken
Lothar Gall
Hermann Jakobs

Band 12

Vom Ancien Régime zum Wiener Kongreß

von Elisabeth Fehrenbach

2., überarbeitete Auflage

R. Oldenbourg Verlag München 1986

CIP-Kurztitelaufnahme der Deutschen Bibliothek

Oldenbourg-Grundriss der Geschichte / hrsg. von
Jochen Bleicken . . . – München : Oldenbourg
Früher mit d. Erscheinungsorten München, Wien

NE: Bleicken, Jochen [Hrsg.]; Grundriss der Geschichte

Bd. 12. Fehrenbach, Elisabeth: Vom Ancien Régime zum
Wiener Kongress. – 2., überarb. Aufl. – 1986

Fehrenbach, Elisabeth:
Vom Ancien Régime zum Wiener Kongress / von
Elisabeth Fehrenbach. – 2., überarb. Aufl. –
München : Oldenbourg, 1986
(Oldenbourg-Grundriss der Geschichte ; Bd. 12)
ISBN 3-486-49752-9 brosch.
ISBN 3-486-48872-4 geb.

Satz: Setzerei Robert Hurler GmbH, Notzingen
Druck- und Bindearbeiten: R. Oldenbourg Graphische Betriebe GmbH, München

ISBN 3-486-48872-4 geb.
ISBN 3-486-49752-9 brosch.

VORWORT DER HERAUSGEBER

Die Reihe verfolgt mehrere Ziele, unter ihnen auch solche, die von vergleichbaren Unternehmungen in Deutschland bislang nicht angestrebt wurden. Einmal will sie – und dies teilt sie mit manchen anderen Reihen – eine gut lesbare Darstellung des historischen Geschehens liefern, die, von qualifizierten Fachgelehrten geschrieben, gleichzeitig eine Summe des heutigen Forschungsstandes bietet. Die Reihe umfaßt die alte, mittlere und neuere Geschichte und behandelt durchgängig nicht nur die deutsche Geschichte, obwohl sie sinngemäß in manchem Band im Vordergrund steht, schließt vielmehr den europäischen und, in den späteren Bänden, den weltpolitischen Vergleich immer ein. In einer Reihe von Zusatzbänden wird die Geschichte einiger außereuropäischer Länder behandelt. Weitere Zusatzbände erweitern die Geschichte Europas und des Nahen Ostens um Byzanz und die Islamische Welt und die ältere Geschichte, die in der Grundreihe nur die griechisch-römische Zeit umfaßt, um den Alten Orient und die Europäische Bronzezeit. Unsere Reihe hebt sich von andern jedoch vor allem dadurch ab, daß sie in gesonderten Abschnitten, die in der Regel ein Drittel des Gesamtumfangs ausmachen, den Forschungsstand ausführlich bespricht. Die Herausgeber gingen davon aus, daß dem nacharbeitenden Historiker, insbesondere dem Studenten und Lehrer, ein Hilfsmittel fehlt, das ihn unmittelbar an die Forschungsprobleme heranführt. Diesem Mangel kann in einem zusammenfassenden Werk, das sich an einen breiten Leserkreis wendet, weder durch erläuternde Anmerkungen noch durch eine kommentierende Bibliographie abgeholfen werden, sondern nur durch eine Darstellung und Erörterung der Forschungslage. Es versteht sich, daß dabei – schon um der wünschenswerten Vertiefung willen – jeweils nur die wichtigsten Probleme vorgestellt werden können, weniger bedeutsame Fragen hintangestellt werden müssen. Schließlich erschien es den Herausgebern sinnvoll und erforderlich, dem Leser ein nicht zu knapp bemessenes Literaturverzeichnis an die Hand zu geben, durch das er, von dem Forschungsteil geleitet, tiefer in die Materie eindringen kann.

Mit ihrem Ziel, sowohl Wissen zu vermitteln als auch zu selbständigen Studien und zu eigenen Arbeiten anzuleiten, wendet sich die Reihe in erster Linie an Studenten und Lehrer der Geschichte. Die Autoren der Bände haben sich darüber hinaus bemüht, ihre Darstellung so zu gestalten, daß auch der Nichtfachmann, etwa der Germanist, Jurist oder Wirtschaftswissenschaftler, sie mit Gewinn benutzen kann.

Die Herausgeber beabsichtigen, die Reihe stets auf dem laufenden Forschungsstand zu halten und so die Brauchbarkeit als Arbeitsinstrument über eine längere Zeit zu sichern. Deshalb sollen die einzelnen Bände von ihrem Autor oder einem anderen Fachgelehrten in gewissen Abständen überarbeitet werden. Der Zeitpunkt der Überarbeitung hängt davon ab, in welchem Ausmaß sich die allgemeine Situation der Forschung gewandelt hat.

Jochen Bleicken Lothar Gall Hermann Jakobs

INHALT

VORWORT

Perspektive, Auswahl und Abgrenzung dieser Epochendarstellung der Jahre 1789 bis 1815 sollen im vorhinein kurz begründet werden. Thematisiert wird der Übergangscharakter der Epoche im Spannungsverhältnis von Traditionalität und Modernität. Die Darstellung konzentriert sich am Beispiel der englischen, französischen und deutschen Geschichte auf die Ursachen, Ergebnisse und Folgewirkungen der westeuropäischen Doppelrevolution am Ausgang des 18. Jahrhunderts. Auf sehr knapp bemessenem Raum war es nicht möglich, alle europäischen Länder in die Darstellung einzubeziehen. Besonders schwer fiel der Verzicht auf eine ausführlichere Behandlung der russischen Geschichte. So konnte das Problem der Übertragbarkeit revolutionärer Errungenschaften auf dem Wege der Reform nur für die deutsche Geschichte erörtert werden. Die chronologische Abgrenzung, die sich an der politischen Ereignisgeschichte und ihren Daten orientiert, mag gleichfalls auf manche Bedenken stoßen. Unter wirtschafts- und sozialgeschichtlichem Aspekt und im Hinblick auf längerfristige Strukturwandlungen erscheint der Epocheneinschnitt von 1815 eher zweifelhaft. Andererseits bietet jedoch gerade das Zeitalter der französischen Machtexpansion ein Beispiel für die „Gleichzeitigkeit des Ungleichzeitigen" in der direkten Konfrontation revolutionärer und traditionaler Gesellschaften.

Das Manuskript dieses Buches wurde Ende 1979 abgeschlossen. Der zweite Teil referiert den Forschungsstand bis zu diesem Zeitpunkt; die Bibliographie verzeichnet darüber hinaus noch die Neuerscheinungen vom Frühjahr 1980. Mit Dieter Langewiesche, dem Verfasser des folgenden Bandes „Restauration und Revolution 1815–1849" wurde abgesprochen, daß erst seine Darstellung ausführlicher über den Wiener Kongreß und die Forschungskontroversen hierüber berichten wird.

Mein besonderer Dank gilt Lothar Gall, dem Herausgeber dieser Reihe, der durch seine hilfreiche Kritik an der Erstfassung des Manuskriptes wesentlich zu dessen Verbesserung beigetragen hat. Dankbar erinnere ich mich auch an meine Giessener Zeit und die zahlreichen anregenden Gespräche mit Helmut Berding, Volker Press und Peter Ullmann über das napoleonische Zeitalter. Meinen Saarbrücker Mitarbeitern Hans-Werner Hahn und Monika Rech möchte ich herzlich danken für freundliche Mithilfe bei den Korrektur- und Registerarbeiten. Herr Martin Wolff entwarf dankenswerterweise die Karte im Anhang. Nicht zuletzt habe ich meiner Sekretärin Frau Renate Blinn zu danken für die rasche und sorgfältige Herstellung der Reinschrift.

Saarbrücken, im Juli 1980 — Elisabeth Fehrenbach

ZUR 2. AUFLAGE

Der Zeitabstand zur Erstauflage dieses Bandes erforderte eine Überarbeitung, die sich vor allem im Forschungsbericht nicht mehr nur auf knappe Nachträge und Korrekturen reduzieren ließ. Der Fortgang der Kontroversen über die englische industrielle Revolution, die Mentalitätsgeschichte in Frankreich, die Intensivierung der französischen und deutschen Aufklärungsforschung sowie jüngst erschienene Darstellungen zu den preußischen und rheinbündischen Reformen haben den Forschungsstand verändert, auch wenn ein umwälzend neues Bild der Epoche nicht zu verzeichnen ist. Die Grundkonzeption des Buches konnte beibehalten werden. Die Überarbeitung wurde im Dezember 1985 abgeschlossen.

Saarbrücken, Anfang Juli 1986 — Elisabeth Fehrenbach

I. Darstellung

1. Grundprobleme einer Übergangszeit

Revolution, Reform, Restauration

Wer im Hinblick auf die europäische und deutsche Geschichte der Jahre 1789–1815 nach Ereignissen und Ereigniszusammenhängen fragt, wird die Auswirkungen der französischen Revolution auf das politische Handeln und Denken, den Ausbruch der Revolutionskriege und die Erschütterung des europäischen Staatensystems, das auf dem Wiener Kongreß seine Neuordnung fand, in das Zentrum der Epochendarstellung rücken. Die französische Revolution setzte nicht nur im eigenen Land die entscheidende Zäsur für den Bruch mit der traditionellen politisch-sozialen Ordnung des Ancien Régime. Ihre herausragende Bedeutung liegt vor allem darin, daß die französische Machtexpansion, die aus dem ständigen Ineinandergreifen von innerer Revolution und auswärtigem Krieg entstand, viele der revolutionären Errungenschaften über die Grenzen Frankreichs hinaus auf dem europäischen Kontinent verbreitete. Die Revolutionskriege drohten das gesamtgesellschaftliche Gefüge des europäischen Ancien Régime zu sprengen. Durch Säkularisation, Mediatisierung und Reichsauflösung brach die deutsche Staatenwelt zusammen. Die Niederlage Preußens 1806/07 und die territorialen Umwälzungen erzwangen tiefgreifende politische und gesellschaftliche Reformen. Um den französischen Gegner mit den eigenen Waffen zu schlagen, mußten auch die europäischen Staaten die neuen Prinzipien der politischen Freiheit und der nationalen Einheit übernehmen. Der Zusammenstoß zwischen dem revolutionären Frankreich und den Mächten des alten Europa führte zu einer völligen Umgestaltung der politischen und territorialen Lage, die auf dem Wiener Kongreß trotz aller Bemühungen um eine Restauration des Ancien Régime nicht wieder rückgängig gemacht werden konnte. Die epochale Bedeutung der Wende vom 18. zum 19. Jahrhundert liegt so in der Spannung von Revolution, Reform und Restauration, die über 1815 hinaus in dem Konflikt zwischen den Verteidigern der alten Ordnung und den neu entstehenden nationalliberalen Bewegungen fortdauerte. Der Übergangszeit von 1789–1815 folgte das Zeitalter der Restauration und des Vormärz.

Unter strukturgeschichtlichem Aspekt tritt der Übergangscharakter der Epo-

Westeuropäische Doppelrevolution und Beginn der Moderne

che noch deutlicher hervor. Der Zeitabschnitt „Vom Ancien Régime zum Wiener Kongreß" fällt in die Epoche des säkularen Wandels, der mit der westeuropäischen Doppelrevolution am Ausgang des 18. Jahrhunderts eingeleitet und vielfach mit dem „Beginn der Moderne" gleichgesetzt worden ist. Die industrielle Revolution in England eröffnete das technisch-industrielle Zeitalter. Sie setzte jenen bisher unumkehrbaren Prozeß des beschleunigten wirtschaftlichen Wachstums, des technologischen Wandels und der sozialen Veränderungen in Gang, der bis heute die moderne Welt prägt. Der Begriff der Moderne verknüpft sich zugleich mit den Ergebnissen der politisch-sozialen Revolution in Frankreich, insbesondere mit dem Abbau ererbter Privilegien und der Erklärung gleicher Bürgerrechte für alle. Die französische Revolution brachte 1789 die Schicht des Besitz- und Bildungsbürgertums an die Macht und schuf 1791 den ersten demokratisch legitimierten Nationalstaat mit einer Repräsentativverfassung auf der Grundlage der Volkssouveränität und der Gewaltenteilung. Mit der Liquidierung der alten Stände-, Grundherrschafts-, Korporationen- und Zünfteordnungen beseitigte sie die mit dem Ancien Régime verbundenen Institutionen und Sozialverhältnisse. Sie legte die Grundlagen für die Demokratisierung von Gesellschaften.

Periodisierungsprobleme

Zwar sind die Folgewirkungen der Doppelrevolution auf dem Kontinent 1815 noch lange nicht erschöpft; der ökonomische Durchbruch erfolgte in Deutschland erst ab 1850, und die politische Anpassung an die Entwicklung zur Moderne wurde durch die Jahre der Restauration unterbrochen, ohne daß es gelang, die Zustände des Ancien Régime wiederherzustellen. Aber andererseits verliert eine vergleichende Strukturanalyse der „Modernisierung" in weit auseinanderliegenden Zeiträumen, z. B. die Erforschung der industriellen Revolution in England und in den Nachfolgestaaten auf dem Kontinent, den Bereich des politischen Handelns leicht aus dem Blick. Die Frage, wie das turbulente politische Geschehen der Jahre von 1789–1815, wie zum einen politische Umwälzungen durch Kriege, Machtexpansion und internationale Politik, wie zum anderen Reformen „von oben" retardierend oder beschleunigend auf die Veränderungen der sozialen und wirtschaftlichen Strukturen gewirkt haben, wird, wenn überhaupt, nur am Rande thematisiert. Eine Darstellung der Übergangszeit, die nicht mehr der relativen Stabilität des vorindustriellen und noch nicht dem raschen Wandel des industriellen Zeitalters angehört, erscheint deshalb nach wie vor begründbar:

Epochenspezifische Aspekte

1. In den deutschen Reformstaaten des frühen 19. Jahrhunderts dominierte die Modernisierungs*politik*. Während in England die Ursachen der industriellen Revolution – so kontrovers sie auch in der Forschung geblieben sind – doch sicher in Kräften zu suchen sind, die über den Markt wirkten, also beim Außenhandel, der demographischen Bevölkerungsexplosion, bei landwirtschaftlichen Produktionssteigerungen und technologischen Neuerungen; während in Frankreich die politisch-soziale Revolution im gewaltsamen Kampf gegen die etablierte Macht der Krone und des Adels durchgesetzt wurde, schufen in Deutschland erst die politischen Maßnahmen der Regierungen die Bedingungen für den sozialen

Wandel. Die Rolle des Akteurs fiel der schmalen Schicht der Beamten- und Bildungselite zu.

2. Das Zeitalter der französischen Revolution und der napoleonischen Herrschaft bietet ein sehr aufschlußreiches Beispiel für die politische Konfrontation von revolutionärer und vorrevolutionärer Gesellschaftsordnung. Im staatenübergreifenden Herrschaftssystem des Empire sind die europäischen Länder mit ihren verschiedenartigen politischen und gesellschaftlichen Traditionen in engste Beziehung zueinander getreten. Staaten mit unterschiedlichem Entwicklungsstand wurden zu neuen Einheiten zusammengefügt, alte Territorien zerrissen. Viele der politischen, rechtlichen, militärischen und gesellschaftlichen Einrichtungen des französischen Kaiserreichs wurden auf die europäischen Staaten übertragen. Die für die europäische Geschichte wichtigsten Kennzeichen der napoleonischen Herrschaft sind ihre revolutionierenden und homogenisierenden Wirkungen. Die Revolutionskriege führten gleichzeitig zum Konflikt zwischen Frankreich und England im Kampf um die Vorherrschaft in Europa, der nicht von ungefähr mit den Mitteln des Wirtschaftskrieges ausgefochten wurde. Im Schatten der Kontinentalsperre, die den Druck der überlegenen englischen Konkurrenz ausschaltete, machten auch die Festlandsstaaten ihre ersten Erfahrungen mit der neuen maschinellen und zentralisierten Produktionsweise. Trotz der negativen Folgen der napoleonischen Wirtschaftspolitik, die auf die Hegemonialinteressen Frankreichs abgestellt war, überwiegen die langfristig wirksamen Impulse für die Industrialisierung. Die deutschen Reformstaaten standen vor der Aufgabe, ihre eigenen historischen Traditionen mit diesen revolutionären Herausforderungen von außen in Übereinstimmung zu bringen. Über den historischen Einzelfall hinaus verweist so die Geschichte der napoleonischen Zeit auf die typischen Probleme und Spannungen beim Aufeinandertreffen von Gesellschaften mit unterschiedlichem politischen, gesellschaftlichen und ökonomischen Entwicklungsniveau.

3. Eine Strukturanalyse, die den „Beginn der Moderne" thematisiert, neigt dazu, den Transformationsprozeß eingleisig und gleichgerichtet darzustellen: eine alte Struktur verschwindet, eine neue tritt an ihre Stelle; die traditionale wird durch die moderne, die feudal-ständische durch die bürgerlich-liberale, die vorindustrielle durch die industrielle Gesellschaft abgelöst. Die Übergangsgeschichte (und nicht nur sie!) kennt jedoch eher die Mischung traditionaler und moderner Elemente, heterogene Gesellschaftsformen, Möglichkeiten, mit modernen Mitteln traditionale Herrschaftsziele durchzusetzen. Der Verlaufsprozeß zeigt immer wieder Schübe von Rückentwicklung, Refeudalisierung und Demodernisierung. Es gibt Diskontinuitäten in der Kontinuität und Kontinuitäten, die den Bruch überdauern. Nicht einmal die französische Revolution setzte einen absoluten Anfang. Die Revolution, so hat es FRANÇOIS FURET einmal formuliert, „ist nicht nur der ‚Sprung' von einer Gesellschaft zur anderen, sie ist auch die Summe der Modalitäten, durch die ein aufgrund einer Machtkrise plötzlich geöffnetes Gemeinwesen all das Gesprochene freisetzt, das es in sich

trägt" [218: Der revolutionäre Katechismus]. Wie schon Alexis de Tocqueville gezeigt hat, führte die Revolution auf administrativem Gebiet das Zentralisierungswerk der absolutistischen Könige weiter. Viele Neuerungen und Reformen nach 1789 sind in zahlreichen europäischen Staaten durch den Aufgeklärten Absolutismus bereits vorbereitet worden. In der napoleonischen Zeit wurde die Entwicklung teilweise auch wieder in rückläufige Bahnen gelenkt. Die Wiedererrichtung von Monarchie und Adel deutet darauf hin, daß nicht nur Europa den Anschluß an Frankreich, sondern – umgekehrt – auch Frankreich den Anschluß an die aristokratische Gesellschaft Europas wiederzufinden versuchte.

Ähnliches gilt für die wirtschaftliche Entwicklung. Die französische Revolution, die aus marxistischer Sicht den Sieg der Bourgeoisie über den Adel, des Kapitalismus über den Feudalismus darstellt, hat dem modernen Kapitalismus keineswegs unmittelbar zum Durchbruch verholfen. Die städtischen und bäuerlichen Unterschichten, die den politischen Revolutionierungsprozeß vorantrieben, fühlten sich von der Wirtschaftsentwicklung eher bedroht und wandten sich gegen das Eindringen moderner kapitalistischer Methoden; die adlig-bürgerliche Oberschicht orientierte sich noch lange an den Grundkriterien der alten Gesellschaft: Landbesitz und Ämterwürde. Auch die deutschen Reformstaaten entschlossen sich nur zögernd zu Wirtschaftsreformen, die sich noch überwiegend auf den agrarisch-kleingewerblichen Sektor konzentrierten. Die berühmte These von David Landes [101: Der entfesselte Prometheus], daß nach erfolgter industrieller Revolution in England die Industrialisierung für alle europäischen Regierungen ein „politischer Imperativ" gewesen sei, findet nicht von Anfang an und überall ihre Bestätigung. Viele Reformer warnten vor den sozialen Folgen einer wirtschaftlichen Entwicklung nach englischem Modell. Im gesellschafts- wie im wirtschaftspolitischen Bereich gab es zahlreiche Kompromisse und Zwischenlösungen, die „Altes" und „Neues" miteinander zu verbinden suchten, gerade auch in jenen Ländern, die den Impuls zur Modernisierung von außen empfingen. An den Kontrastfällen der englischen, französischen und deutschen Entwicklung läßt sich zeigen, wie vielschichtig sich Verlauf und Struktur des Wandels in einer politischen Umbruchsperiode darstellten.

2. England und die Anfänge der industriellen Revolution

Im Auflösungsprozeß des Ancien Régime, das eng mit der Agrar- und Handwerkswirtschaft verbunden war, kommt der industriellen Revolution in England eine besondere Bedeutung zu. Sie veränderte nicht nur die wirtschaftliche Produktionsweise, die in zunehmendem Maße von der maschinellen Fabrikation und von technischen Neuerungen geprägt wurde, sondern auch die Lebensbedingungen des Menschen, seine sozialen Bindungen und sein Verhältnis zu anderen Völkern. Die Bestimmung der Gründe, warum gerade England die Pionierrolle in der ökonomischen Entwicklung übernahm und zum Ausgangspunkt einer epochalen Umwälzung werden konnte, hängt eng zusammen mit der Frage nach den Ursachen der industriellen Revolution. Es scheint, daß mehrere begünstigende Umstände zusammentrafen, die teilweise unabhängig voneinander erwachsen sind. Die Wirtschaftshistoriker haben sich vor allem um eine Einordnung der verschiedenen Faktoren und „Antriebskräfte" des Wirtschaftswachstums bemüht. Sie untersuchten die demographische Entwicklung, die Wandlungen in der Landwirtschaft, die Entfaltung des Binnen- und Außenmarktes, die neuen Techniken in der Textil- und Eisenindustrie, die Probleme der Kapitalbildung und das Angebot an Produktionsfaktoren, insbesondere das Angebot an Arbeitskräften.

Bevölkerungsexplosion

1. Bevölkerungsvermehrung und Wirtschaftswachstum liefen zeitlich parallel und traten miteinander in Wechselwirkung. In keinem Land Europas wuchs die Bevölkerung so rasch wie in England. Im Jahrzehnt von 1751–1761 vermehrte sie sich um etwa 7%, eine Zuwachsrate, die in den siebziger und achtziger Jahren noch anstieg. Von 1781–1791 soll die Bevölkerung um nahezu 10%, von 1791–1801 um 11% und von 1811–1821 um 16% gewachsen sein. Einerseits sorgte die Bevölkerungsexplosion für ein ausreichendes Reservoir an billigen Arbeitskräften und – was vielleicht noch wichtiger war – für mehr Konsumenten, so daß der verstärkte Nachfragedruck zu landwirtschaftlicher und gewerblicher Produktionssteigerung anreizte. Andererseits konnte die expansive Wirtschaft ihrerseits mehr Menschen ernähren und neue, wenn auch zunächst sehr harte Existenzmöglichkeiten anbieten. Die Ursachen der Bevölkerungszunahme sind in der Forschung umstritten. Wahrscheinlich haben jedoch medizinische Fortschritte (mit Ausnahme der Pockenimpfung) beim Rückgang der Sterblichkeit eine geringere Rolle gespielt, als lange Zeit angenommen worden ist. Hinzu kam, daß die bisher üblichen Ernährungs- und Versorgungskrisen im Zuge des Ausbaus der Märkte und dank der Verbesserungen im Transportwesen ausblieben. Auch die Aufwärtsentwicklung der Heirats- und Geburtenziffer läßt sich mit dem Einfluß wirtschaftlicher und sozialer Veränderungen erklären. Die gesteigerte Mobilität (Wegfall der Heiratsverbote, Trennung von Wohn- und Arbeitsplatz, Abwanderung in die Stadt) und die verstärkte Nachfrage nach Arbeitskräften, einschließlich

der Kinderarbeit, förderten frühzeitige Familiengründungen und größere Familien.

Agrarrevolution

2. Die Wandlungen in der Landwirtschaft haben das beschleunigte Bevölkerungs- und Wirtschaftswachstum in vielfacher Hinsicht erst ermöglicht. Neue Anbaumethoden, insbesondere die Fruchtwechselwirtschaft bzw. die Ersetzung des Brachlandverfahrens, und verbesserte landwirtschaftliche Geräte unterstützten die Intensivierung des Ackerbaus. Die Kommerzialisierung der Landwirtschaft wurde durch die berühmten englischen „Enclosures", die Einhegungen der noch offenen Felder des Gemeindelandes und der unbebauten Flächen des Ödlandes, vorangetrieben. So entstanden ertragsintensive Großgüter und Mittelbetriebe anstelle unrentabler Kleingüter, die zumeist dem Konkurrenzdruck der reicheren Nachbarn erlagen. Die Kleinbauern und Häusler, die ihre bisherigen Rechte verloren, etwa das Weiden der Tiere auf Gemeindeland oder das Sammeln von Bau- und Feuerholz in den Wäldern, mußten sich als Lohnarbeiter in den landwirtschaftlichen Großbetrieben oder durch Abwanderung in die Städte auf neue Verdienstmöglichkeiten umstellen. Die Enclosure-Bewegung fiel zeitlich mit den Anfängen der industriellen Revolution zusammen. Die gesetzlichen Einhegungen großen Stils fanden seit etwa 1760 statt und erreichten ihren Höhepunkt in der Zeit der napoleonischen Kriege, als der Getreidebedarf rapide anstieg.

Die Leistungen der englischen Landwirtschaft wirkten sich vorteilhaft auf die Industrialisierung aus. Ohne die landwirtschaftlichen Produktionssteigerungen hätte die wachsende Bevölkerung aus Agrarimporten ernährt werden müssen, und dadurch wäre die notwendige Einfuhr von industriellen Rohstoffen, insbesondere von Rohbaumwolle, behindert worden. Außerdem konnte ein Teil der Einkommen aus der Landwirtschaft zur Anschaffung von Industrieerzeugnissen verwendet werden. Ob die Landwirtschaft auch ihr Nettokapital der im Aufschwung befindlichen Industrie bereitstellte, ist allerdings eher zweifelhaft. Sie benötigte selber dringend Kapital für die sehr kostspieligen Einhegungs- und Rationalisierungsmaßnahmen. Die Reinvestierung landwirtschaftlicher Gewinne kam mehr indirekt der Gesamtwirtschaft zugute: Die ländlichen Verarbeitungsbetriebe wie Müllereien, Brennereien und Brauereien wurden ausgebaut. Einige Großgrundbesitzer eröffneten auf ihren Ländereien Kohlengruben und Eisenwerke, andere beteiligten sich am Kanal- und Hafenbau. Bemerkenswert ist es auch, daß die Landwirtschaft erheblich mehr direkte Steuern zahlte als Handel und Gewerbe. Es ist anzunehmen, daß die Industrie nicht so schnell hätte wachsen können, wenn sie von Anfang an ihren Anteil an der Steuerlast hätte aufbringen müssen.

Binnenmarkt- und Außenmarkterweiterung

3. Die besondere Aufmerksamkeit der Forschung galt seit je der spektakulären Entwicklung des britischen Handels. In der ständig steigenden Nachfrage lag der entscheidende Anreiz zur Ausweitung und Mechanisierung der Fabriken, namentlich der Baumwollindustrie. Binnenmarkt- und Außenmarkterweiterung trafen zusammen. Der einheimische Markt blieb der bedeutendste Abnehmer für inländische Produkte. Angesichts der wachsenden Bevölkerung wurden auch die

Agrargebiete in die Marktverflechtung einbezogen, die bisher nur der Selbstversorgung gedient hatten. Mit der zunehmenden Verstädterung der Bevölkerung wuchs der Bedarf an Nahrungsmitteln und Brennstoffen. Die Verbesserungen im Verkehrswesen – Flüsse, Kanäle und Straßen – verbilligten den Warentransport. Das Durchschnittseinkommen vergrößerte sich, so daß mehr Geld für Konsumgüter ausgegeben werden konnte. Die relative Verläßlichkeit des Binnenmarktes schützte auch die Exportindustrien vor plötzlichen Schwankungen, besonders in Kriegszeiten. Andererseits war die Branche, die als erste industrialisiert wurde, an den Überseehandel gebunden. Der von der Baumwolle getragene Exportboom leitete jene Zeitspanne ein, die seit ROSTOW als „take-off", als industrieller „Start", angesehen wird. Der Binnenmarkt nahm zu, aber die größere Dynamik entfaltete sich auf dem Außenmarkt.

Der Außenhandel, der schon seit der zweiten Hälfte des 17. Jahrhunderts in voller Ausdehnung begriffen war, stieg jahresdurchschnittlich von 1745–1775 um 2,8% und von 1779–1802 um jeweils 4,9%. Damit hat sich der Export schneller erhöht als das Sozialprodukt pro Kopf mit jahresdurchschnittlichen Raten von 0,9% von 1750–1770 und 1,8% in den achtziger und neunziger Jahren. Von 1750–1770 verzehnfachten sich die Baumwollexporte. Der Anteil der Baumwollwaren am Exportwert, der um 1750 noch kaum zählte und weit hinter dem der Wollwaren zurücklag, betrug um 1800 bereits 24%. Die besten Märkte lagen nicht mehr in Europa, das nach merkantilistischen Prinzipien den Import von Manufakturwaren möglichst einschränkte und am Ende des 18. Jahrhunderts nur noch ein Drittel der Ausfuhr englischer Produkte aufnahm, sondern in Übersee: in Amerika, in Afrika, im Vorderen Orient, in Indien und China. Es gelang mit Unterstützung der Regierung, immer neue Exportmärkte zu erschließen. Der Austausch von Grundstoffen und Kolonialwaren gegen englische Industrieerzeugnisse begründete ein weltweites, multilaterales Handelssystem. England lieferte inländische Produkte und indische Kattunstoffe nach Afrika, das seinerseits Sklaven, Elfenbein und Gold verkaufte. Die Sklaven wurden nach Amerika exportiert; dafür erwarb man Zucker, Holz, Tabak und Rohbaumwolle. Im Vorderen und Fernen Orient wurde das afrikanische Gold und Elfenbein gegen Tee, Kaffee und Gewürze eingetauscht. Die Kolonialwaren wurden teils im eigenen Land verbraucht, teils nach Kontinentaleuropa reexportiert. Aus den europäischen Ländern bezog man Holz, Hanf, Teer, Eisen, Wein und – vor allem in Zeiten der Mißernte – Getreide.

Massenproduktion

Mit der Ausweitung des Überseehandels entdeckten die Briten als erste die Gewinnmöglichkeiten eines Massenmarktes. Die Pflanzer in den amerikanischen Südstaaten und ihre Sklaven, die Plantagenbesitzer auf den Antillen oder die indischen und chinesischen Bauern waren an teueren Luxuswaren nicht interessiert. Der Massenkonsum mußte zu billigen Preisen befriedigt werden. So wurde die Qualität hochwertiger Luxusgüter zugunsten der Quantität solider, billiger Standardwaren aufgegeben – ganz im Gegensatz zu den staatlich geförderten und merkantilistisch reglementierten Manufakturen auf dem europäischen Festland, die größtenteils fortfuhren, arbeitsintensive Luxusgüter herzustellen, z. B. Seidenstoffe, Brokate, Gobelins, feine Porzellane usf.

Technische Neuerungen

4. Die Massenproduktion war ohne technische Neuerungen nicht zu bewältigen. Die dörfliche Heimindustrie und das Verlagssystem stießen überall auf Engpässe. Die in ihrem eigenen Haus und ohne Aufsicht arbeitenden Dorfweber und Spinner ließen sich nicht zu einer festen Arbeitszeit und zu größerem Fleiß zwingen. Rohmaterialien, wie Wolle und Garn, die der Verleger auf seine Kosten austeilte, wurden nicht selten unterschlagen und für den Eigenbedarf verarbeitet. Im zentralisierten, arbeitsteiligen Fabriksystem ließen sich unter scharfer Kontrolle viel größere Warenmengen herstellen. Die neue Arbeitsorganisation im Manufakturbetrieb löste jedoch nur einen Teil der Probleme. Erst die Mechanisierung der Baumwollindustrie brachte den entscheidenden Durchbruch. Die Schwierigkeit lag vor allem im mangelhaften Leistungsgleichgewicht zwischen Spinnen und Weben. Drei bis vier Spinner waren notwendig, um einen Weber zu beschäftigen. Als nach der Erfindung des fliegenden Weberschiffchens der Webvorgang sich beschleunigte, konnte nicht mehr genügend Garn für die Webstühle geliefert werden. Drei bahnbrechende Erfindungen schufen Abhilfe: zuerst die von Hargreaves 1764 erfundene und 1770 patentierte spinning-jenny, die zunächst acht und am Ende des Jahrhunderts bereits 100–120 Spindeln tragen konnte, dann die mit Wasserkraft angetriebene Spinnmaschine Arkwrights von 1768, die von vornherein für die Fabrik bestimmt war, und schließlich die Kombination von „jenny“ und „water frame“, Cromptons „Mule-Spinnmaschine“, die noch glatteres und feineres Garn spann als ihre Vorläuferinnen. 1785 wurde zum ersten Mal die von James Watt entdeckte Dampfkraft zum Antrieb einer Spinnmaschine eingesetzt. Die neue Energiequelle machte es möglich, Fabriken auch in Gegenden anzusiedeln, in denen keine Wasserkraft verfügbar war. Das erhöhte Garnangebot bewirkte seinerseits Verbesserungen in der Weberei. 1787 erfand Cartwright den Maschinenwebstuhl.

Vielleicht mit Ausnahme der Wattschen Dampfmaschine waren die ersten Erfindungen noch durchweg das Werk von Autodidakten. Von einer naturwissenschaftlich fundierten Technik, die dann im Laufe des 19. Jahrhunderts zum Initiator weiterer wirtschaftlicher Veränderungen wurde, kann noch kaum die Rede sein. Immerhin gab es bereits einige Fortschritte in der Bleich- und Färbetechnik, die der chemischen Ausbildung auf schottischen Medizinschulen zu verdanken waren. Da mehr Stoffe erzeugt wurden, als Wiesen zur Bleiche vorhanden waren, wurden chemische Wirkstoffe verwendet, zuerst Schwefelsäure, dann ab 1790 Chlor. Auch in diesem Falle handelte es sich um eine typische Reaktion auf einen Engpaß.

Mit der Mechanisierung der Baumwollspinnereien wurde die Wollerzeugung, die dank der großen Vorräte an Rohwolle aus der englischen Schafzucht schon seit dem 17. Jahrhundert weit verbreitet war, zurückgedrängt. Die Baumwollfaser eignete sich besser als Schafwolle für das neue Spinnverfahren. Mit der Einführung der Entkörnungsmaschine bei den Baumwollernten auf den amerikanischen

Baumwollindustrie

Plantagen fielen überdies die Rohstoffpreise. Keine andere Industrie ließ sich an Wichtigkeit mit der Baumwollindustrie vergleichen, obgleich ihr Beitrag zum Volkseinkommen – etwa 4–5% um 1802 und 7–8% um 1812 – noch nicht sehr groß war. Sie wuchs jedoch sehr viel rascher als die übrige Industrie und bestimmte das Tempo der Wirtschaft. Nach 1800 überholte die Baumwollindustrie die Wollindustrie an Exportbedeutung. Allerdings darf die „Führungsrolle" der Baumwollindustrie für die englische Gesamtwirtschaft nicht überschätzt werden. Die direkten Auswirkungen auf andere Industriezweige blieben relativ gering. Die nach Zahl der Arbeitskräfte viel größere Baumwollweberei stand noch lange Zeit in der Mechanisierung hinter den Baumwollspinnereien zurück. Großenteils erfolgte die Baumwollverarbeitung nach wie vor auf der Grundlage handwerklicher Techniken und im Rahmen der herkömmlichen Verlagsorganisation, deren Vorzug aus der Sicht des Unternehmers nicht zuletzt darin lag, daß er in Krisenzeiten die im Nebenerwerb arbeitenden Bauern und Handwerker ohne weiteres entlassen konnte. Das mechanisierte und zentralisierte Fabriksystem ersetzte keineswegs sofort und überall die dörfliche Heimindustrie, die vielmehr zählebig fortexistierte. Die wirtschaftliche Struktur war um 1800 noch nicht so „modern" und der Wandel nicht so radikal, wie es die Dramatik der Umbruchsphase zunächst glauben macht.

Eisenindustrie

Außer in der Textilindustrie fand der Einsatz neuer Technologien vor allem in der Kohle- und Eisenindustrie statt. Die Kohleförderung regte die Entwicklung der Dampfmaschine an und ermöglichte die Verbesserung der Eisenproduktion. Watts Dampfmaschine entstand zunächst aus der Absicht, die Pumpmaschinen zur Entwässerung von Bergwerken zu verbessern. Das Verfahren, Eisen mit Kohle und Koks anstatt mit Holzkohle einzuschmelzen, baute die Schwierigkeit ab, die aus der Reduzierung des Wald- und Holzbestandes erwuchs. 1784 gelang Henry Cort das sog. Puddelverfahren, die Überführung von Roh- in Schmiedeeisen im Flammofen. Dampfmaschine und Puddelprozeß trugen dazu bei, daß die Roheisenproduktion sich zwischen 1788 und 1796 verdoppelte und bis 1806 vervierfachte. Anders als die Baumwollindustrie wirkte die Eisenindustrie in viele Produktionsprozesse hinein. Insbesondere schuf sie die Voraussetzungen für die Maschinenindustrie und für die spätere Entwicklung des Eisenbahnwesens. Ohne die Verbilligung und Verbesserung des Eisens wäre die fortschreitende Industrialisierung im 19. Jahrhundert kaum vorstellbar. Allerdings brachte erst das Eisenbahnzeitalter den Massenabsatz von Eisen und das steile Ansteigen der Wachstumsraten. Die Aufwärtsentwicklung in der napoleonischen Zeit hing noch eng mit der Kriegsnachfrage zusammen, so daß bald wieder Verzögerungen und Absatzstockungen eintraten.

Kapitalbildung

5. Das Gründungs- und Expansionskapital für die ersten Textilfabriken und ihre technische Ausrüstung wurde in der Regel über Selbstfinanzierung und Reinvestierung der Gewinne aufgebracht. Gelegentlich halfen Darlehen aus Freundes- und Verwandtschaftskreisen aus. Viele Unternehmerpioniere in der Baumwollindustrie sammelten ihr Anfangskapital noch auf der Stufe des Handwerks. Sie

begannen als Spinnereiarbeiter, Weber oder Maschinenbauer. Arkwright, der berühmteste unter ihnen, der Erfinder der Wasserspinnmaschine, war von Beruf Barbier. Neben dem Handwerkskapital spielte das Verlegerkapital eine wichtige Rolle. Tuchhändler, die die Waren der dörflichen Heimindustrie verlegten, investierten ihre Gewinne in Baumwollspinnereien, um dem Mangel an Baumwollgarn abzuhelfen und den eigenen Umsatz zu steigern. So waren von 110 Baumwollspinnereien, die von 1769 bis 1800 in den Midlands errichtet wurden, nicht weniger als 62 Gründungen von Tuch- und Textilverlegern. Die ersten Maschinen waren noch relativ einfach konstruiert und ihre Anschaffung kostete nicht übermäßig viel. Allerdings war der Kapitalbedarf in der Eisenindustrie größer als in der Baumwollindustrie. Insgesamt soll die Investitionsquote gegen Ende des 18. Jahrhunderts nur 6–7% des Volkseinkommens betragen haben, was unter der Zehnprozentrate liegt, die ROSTOW als unabdingbar für die Aufstiegsperiode annahm.

Erst im weiteren Verlauf der Industrialisierung wurde das hochentwickelte englische Bankwesen mit relativ niedrigen Zinssätzen für die Industriefinanzierung wichtig. Vor 1820 widmeten sich die Banken in erster Linie dem Geldverkehr im internationalen Handel und den Bedürfnissen der Staatsfinanzen. Auch das im Außenhandel angesammelte Kapital wurde vorerst nur selten in gewerblichen Anlagen investiert. Die Überschüsse aus Handelskapital wurden gewöhnlich noch in Grundbesitz, Staatspapieren oder in Hypothekendarlehen für die Pflanzer in Übersee angelegt. Desgleichen scheint das Kapital, das die Landwirtschaft in einigen Sektoren – Kohlebergbau, Eisenindustrie, Verkehrswesen – zur Verfügung stellte, nur in Ausnahmefällen bedeutend gewesen zu sein. In der Regel war der Kapitalbedarf der Landwirtschaft so groß, daß sie wohl eher Geldkapital aufgenommen als abgegeben hat. Insgesamt gilt, daß die Bedeutung der Kapitalbildung für die Frühphase der englischen Industrialisierung häufig zu hoch eingeschätzt wurde, was nicht heißen soll, daß Finanzierungsprobleme unwichtig waren. Festzuhalten bleibt, daß es in England keinen Kapitalmangel gegeben hat, so daß ausreichende Finanzierungsmittel verfügbar waren.

Produktionsfaktoren

6. In der günstigen Faktorausstattung lag eine weitere entscheidende Voraussetzung für die englische Industrialisierung. England besaß bereits in der vorindustriellen Zeit einen Vorsprung vor dem übrigen Europa. Es war reich an Kohlevorkommen und verbrauchte schon um 1700 mehr Kohle als irgendein Land auf dem Kontinent, weil der Holzvorrat nicht ausreichte. Gegen Ende des 17. Jahrhunderts produzierte es bereits fünfmal so viel Kohle wie die Festlandsstaaten zusammen. Schafwolle war reichlich vorhanden, da im feuchten englischen Klima die Schafzucht besonders gut gedieh. Die geographische Lage der Insel mit kurzen Verbindungswegen zum Meer und zu den Flüssen erleichterte den Warentransport. Im Gegensatz zu den Kontinentalstaaten besaß England schon seit dem 16. Jahrhundert einen relativ einheitlichen Wirtschaftsraum ohne Binnenzölle.

Zu den Angebotsfaktoren – Rohstoffangebot, klimatische und geographische

Faktoren – zählt nicht zuletzt das Arbeitsangebot. Es scheint in England keine Knappheit am Arbeitsmarkt eingetreten zu sein. Allerdings sind die Probleme bei der Rekrutierung der Fabrikarbeiterschaft nicht allein mit dem Hinweis auf das Bevölkerungswachstum erfaßt. Obgleich in der Fabrik zumeist höhere Löhne als in der Heimindustrie gezahlt wurden, war es keine leichte Aufgabe, den Widerstand gegen die neue Arbeitsorganisation mit ihren harten Disziplinierungsmaßnahmen zu überwinden. Möglicherweise hat man auch deshalb die fügsameren Frauen und Kinder in die Fabriken geholt. Noch in den dreißiger Jahren des 19. Jahrhunderts waren nur 23% der Textilarbeiter erwachsene Männer. Die seit Karl Marx oft wiederholte These von der „industriellen Reservearmee", die durch die gewaltsame Enteignung der Bauern im Zusammenhang mit der Enclosure-Bewegung entstanden sei und den Kern des Proletariats gestellt hätte, ist heute kaum noch haltbar. Die meisten Cottagers wanderten schon zwischen 1660–1740 in die Städte ab. In der Zeit der gesetzlichen Einhegungen stieg zugleich die Nachfrage nach landwirtschaftlichen Arbeitskräften, so daß eine massenhafte Landflucht nicht eintrat.

Vergleich zur französischen Wirtschaftsentwicklung

Einige wirtschaftliche Aspekte, die bisher aufgeführt wurden, lassen sich mutatis mutandis auf kontinentaleuropäische Verhältnisse übertragen, obgleich nur in England der technisch-ökonomische Durchbruch gelang. Vor allem die französische Wirtschaftsentwicklung legt einen Vergleich nahe. Auch Frankreich erlebte bis 1770 eine wirtschaftliche Blütezeit. Die landwirtschaftliche Produktion und der Konsumbedarf der Bevölkerung stiegen an. Vermehrte Produktion und erhöhter Konsum hingen auch hier mit dem Bevölkerungswachstum aufs engste zusammen. Die Bevölkerung vermehrte sich zwar nicht so schnell wie die englische, aber Frankreich zählte immerhin am Vorabend der Revolution von 1789 dreimal so viel Einwohner wie England. Das französische Außenhandelsvolumen hatte sich im 18. Jahrhundert trotz des Verlustes von Kolonien vervierfacht. In den Hafenstädten wie Bordeaux, Nantes und Marseille entfaltete sich die wirtschaftliche Macht des Handelsbürgertums. Frankreich besaß beachtliche Industriezentren, z. B. die Minen von Anzin, in denen Steinkohle zur Eisenerzeugung gefördert wurde und die bereits 4000 Arbeiter beschäftigten, und die Eisenfabrik von Le Creuzot, eines der modernsten Werke Europas. Die französische Textilindustrie in Nordfrankreich und im Süden um Lyon expandierte, wenn auch kontinuierlich und nicht so sprunghaft wie in England. Die Kapitalisierung und Kommerzialisierung der Landwirtschaft schwächte die feudalen Elemente der Seigneurien. Auch in Frankreich gab es den profitorientierten Unternehmer-Aristokraten, der seinen Grundbesitz auf Kosten der Kleinbauern und durch Rodungen planmäßig vergrößerte. Gleichzeitig drängte das städtische Kapital aufs Land. Die herkömmlichen Feudalabgaben wurden an wirtschaftlicher Bedeutung von den kapitalisierten Grundrenten übertroffen. Das Ancien Régime war äußerst raschen sozialen und wirtschaftlichen Veränderungen unterworfen, längst bevor die französische Revolution es zerschlug. Dennoch scheiterten alle Versuche, die Herrschafts- und Gesellschaftsordnung dem rapiden Wandel anzupassen. Obgleich Frankreich kulturell, wirtschaftlich und gesellschaftlich weiter fortgeschritten war als alle anderen Staaten auf dem Kontinent, stürzte das Ancien Régime in eine schwere politisch-soziale Krise, die schließlich die Revolution von 1789 auslöste.

Die Frage drängt sich auf, warum die englische Gesellschaft fähiger war, die Herausforderungen des ökonomischen Wandels anzunehmen. Wie läßt es sich erklären, daß die Briten sich als einzelne und als Volk von der wirtschaftlich-technologischen Entwicklung faszinieren ließen?

Relative Offenheit der englischen Gesellschaft

Zunächst einmal ist es von großer Bedeutung, daß die englische Gesellschaft bereits in den Revolutionen des 17. Jahrhunderts ihre politischen Freiheiten durchgesetzt und seither viel von ihrer Starrheit verloren hatte. Die Monarchie lernte sich anzupassen. Wirtschaft und Gesellschaft entfalteten sich freier als in anderen europäischen Ländern unter absolutistischer und merkantilistischer Herrschaft. Die Sicherheit für Privateigentum war größer, die soziale Mobilität war stärker, das ständische Denken war weniger eng, der englische Fabrikant war unternehmender als sein durch staatliche Vorschriften und Zunftzwang behinderter Berufskollege auf dem Festland.

Die relative Offenheit der englischen Gesellschaft beruhte nicht zuletzt auf der eigenartigen Stellung des englischen Adels, die auf dem Kontinent kein Gegenstück besaß. Die gesellschaftlichen Schranken zwischen Adel und Bürgertum blieben stets durchlässig. Die Peers, die gemeinsam mit der Krone die politische Macht ausübten, genossen außerhalb des Oberhauses keine sozialen Privilegien, auch keine steuerlichen Immunitäten. Nur der erstgeborene Peerssohn erbte Titel und Land, die jüngeren Söhne zählten zum Bürgertum. Auch wenn den Peerssöhnen dank einer weitverzweigten Patronage die hohen Ämter in Regierung, Verwaltung, Armee und Hochklerus offenstanden, so wurde doch kein Ämtermonopol beansprucht. Es galt nicht als Schande, wenn ein nachgeborener Peerssohn sich als kaufmännischer Lehrling in einem angesehenen Handelshaus verdingte. Ein Gesetz wie die Dérogeance, das dem Adligen den Verlust seiner Privilegien androhte, falls er nicht adlig lebte und bürgerliche Geschäfte betrieb, war in einem Land, wo der internationale Handel in hoher Geltung stand, unbekannt. Erst recht standen die Familien der Gentry dem Bürgertum nahe. Die Zugehörigkeit zur Gentry war rechtlich nicht fixiert. Zu ihr zählte, wer ein großes Landgut besaß und den adligen Lebensstil teilte. Die Mitglieder der Gentry nahmen als Friedensrichter, Sheriffs oder Steuereinnehmer die öffentlichen Führungsfunktionen in Gemeinde und Grafschaft wahr. Ihrer sozialen und beruflichen Herkunft nach bildeten sie eine höchst heterogene Gruppe: einige waren adliger Abstammung, andere kamen aus dem Handel, dem Staatsdienst oder aus freien Berufen und stiegen durch Erwerb von Grundbesitz in die Gentry auf. Die jüngeren Söhne der Gentry kehrten dann oft ins bürgerliche Berufs- und Wirtschaftsleben zurück. So fand ein ständiger sozialer Austausch statt – ganz anders als auf dem Kontinent, wo der über die Nobilitierung erreichte Aufstieg in den Adel sofort mit Exklusivität und Statusabgrenzung nach unten verknüpft war.

Die gesellschaftlichen Bindungen bewegten sich in England leichter in beide Richtungen. Die gegenseitige Wertschätzung trug dazu bei, daß die politisch einflußreichen Landlords immer auch im Interesse des kommerziellen Bürgertums handelten. Der englische Kaufmann und Fabrikant konnte sich eine politische Abstinenz leisten, die das französische Bürgertum nicht mehr länger hinzunehmen bereit war.

Innerhalb der ländlichen Gesellschaft fehlten die mannigfachen Schichtabstufungen, die auf dem Kontinent üblich waren. Feudale Abhängigkeitsverhältnisse bestanden nicht mehr. Im Gegensatz zu den kontinentalen Bauernschutzgesetzen förderten die Enclosure-Gesetze den Aufkauf von Kleinbauernstellen. England wurde zum Land der Pachtbauern. Schon um 1790 wurden drei Viertel des Bodens von Pächtern bewirtschaftet. Die Eigentumsverhältnisse waren klar und überschaubar: Es gab nur noch Landbesitzer, Pächter und besitzlose Landarbeiter. Zur Stadt bestanden rege Austauschbeziehungen. Schafzucht und Wollhandel förderten schon früh die Marktorientierung der Landwirtschaft und ihr Interesse an einer Ausweitung der englischen Exporte. Nicht nur die dörfliche Heimindustrie, sondern auch die in England besonders zahlreichen Manufakturen auf dem Lande – Textilbetriebe, Kohlengruben, Eisengießereien – sorgten für enge Kontakte zwischen Dorf und Stadt. „Alles erschien hier wie aus einem Guß: Grundherren, die die Anbaumethoden verbesserten, Einhegungsmaßnahmen, kommerzielle Landwirtschaft, Dorfgeschäfte, Verlagssystem, Gruben und Gießereien und ein lebhafter Handel mit Pfandbriefen. In ihrer Vereinigung schüttelten sie die Fesseln örtlicher Gewohnheiten ab, assimilierten Land und Stadt und förderten die Ausbildung begabter Menschen stärker als in jedem anderen Land" [101: D. S. LANDES].

Flexibilität und Anpassungsfähigkeit

Das neu entstehende Industriebürgertum der Städte sonderte sich seinerseits noch nicht von den unteren und mittleren Schichten ab. Erfolg garantierte den sozialen Aufstieg. Auch ein Barbier wie Arkwright oder ein Bergwerksarbeiter wie Stephenson konnten in Spitzenpositionen vordringen. Der „Eisenkönig" Richard Crawshay entstammte einer Kleinbauernfamilie. Viele Unternehmerpioniere kamen vom Land oder aus dem Handwerkermilieu. Besonders auffallend im Vergleich zum Kontinent, wo der Schuster gewöhnlich bei seinem Leisten blieb, war der häufige Berufswechsel. Der Pfarrer Edmund Cartwright widmete sich der Erfindertätigkeit; Watt begann als Instrumentenmacher; sein Partner Boulton stellte als Tandler billige Schmucksachen her, bevor er die Möglichkeiten der Dampfmaschine erkannte; John Roebuck, ein Absolvent der schottischen Medizinschulen, gab seinen Arztberuf auf und nahm die Chance wahr, seine chemischen Kenntnisse für die Industrie zu nutzen; der Tuchhändler Thomas Fox wandte sich dem Abbau von Blei, Zinkerz und Kupfer zu, als sein Wollhandel nicht mehr genügend Gewinn abwarf. Die Beispiele ließen sich unschwer vermehren. Die Flexibilität und Anpassungsfähigkeit der englischen Gesellschaft trugen entscheidend dazu bei, daß sich das Erfinder- und Unternehmertalent der Briten in einer Umwelt voller wirtschaftlicher Möglichkeiten entfalten konnte.

Soziokulturelle Antriebskräfte

Die Verhaltensweisen der Gesellschaft sind immer auch von Wertvorstellungen geprägt. Im Zusammenhang mit den soziokulturellen Aspekten der industriellen Revolution ist häufig auf die Bedeutung der „naturwissenschaftlichen Revolution" des 17. Jahrhunderts und auf den Einfluß der empiristischen Aufklärungsphilosophie verwiesen worden. Die seit Newton neu entdeckten Gesetze der Ordnung und Bewegung im physikalischen Universum und die philosophischen Prinzipien der Rationalität und Zweckmäßigkeit ließen sich auf wirtschaftlich-gesellschaftliche Verhältnisse übertragen. Die technische Experimentierfreude der Briten, das Vertrauen darauf, Engpässe in der wirtschaftlichen Produktion überwinden zu können, und die Bereitschaft, Risiko und Profit rational abzuwägen, waren im vorherrschenden Wertsystem angelegt. Die Entwicklung einer rationalen Wohlstandsethik – mit den Tugenden der Arbeit, Mühe und Askese, dem Mut zum Wagnis und zu individueller Verantwortung – ist im Anschluß an die berühmten und vieldiskutierten Studien Max Webers über „Die protestantische Ethik und der Geist des Kapitalismus" immer wieder auf die Morallehren des Calvinismus und des nonkonformistischen Protestantismus zurückgeführt worden. Die Theologie Calvins und seine Prädestinationslehre lassen sich freilich nicht auf eine Lehre von der Rechtfertigung durch den Erfolg reduzieren. Auch gibt es viele Beispiele dafür, daß Protestanten und Calvinisten in anderen Ländern keineswegs zu Wegbereitern der Industrialisierung wurden. Aber die besondere Wirtschaftssituation Englands bewirkte, daß hier die protestantischen Nonkonformisten eine adäquate Tugendlehre entwickelten, die das Erfolgsstreben religiös sanktionierte. Außerdem wurden sie durch ihren Außenseiterstatus als verfolgte Minderheit dazu gezwungen, sich in Familienclans zusammenzuschließen, härter zu arbeiten als ihre Konkurrenten und den Erfolg im Wirtschaftsleben zu suchen, weil ihnen der Staatsdienst und die akademischen Berufe versperrt blieben. In den Industriezentren im Norden und in den Midlands waren unverhältnismäßig viele Unternehmer Dissenters. Um 1800 hatten sich die Quäker im Brauereiwesen, in der Eisenindustrie und im Bankwesen fest etabliert. Aus dem religiösen wie sozialen Dissidententum erwuchs ihnen ein Teil ihrer Energie und das Gefühl der Zusammengehörigkeit, das den geschäftlichen Beziehungen zugutekam.

Das Verhältnis von Herrschafts- und Gesellschaftsordnung gestaltete sich in England ohne jene politisch-sozialen Spannungen, die im Zeitalter der „atlantischen Revolution" überall auf dem Kontinent aufbrachen. Obgleich die Führung des Parlaments und der Regierungsgeschäfte auch weiterhin und selbst noch über die Wahlrechtsreform von 1832 hinaus in den Händen einer landbesitzenden aristokratischen Oligarchie lag, die nach den revolutionären Erschütterungen des 17. Jahrhunderts im Bunde mit der Krone das politische System stabilisierte und ihre eigene Macht perpetuierte, so war die Regierung doch mehr als jede andere in Europa dazu bereit, die Politik den ökonomischen Interessen anzupassen. Der

Fördernde Rolle des Staates

fördernden Rolle des englischen Staates im Industrialisierungsprozeß ist von der jüngeren Forschung großes Gewicht beigemessen worden. Es ist zwar kein Zufall, daß Adam Smith seine Freihandelslehre in England entwickelte, wo er das

Aufkommen einer freien Händler-Gesellschaft am konkreten Beispiel beschreiben konnte. Aber erst als seine Theorie auf dem Festland rezipiert und gegen die merkantilistischen Restriktionen absolutistischer Herrscher ins Feld geführt wurde, entstand das mißverständliche Laissez-faire-Schlagwort, das die englische Staatsaktivität gar nicht beachtete. „Es gehört zu dem Mythos der Industriellen Revolution, daß sie der Passivität des Staates weit mehr verdanke als seinem Eingreifen" [85: PH. DEANE]. Die Eroberung von Absatzmärkten setzte nicht nur eine expansive Wirtschaft voraus, sondern auch eine Regierung, die Krieg führte und auf Kosten der Festlandsrivalen Kolonien erwarb. „Kein Staat entsprach den Wünschen seiner Kaufmannsklasse besser und kein Land zeigte sich den kommerziellen Konsequenzen von Kriegen aufgeschlossener" [101: D. S. LANDES]. Am Ende der napoleonischen Kriege besaß England die faktische Monopolstellung als Kolonial- und Seemacht. Anders als beispielsweise in Holland, das große Erfolge im kaufmännischen, jedoch nicht im industriellen Bereich zu verzeichnen hatte, wurde die britische Wirtschaftspolitik nie ausschließlich von Handels- und Finanzinteressen bestimmt. Im Streitfall zwischen Handel und Industrie, vor allem in den Auseinandersetzungen über den Freihandel und den Abbau der Handelsmonopole, konnten sich die englischen Unternehmer erfolgreich behaupten. Bereits vor 1700 setzten die britischen Produzenten Importsperren, z. B. für indische Kattunstoffe, durch. Auch das Exportverbot für Wolle schränkte den Überseehandel ein. 1813 verlor die Ostindische Kompanie ihre Monopolstellung in Indien. Der Abbau der Schutzzölle verzögerte sich freilich auch aus fiskalischen Gründen, weil der englische Staat auf seine Zolleinnahmen angewiesen blieb.

Importsperren, Exportverbote, Handelsmonopole und Schutzzölle beweisen zur Genüge, daß England von einem Laissez-faire-Zustand weit entfernt war. Es gab auch dirigistische Bestimmungen, die die Wirtschaftstätigkeit einengten: Lehrlingsstatute und Zunftprivilegien in einigen Gewerbezweigen, gesetzliche Qualitätskontrollen für Wollstoffe, Brotverordnungen, die Preise und Gewicht des Brotes sowie die Gewinnspanne für die Bäcker festlegten, Wuchergesetze, die den Zinssatz für Darlehen begrenzten, und andere Gesetze, welche den Einsatz von Kapital hemmten, so das Verbot von Aktiengesellschaften (Bubble Act von 1720). Es ist jedoch bezeichnend für England, daß die staatlichen Vorschriften von der Regierung nicht rigoros durchgesetzt und von den Briten meist einfach umgangen wurden.

Die beschleunigte wirtschaftliche und soziale Entwicklung des Landes bewirkte keine tiefgreifende Erschütterung des Herrschafts- und Gesellschaftssystems. Für die oberen und mittleren Schichten der Bevölkerung schien die industrielle Revolution den unbegrenzten Fortschritt zu verheißen. Sie veränderte zwar grundlegend die Lebens- und Geschäftswelt, jedoch ohne jene Spannungen, die sich in den schwächsten Schichten der Gesellschaft zusammenballten. Selbst wenn der Lebensstandard der Massen leicht anstieg – was für die Periode der Revolutionskriege kaum anzunehmen ist – und auch wenn bedacht wird, daß das Landleben der vorindustriellen Zeit oft genug durch Massenelend und Hungers-

Soziale Frage

not gekennzeichnet war, so bleibt es doch unbestritten, daß sich für die Lohnarbeiter die Anpassung an die neue Umwelt unter den schlimmsten Umständen vollzog. Die Industrie brachte den Zwang zur Monotonie der Maschinenarbeit, den Rauch und Schmutz der Städte, gesundheitsschädigende Arbeits- und Wohnverhältnisse, die Zerstörung des traditionellen Familienlebens und der menschlichen Bindungen, die auf dem Lande noch gegolten hatten. Vorerst jedoch blieb die Fabrikarbeit noch die Ausnahme. Die Ludditen, die in den ersten großen Sozialunruhen von 1811–1813 in den östlichen Midlands und in Yorkshire die Maschinen stürmten, griffen zu Aktionsformen der Selbstverteidigung, die sie aus den Hungerunruhen der alten Zeit kannten. Ein politisches Programm war damit nicht verbunden. Der Puritanismus in seiner sozialreformerischen Variante bildete überdies eine Art moralischen Kitt der englischen Gesellschaft. Die englische „jakobinische" Bewegung und der demokratische Radikalismus eines Thomas Paine fanden keine Resonanz in der Mehrheit der Bevölkerung. Die Härten der Kriegszeit trugen vielmehr dazu bei, daß die englische Regierung unter William Pitt dem Jüngeren im Zeichen des nationalen Notstandes die politische Kontrolle behaupten und verschärfen konnte. Wie überall in Europa, so setzte auch in England unter dem Eindruck der französischen Revolution eine antirevolutionäre Repressivpolitik ein, die 1799 in dem Verbot sämtlicher Arbeiterkoalitionen und politischer Assoziationen gipfelte. Es ist jedoch bezeichnend für die englischen Verhältnisse, daß diese Politik nicht als Reaktion, sondern – unter dem mächtigen Einfluß des liberalen Publizisten Edmund Burke – als Bewahrung von Tradition in der Kontinuität englischer Freiheiten im Kampf gegen die „abstrakte" Freiheitsdoktrin der französischen Revolutionäre ausgegeben werden konnte. So zählt es nur scheinbar zu den Paradoxien in der Geschichte der anhebenden Moderne, daß ausgerechnet das Land, dem die Pionierrolle in der wirtschaftlichen Entwicklung zufiel, als Verfechter des politischen Traditionalismus und Konservativismus an die Spitze der europäischen Gegenrevolution trat.

England und die französische Revolution

In der europäischen Staatenwelt des ausgehenden 18. und beginnenden 19. Jahrhunderts nahm England eine einmalige und so nicht wiederholbare Sonderstellung ein. Unter den andersgearteten Bedingungen auf dem Kontinent war es gar nicht möglich, das englische Beispiel sofort und überall zu kopieren. Vorerst waren die Regierungen weder fähig noch bereit, den für den wirtschaftlichen Fortschritt erforderlichen Preis zu zahlen, nämlich die grundlegende Veränderung der politischen und gesellschaftlichen Verhältnisse. Nicht England, sondern das revolutionäre Frankreich stellte die Weichen für die Modernisierung des europäischen Ancien Régime.

3. Die politisch-soziale Revolution in Frankreich

Wirtschaftlicher und sozialer Wandel im 18. Jh.

Im Verlauf des 18. Jahrhunderts, insbesondere seit etwa 1750, erlebte auch Frankreich eine Zeit des raschen sozialen und wirtschaftlichen Wandels. Die Bevölkerung wuchs von 1700–1789 von 21,5 Millionen auf 28 Millionen. Die Landwirtschaft prosperierte bei steigenden Erträgen und einer Hausse der Agrarpreise. Das Volumen des französischen Kolonialhandels vermehrte sich zwischen 1716 und 1787 um das Zehnfache. Erst nach 1770 schob sich in die langfristige Periode wirtschaftlicher Aufwärtsentwicklung ein ökonomischer Zwischenzyklus ein. Der Stagnation folgte seit etwa 1778 eine allgemeine Rezession, so daß am Vorabend der Revolution die Herrschafts- und Gesellschaftskrise von einer Wirtschaftskrise überlagert wurde. Von den langfristigen Strukturwandlungen her gesehen, schien hingegen nichts auf eine Revolution hinzudeuten. Auch die hierarchisierte Ständegesellschaft war längst in einen Auflösungsprozeß hineingerissen, bevor die Revolution sie zum Einsturz brachte. In der jüngeren Forschung hat sich die Ansicht durchgesetzt, daß die Revolution nicht nur einen umwälzenden Bruch darstellt, sondern in sozialökonomischer Hinsicht eher einer Kontinuität folgt und etwas fortführt, das bereits existierte und im Ancien Régime schon vorgeformt war. Selbst für den „klassischen" Fall des revolutionären Wandels gilt, daß die bürgerlich-liberale Gesellschaft gerade nicht aus einer plötzlichen, radikalen Transformation der feudalständischen hervorging. Die Revolution glich mehr einem Dammbruch, der eine Entwicklung freisetzte, die bereits eingeleitet war. Der streitbare englische Historiker Alfred Cobban hat die sozialistische Interpretation eines aufbrechenden Klassenantagonismus zwischen veralteter Aristokratie und fortschrittlicher Bourgeoisie am Ursprung der „bürgerlichen" Revolution schlichtweg als „Mythos" bezeichnet [129: The myth of the French Revolution].

Die drei Revolutionen von 1789

Die politisch-sozialen Probleme des „Übergangs" vom Ancien Régime zur Revolution lassen sich nicht auf den Gegensatz zwischen Adel und Bürgertum reduzieren. Die Revolution entstand aus sehr unterschiedlichen und oft einander widersprechenden Zielvorstellungen der an ihr beteiligten sozialen Gruppen, die sich weder mehr in das Grundmuster der drei Stände – Klerus, Adel, Bürgertum – noch in das Klassenschema einfügen lassen. Man hat von den drei Revolutionen gesprochen, die sich 1789 als Teilprozesse mit stark gegensätzlicher Tendenz ineinanderschoben: die Revolution der Bauern, die Revolution der städtischen Unterschichten und die Revolution der Abgeordneten auf den Generalständen in Versailles [139: F. Furet, D. Richet].

Ursachen der Bauernrevolution

Die Ursachen der Bauernrevolution hängen aufs engste zusammen mit dem Umwandlungsprozeß der ländlichen Gesellschaft im 18. Jahrhundert. Der entscheidende Schlüsselvorgang auf dem Lande war die „Verbürgerlichung" der Seigneurie. Die Grundherrschaft war kein Hindernis, sondern eher ein Wegbereiter des ländlichen Kapitalismus. Zwei Grundtendenzen zeichneten sich ab: die Kommerzialisierung und Konzentrierung des Grundbesitzes und der wachsende Einfluß einer unternehmerischen Landbourgeoisie. Die adligen Grundherren entwickelten ein geradezu „bürgerliches" Erwerbsstreben und Finanzinteresse. Das Abgabenwesen wurde durch Grundbuchkommissare rationalisiert; der selbstbewirtschaftete Landbesitz wurde mit Hilfe seigneurialer Vorkaufsrechte, teilweise auch durch Usurpierung der Allmende, vergrößert und an kapitalkräftige Pächter ausgegeben. Man hat die Revision der Grundbücher und das Bemühen, alte Rechtstitel geltend zu machen und die Abgabenrückstände der Bauern einzutreiben, vielfach eine „feudale Reaktion" genannt. Es fragt sich jedoch, inwieweit der Begriff „Feudalität" (féodalité) auf die veränderten Verhältnisse noch zutrifft. In manchen Gegenden fielen die eigentlichen Feudalabgaben – Grundzinsen, Feldzehnten, Besitzwechselabgaben, Sterbfallsgelder etc. – kaum noch ins Gewicht. Die Einkünfte aus seigneurialen Rechten konnten zwar bis zu einem Drittel des Gesamteinkommens ausmachen – so in der Bourgogne und in der Bretagne –; in den Getreidegebieten um Paris waren es jedoch nur noch wenige Hundertstel. Die Einnahmen aus der Geld- und Naturalpacht sowie die Gewinne aus der Selbstbewirtschaftung übertrafen die alten Feudalabgaben immer mehr an Bedeutung.

Im Zeitalter der hohen Grundrenten – die Pachtzinsen stiegen im 18. Jahrhundert trotz der Hausse der Agrarpreise real um 51% an – bot der Grundbesitz auch dem reichen Stadtbürgertum eine lohnende und sichere Kapitalanlage. Zwischen adligen und großbürgerlichen Grundherren entstand so eine Interessenkonvergenz. Die Folge war, daß die Bauern am Ende des Ancien Régime nur noch über ein Drittel des Bodens verfügten. Der übrige Landbesitz fiel etwa zu 10% an den Klerus, zu 20% an den Adel und bereits zu 30% an das städtische Bürgertum. Die Kehrseite dieser einseitigen Mobilisierung des Bodens war die Zersetzung der Dorfgemeinschaft. Das wechselseitige Treueverhältnis von Schutz und Hilfe löste sich auf; die Kluft zwischen den reichen, oft ortsfremden Pächtern und Gutsverwaltern einerseits und der Masse der Kleinbauern andererseits verbreiterte sich. Bevölkerungswachstum, Preishausse und Grundbesitzkonzentration trugen dazu bei, daß sich seit 1750 das Landproletariat der Tagelöhner, Saisonarbeiter und Umherirrenden ständig vermehrte und in manchen Gegenden über 60% der Landbevölkerung ausmachte. So sammelte sich ein Konfliktpotential an, das sich nicht erst in den Bauernaufständen von 1789, sondern schon seit 1750 in einer Welle von Auflehnungen und Unruhen entlud.

Die bäuerliche Empörung erwuchs nicht mehr allein aus der Adelsfeindschaft. Gewiß: es war das alte Gehäuse der Seigneurie, in das sich der ländliche Kapitalismus einnistete. Trotz der Abschwächung der mit der Seigneurie verbundenen feudalen Elemente blieb der schikanöse Charakter der Grundherrschaft erhalten – mit allem, was dazu gehörte: die Forderungen auf Fronarbeit, die Jagd-, Fischerei-, Mühlen-, Kelterei- und Braumonopole des Adels, die seigneuriale Gerichtsbarkeit. Hinzu kam jedoch das antibürgerliche Mißtrauen der Bauern gegen die ortsfremden Städter, die ihnen als Großpächter, Pächter, Gutsverwalter und Grundbesitzer das Land wegnahmen. Die Bauernrevolution entstand auch und nicht zuletzt aus dem Widerstand gegen einen als zu rasch empfundenen ökonomischen Wandel, als „archaische Form" seiner Ablehnung [118: P. Bois]. Insofern zählten die aufständischen Bauern nicht zum „fortschrittlichen" Bürgertum. Im Gegenteil: Sie versuchten verzweifelt, die alten, vorkapitalistischen Verhältnisse wiederherzustellen.

Ursachen der munizipalen Revolution

Ähnliches gilt für die Revolution der klein- und unterbürgerlichen Schichten in den Städten. Der Pariser „menu peuple", die kleinen Handwerker und Ladenbesitzer, die 1792/93 den Kern der Sansculotten-Bewegung bildeten, stemmten sich gegen den wirtschaftlichen Fortschritt, der die Reichen immer reicher und die Armen immer ärmer werden ließ. Von 1741–1785 betrug die Steigerung der Lebenshaltungskosten 65%, während die Löhne kaum anstiegen. Der Brotpreis verschlang über die Hälfte, in Zeiten der Teuerung sogar über 80% des Familieneinkommens. Der Widerstand äußerte sich jedoch noch ganz im Stil traditioneller Brotunruhen und Hungerrevolten. Schon im sog. Mehlkrieg von 1775 wurden die Lager des Pariser Mehlmarktes und die Bäckerläden geplündert. Damals tauchte auch bereits die Forderung nach einer Festsetzung des Brotpreises auf, die später in das Programm der Sansculotten einging. Die notleidende Bevölkerung suchte einen Ausweg in der staatlichen Reglementierung der Wirtschaft, eine rückwärtsgewandte und an der Vergangenheit orientierte Vorstellung, die gegen die Interessen des Handels- und Manufakturbürgertums verstieß.

Wirtschaftskrise der achtziger Jahre

Es gehört zu den kurzfristigen, akzidentiellen Ursachen der französischen Revolution, daß die Wirtschaftsrezession das soziale Klima Ende der achtziger Jahre krisenhaft verschärfte. Die Freigabe der Getreideausfuhr, Mißernten und Viehseuchen führten zu einer akuten Versorgungs- und Ernährungskrise. Der 1786 abgeschlossene liberale Handelsvertrag mit England erleichterte die Einfuhr billiger britischer Waren und brachte die französischen Produzenten in Bedrängnis, die einen Teil ihrer Arbeiter entlassen mußten. In den Städten herrschte Arbeitslosigkeit und Hungersnot; viele Bauern verloren ihren Nebenverdienst in der Heimindustrie. Der Brotpreis kletterte manchenorts um über 100% und erreichte in Paris am Tag der Erstürmung der Bastille, am 14. Juli 1789, den Spitzenstand des Jahrhunderts.

Bedeutung der Volksaufstände

Dennoch begann die Revolution nicht mit Bauernaufständen und Straßenkämpfen. Erst im Juli 1789, nach der Revolte des Adels und nach der Revolution der bürgerlichen Abgeordneten in Versailles, kam es zu den Gewaltausbrüchen der städtischen und ländlichen Volksmassen. Neben wirtschaftlichen und sozialen Motiven gab die Furcht vor einer Adelsreaktion und vor dem Bürgerkrieg den entscheidenden Impuls für die Aufstände. In Paris setzte der Sturm auf die Bastille – der zunächst mit der Suche nach Waffen begann, die angeblich in der Bastille lagerten – das Signal für die munizipale Revolution, die auf die Provinzstädte übergriff. Auf dem Lande verbreitete sich wie ein Flächenbrand die „Grande Peur" [175: G. Lefebvre], die große Angst vor einer Aristokraten- und Auslandsverschwörung, eine Massenpsychose, die zugleich durch Falschmeldungen über heranziehende Räuber- und Bettlerbanden ausgelöst wurde. Im Kampf gegen die eingebildeten Gefahren rotteten sich die Bauern zusammen und stürmten die Schlösser und Gutshöfe der Grundherren. Im Oktober 1789 erzwang der Zug der Pariser nach Versailles die Verlegung des Hofes nach Paris; der König geriet immer mehr in die Abhängigkeit seiner Hauptstadt. In der Entscheidungssituation des Jahres 1789 haben die Volksaufstände den revolutionären Prozeß vorangetrieben. Der Pariser „menu peuple" und die rebellierenden Bauern verfolgten jedoch eigene Ziele und Interessen, die mit denen des Besitzbürgertums nur bedingt übereinstimmten.

Der die Revolution initiierende Konflikt spielte sich 1789 an der Spitze der sozialen Pyramide ab. Am Anfang der Revolution stand eine Krise der Herrschaft und der Eliten. Die katastrophale Finanzsituation des französischen Staates führte zum Macht- und Autoritätsverlust der Krone. Die Teilnahme am österreichischen Erbfolgekrieg, am Siebenjährigen Krieg und zuletzt am Amerikanischen Unabhängigkeitskrieg türmte eine riesige Schuldenlast auf, zu deren Tilgung 1788 nicht weniger als 50% der Staatseinnahmen ausgegeben werden mußten. Das Defizit, das der Öffentlichkeit durch die Finanzminister Necker, Calonne und Loménie de Brienne zuerst verhüllt, dann aber offen bekanntgegeben wurde, betrug 1786 100 Millionen, d. h. 20% der Einnahmen, und erhöhte sich laufend durch weitere Staatsanleihen. Eine durchgreifende Steuerreform, die ohne Beseitigung der Steuerprivilegien von Klerus und Adel nicht möglich war, scheiterte immer wieder am Widerstand der Parlamente, der französischen Gerichtshöfe, die 1787/88, in der sog. Vorrevolution, offen gegen die Krone rebellierten. Ludwig XVI. gab schließlich dem Drängen des Pariser Parlaments nach und berief die Generalstände, die seit 1614/15 nicht mehr getagt hatten. In dieser Situation brach das antiabsolutistische Bündnis der Stände, bisher angeführt durch die Parlamentsaristokratie, auseinander. Die in Versailles versammelten Abgeordneten des Dritten Standes bekämpften die politischen Vorrechte und die Privilegien der ersten beiden Stände und nahmen für sich in Anspruch, die Nation zu repräsentieren.

Finanzkrise und Vorrevolution

Ursachen des Ständekonflikts

Dieser offenkundige Antagonismus zwischen Adel und Bürgertum war jedoch nur teilweise in der sich auflösenden Ständegesellschaft angelegt. Vieles deutet eher auf eine soziale Annäherung der politischen Kontrahenten hin. Zwar unterschied sich der Adel nach wie vor durch das Privileg vom Dritten Stand; er besaß Steuerfreiheiten, Ämtermonopole, seigneuriale Vorrechte und zahlreiche Ehrentitel. Die Ämterkäuflichkeit brachte es jedoch mit sich, daß auch zahlreiche Bürgerliche zu Ämterwürden aufstiegen und mit ihnen den Adel erwarben. Ganz anders als in England teilte das französische Bürgertum bis zu einem gewissen Grad die Vorurteile des Adels gegen Handels- und Geschäftsberufe. Einmal zu Reichtum gelangt, zogen es die französischen Kaufleute, Großhändler, Manufakturbesitzer und Bankiers vor, Ämter zu kaufen, Landgüter zu erwerben und adlig zu leben. Die sog. Rentnerbourgeoisie, die ihr Vermögen aus Bodenrenten, Ämterpensionen und den Zinsen aus Staatsanleihen bezog, bildete den Kern des französischen Besitzbürgertums, das mit dem Industriebürgertum des 19. Jahrhunderts noch kaum etwas gemeinsam hatte. 1787 machte das Vermögen der propriétaires aus Land- und Hausbesitz, Ämtern und Renten 80% des gesamten französischen Privatvermögens aus. Auch die Bankiers und Finanzleute waren in der Regel noch ganz im Finanzsystem des Ancien Régime, im sog. Hofkapitalismus, verwurzelt. Sie organisierten die Staatsanleihen oder zählten zu den Steuerpächtern.

Andererseits paßte sich ein Teil der Aristokratie dem Bürgertum an. Nicht nur die Seigneurie wurde in einen kommerzialisierten Landwirtschaftsbetrieb verwandelt; einige Adlige suchten auch eine Ergänzung ihrer Einkünfte in Handel und Industrie. Die „dérogeance" wurde nicht mehr streng beachtet und ließ sich durch bürgerliche Strohmänner umgehen. Außerdem gehörten Bergbau und Metallgewinnung seit je zu den Bodenregalien des Adels. Gegen Ende des Ancien Régime beteiligten sich mehrere Adlige an Industrieunternehmen, z. B. die Herren von Wendel an den Minen von Anzin und an der Eisenfabrik von Le Creuzot. Viele Manufakturen waren im Besitz des Hochadels: des Herzogs von Orléans, des Grafen von Artois, des Herzogs von Rochefoucault-Liancour, des Vicomte von Ségur etc. Nach Erwerbsarten und Produktionsformen unterschied sich das adlige nicht vom bürgerlichen Vermögen.

Auch im kulturellen Bereich verkehrten Adlige und Bürgerliche in denselben Institutionen. In den Akademien, Salons, Lesezirkeln und Logen der Aufklärungsbewegung galt nicht mehr die Herkunft, sondern die Vernunft als Ausweis. Von geistigem Niedergang des Adels kann keine Rede sein. Immerhin kamen 15% (in Paris 22%) der Freimaurer und sogar 37% der Mitglieder in den Provinzialakademien aus dem Adel. In der Praxis wurde zwar das überständische Integrationsideal noch vielfach unterlaufen, etwa durch die exklusive Mitgliederbeschränkung der Akademien oder durch die Spezialisierung der einzelnen Logen eines Ortes auf bestimmte Sozial- oder Berufsgruppen. Aber ihrem Selbstverständnis nach bildete die Aufklärungsgesellschaft eine offene, aristokratisch-bürgerliche Elite.

Wie aber kam es dennoch zu dem Ständekonflikt von 1789? Es war paradoxerweise die relative Offenheit des Adels, die ihn hervorrief. Auch in der Oberschicht gab es eine Gruppe von Benachteiligten, die sich gegen den sozialen Wandel auflehnte. Der Provinz- und Landadel, der keineswegs mit denselben Reichtümern gesegnet war wie der luxuriös lebende Hof- und Robenadel von Paris, hegte ein starkes Mißtrauen gegen die geadelten Emporkömmlinge bürgerlicher Herkunft. Die entscheidende Frage lautete nicht: Adel oder Bürgertum, sondern: Altadel oder Neuadel. Die Kleinadelsfamilien versteiften sich auf die eifersüchtige Verteidigung ihrer altaristokratischen Berufspositionen und Privilegien. 1781 wurde das Dekret des Kriegsministers Ségur erlassen, das dem Altadel die hohen Offiziersränge in der Armee reservierte. Man hat auch in diesem Zusammenhang von einer „réaction féodale" gesprochen. Aber in Wirklichkeit änderte sich kaum etwas an der Rekrutierung der Eliten. Die oberen Ränge in der Armee, die

Ministerposten und die hohen Kirchenämter waren immer schon dem Altadel vorbehalten gewesen. Andererseits verlieh der durch die finanzielle Notlage unter Druck gesetzte Monarch auch weiterhin den Adelstitel an Neulinge, die sich in die Ämter bei Hof, in der Verwaltung und an den Gerichtshöfen einkauften. Insgesamt traten von 1774–1789 3389 Personen in Ämter ein, die den Adelstitel verliehen, davon waren nicht weniger als 73% bürgerlicher Herkunft. Der Altadel hatte Grund genug, sich über das Anwachsen der sozialen Mobilität zu beunruhigen. Die „aristokratische Reaktion" entsprach keiner tatsächlichen Abschließung des Adels; sie spiegelt vielmehr eine Identitätskrise des Adels wider und sein vergebliches Bemühen, auf der sozialen Differenzierung zu beharren. Umgekehrt war der Mechanismus der sozialen Mobilität für jene Bürger zu eng, die ehrgeizig nach oben strebten und die Nobilitierung nicht erreichten. Die Monarchie, die mit der Adelsverleihung die Zirkulation der Eliten steuerte, geriet in die Isolation. Sie konnte weder die Wünsche des Adels noch die des wirtschaftlich erstarkenden Bürgertums erfüllen. Alle Versuche, zu einem Aufgeklärten Absolutismus oder liberalen Reformismus vorzustoßen, wie sie zuletzt Turgot unternahm, scheiterten. Mit den Worten von François Furet: „. . . der wichtigste Schlüssel zum Verständnis der politisch-sozialen Krise des 18. Jahrhunderts (ist) nicht eine hypothetische Verschließung des Adels, noch dessen globale Verfeindung gegenüber der Bourgeoisie im Namen einer imaginären ‚Feudalität', sondern im Gegenteil seine Öffnung, die für den Zusammenhalt des Standes allzu breit war, für den Wohlstand des Jahrhunderts aber allzu eng. Die beiden großen Erbteile der französischen Geschichte, die Ständegesellschaft und der Absolutismus, treten in einen ausweglosen Konflikt" [218: Der revolutionäre Katechismus].

Politische und soziale Führungsschichten

Der Rivalitätskampf konkurrierender Eliten war 1789 mit der Abschaffung der Privilegien nicht beendet. Im Verlauf der Revolution kam es immer wieder zu Spaltungen innerhalb der politischen Führungsschichten. Schon während der Verfassungsberatungen der Assemblée constituante zerfiel die Patriotenpartei in die Anhänger Mirabeaus, gemäßigte Monarchisten, die für eine Aussöhnung zwischen Königtum und Drittem Stand eintraten, und in die Gruppe um Sieyès, die das von Mirabeau verteidigte Vetorecht des Monarchen bekämpfte. Nach Mirabeaus Tod (2. April 1791) rivalisierten die Wortführer einer Versöhnungspolitik – Lafayette, der Leiter der Nationalgarde, und das sog. Triumvirat: Barnave, de Lameth und Duport – unter- und gegeneinander um politischen Einfluß. Im Juli 1791, nach dem gescheiterten Fluchtversuch der königlichen Familie, begann die Agitation der radikalen Clubs für die Schaffung einer Republik. Im Herbst 1791 spaltete sich der Pariser Jakobinerclub: Die gemäßigte Mehrheit seiner Mitglieder lief zu den Monarchisten über, die nach ihrem Versammlungsort, dem Kloster der Zisterzienser, „Feuillants" genannt wurden. Trotzdem dominierte in der neu gewählten Assemblée législative, die im Oktober 1791 zusammentrat, die kleine, aber aktive Gruppe der radikalen Girondisten, deren Wortführer aus dem Departement Gironde kamen. Im März 1792 berief der König girondistische Minister (Roland, Clavière, Dumouriez). Die Spannungen auf dem linken Flügel führten in der Folgezeit zu den Machtkämpfen zwischen Girondisten und den weiter links stehenden Montagnards – so genannt, weil sie auf den höchsten Bänken des Sitzungssaales, auf dem „Berg", saßen. Innerhalb der Bergpartei selbst zeichneten sich die mit den Namen Danton und Robespierre verknüpften extremen Richtungen ab. Robespierre verdankte seinen Aufstieg der Unterstützung der Pariser Sansculotten und dem wachsenden Einfluß, den der Krieg im Wechsel von Sieg und Niederlage auf die innenpolitische Entwicklung nahm. Seine Terrorherrschaft brach 1794 zusammen, als er die Gefolgschaft der Sansculotten verlor und gleichzeitig die Siege der Revolutionsarmee die Beendigung der Kriegsdiktatur ermöglichten.

Kontinuität und Diskontinuität

Trotz der häufig wechselnden Regierungsmannschaften und trotz des raschen Wandels der politischen Regime – von der konstitutionellen Monarchie über die republikanische Konventsherrschaft der Girondisten zur Diktatur der Jakobiner – hat sich die soziale Trägerschicht der Revolution nicht geändert, auch nicht unter den Jakobinern, die aus machtpolitischem und revolutionsstrategischem Kalkül eine offenere Haltung gegenüber der Volksbewegung einnahmen. Die führenden Köpfe der Revolution kamen aus der Schule der Aufklärung, aus dem liberalen Adel oder aus den intellektuellen Kreisen des Bürgertums; die meisten waren Juristen und Journalisten. Die große Mehrheit der Abgeordneten, die nach der Sitzordnung im Parlament die Ebene, „la plaine", oder der Sumpf, „le marais", genannt wurde, blieb durchgängig bürgerlich. Sie richtete ihre politische Haltung nach der jeweiligen innen- und außenpolitischen Mächtekonstellation. In den Jahren der napoleonischen Herrschaft entstand schließlich die Notabelngesellschaft, eine alt-neue Elite, die an den Grundkriterien der alten Gesellschaft, Grundbesitz und Ämterwürde, festhielt. „Insgesamt liegt der soziale Sinn der Revolution darin, daß sie eine Barriere überspringen ließ, daß sie diese weiter vorgeschoben hat, daß sie gewisse Spannungen an der Spitze der Gesellschaft beseitigte . . .". Trotz dieser bedeutsamen internen Verschiebungen innerhalb der Eliten hat jedoch die Revolution die sozialen Strukturen nicht grundlegend verändert, „so daß Frankreich wahrscheinlich auch ohne Revolution den gesellschaftlichen Zustand um 1800 erreicht hätte, wenn das Königtum den Willen und die Mittel besessen hätte, die Entwicklung, die sich schon einige Dezennien früher angebahnt hatte, zu beschleunigen und zu legitimieren" [111: L. BERGERON].

Andererseits stellt sich die Frage: Worin bestand der revolutionäre Bruch? Welche politisch-sozialen Errungenschaften machten die französische Revolution zu jenem säkularen Ereignis, mit dem die „moderne Welt" beginnt? Ein Überblick über die Ergebnisse der Revolution belegt auf seine Weise, daß sich „Traditionalität" und „Modernität" nicht scharf voneinander trennen lassen.

Die Revolution begann mit der Liquidation der ständischen Partikularrepräsentation und der Schaffung einer souveränen Nation. Im Konflikt zwischen Absolutismus und Ständegesellschaft, der 1787/88 in der Vorrevolution, dem Aufstand der Parlamente, gipfelte, bekämpfte die aristokratisch-bürgerliche Elite der Aufklärungsgesellschaft noch geschlossen und einmütig den „Despotismus" der Krone. Erst nach der Einberufung der Generalstände, als die öffentliche Diskussion über die Zusammensetzung und den Abstimmungsmodus der Ständeversammlung einsetzte, wurde es offensichtlich, daß die Parlamentsaristokratie nur ihre eigenen standesegoistischen Interessen verfolgte. Im September 1788 befürwortete das Parlament von Paris die Zusammensetzung der Generalstände nach dem Muster von 1614. Die Vertreter des Dritten Standes hingegen forderten die gemeinsame Abstimmung, nicht nach Ständen, sondern nach dem Mehrheitsprinzip (vote par tête), und vor allem die verdoppelte Stimmenzahl für den Tiers Etat (doublement du Tiers). Mit den Wahlvorbereitungen wuchs gleichzeitig die politische Erregung der unter der Wirtschaftskrise schwer leidenden Bevölkerung. Die Urwählerversammlungen, in denen die Beschwerdehefte (Cahiers de doléances) der Wähler zusammengestellt wurden, mobilisierten auch das einfache Volk zu politischen Willenskundgebungen.

Forderungen des Tiers Etat auf den Generalständen

Das Ziel, wie es der Abbé Sieyès als Wortführer des Tiers in seiner berühmten Kampfschrift „Was ist der Dritte Stand?" propagierte, war zunächst noch die politische Gleichberechtigung mit den Privilegierten. Erst als sich der Widerstand von Krone und Adel versteifte, kam es am 17. Juni 1789, sechs Wochen nach der Eröffnung der Generalstände in Versailles, zu jener revolutionären Deklaration, die mit dem Rückgriff auf Rousseaus Lehre von der Volkssouveränität die politische Herrschaft auf eine völlig neue Legitimationsgrundlage stellte. Sieyès beantragte, die Versammlung solle sich zur Nationalversammlung (Assemblée nationale) erklären; die Abgeordneten des Tiers betrachteten sich nicht länger als Stand, sondern als die wahren Vertreter des französischen Volkes. Das war ein revolutionärer Akt, mit dem die Abgeordneten bewußt den Bürgerkrieg riskierten. Die Umwandlung der Ständeversammlung in eine Repräsentativversammlung, die sich auf den Willen der Nation (volonté nationale) berief, war nicht mehr vereinbar mit der geltenden Staatslehre, wonach dem König allein die Aufgabe zukam, als princeps legibus absolutus für das Gemeinwohl zu sorgen und die Einheit des Landes zu repräsentieren, während es den Ständen oblag, ihre Sonderinteressen zu vertreten und lediglich Entscheidungshilfen zu leisten. Die Versammlung des Tiers erhob sich „eigenmächtig von einem Hilfsorgan der Krone innerhalb der ständischen Verfassung zur selbständigen Gestalterin der Geschicke Frankreichs . . . Auf diese Weise gelang es der Assemblée nationale, in ein und demselben Zug die Funktion der ständischen Partikularrepräsentation zu liquidieren und gleichzeitig die Funktion der nationalen Gesamtrepräsentation weitgehend zu usurpieren" [217: E. SCHMITT]. Erstmals wurde auf dem Kontinent die Doktrin der modernen Nationalrepräsentation verkündet. Aber dies geschah auf dem Wege der Umformung der längst bestehenden, traditionellen Institution der Etats Généraux. Sieyès' Konzeption war – wie Rousseaus Theorie von der volonté générale – eine Antwort auf die Dominanz der Partikularinteressen im Ancien Régime und eine Umkehrung des Souveränitätsanspruchs der absolutistischen Monarchie.

Die staatsrechtliche Revolution vom 17. Juni 1789

Das erste große Reformwerk der Nationalversammlung war die Abschaffung der Privilegien. Auf einen Schlag verschwanden alle Sonderrechte der Städte und Provinzen, die Handelsmonopole und Zunftprivilegien, die mit der Grundherrschaft verbundenen Privilegien und Rechtstitel, die Feudalabgaben, die Ämterkäuflichkeit. Die Beschlüsse fielen in der berühmten langen Nachtsitzung vom 4. August 1789, in deren Verlauf die Abgeordneten zu einem regelrechten Freiheitstaumel hingerissen wurden.

„Nacht des 4. August": Abschaffung der Privilegien

Bei Lichte besehen verliert dieses Reformwerk jedoch manches von seinem revolutionären Elan. In den Augustbeschlüssen über die Abschaffung des Feudalsystems und in den später ausgearbeiteten Feudaldekreten wurden die meisten Feudalabgaben nicht entschädigungslos abgeschafft, sondern nur für ablösbar erklärt. Es war vorauszusehen, daß die Bauern gar nicht in der Lage sein würden, die hohen Ablösungssummen aufzubringen. Nur die Kirchenzehnten, die den Klerus betrafen, wurden bezeichnenderweise entschädigungslos preisgegeben. Nachdem völlig unerwartet und zur peinlichen Überraschung der Abgeordneten Ende Juli die Bauernaufstände ausgebrochen waren, standen nicht nur die seigneurialen Adelsvorrechte, sondern auch die Eigentumsinteressen der bürgerlichen Landbesitzer auf dem Spiel. Den „heiligen Rechten des Eigentums", warnte Target, der Abgeordnete von Paris, werde der verderblichste Schaden zugefügt. Den Abgeordneten war zwar in ihrem eigenen Interesse daran gelegen, bestimmte Feudalabgaben abzuschaffen, z. B. die Monopol- und Vorkaufsrechte des Adels, aber niemand dachte daran, alle Grundabgaben aufzuheben.

Dennoch waren die Augustbeschlüsse nicht nur ein „politisches Manöver" [128: A. Cobban], um durch begrenzte Konzessionen die Bauernrebellion einzudämmen. Sie leiteten vielmehr eine rechtliche Revolution von großer Tragweite ein. Seigneuriale Rechtstitel wurden nicht mehr als legitime und „wohlerworbene" Rechte angesehen. Sie galten fortab als Verletzung des Freiheitsprinzips und Ausdruck seigneurialer Anmaßung. Die Feudalitätskommission trennte die feudalrechtlichen von den vertraglich-privatrechtlich begründbaren Abgaben, die nicht auf der Person, sondern auf dem Boden lasteten. Dazu zählten alle Geld- und Naturalabgaben, die der Bauer als Gegenleistung für die Eigentumsübertragung aufzubringen hatte. Sie waren nur gegen Entschädigung ablösbar. Mit dieser Aufsplitterung des „complexum feudale" veränderte sich grundlegend die Rechtsbasis der Eigentumsordnung. Eigentumsansprüche konnten nicht mehr auf der Grundlage feudalständischer Privilegien, sondern nur noch kraft des Vertragsrechts geltend gemacht werden. So entstand der bürgerlich-liberale, am Grundbesitz orientierte Eigentumsbegriff, der später in den Code Civil einging und unter der napoleonischen Herrschaft auf andere europäische Länder übertragen wurde. Es verdient jedoch Beachtung, daß die Augustbeschlüsse für jene Gegenden Frankreichs, in denen die Grundrenten bereits dominierten, schon bestehende Verhältnisse legalisierten. Die Auflösung der traditionellen Grundherrschaft war in der sozialen Wirklichkeit seit langem vorgeprägt. Auch die Möglichkeit der Ablösung war schon im Rahmen der physiokratischen Theorien diskutiert worden.

Erklärung der Menschen- und Bürgerrechte

Die neue Rechtsetzung konnte sich nicht auf den privatrechtlichen Bereich beschränken. Die Abschaffung der Privilegien erforderte eine verfassungsrechtliche Sanktionierung. Das geschah am 26. 8. 1789 in der Erklärung der Menschen- und Bürgerrechte, die bis heute zum klassischen Bestand einer liberalen Verfassung zählen. Die neue Gesellschaftsordnung wurde gesetzmäßig geformt und auf unangreifbare Rechtsnormen festgelegt, auf die natürlichen, d. h. angeborenen und unveräußerlichen Rechte des Menschen. Die Berufung auf ein rational verstandenes Naturrecht brach mit dem historischen Recht – ganz im Gegensatz zu den englischen Freiheitsrechten, die sich von der Magna Charta bis zur Bill of Rights von 1689 immer als Bestätigung altständischen Herkommens ausgegeben hatten. Zum ersten Mal beriefen sich die Amerikaner in der Unabhängigkeitserklärung und in den einzelstaatlichen Verfassungen auf die Theorie des Naturrechts, weil die Loslösung von England auf der Basis des historischen Rechts nicht mehr legitimierbar war. Allerdings bestand in Kolonialamerika eine relativ traditionslose Gesellschaft, in der es keine feudalständischen Privilegien gab. Der sozialrevolutionäre Charakter der Menschenrechtserklärung kam deshalb erst in Frankreich voll zur Geltung. In den Menschenrechten fand die Revolution ihre dogmatische Begründung. Ein Vergleich mit der amerikanischen Vorlage macht das sehr deutlich: Der erste Artikel verkündete nicht allein den Anspruch auf Freiheit und Rechtsgleichheit, sondern fügte den Protest gegen die bestehende Rechtsungleichheit der Stände hinzu: „Die Menschen sind und bleiben von Geburt frei und gleich an Rechten. Soziale Unterschiede dürfen nur im gemeinen Nutzen begründet sein." Im zweiten Artikel wurden die Menschenrechte als Ziel „jeder politischen Vereinigung" postuliert. Der dritte Artikel handelte vom Ursprung der Gewalt, und dahinter stand deutlich die Erfahrung, daß hier die Garantie für alles Übrige lag: „Der Ursprung jeder Souveränität liegt letztlich in der Nation." Es folgte sofort die Absage an alle Korporationen und Individuen, die sich Gewalt anmaßen und an Sonderinteressen festhalten. Auch die Erläuterungen, die zu den Einleitungsartikeln gegeben werden, fehlten im amerikanischen Text. Die Freiheit besteht darin, „alles zu tun, was niemand anderem schadet". Die Grenzen bei der Ausübung dieses Rechts „können allein durch Gesetze festgelegt werden". Artikel 6 übernimmt direkt Rousseau: „Das Gesetz ist der Ausdruck des allgemeinen Willens", der „volonté générale", ein Begriff, der den Amerikanern ganz unbekannt war und der sich nur aus dem Widerstand gegen die partikularständische und absolutistische Tradition des Ancien Régime erklärt. In Amerika ist das Gesetz einfach das Ergebnis der Beschlüsse der Volksvertreter. Auch der Grundsatz der Gewaltenteilung, der schon in der Menschenrechtserklärung festgelegt wurde, galt als Schutz gegen eine Rückkehr des Absolutismus. Alle anderen Artikel entwickelten die Auswirkungen dieser Grundsätze: zivilrechtliche Gleichberechtigung, Zulassung aller zu den Ämtern, Steuergleichheit, Garantie des Privateigentums, Meinungsfreiheit, Glaubensfreiheit, Pressefreiheit („unter Vorbehalt der Verantwortlichkeit für den Mißbrauch dieser Freiheit in den durch Gesetz bestimmten Fällen"), Habeas Corpus, nulla poena sine lege.

Vieles in dieser Erklärung blieb abstrakt. Es wurde nichts darüber gesagt, wie die Rechtsgleichheit mit der wirtschaftlichen Ungleichheit zu vereinbaren sei. Die Vorstellung einer solidarischen, der volonté générale verpflichteten Nation ignorierte die vorhandene Gesellschaft, in der auch nach dem Verschwinden der Stände weiterhin Einzelinteressen existierten. Dennoch lag gerade im Doktrinarismus, im Anspruch auf universelle Gültigkeit, die normensetzende Kraft und Wirksamkeit der Menschenrechtserklärung weit über die Grenzen Frankreichs hinaus.

Versuch der konstitutionellen Monarchie

Die Erklärung der Menschen- und Bürgerrechte bildete die Präambel der Repräsentativverfassung vom 3. September 1791. Am 20. Juni 1789 hatten die Abgeordneten der Nationalversammlung den berühmten „Schwur im Ballhaus" abgelegt, sich niemals zu trennen, bis sie Frankreich eine Verfassung gegeben hätten. Das Verfassungswerk der Konstituante begründete den ersten demokratisch-legitimierten Nationalstaat mit einer Repräsentativverfassung auf dem Kontinent. Die Menschenrechtserklärung hatte bereits die Prinzipien der Volkssouveränität und Gewaltenteilung festgelegt. Das schwierigste Problem der Verfassungsberatungen bestand darin, die Exekutivgewalt des Monarchen bzw. die Trennung von Exekutive und Legislative (nach Montesquieus Lehre von der Gewaltenteilung) mit der Volkssouveränität in Übereinstimmung zu bringen. Zur Diskussion standen das absolute Vetorecht des Königs und die Errichtung eines Oberhauses. In den Auseinandersetzungen hierüber zerbrach erstmalig die Einheit der Patriotenpartei. Mounier warnte vor der unbeschränkten Macht einer einzigen Kammer; Condorcet entgegnete, der einzige Weg, um die Regierung in der Hand zu behalten, sei ein einziges Haus, in dem die Rechte des Volkes klaren Ausdruck fänden. Die einen, voran Mirabeau, traten für eine starke unabhängige Exekutive und das absolute Veto des Königs ein, die anderen, voran Sieyès, betonten, daß die Exekutive nur eine Funktion der Legislative sei. Zwar sei das Amt des Monarchen erblich, er selbst unabsetzbar und sein Einfluß zu respektieren, aber auch der König sei nur ein Mensch und sein Veto zähle als eine Stimme unter anderen. Der Streit, in den sich bald ganz Paris hineinmischte, war politisch von höchster Brisanz: denn was sollte geschehen, wenn der König die Verfassung nicht akzeptieren oder ein Oberhaus zur Aristokratie zurückführen würde? Dem amerikanischen Konvent waren solche Fragen erspart geblieben. Frankreich besaß nun einmal eine aristokratische Vergangenheit und einen Monarchen, an dessen Absetzung vorerst noch niemand dachte. Es zeigte sich sehr deutlich, daß die Voraussetzungen für eine ausgewogene Verfassung nach amerikanischem Vorbild in Frankreich nicht gegeben waren.

Die Verfassung von 1791 schlug schließlich einen Mittelweg ein. Mit der Entscheidung für eine einzige Kammer verwirklichte sie das Prinzip der nationalen Einheit und der Volkssouveränität, wenngleich das Wahlrecht an die Zahlung einer Mindeststeuer gebunden blieb; sie trennte Legislative und Exekutive nach dem Gewaltenteilungsprinzip und fand die Vermittlung beider Prinzipien in der Vorstellung, daß die Exekutivgewalt dem König von der Legislative delegiert sei.

Einerseits wurde der König so zum bloßen Funktionär der Nationalversammlung, andererseits billigte ihm die Verfassung jedoch ein suspensives Veto zu. Dieser Kompromiß in der Vetofrage, der dem König die Macht gab, eine von der gesetzgebenden Versammlung beschlossene Maßnahme um sechs Jahre hinaus zu verzögern, erwies sich in einer Zeit politischer Wirren als ein verhängnisvoller Fehler. Das Problem, die alte traditionsreiche Institution der Monarchie mit den neuen Verfassungsprinzipien zu versöhnen, blieb unlösbar.

Verwaltungs- und Justizreform

Das Verfassungswerk von 1791 wurde vorbereitet durch die Verwaltungs- und Justizreform. Die Reorganisation der Verwaltung war umso dringlicher, als dem Monarchen auch weiterhin der gesamte Exekutivapparat überlassen blieb. Außerdem drohte der Widerstand der lokalen ständischen Gewalten. Durch das Departementsgesetz vom 22. Dezember 1789 wurde Frankreich in dreiundachtzig etwa gleich große Departements nach geographischen Gesichtspunkten und ohne alle Rücksicht auf historische Provinzen eingeteilt. Sie erhielten gleichartig gewählte Vertretungskörperschaften. Die Departements gliederten sich in Distrikte; die unterste Einheit bildete die Gemeinde. Auch die Gerichtsorganisation wurde neu geordnet. Die Rechtspflege wurde von der Verwaltung getrennt und gewählten Friedensrichtern und Bezirkstribunalen, die Strafjustiz gewählten Geschworenengerichten übertragen. Ein zentraler Kassationshof in Paris sorgte für eine einheitliche Rechtsprechung. Ein Oberster Gerichtshof für Ministervergehen und Staatsverbrechen schuf für die Volksvertreter die einzige Möglichkeit, die vom Monarchen ernannten Minister zur Verantwortung zu ziehen. Die Vorrichtung der Ministeranklage wurde später vielfach von den deutschen frühkonstitutionellen Verfassungen nachgeahmt.

Im Frankreich der ersten Revolutionsphase entstand so ein höchst widersprüchliches Nebeneinander alter und neuer Institutionen. Der traditionelle, allein vom Monarchen kontrollierte Regierungsapparat stieß auf eine gewählte Verwaltung in den Departements, Bezirken und Gemeinden. Erst in der Zeit der Jakobinerherrschaft wurde die Verwaltung zentralisiert: Die Konventskommissare kontrollierten die Ausführung der Gesetze in den Departements. Unter Napoleon schließlich traten von der Regierung ernannte Präfekten und Unterpräfekten an die Spitze der Departements- und Bezirksverwaltungen. Die Selbstverwaltung der Gemeinden wurde abgeschafft. Auch in der Justiz ließ Napoleon nur noch die Wahl der Friedensrichter zu.

Nicht von ungefähr ist gerade am Beispiel der Verwaltungsreorganisation schon vor mehr als hundert Jahren von Tocqueville der These der Revolutionsanhänger widersprochen worden, daß die Revolution ein radikaler Bruch mit der Vergangenheit gewesen sei. In Wahrheit habe die Revolution den zentralisierten Staat des Absolutismus vollendet und das Werk der französischen Könige weit erfolgreicher als jene fortgeführt. Es ist auch kein Zufall, daß im administrativen Bereich die Herrscher des alten Europa rasch bereit waren, dem französischen Beispiel zu folgen. Bei den preußischen und rheinbündischen Reformen, erst recht bei den russischen, stand die Verwaltungsreorganisation an der ersten Stelle des Reformprogramms. Damit wuchs jedoch die Gefahr, daß die Reformen, die im Namen der Freiheit begonnen wurden, in Wirklichkeit nur den alten Herrschaftsinteressen dienten, denen ein perfektioniertes Machtmittel zur Verfügung gestellt wurde.

Abschaffung der Zünfte und Korporationen, Loi Le Chapelier

Die Reformen der Konstituante auf wirtschaftlichem Gebiet bewirkten die Freisetzung der Interessen. Das Gesetz über die Abschaffung der Zünfte und Korporationen vom 2. März 1791 begründete die Berufs- und Gewerbefreiheit. Das kurz darauf folgende Gesetz „Le Chapelier" vom 14. Juni verbot – gleichfalls mit Berufung auf die Grundsätze des Wirtschaftsliberalismus – nicht nur die Vereinigung von Handwerksgesellen und Meistern, sondern auch die Zusammenschlüsse von Arbeitern und den Streik. Es besteht kein Zweifel, daß beide Gesetze nicht mehr die Interessen des gesamten Tiers Etat wahrnahmen. Während die Kaufleute und Manufakturbesitzer die Freiheit von Handel und Gewerbe begrüßten, die bisher durch Zunftvorschriften und staatliche Kontrollen der Märkte vielfach eingeengt worden war, sahen sich die kleinen Handwerker ungeschützt der Konkurrenz preisgegeben. Die Sansculottenbewegung von 1792/93 verlangte die Wiederherstellung der Zünfte. Die Freiheit des Getreidehandels begünstigte in Krisenzeiten den Preisauftrieb und führte immer wieder zu Unruhen. Die Weber in St. Etienne, die Seidenarbeiter in Lyon, die Maurer und Zimmerleute von Paris, die im Frühjahr 1791 für Lohnerhöhung streikten, wurden von dem Koalitionsverbot des Gesetzes „Le Chapelier" schwer getroffen. War somit erwiesen, daß der „Bourgeois" unter dem Vorwand der individuellen Freiheit nur für seine eigenen Interessen eintrat? Noch schien die Argumentation der Abgeordneten, die sich als Sprecher der Gesamtnation fühlten, glaubhaft und akzeptabel. Sie richtete sich noch ganz gegen die alte ständische Privilegiengesellschaft. „Die Abschaffung aller Korporationen von Bürgern gleichen Standes und Berufes ist eine der wesentlichen Grundlagen der französischen Verfassung", hieß es im ersten Artikel des Gesetzes „Le Chapelier", „es ist daher verboten, sie de facto, unter welchem Vorwand, in welcher Form auch immer, *wiederzubegründen.*" (Hervorh. v. Vf.). Die Gefahren wurden aus der Sicht der Vergangenheit und noch nicht im Hinblick auf die Zukunft beschworen.

Der Streit um die Kirche

Eine der wichtigsten wirtschaftspolitischen Maßnahmen der Konstituante führte zum Zerwürfnis der Revolution mit der katholischen Kirche: die Säkularisation der Kirchengüter. Schon in der Debatte vom 4. August 1789 war zum ersten Mal das Argument gefallen, daß die Kirchengüter „zweifellos" der Nation gehörten. Die klassische Begründung für den Griff nach dem Kirchenvermögen lieferte dann am 10. Oktober 1789 der Bischof von Autun, Talleyrand, der bei dieser Gelegenheit zum ersten Mal die politische Bühne betrat: „Der Klerus ist nicht Eigentümer wie die anderen Eigentümer, da die Güter, deren Nutznießung er hat und über die er nicht verfügen kann, nicht im Interesse von Personen, sondern für die Verrichtung von Funktionen gegeben worden sind." Drei Tage später stellte Mirabeau in aller Form den Antrag, die Kirchengüter zum Nationaleigentum zu erklären unter der Voraussetzung, daß der Staat den Unterhalt des Klerus gewährleiste.

Die politischen Konsequenzen der Säkularisation waren nicht von Anfang an voraussehbar oder gar beabsichtigt. Der unmittelbare Anlaß lag in der andauernden Misere der Staatsfinanzen, die durch den Verkauf der Kirchengüter saniert werden sollten. Ende des Jahres begann man mit der Ausgabe der Assignaten, Schatzanweisungen der Staatskasse, die durch den Ankauf der Kirchengüter einlösbar waren. Diese Finanzoperation führte schon bald zur bedenkenlosen Vermehrung der Assignaten als Hauptzahlungsmittel ohne Rücksicht auf die Deckung und damit zum völligen Ruin der Finanzwirtschaft.

Andererseits eröffnete der einmal eingeschlagene Weg die Möglichkeit, das Verhältnis von Kirche und Staat neu zu regeln. Durch die staatliche Besoldung wurden die Priester praktisch zu Beamten des Staates. Um die Kirche vollends der Nation einzufügen, bestimmte die Zivilkonstitution des Klerus vom 12. Juli 1790 die Wahl der Bischöfe und Priester durch weltliche Gremien, unabhängig von der Bestätigung durch den Papst. Schließlich wurde von allen Priestern der Eid auf die Verfassung gefordert. Diese Maßnahmen entsprachen teilweise noch den traditionellen staatskirchenrechtlichen Vorstellungen aus der Zeit des Absolutismus, der die Herrschaft des Staates über die Kirche erstrebte. Die Abgeordneten glaubten, Kultus und Lehre der Kirche ungestört zu lassen, ja sogar, die innere Reform der Kirche im Sinne der Jansenisten zu fördern. Erst der Widerstand des Papstes und der eidverweigernden Priester führte zu einer unvorhergesehenen Konfrontation, die schließlich den Gedanken der Trennung von Staat und Kirche aufkommen ließ. Das Ergebnis war die Laizität des Staates und die Säkularisierung des bürgerlichen Lebens, die seitdem als ein Kennzeichen der modernen Gesellschaft gilt.

Sturz der Monarchie und Schaffung der Republik

Die erste Phase der Revolution von 1789–1792, die sog. Révolution de la liberté [174: G. Lefebvre], endete mit dem Sturz der Monarchie am 10. August 1792. Die Gründe hierfür sind vielfältig: Das Finanzproblem blieb ungelöst; Assignatenentwertung, Teuerung und Lebensmittelknappheit steigerten die Unruhe im Volk; der Verkauf der Kirchengüter bereicherte die wohlhabenden Landbesitzer, während die wenig zahlungskräftigen Kleinbauern leer ausgingen; der Kirchenkonflikt stürzte Frankreich in ein Schisma, das Ludwig XVI. endgültig der Sache der Nationalversammlung entfremdete und den romtreuen Klerus (und mit ihm einen großen Teil der Landbevölkerung!) zum Feind der Revolution werden ließ. Eine Versöhnungspolitik im Stile Lafayettes und Barnaves wurde völlig aussichtslos nach dem mißglückten, in Varennes entdeckten Fluchtversuch des Königs. Der Ausbruch des Krieges im Frühjahr 1792, der mit der Gefahr der Invasion eine allgemeine Panikstimmung hervorrief, beschleunigte die Ereignisse: Dem Sturm auf die Tuilerien folgte die Gefangensetzung des Königs; am 21. September 1792, ein Tag nach der berühmten Kanonade von Valmy, die den Rückzug der Invasionsarmee einleitete, deklarierte der aus allgemeinen gleichen Wahlen hervorgegangene Nationalkonvent die Abschaffung der Monarchie und die Errichtung der Republik. Damit begann die zweite Phase der Revolution, die sog. Révolution de l'égalité. Sie umschließt die Zeit der Konventsherrschaft der

Girondisten, Montagnards und Sansculotten

Girondisten, deren erfolglose Kriegs- und Wirtschaftspolitik in der Frühjahrskrise von 1793 den Aufstieg Robespierres ermöglichte und durch die Diktatur des Wohlfahrtsausschusses im Zeichen der Terreur abgelöst wurde. Sie endete im Juli 1794 mit dem Sturz Robespierres.

Die stärkste Triebkraft des jakobinischen Egalitarismus lag bei der Sansculottenbewegung, die sich 1792 in den „permanent" tagenden Sektionsversammlungen und im Generalrat der aufständischen Pariser Kommune organisierte. An die Spitze der Sansculotterie traten kleinbürgerliche Wortführer, „eine Mikroelite im Stadtviertelformat" [139: F. Furet, D. Richet]. Die Enragés, angeführt durch den ehemaligen Priester Jacques Roux, und die Anhänger des volkstümlichen Journalisten Jacques René Hébert, die sog. Hébertisten, attackierten die Girondisten als Feinde der Gleichheit und des Volkes. Die Bergpartei hingegen, die immer mehr mit dem Jakobinertum identifiziert wurde, war zu Konzessionen gegenüber den Sansculotten bereit – nicht zuletzt aus machtpolitischen Gründen, um mit Hilfe der Volksbewegung die girondistischen Rivalen auszuschalten. Robespierre unterstützte nicht nur das allgemeine Wahlrecht, das erstmalig bei den Wahlen zum Nationalkonvent in Geltung trat, sondern auch die Forderungen der Sansculotten nach direkter Demokratie. Die Volkssouveränität sollte durch die Sektionen ausgeübt werden, die für sich das Recht auf Bestätigung der Gesetze, auf Kontrolle und Absetzbarkeit der Parlamentarier in Anspruch nahmen. Vor dem Nationalkonvent erschienen die Sansculotten nicht als Petitionäre oder als Vertreter der Öffentlichkeit, sondern als der eigentliche Souverän, dem die gesetzgebende Gewalt zustand. So ließ sich die Sansculottenbewegung gegen das Parlament mobilisieren. Im Volksaufstand der Sansculotten vom 31. Mai/2. Juni 1793, der den Beginn der Jakobinerherrschaft markiert, erreichte ein achtzigtausend Mann starkes Aufgebot der Sektionen und der Nationalgarde vor dem Konvent die Auslieferung und Verhaftung von siebenundzwanzig girondistischen Politikern. Ebenso galt die Volksjustiz, wie sie erstmalig 1792 während der berüchtigten Septembermorde in den Pariser Gefängnissen praktiziert wurde, als eine durch die Volkssouveränität legitimierbare, direkte Rechtsprechung des Volkes. Gemeinsam mit den Sansculotten forderten die Jakobiner die systematische Bestrafung der inneren und äußeren Feinde der Republik – ohne Rücksicht auf individuelle Freiheitsrechte. Im Prozeß gegen den König, der im Dezember 1792 vor dem Nationalkonvent begann, setzten sie die Hinrichtung Ludwigs XVI. durch. Im März 1793 wurde ein Revolutionstribunal, ein außerordentlicher Gerichtshof ohne Berufungsmöglichkeiten, errichtet. Die als „Sichel der Gleichheit" gepriesene Guillotine blieb jetzt ständig aufgestellt; die Organisierung des Terrors nahm ihren Anfang. Im September 1793 folgte das Gesetz gegen „Verdächtige", das den mit Sansculotten besetzten Überwachungsausschüssen die Vollmacht verlieh, Bürgerzeugnisse (certificat de civisme) auszustellen. Wer als „verdächtig" galt und kein Bürgerzeugnis erhielt, mußte mit der Todesstrafe rechnen. Der Konvent erklärte die Terreur zum offiziellen Prinzip der Revolutionsregierung.

Sansculottenaufstand und Beginn der Jakobinerherrschaft

Jakobinischer Egalitarismus

Das Ideal der Sansculotten war nicht mehr nur die rechtliche, sondern auch und vor allem die wirtschaftliche Gleichheit. Die Jakobinerverfassung von 1793, die allerdings bis zum Frieden suspendiert wurde und nie in Kraft trat, betonte vorrangig den Gleichheitsanspruch der Menschenrechtserklärung („Diese Rechte sind Gleichheit, Freiheit, Sicherheit, Eigentum"). Sie setzte erstmalig soziale Grundrechte fest: das Recht der Armen auf Unterstützung, das Recht auf Arbeit, das Recht auf Bildung. Auf dem Lande gaben die Jakobiner dem Druck der Bauern nach und verfügten nunmehr die entschädigungslose Abschaffung aller Feudalabgaben. Die nationalisierten Kirchengüter und die sequestrierten Güter der Emigranten wurden zu einem Teil in Landparzellen aufgesplittert und somit auch für Kleinbauern erschwinglich. Die jakobinische Wirtschaftspolitik enthielt Ansätze zu einer Sozialisierung der Konsumgüter, so die Beschlagnahme von Getreide und die Anzeigepflicht für Getreidevorräte bei Androhung der Todesstrafe gegen den „Wucher". Dem Existenzrecht wurde der Vorrang vor dem Eigentumsrecht eingeräumt: „Alles, was zur Erhaltung des Lebens unerläßlich ist, ist gemeinsames Eigentum", hieß es in einer Rede Robespierres. Die Sansculotten erreichten die Preisfestsetzung, zuerst für Brot (Einführung des „Kleinen Maximums" am 4. Mai 1793), dann für alle wichtigen Lebensmittel und Konsumgüter (Einführung des „Großen Maximums" am 29. September 1793). Der Zwangskurs der Assignaten, Besteuerungen und Zwangsanleihen richteten sich gegen die „Händleraristokratie". Darüber hinaus forderten die Sansculotten eine Nivellierung der Vermögen und eine Aufteilung des Eigentums: „Es soll ein Maximum für Vermögen festgesetzt werden. Ein einzelner soll nur ein Maximum besitzen dürfen." Und: „Ein Bürger soll nicht mehr als eine Werkstatt oder einen Laden besitzen dürfen." Radikale Sozialreformen wurden jedoch von der jakobinischen Regierung abgelehnt. Die Enragés wurden bereits im Herbst 1793 verhaftet und hingerichtet. Jacques Roux selbst nahm sich im Gefängnis das Leben. St. Just, der Theoretiker der Jakobiner, verteidigte zwar das Ideal einer Kleineigentümergesellschaft – „Das Glück ist ein neuer Gedanke in Europa" – aber die auf seinen Vorschlag vom Konvent erlassenen Ventôse-Dekrete vom Frühjahr 1794, die vorsahen, das Vermögen der „Verdächtigen" einzuziehen und an Bedürftige zu verteilen, wurden nicht realisiert.

Die Kriegsdiktatur

Die dirigistischen Eingriffe in das Wirtschaftsleben und die Konzentration der Staatsmacht im Wohlfahrtsausschuß, dem Exekutivorgan der Jakobinerherrschaft, waren auch und vielleicht sogar in erster Linie durch die Erfordernisse des Krieges bedingt. Die ersten Maßnahmen zur Zwangswirtschaft (Zwangskurs der Assignaten, Zwangsverkäufe, Höchstpreis für Mehl und Getreide) und zur Reorganisation der Regierung (Errichtung des Wohlfahrtsausschusses, Einsetzung von revolutionären Überwachungsausschüssen, Entsendung von Konventskommissaren zu Departementsverwaltungen und Armeen) fielen in die Zeit der Frühjahrskrise von 1793, als Frankreich durch die militärischen Rückschläge in Belgien und im Rheinland und durch die antirevolutionären, royalistischen Bauernaufstände in der Vendée von äußeren und inneren Gefahren hart bedroht war. Hinzu kamen im Sommer 1793 die Aufstände der Föderierten, die im Gefolge der Entmachtung der Pariser Girondisten in den diesen nahestehenden Städten wie Marseille, Toulon, Caen, Toulouse, Bordeaux, Nantes und Lyon aufflammten. Der Krieg an den Grenzen und der Bürgerkrieg im Innern des Landes erzwangen den Einsatz ungewöhnlicher Mittel und Methoden. Die Septemberdekrete von 1793 (Deklaration der Terreur, Gesetz gegen Verdächtige, Festsetzung des Maximum Général, Aufstellung von Revolutionsarmeen zur Requirierung der Lebensmittel) standen in unmittelbarem Zusammenhang mit der Verkündigung der levée en masse Ende August 1793. Der von Carnot organisierte Aufbau eines Massenheeres auf der Grundlage der Wehrpflicht für alle ledigen Männer zwischen achtzehn und fünfundzwanzig Jahren, so daß schließlich nahezu eine Million Mann unter Waffen stand, warf bisher unbekannte Probleme der Ausrüstung, Verpflegung und Führung auf, die nur mit den Mitteln staatlicher Wirtschaftslenkung und mit Hilfe des Terrors lösbar schienen. Im Dezember 1793 deklarierten die Jakobiner die Bildung einer Revolutionsregierung, die auf die Dauer des Krieges im Amt bleiben sollte: Der Nationalkonvent übertrug dem Wohlfahrtsausschuß die gesamte politische und militärische Führung. Damit war die jakobinische Kriegsdiktatur institutionalisiert.

Ausschaltung der Faktionen, Grande Terreur

In der Endphase der Jakobinerherrschaft, als der Druck des Krieges nachließ, verselbständigte sich die Ideologie des Terrors. Die zunehmende Radikalisierung der Revolution führte im Frühjahr 1794 zu einem Kampf ihrer Anhänger untereinander. Auf dem linken Flügel der Bergpartei agitierten die Hébertisten für die Verschärfung der Schreckensherrschaft, für den unbegrenzten Krieg und für die radikale Durchsetzung der Dechristianisierung. Auf dem rechten Flügel forderten Danton, Desmoulins und die sog. Indulgents, die „Nachsichtigen", die Einschränkung des Terrors, der Zwangswirtschaft, der Kriegspolitik und der kirchenfeindlichen Angriffe. Robespierre konnte die Richtungskämpfe nur dadurch beenden, daß er beide „Faktionen" liquidierte: Sowohl die Hébertisten als auch Danton und seine Anhänger bestiegen die Guillotine. Die Regierungskonzepte, die Robespierre jetzt noch ersann, die Ausweitung der Schreckensherrschaft im Zeichen der „Grande Terreur" und der „Kult des höchsten Wesens", die Einführung einer staatsbürgerlichen Religion zur Hebung der republikanischen Moral, waren kaum dazu geeignet, das Reich der „Tugend" zu verwirklichen. Es wurde immer deutlicher, daß der Terror auch dem Ziel diente, die selbsttätige Sansculottenbewegung auszuschalten und der jakobinischen Diktatur zu unterwerfen. Unter den fünfunddreißig- bis vierzigtausend Opfern des Terrors gehörten nicht weniger als 85% dem Dritten Stand an. Den größten Prozentsatz stellten die Angehörigen der klein- und unterbürgerlichen Schichten: Handwerker und Arbeiter mit 31%, Bauern mit 28%. Die Kommune von Paris wurde von Linksabweichlern gesäubert, die revolutionären Gesellschaften der Sektionen wurden aufgelöst. Die Lebensbedingungen der Lohnempfänger verschlechterten sich. Während die strengen Kontrollen der Lebensmittelpreise gelockert und die Strafen für Warenhortung abgeschafft wurden, veröffentlichte die Pariser Kommune am 23. Juli 1794 das Maximum der Löhne, das sie mit unnachsichtiger Strenge einhielt. Im Juni/Juli 1794 ließ St. Just die streikenden Arbeiter der staatlichen Rüstungsbetriebe als „Verdächtige" verhaften. Die Diktatur Robespierres verlor ihre Anhängerschaft im Volk. Als eine Verschwörung aus führenden Mitgliedern des Konvents und der beiden Regierungskomitees, des Wohlfahrtsausschusses und des Sicherheitsausschusses, dem Schreckensregime ein Ende setzte, unternahmen nur sechzehn von achtundvierzig Sektionen einen schwachen Versuch zu seiner Verteidigung. Bei der Hinrichtung der Robespierristen rührte sich keine Hand mehr zu ihrer Rettung.

Sturz Robespierres

Bedeutung der Jakobinerherrschaft

Wies die Jakobinerherrschaft bereits über die Entwicklungsstufe der bürgerlichen Gesellschaft, der sie selbst noch angehörte, hinaus? Kaum ein anderes Regime verbindet wohl so unentwirrbar traditionelle, rückwärtsorientierte Züge mit egalitären Tendenzen, die Ernest Labrousse „anticipations" genannt hat. Einmal abgesehen von dem machtpolitisch-taktischen Kalkül Robespierres und den Zwängen der Kriegsdiktatur spricht vieles dafür, daß die Jakobiner angesichts der aufbrechenden sozialen Spannungen am abstrakt-doktrinären Ausgangspunkt der Revolution, am Ideal einer solidarischen Nation jenseits aller Standes- und Sonderinteressen unter der Fiktion des unabhängigen Einzelnen als Träger einer nur dem Ganzen verpflichteten volonté générale, starr festzuhalten versuchten. Daraus erklärt sich die Leidenschaft des Strafens, die Auslegung des Terrors als „Emanation der Tugend", der mörderische Kampf Robespierres gegen alle „Parteien", gegen die Enragés um Jacques Roux, die Hébertisten und die Indulgents um Danton. Die egalitäre Kleineigentümergesellschaft der Sansculotten wäre dann nichts anderes als die konsequenteste Umkehrung der aristokratischen Gesellschaft.

Im Hinblick auf das verpflichtende Erbe, das der Jakobinismus als Modell einer sozialen Demokratie für den Sozialismus des 19. und 20. Jahrhunderts darstellt, gewinnt die Gleichheitsutopie zugleich eine zukunftsweisende Bedeutung. Mit der jakobinischen Revolution, die den Weg zur direkten Demokratie eröffnete und demjenigen die Macht zuwies, der die Rolle des wahren Volkssprechers überzeugend verkörperte, erreichte die massenhafte Politisierung der Gesellschaft ihren Höhepunkt. Insbesondere der definitive Bruch mit den religiös-kirchlichen Traditionen im Verlauf der Entchristianisierungskampagne veränderte die kollektiven Einstellungen und Verhaltensweisen. Die laizistische Gegenreligion intensivierte die Suche nach dem irdischen Glück und den Glauben an eine ideale Welt der Freiheit und Gleichheit. Im Bereich der Mentalitäten und Ideologien hat die Revolution wohl den radikalsten Umbruch herbeigeführt. Die dauerhafte Wirkung zeigt sich bis heute in der politisch-mentalen Spaltung, die das konservative Frankreich der „Heiligtümer" von dem demokratischen Frankreich des revolutionären Messianismus trennt.

Die bürgerliche Republik

Nach dem Zusammenbruch der jakobinischen Terrorherrschaft fiel die Macht an die Konventsmehrheit zurück. Es erwies sich jedoch als außerordentlich schwierig, eine stabile parlamentarische Herrschaft wiederaufzurichten. Die durch Krieg und Terror erschöpften Franzosen erhofften nichts sehnlicher als den Frieden. Stattdessen stand das Land vor dem finanziellen Bankrott, die Teuerung nahm ständig zu, von rechts drohte die royalistische und klerikale Gegenrevolution, von links opponierten die restlichen Anhänger der Jakobiner, die politischen und sozialen Spannungen hielten an, und der Krieg ging weiter. Bei alledem erfreuten sich die Thermidorianer (diejenigen Abgeordneten, die am 9. Thermidor des Jahres II, am 27. Juli 1794, Robespierre und seine Anhänger stürzten) kaum größerer Beliebtheit als ihre jakobinischen Vorgänger. Unter dem Direktorium, das 1795 an die Spitze der Regierung trat, folgte ein Staatsstreich dem anderen. Im Mai 1796 zerschlug die Regierung den letzten Sansculottenaufstand, die „Verschwörung der Gleichen" unter Babeuf. Die Regierung konnte sich nur noch auf die siegreiche Armee stützen, die allein noch in der Lage schien, die Nation zu integrieren. Am Ende stand der 18. Brumaire des Jahres VIII, der Staatsstreich des erfolgreichsten aller Generale: Napoleon Bonaparte. So ersetzte die Armee die Rolle, die den Sansculotten beim Aufstieg der Jakobiner zugefallen war.

Das napoleonische Herrschaftssystem

Die napoleonische Herrschaft war jedoch mehr als eine Militärdiktatur. Napoleon schuf eine neue Verfassung, er zentralisierte die Verwaltung und reorganisierte die Justiz, er versöhnte die politischen und sozialen Führungsschichten, er stützte sich mit Hilfe von Plebisziten auf die Zustimmung der Volksmassen. Man hat sein Regime in die Tradition des Aufgeklärten Absolutismus eingeordnet – auch, weil Napoleon in vielen eroberten Ländern, zumal in Deutschland, ganz bewußt an diese Tradition anknüpfen konnte. Andererseits blieb seine Herrschaft die einer nachrevolutionären Zeit. Napoleon konnte sich nicht als Überwinder, sondern nur als Vollender der Revolution ausgeben. So hat er in eindrucksvoller Knappheit erklärt: „Ich bin die französische Revolution", und nach Erlaß der Konsulatsverfassung verkündet: „Die Konstitution gründet auf den heiligen Rechten des Eigentums, der Gleichheit, der Freiheit . . . Bürger, die Revolution ist zu den Prinzipien zurückgekehrt, von denen sie ausgegangen ist. Sie ist beendet." Nur weil Napoleon die sozialen Errungenschaften von 1789 respektierte – die bürgerlich-liberale Eigentumsordnung, die Zerstörung des Feudalsystems, die Abschaffung der Privilegien, die Laizität des Staates – konnte er sich an der Macht behaupten. Selbst als Napoleon 1804 die Erbmonarchie wieder einführte, ließ er sie durch ein Plebiszit „legitimieren". Zumindest die Fassaden der Repräsentativverfassung und der Volkssouveränität wurden aufrechterhalten. Parlamentarische Institutionen gab es in Fülle: in Paris die gesetzgebende Körperschaft (corps législatif), das Tribunat und einen Senat als verfassungsbewahrende Instanz sowie Vertretungskörperschaften in den Departements, Bezirken, Kantonen und Gemeinden. Die Aufteilung der legislativen Funktionen auf verschiedene Kammern – das Tribunat beriet Gesetzesentwürfe, die gesetzgebende Körperschaft stimmte ab – ermöglichte die divide-et-impera-Taktik, zumal Napoleon die Gesetzesinitiative einem Staatsrat vorbehielt, dem er selber vorsaß und dessen Mitglieder von ihm ernannt wurden.

Wie gegen die Repräsentativverfassung so hatte Napoleon scheinbar auch gegen das allgemeine gleiche Wahlrecht nichts einzuwenden. Jedoch beschränkte er die Anzahl der wählbaren Kandidaten durch Notabelnlisten. Nach der Einführung des Konsulats auf Lebenszeit (1802) mußten die Kandidaten aus dem Kreis der sechshundert Höchstbesteuerten eines jeden Departements ausgewählt werden, d. h. durch die Hintertür tauchte der Wahlzensus wieder auf. „Die Prinzipien unseres neuen Wahlrechts", erklärte der Innenminister, Napoleons Bruder Lucien Bonaparte, ganz offen, „. . . beruhen nicht mehr auf chimärischen Ideen, sondern auf der Grundlage der bürgerlichen Vereinigung, auf dem Eigentum, das ein konservatives Gefühl für öffentliche Ordnung inspiriert." Napoleon ernannte alle Minister und Beamten, die Präfekten, Unterpräfekten und Maires, die Richter an den Bezirkstribunalen, die Senats- und Staatsratsmitglieder; er konnte über Senatskonsulte die Verfassung ändern und seinen eigenen Machtinteressen anpassen; er besaß das Recht, eigenmächtig außenpolitische Verträge abzuschließen; ihm stand das Begnadigungsrecht zu und das Recht, Gerichtsurteile aufzuheben. Trotz aller Verschleierungsmechanismen war Napoleons Machtstellung offenkundig: schon 1799 übersiedelte er in die Tuilerien, in das Schloß der absolutistischen Könige des Ancien Régime.

Gesellschaftliche Konsolidierung

Die Stabilität dieses Regimes beruhte auf einem erfolgreichen gesellschaftlichen Versöhnungswerk. Die royalistische Reaktion wurde entscheidend geschwächt, als es Napoleon gelang, durch das 1801 mit Rom abgeschlossene Konkordat den Beistand der Kirche zurückzugewinnen. Napoleon erhielt einen neuen Episkopat aus von ihm vorgeschlagenen Kandidaten, die der Papst einsetzte. Der Gemeindeklerus wurde wieder von den Bischöfen bestimmt. Ansonsten wurde nichts rückgängig gemacht: Der Staat besoldete auch weiterhin die Priester, die Kirchengüter blieben nationalisiert, die Gesetze bestimmten die Säkularisierung des bürgerlichen Lebens (Zivilehe, Erlaubnis der Ehescheidung, Registrierung der Taufen, Heiraten und Sterbefälle in den Zivilstandsregistern der Gemeinden).

Nachdem die Gegenrevolution ihre einflußreichste Stütze im Klerus verloren hatte, konnte sich Napoleon den Verzicht auf die Emigrantengesetze leisten. Zahlreichen Emigranten wurde die Rückkehr nach Frankreich freigestellt, vorausgesetzt, daß sie den Eid auf die Verfassung ablegten. Mehr als ein Viertel der Adelsgüter gelangte durch Rückkauf oder Freigabe der konfiszierten Güter wieder in die Hände ihrer alten Besitzer, ohne daß freilich das Feudalwesen von neuem auflebte.

Die Konzessionen an Adel und Klerus wurden ergänzt durch die Versöhnung des Besitzbürgertums. Neben das Konkordat und die Amnestiegesetze trat das bürgerliche Gesetzbuch Napoleons, das die sozialen Errungenschaften und Prinzipien von 1789 sicherte. Der Code Napoléon garantierte die Freiheit der Person und des Eigentums, die Vertrags- und wirtschaftliche Betätigungsfreiheit, die von allen feudalen Fesseln befreite, „absolute" Verfügungsgewalt eines jeden über seinen Besitz.

So waren die Voraussetzungen dafür geschaffen, eine verläßliche soziale

Führungsschicht aus Adel und Bürgertum zu etablieren. Sozialprestige und Ämterehrgeiz konnten anders als vor 1789 befriedigt werden. Im Regierungsapparat, in der Präfekturverwaltung, in den Magistraten, im Senat, im Staatsrat, in den Wahlkollegien, im Episkopat und nicht zuletzt in der Armee standen eine Fülle lukrativer Ämter zur Verfügung. Die Angehörigen der freien Berufe, z. B. die Juristen und Advokaten, die 1789 so zahlreich in den Reihen der Revolutionäre zu finden waren, konnten jetzt ungehindert Karriere machen. Ämtermonopol und Ämterkäuflichkeit blieben abgeschafft. Ausschlaggebend waren vielmehr Talent und Verdienst, berufliche und intellektuelle Qualifikationen. Dadurch entstand freilich eine neue Barriere des sozialen Aufstiegs, mochte diese auch weiter ins Bürgertum vorgeschoben sein. Das Erziehungs- und Bildungssystem als Grundlage für berufliche Qualifikation schloß die Minderbemittelten, die sich eine teuere Ausbildung nicht leisten konnten, von den Aufstiegschancen aus.

Durchbruch des Kapitalismus?

Im Vergleich zu England blieb das kapitalistische Erwerbs- und Profitstreben der französischen Notabelngesellschaft noch lange Zeit fremd. Auch weiterhin bildete der Landbesitz die Quelle des Reichtums und das Kriterium für das Sozialprestige. Zu den Notabeln zählten die hohen Beamten und die „propriétaires", darunter viele Manufakturbesitzer, Großkaufleute und Bankiers, die einen Teil ihres Kapitals nach wie vor in Grundbesitz anlegten. Die Spekulation mit Nationalgütern förderte diese Neigung, und die Wirren der Revolutions- und Kriegszeit hatten die Scheu vor dem Risiko eher noch verstärkt. Auch der Eigentumsbegriff des Code Napoléon blieb ganz am Grundbesitz orientiert und folgte der alten Maxime: mobilium vilis possessio. Die Bindung an das Grundeigentum – und nicht an das Eigentum überhaupt – bewahrte eine agrargesellschaftliche Komponente, die der Entfaltung einer industriellen Wirtschaftsgesellschaft entgegenwirkte. Die Entwicklung zum Agrarkapitalismus wurde durch die bauernpolitischen Maßnahmen der Jakobiner abgestoppt. Die Parzellierung der den Kleinbauern zum Kauf angebotenen Adels- und Kirchengüter sowie die entschädigungslose Abschaffung aller Feudallasten, die den ehemaligen Grundherren die Ablösungskapitalien entzog, hatten zur Folge, daß die französische Landwirtschaft von der „petite culture" geprägt blieb.

Rearistokratisierung

Napoleon tat ein übriges, um den Bruch mit der Vergangenheit deutlich zu machen und dennoch die Kontinuität zu bewahren. Nach der Errichtung des Kaisertums begann die Rearistokratisierung Frankreichs, ohne daß dadurch das Werk der Konstituante, die den alten Adel abgeschafft hatte, rückgängig gemacht wurde. Denn die napoleonische Aristokratie war nicht mehr nach Geburt, Stand und Privileg, sondern nach Verdienst und Funktion ausgewählt. Die verschiedenen Adelsklassen entsprachen der Ämterhierarchie in Verwaltung und Armee. Nach beruflicher Herkunft rekrutierte sich dieser Verdienstadel zu 59% (!) aus der Armee, zu 22% aus dem höheren Staatsdienst, zu 17% aus anderen Notabelnschichten, zu 1,5% aus freien Berufen und nur zu 0,5% aus Kreisen des Handels und der Industrie. Der Anteil des Altadels lag sehr hoch, bei 22,5%. Die altaristokratische verschmolz vollends mit der neuen Elite bürgerlicher Herkunft, die ihren Aufstieg über die zivile und vor allem militärische Dienstlaufbahn nahm. Die materielle Ausstattung des Neuadels mit Grund und Boden wurde den eroberten Ländern aufgebürdet, deren Domänenbestand zur Grundlage einer Landschenkungspolitik diente, die Napoleon in Frankreich, wo die durch die Revolution geschaffene Besitzverteilung unantastbar blieb, nicht mehr durchführen konnte. Auf diese Weise wurden die napoleonischen Herzöge, Grafen und Barone – außerhalb Frankreichs – wieder zu feudalen Grundherren.

So deutet manches darauf hin, daß Napoleon mit der Wiedererrichtung von Monarchie und Adel das nachrevolutionäre Empire den aristokratischen Verhältnissen Europas anzupassen versuchte, während er gleichzeitig entschlossen schien, die politisch-gesellschaftlichen Errungenschaften der Revolution, soweit er sie für nützlich hielt, auf die eroberten und verbündeten Länder zu übertragen.

4. Die französische Revolution und Europa

Bedeutung der Revolutionskriege

Durch die kriegerische Expansion verbreitete die Revolution ihre Prinzipien über die Grenzen Frankreichs hinaus in ganz Europa. Das europäische Ancien Régime wurde mit einer Herrschafts- und Gesellschaftsordnung konfrontiert, die nicht mehr auf dem ständischen Privileg, sondern auf vernunftrechtlichen Normen beruhte. Insofern erschütterten die Revolutionskriege nicht nur das europäische Staatensystem bzw. die internationalen, zwischenstaatlichen Beziehungen. Der Krieg entwickelte vielmehr selbst eine revolutionierende Gewalt, die das aristokratische Europa herausforderte. Krieg und Revolution traten in gegenseitige Abhängigkeit und Wechselwirkung: Der Krieg veränderte ebenso die Revolution, die über die Grenzen des eigenen Landes hinausdrängte und zur Weltrevolution wurde, wie die Revolution den Krieg, der als Kreuzzug für die Befreiung der Völker oder als gegenrevolutionäre Intervention der europäischen Mächte einen ideologischen Charakter annahm. Durch die innere Beziehung von Revolution und Krieg verschärften sich die Spannungen und Gegensätze zwischen Frankreich und Europa, die nicht mehr mit den traditionellen Mitteln der europäischen Gleichgewichtspolitik lösbar waren. Das Neuartige dieses Krieges im Vergleich zu den älteren Kabinettskriegen des 17. und 18. Jahrhunderts lag gerade darin, daß sich die Außenpolitik nicht mehr von der Innenpolitik trennen ließ.

Innenpolitische Funktion des Krieges

Im revolutionären Frankreich schuf der Krieg ein Ventil für die sozialen und politischen Spannungen, die trotz des Ideals einer solidarischen, ständelosen und nur dem Gemeinwohl verpflichteten Bürgergesellschaft aufgebrochen waren. Erst der Krieg verwirklichte scheinbar die Vision Rousseaus von der volonté générale. Der Patriotismus, der die nationalen Leidenschaften entfesselte, integrierte die Massen in Stadt und Land weit wirksamer in den Nationalstaat, als es die elitäre Aufklärungsphilosophie vermocht hatte. In politische und soziale Gegensätze aufgespalten, fand sich die Nation in der patriotischen Begeisterung wieder zusammen. Die Girondisten als Wortführer der Kriegspartei in der gesetzgebenden Versammlung deklarierten den Krieg ganz offen als innenpolitische Maßnahme: „Ein Volk, das nach zehn Jahrhunderten der Sklaverei seine Freiheit errungen hat", erklärte Brissot am 16. Dezember 1791 im Jakobinerclub, „braucht den Krieg: der Krieg ist notwendig, um die Freiheit zu festigen." Noch deutlicher wird die innenpolitische Begründung des Krieges in Brissots Rede vor der gesetzgebenden Versammlung: „Im jetzigen Zeitpunkt ist der Krieg eine nationale Wohltat, und das einzige Unglück, das wir zu fürchten haben, ist, daß es keinen Krieg geben wird . . . Das ausschließliche Interesse der Nation rät zum Krieg." Die von der Lähmung bedrohte Revolution gewann aus dem Krieg eine neue vorwärtstreibende Dynamik, die es gestattete, die Gemäßigten mit fortzureißen, den König so oder so vor die Entscheidung zu zwingen und die Energien des Volkes neu zu beleben. Gleichzeitig wurden aber auch die Gefahren des neuen

Nationalismus sichtbar: Die Freiheit wurde zur Freiheit jener, die in Reih und Glied der Revolutionsarmeen marschierten; die Gleichheit gipfelte in der allgemeinen Wehrpflicht und darin, daß jeder Soldat den Marschallstab in seinem Tornister zu tragen hoffte; der Glaube an den Sieg der Vernunft wurde von bewaffneten Missionaren verbreitet.

Kriegsschuldfrage

Der Kriegsausbruch im April 1792 mit der Kriegserklärung Frankreichs an Österreich stand im Zeichen einer französischen Offensive. Trotzdem läßt sich die Kriegsschuldfrage, wie häufig in der Geschichte, nicht eindeutig beantworten. Immer wieder haben die Revolutionsanhänger behauptet, daß es ein von der europäischen Konterrevolution aufgezwungener Krieg zur Verteidigung der Freiheit gewesen sei, und auch ein konservativer Historiker wie Ranke sah im Revolutionskrieg einen unvermeidbaren Prinzipienkrieg.

Westeuropa nach dem Amerikanischen Unabhängigkeitskrieg

Vieles deutet jedoch darauf hin, daß die Monarchen in London, Wien, Berlin und Petersburg zunächst wenig daran interessiert waren, für ihren französischen Vetter die Kastanien aus dem Feuer zu holen. In Westeuropa schien das Mächtegleichgewicht nicht bedroht. England, das den Siebenjährigen Krieg 1763 so überaus erfolgreich abgeschlossen hatte, konnte die Niederlage im Amerikanischen Unabhängigkeitskrieg einigermaßen gelassen hinnehmen, zumal die nordamerikanischen Staaten auf wirtschaftlichem Gebiet dem ehemaligen Mutterland eng verbunden blieben. Die drei europäischen Verbündeten der USA – Frankreich, Holland und Spanien – glaubten, daß nunmehr die Hegemonie Englands in Amerika gebrochen und das Gleichgewicht wiederhergestellt sei. Die verschiedenen Aufstände und Volkserhebungen revolutionärer Art, die teilweise im Gefolge des Amerikanischen Unabhängigkeitskrieges schon vor 1789 in einigen Ländern ausbrachen – in Irland, in Holland, in den österreichischen Niederlanden und im Fürstbistum Lüttich sowie in mehreren Kantonen der Schweiz – konnten von den Regierungen niedergeschlagen werden. Die Sprengkraft der neuen, von den Prinzipien der Aufklärung beeinflußten Forderungen der Aufständischen wurde noch gar nicht erkannt. Selbst die Historiker entdeckten erst spät das Gemeinsame dieser „atlantischen Revolutionen" [197: R. R. PALMER] und ihre Verwandtschaft mit der französischen Revolution. Aber auch die ungeheuere Faszination, die die „Ideen von 1789" auf die Gebildeten in ganz Europa ausübten, wurde von den außerfranzösischen Regierungen kaum als ernste Gefahr für das Mächtesystem angesehen. Die Aufmerksamkeit der europäischen Kabinette galt vielmehr dem Osten: dem zweiten russisch-türkischen Krieg und der polnischen Frage.

Ostorientierung der europäischen Kabinette

Besorgniserregend war vor allem der Aufstieg Rußlands zur europäischen Großmacht. Die Eroberungspolitik Katharinas II. brachte Rußland 1774 den Zugang zum Schwarzen Meer, 1783 den Besitz der Krim und 1792 im Frieden von Jassy, der den zweiten Türkenkrieg abschloß, das Küstenland am Schwarzen Meer bis zum Dnjestr ein. Hinzu kam die Beute aus der ersten polnischen Teilung von 1772. Nach Erlaß der polnischen Verfassung vom 3. Mai 1791, die noch vor Vollendung des französischen Verfassungswerks die neue Regierungsform der konstitutionellen Monarchie einführte, ließ die Zarin ihre Truppen in Polen einmarschieren und zwang König Stanislaus II. August Poniatowski, die von ihm beschworene Verfassung fallen zu lassen. Die Rückwirkungen der russischen Politik auf Deutschland erschütterten das Gleichgewicht im Reich. Durch die russischen Erfolge sah sich Joseph II. gezwungen, seinerseits eine aktive Balkanpolitik wiederaufzunehmen und im Bündnis mit der Zarin in den Türkenkrieg einzugreifen. Preußen hingegen setzte sich für die Aufrechterhaltung der Türkei ein, um die Macht Habsburgs in Schranken zu weisen. Überdies versuchte Joseph II., mit Unterstützung Rußlands das Kurfürstentum Bayern im Austausch gegen die österreichischen Niederlande zu erwerben, ein Tauschprojekt, das 1778 den bayerischen Erbfolgekrieg ausgelöst hatte und 1784/85 erneut auf den Widerstand Preußens stieß. Friedrich II. durchkreuzte die Annexionspläne durch die Gründung des Fürstenbundes, dem zahlreiche weltliche und geistliche Reichsfürsten beitraten. Vorerst gelang es nicht, das Kräfteverhältnis im Reich zugunsten Habsburgs zu verändern. 1790 konnte Preußen in der Konvention von Reichenbach Österreich zum Verzicht auf alle Eroberungen aus dem Türkenkrieg zwingen. Rußland war freilich nicht bereit, dem Druck Englands nachzugeben und dem österreichischen Beispiel zu folgen. Die orientalische Frage blieb – ebenso wie das polnische Problem – ungelöst.

Österreichisch-preußische Rivalität im Reich

Die Interessengegensätze und Rivalitäten, mit denen sich die Staatsmänner und Diplomaten des alten Europa beschäftigten, waren rein machtpolitischer Art und hielten sich im Rahmen eines an der absolutistischen Staatsräson orientierten Mächtesystems. Es war nach wie vor der Leitgedanke des „sacro egoismo", von dem 1791/92 auch die Politik gegenüber Frankreich bestimmt wurde. Die europäischen Mächte waren sich im klaren darüber, daß ein Kriegsausbruch in Westeuropa Polen und die Türkei den Machenschaften der Zarin aussetzen würde. Katharina II. unterstützte denn auch am nachdrücklichsten die Interventionsforderungen der französischen Emigranten. England dachte vorerst nicht daran, sich in die innerfranzösischen Verhältnisse einzumischen. Vermutlich kam es den macht- und wirtschaftspolitischen Interessen der Briten ganz gelegen, daß ihr französischer Rivale im Chaos zu versinken drohte. Als der englische Premierminister William Pitt der Jüngere 1793 die Herausforderung Frankreichs, das am 1. Februar an England und Holland den Krieg erklärte, annahm, lehnte er es auch weiterhin ab, den von Burke propagierten gegenrevolutionären Kreuzzug zu eröffnen, z. B. durch Unterstützung des Vendéeaufstandes. Er entschied sich für den Kriegseintritt, weil Frankreich Belgien okkupierte und Maßnahmen ergriff, die Scheldemündung dem internationalen Handel wiederaufzuschließen. Damit war eines der zentralen „british interests" gefährdet. Auch Kaiser Leopold II., der 1790 die Nachfolge Josephs II. antrat, hatte keineswegs die Absicht, sich auf eine gegenrevolutionäre Intervention einzulassen. Leopold II., der als Großherzog von Toskana die Einführung einer auf der Volkssouveränität basierenden Verfassung geplant hatte, sympathisierte vielmehr auf weiten Strecken mit dem Reformwerk der Konstituante und begrüßte es, daß Ludwig XVI. die Verfassung von 1791 annahm. Erst nach Leopolds II. frühem Tod im März 1792 und nach

Englische Interessenpolitik

Frankreichpolitik Leopolds II.

Ausbruch des Krieges wurde die Wiener Hofburg unter dem starr-konservativen Franz II. zu einem Zentrum der gegenrevolutionären Propaganda. Der Nachfolger Friedrichs des Großen, Friedrich Wilhelm II., der in Preußen die Ära des Aufgeklärten Absolutismus beendete und mit rosenkreuzerischem Eifer für die Wiederherstellung von Religion, Sitte und Ordnung zu Felde zog, war schon eher bereit, auf die Parolen der Emigranten zu hören. Es ging wohl auf Friedrich Wilhelm II. zurück, daß die preußisch-österreichische Deklaration von Pillnitz vom 27. August 1791, zwei Monate nach dem gescheiterten Fluchtversuch Ludwigs XVI., das gemeinsame Interesse aller europäischen Monarchen an der vollen Restauration der legitimen königlichen Regierung in Frankreich betonte und zur Erreichung dieses Ziels eine militärische Intervention in Aussicht stellte, allerdings – und diese Bedingung machte die Erklärung hypothetisch – nur dann („alors et dans ce cas"), wenn alle übrigen europäischen Mächte ebenfalls zu handeln entschlossen wären. Überdies zeigte es sich rasch, daß das gegenrevolutionäre Lippenbekenntnis keineswegs die preußischen Interessen unberücksichtigt ließ. Zwar trat Preußen, mit dem Kaiser Leopold II. noch kurz vor seinem Tode einen Freundschafts- und Defensivvertrag abgeschlossen hatte, zur peinlichen Überraschung der französischen Revolutionäre auf Seiten Österreichs in den Krieg ein, aber nach den ersten Mißerfolgen der Armee unter der Führung des Herzogs von Braunschweig orientierte sich die preußische Politik erneut nach Osten, um ihren Anteil an der zweiten polnischen Teilung vom Januar 1793 sicherzustellen. Die Vorbereitung der dritten und letzten Aufteilung Polens durch Rußland, Österreich und Preußen im Vertrag vom 24. Oktober 1795 trug schließlich dazu bei, daß Preußen aus der gegenrevolutionären Front ausscherte und im Frühjahr 1795 den wenig rühmlichen Sonderfrieden von Basel abschloß.

Deklaration von Pillnitz

Polenpolitik Preußens, polnische Teilungen

Nur in einem Punkt berührten vor 1792 die revolutionären Ereignisse in Frankreich direkt die Interessen des Reiches. Die französischen Feudaldekrete und die neuen Kirchengesetze verletzten Gerechtsame deutscher Reichsfürsten im Elsaß und die kirchliche Gerichtsbarkeit einiger linksrheinischer Bischöfe im deutsch-französischen Grenzbereich. Der Kaiser und der Reichstag begnügten sich jedoch mit papiernen Protesten. Als die Konstituante erklärte, die annektierten Gebietsenklaven seien nicht durch Eroberungen französisch, sondern kraft der freiwilligen Zugehörigkeit der Elsässer zum französischen Volk, begriff man weder in Berlin noch in Wien sofort, daß eine Revolutionierung des Völkerrechts stattfand. Erstmalig wurde in Europa das Selbstbestimmungsrecht der Völker proklamiert – zur gleichen Zeit, als die Mächte des alten Europa sich anschickten, mit der Aufteilung Polens ein ganzes Volk fremder Herrschaft zu unterwerfen.

Annexionen im Elsaß und Neuinterpretation des Völkerrechts

Es gibt somit nur wenige Anzeichen dafür, daß die Regierungen außerhalb Frankreichs die Gefahren der Revolution erkannten und von Anfang an zu einer gegenrevolutionären Aktion entschlossen waren. Erst nach der Hinrichtung Ludwigs XVI. kam die erste Koalition, bestehend aus England, Holland, Spanien, Sardinien, Portugal und der Mehrheit der deutschen und italienischen Staaten, zustande. Die Auffassung vom unvermeidlichen Kampf zwischen dem revolutionären Frankreich und den Monarchen Europas findet insofern für die erste Revolutionsphase keine Bestätigung. Andererseits war es für die französische öffentliche Meinung nur schwer zu durchschauen, daß die Drohungen der Pillnitzer Erklärung von 1791, die sich ein Jahr später noch einmal und verschärft in dem unglücklichen Manifest des Herzogs von Braunschweig wiederholten, nicht viel mehr als leere Formeln darstellten. Leopold II. verfolgte offensichtlich in völliger Verkennung der revolutionären Ideologie die Absicht, die Franzosen einzuschüchtern und zu gemäßigterem Handeln zu bewegen. Es entging seinem Scharfsinn, daß er damit genau das Gegenteil erreichte und gegen seinen Willen dazu beitrug, den Krieg zu provozieren, zumal der Wortführer der Emigranten, der Graf von Artois, ein Bruder Ludwigs XVI., die Pillnitzer Deklaration als Ultimatum auslegte. So aber entstand ein Krieg, der, weil er nicht mehr nur von traditionellen Machtinteressen, sondern zugleich von konkurrierenden Ideologien begleitet wurde, eine explosive Kraft entfaltete, deren Ausmaß niemand vorausgesehen hatte.

Motive für die Kriegserklärung Frankreichs

In Frankreich bestimmte der Krieg fortan im Wechsel von Sieg und Niederlage den Rhythmus der Revolution. Der König wurde nicht in erster Linie als Tyrann, sondern vor allem als Verräter des Vaterlandes gestürzt und hingerichtet. Die republikanische Konventsherrschaft der Girondisten wurde nach den Niederlagen im Frühjahr 1793 durch die vom Krieg erzwungene Notdiktatur Robespierres abgelöst, die zusammenbrach, als erneute Siege den Terror erübrigten. Robespierre ging den Weg zum Schafott, den vorher der König und die Girondisten beschritten hatten. Die Thermidorianer und das Direktorium konnten sich nur an der Macht behaupten, indem sie den Krieg fortführten und ausdehnten. Sie schufen damit jedoch zugleich die Bedingungen für ihren eigenen Sturz. Und auch Napoleon, der als siegreicher General das Erbe der Revolution antrat, konnte nur durch immer neue Kriege seine Herrschaft absichern: „Ein erster Konsul", erklärte Bonaparte, „ähnelt nicht jenen Königen von Gottes Gnaden, die ihre Staaten als ein Erbe betrachten. Er muß sich durch Handlungen hervortun und folglich Krieg führen."

Einfluß des Krieges auf die revolutionären Ereignisse

Je länger der Krieg jedoch andauerte, desto mehr veränderte sich sein Charakter. Der Verteidigungskrieg verwandelte sich in einen Befreiungs- und Eroberungskrieg. Obgleich die Konstituante öffentlich den Eroberungskrieg verurteilt hatte, ließen sich die Girondisten nur allzu bereitwillig von Flüchtlingen und Sympathisanten aus den Nachbarländern zu einem Dekret überreden, in dem es hieß: „Der Nationalkonvent erklärt im Namen der französischen Nation, daß er allen Völkern, die ihre Freiheit wiedererlangen wollen, Brüderlichkeit und Hilfe gewähren wird." Die Gefahr lag nahe, daß die Befreiungs- in die Eroberungsabsicht umschlug. Brissot sprach zu gleicher Zeit bereits davon, „ganz Europa in Brand" zu stecken. Als Savoyen und Nizza, als Belgien und die Rheinlande um Mainz erobert wurden, stellte sich das Problem, was nun mit den besetzten Gebieten geschehen sollte. Die Girondisten befürworteten zunächst die Schaffung von unabhängigen Tochterrepubliken. Aber, so argumentierte Cambon, der

Umschlag in den Eroberungskrieg

Finanzexperte der Jakobiner, wenn man alle Völker befreien will, ist es dann Sache der Franzosen, allein die Lasten des Krieges zu tragen? Die Rheinländer und Belgier erfuhren bald, daß die Franzosen nicht nur die Befreiung aus monarchischer und feudaler Knechtschaft bescherten, sondern auch drückende Steuern, Kriegslasten, Truppenaushebungen und entwertete Assignaten. Savoyen und Nizza, Belgien und die eroberten linksrheinischen Gebiete wurden annektiert, was Danton nur notdürftig mit der Theorie der „natürlichen Grenzen" rechtfertigte: Der Rhein, die Schelde, die Pyrenäen, die Alpen seien als Grenzen Frankreichs von der Natur vorgezeichnet. In Wirklichkeit waren es geostrategische Grenzen, die schon die französische Hegemonialpolitik Richelieus und Ludwigs XIV. zu erreichen versucht hatte. Auch die Außenpolitik der Revolutionäre geriet so in das Spannungsfeld von Tradition und Revolution.

Während der Jakobinerdiktatur, als Frankreich in der levée en masse alle Kräfte zur Abwehr der Invasion mobilisierte, wurde ein nationaler Volkskrieg entfesselt, der zugleich den Sinn für militärische Stärke, nationale Macht und aggressive Ruhmsucht entwickelte. 1795 verkündeten die Thermidorianer dann ganz offen: „Um sich für die Schäden und Unkosten des gerechtesten der Kriege zu entlohnen sowie um neuen Kriegen mit neuen Mitteln der Verteidigung vorbeugen zu können, kann und muß die Republik Länder, die ihr nützen können, entweder als Eroberungen zurückbehalten oder durch Verträge erwerben, ohne die Einwohner zu befragen."

Das war die Politik der Expansion durch Annexion oder Gründung von Satellitenstaaten, die Napoleon als General der Italienarmee und in den Jahren der Konsulatsherrschaft fortführte. Die Doppelgesichtigkeit des Krieges wird wohl nirgends deutlicher als in den ersten Proklamationen Napoleons, die er noch im Auftrag des Direktoriums erließ. Er appellierte nicht mehr an die republikanischen Tugenden, sondern an den Ehrgeiz und die Beutegier seiner Soldaten: „Ich will Euch in die fruchtbarsten Ebenen der Welt führen . . . Dort werdet Ihr Ehre, Ruhm und Reichtum finden." Den „Völkern Italiens" hingegen verkündete Napoleon, daß er komme, um ihre Ketten zu zerbrechen: „Das französische Volk ist der Freund aller Völker. Wir führen den Krieg als großmütige Feinde und nur gegen die Tyrannen, die euch unterdrücken."

Krieg ohne Frieden

Es lag im Wesen der revolutionären Expansion, daß ein Ende des Krieges nicht abzusehen war. Der Wille zum Frieden und die Bereitschaft zu diplomatischen Verhandlungen, wie sie Danton empfahl, galt den Jakobinern ebenso wie die Niederlage als Verrat an den revolutionären Prinzipien. Als England 1796/97 Friedensverhandlungen anbot, stürzte der Fructidor-Staatsstreich vom 4. September 1797 die gemäßigten, verständigungsbereiten Mitglieder des Direktoriums, Carnot, Barthélemy und ihre Anhänger. Die Friedensschlüsse, die unter Napoleon zustandekamen – Campo Formio (1797), Lunéville (1801), Amiens (1802), Preßburg (1805), Tilsit (1807), Wien (1809) –, glichen eher Waffenstillständen, die nur eine Atempause zur Vorbereitung immer neuer Kriege gewährten. Es war schließlich kaum noch zu unterscheiden, ob die napoleonische

Machtexpansion, der die militärische Eroberung eines ganzen Kontinents anheimfiel, der Revolutionierung Europas, der nationalen Verteidigung oder den persönlichen Ambitionen Bonapartes diente.

Friedensverhandlungen 1795–1797

Ein Interessenausgleich konventioneller Art wäre mehrmals möglich gewesen. 1797 ließ das Direktorium die Friedensverhandlungen mit England an Ceylon und der Kapkolonie scheitern. England besaß zu diesem Zeitpunkt keinen Verbündeten mehr auf dem Festland. Preußen hatte den Sonderfrieden von Basel abgeschlossen, Österreich war von Napoleon aus Italien vertrieben und zum Frieden gezwungen worden, Spanien und Portugal waren zu schwach, den Krieg fortzuführen. Während England innen- wie außenpolitisch eine der schwersten Krisen seiner Geschichte durchmachte, konnte Frankreich glänzende Erfolge verzeichnen. Belgien war annektiert, Holland in die Batavische Republik umgewandelt. Italien – mit Ausnahme des an Österreich abgetretenen östlichen Gebiets der Republik Venedig und der Toskana – stand dem Einfluß Frankreichs offen: es wurde in den Jahren von 1796–1799 nach den Vorschlägen Napoleons in fünf Tochterrepubliken aufgeteilt. England mußte es hinnehmen, daß die Franzosen die Seeherrschaft im Mittelmeer errangen. In den Friedensschlüssen von Basel und Campo Formio erkannten Preußen und Österreich insgeheim die Abtretung des linken Rheinufers an Frankreich gegen Entschädigung der weltlichen Reichsfürsten aus den rechtsrheinischen Territorien der geistlichen Reichsstände an. Der Annexion des Rheinlandes stand nichts mehr im Wege; der Rhein war zur Grenze Frankreichs geworden. Darüber hinaus eröffneten sich zahlreiche diplomatische Einflußmöglichkeiten: Auf dem Rastatter Kongreß, der 1797 zusammentrat, sollte durch Vermittlung Frankreichs die Entschädigungsfrage geregelt werden; in den süddeutschen Staaten und in der Schweiz gab es Bestrebungen, sich stärker nach Frankreich zu orientieren. Seit 1796 stand Spanien, das den florierenden Amerikahandel Englands zu fürchten begann, im Bündnis mit Frankreich.

England und die Bildung der zweiten Koalition

Erst die Ablehnung des englischen Friedensangebotes brachte die Wende. Die englische Flotte besiegte die niederländischen und spanischen Seestreitkräfte; unter Nelson drang sie ins Mittelmeer ein. Während Napoleon seinen abenteuerlichen Zug nach Ägypten durchführte – ein militärisch wie politisch völlig sinnloses Unternehmen –, gelang es Nelson, in der Bucht von Abukir am 1. August 1798 die französische Flotte zu vernichten und Napoleons Landheer die Rückkehr nach Frankreich abzuschneiden. Eine Landung französischer Truppen in England war nicht mehr zu befürchten. Der Aufstand der katholischen irischen Bauern, die Frankreich und die USA um Hilfe gebeten hatten, konnte von der englischen Armee niedergeschlagen werden. Pitt war nunmehr in der Lage, unter Führung Englands 1799 die zweite Koalition mit Rußland (Zar Paul I.), Österreich, Portugal, Neapel und der Türkei (dem Ägypten gehörte!) zu bilden. Preußen blieb neutral.

Friedensverhandlungen 1801/02

1801/02 wiederholte sich die Situation von 1797/98. Napoleon, der als Flüchtling unter Zurücklassung seiner Armee rechtzeitig nach Paris zurückgekehrt war, konnte sich der Nation – trotz seines gescheiterten Ägypten-Unternehmens – als

Retter Frankreichs präsentieren. Auf Bitten von Sieyès erklärte er sich bereit, den Staatsstreich vom 18. Brumaire durchzuführen. Die Siege der Franzosen vom Juni/Dezember 1800 unter Napoleon bei Marengo und unter Moreau bei Hohenlinden beendeten die bedrohliche Situation auf den Kriegsschauplätzen in Süddeutschland und Oberitalien, die allerdings durch den schon vorher erfolgten Abzug der russischen Truppen unter Suworow nicht mehr ganz so gefährlich war, wie es die napoleonische Propaganda glauben machte. Ein englisch-russischer Feldzug in den Niederlanden blieb erfolglos. Im Friedensvertrag von Lunéville (9. Februar 1801), der den Frieden von Campo Formio bestätigte, erkannte Kaiser Franz II., auch für das Deutsche Reich, die Annexion Belgiens, die Bildung der Tochterrepubliken in Holland, Italien und der Schweiz (Helvetische Republik seit 1798) sowie die Abtretung des linken Rheinufers an. Die Eroberungen der Revolution waren somit gesichert. Umgeben von einem Gürtel von Satellitenstaaten, besaß Frankreich seine „natürlichen Grenzen".

Der andere festländische Gegner, das mit der Türkei verbündete Rußland, wurde auf diplomatischem Wege von der Fortführung des Krieges abgehalten. Die wiederaufbrechenden Interessengegensätze zwischen England und Rußland – der Zar war empört über die Verletzung der Seeneutralität und über die Eroberung Maltas, das er als Großmeister des Malteserordens für Rußland beanspruchte – machten es Napoleon leicht, Paul I. für den gemeinsamen Kampf gegen England zu gewinnen. Die Fronten des zweiten Koalitionskrieges kehrten sich um: England war nahezu isoliert, Österreich besiegt und Rußland stand auf der Seite Frankreichs. Spanien, das immer mehr unter französischen Einfluß geriet, wurde von Napoleon ermuntert, in Portugal einzufallen. Der Zar vereinbarte mit den skandinavischen Mächten zur Abwehr englischer Übergriffe gegen den Handel der Neutralen einen Bund der Seeneutralität, dem sich auch Preußen anschloß. Preußen ließ sich überdies auf französisches und russisches Drängen dazu bewegen, das in Personalunion mit England verbundene Hannover zu besetzen.

Die englischen Industriellen und Geschäftsleute drängten zum Frieden. Zwar war es dank des Schmuggels und der Hilfe neutraler Schiffe immer noch gelungen, Waren im französischen Machtbereich abzusetzen; auch konnten die Engländer über die Hansestädte den deutschen Markt für sich gewinnen und durch einen Überfall auf die dänische Flotte verhindern, daß die Liga der Neutralen wirksam wurde. Aber immerhin waren eine Zeitlang fast alle Häfen Europas, vom Osten der Ostsee an um ganz Europa herum bis zur Südspitze Italiens, außer in Portugal, für englische Schiffe gesperrt. Trotz der nach wie vor bestehenden Überlegenheit des englischen Handels verschlechterte sich die Wirtschaftslage zusehends: Mißernten zwangen zu kostspieligen Getreideeinfuhren; das Pfund verlor an Wert; Bankrotte in Hamburg zogen die britische Wirtschaft in Mitleidenschaft; in der Textilindustrie herrschte Arbeitslosigkeit; der Brotpreis verdoppelte sich binnen eines Jahres. Das ungelöste irische Problem und die Wirtschaftskrise führten im Februar 1801 zum Rücktritt Pitts. Sein Nachfolger, der Whig Henry Addington, leitete die Friedensverhandlungen mit Frankreich ein.

Bedeutung des Friedens von Amiens

Der Friede von Amiens (27. März 1802), der einzige, der in der langen Kriegsperiode von 1792–1815 zwischen Frankreich und England zustandekam, zählt zu den wichtigsten Ereignissen der napoleonischen Zeit. Immer wieder haben die Historiker die Frage diskutiert, ob dieser Friedensschluß die Möglichkeit geboten hätte, eine dauerhafte Friedensordnung zu schaffen. Der Friedensvertrag beruhte auf dem Prinzip beiderseitigen Verzichts: England gab seine im zweiten Koalitionskrieg gemachten Eroberungen, Ägypten und Malta, heraus und respektierte die „natürlichen Grenzen" Frankreichs; Frankreich verzichtete für die Zukunft auf weitere Kolonialerwerbungen. „Ein bereits durchlöcherter Vertrag", schrieb ALBERT SOREL [283: L'Europe et la Révolution française] hierzu, „dem der Frieden zwischen den Zeilen davonlief." Die jahrhundertealte Feindschaft zwischen England und Frankreich und die unüberbrückbaren kommerziellen Gegensätze machten – für SOREL – den Bruch des Friedens von Amiens unvermeidbar: „Den Frieden von Amiens aufrechtzuerhalten, hätte geheißen, den Gang der Natur aufzuhalten, das Wunder Josuas zu erneuern. Alle Wege, die zum Frieden von Amiens geführt haben, wurden in ihrer Verlängerung zu Ausfallstraßen, auf denen er wieder entschwand." Andererseits war jedoch England immerhin bereit, die neue politische Stellung Frankreichs in Europa zu akzeptieren. Sie wurde durch die territorialen Zugewinne Preußens, Österreichs und Rußlands aus den polnischen Teilungen einigermaßen ausgeglichen. Der Preis für den Frieden bestand darin, daß die englische See- und Kolonialherrschaft von Frankreich und die kontinentale Machtstellung Frankreichs von England anerkannt wurde. Von der traditionellen Politik konventionell begrenzter Kriegsziele her gesehen, war das Kräftegleichgewicht wiederhergestellt und der Frieden gesichert. „Es hätte dazu lediglich der Tugend der Mäßigung bedurft", meinte EDOUARD DRIAULT [257: Napoléon et l'Europe], „eine leichte Tugend nach soviel Siegen, aber selten bei den Siegern, unabdingbar jedoch für die Wahrung des Friedens."

Napoleonische Machtexpansion und Ausbruch des dritten Koalitionskrieges

Statt dessen wurde es zum Kennzeichen der napoleonischen Politik, daß sie weder die herkömmlichen Regeln der Gleichgewichtspolitik noch das Selbstbestimmungsrecht der Völker beachtete. Die fieberhafte Aktivität, die Napoleon in der kurzen Friedensphase nach Lunéville und Amiens entfaltete, hatte vielmehr zur Folge, daß der Krieg mit England schon 1803 wiederausbrach und sich 1805 – nach dem Wiedereintritt Pitts in die Regierung – zum dritten Koalitionskrieg gegen Frankreich ausweitete. Es ging nur vordergründig darum, daß England sich weigerte, Malta zu räumen und Frankreich gegen den Vertrag von Lunéville verstieß, weil es seine Truppen aus Holland und der Schweiz nicht abzog. Solche zwischenstaatlichen Konflikte traditioneller Art hätten sich regeln lassen. In Wirklichkeit war Napoleon nach sieben siegreichen Jahren unfähig, in einen Vergleich einzuwilligen und das Risiko eines Vertragsbruches rational abzuwägen. Seine Deutschland- und Italienpolitik, die kaschierte Besetzung Hollands und die militärischen Interventionen in der Schweiz zielten bereits über die „natürlichen Grenzen" hinaus. Die Tochterrepubliken wurden nun vollends zu Satellitenstaaten. In Oberitalien ließ sich Napoleon 1802 zum Präsidenten der

„italienischen Republik" wählen. Der Schweiz diktierte er 1803 die „Mediationsakte", eine föderalistische Verfassung, die sich zwar bewährte, aber die neue helvetische Konföderation durch einen fünfzigjährigen Vertrag eng an den Vermittlerstaat Frankreich band. Die Batavische Republik wurde 1801 gezwungen, eine Verfassung nach dem Vorbild der französischen Konsulatsverfassung anzunehmen. Die Neuordnung Deutschlands im Reichsdeputationshauptschluß von 1803, der durch Säkularisation und Mediatisierung die Reichsauflösung einleitete, machte die deutschen Mittelstaaten, die erhebliche Territorialgewinne aus dem Entschädigungsgeschäft einhandelten, von französischer Unterstützung abhängig. Gleichzeitig verfolgte Napoleon auch weiterhin seine orientalischen Projekte und Mittelmeerinteressen. Im Moniteur vom 30. Januar 1803, der einen Bericht des Obersten Sébastiani über seine Reise nach Ägypten veröffentlichte, konnten die Engländer lesen, daß 10 000 französische Soldaten genügen würden, Ägypten zurückzuerobern.

Trafalgar und Austerlitz

Mit dem Ausbruch des dritten Koalitionskrieges rückte der Frieden in weite Ferne. Der glänzende Sieg der Franzosen in der Dreikaiserschlacht von Austerlitz über das zahlenmäßig weit überlegene österreichisch-russische Heer wog aus Napoleons Sicht die Niederlage durch den Flottensieg Nelsons bei Trafalgar auf. Die Entscheidung von Trafalgar, die in Europa damals dank der napoleonischen Pressepropaganda weit weniger Aufsehen erregte als Nelsons Sieg bei Abukir, ermöglichte es jedoch später den Engländern, den Krieg zugunsten des spanischen Aufstandes auf das Festland zu übertragen. Der den Österreichern aufgezwungene Diktatfrieden von Preßburg, dem die ergebnislosen Doppelverhandlungen mit Rußland und England folgten, war kaum dazu geeignet, Europa zu befrieden. Österreich verlor vollends seinen Einfluß in Italien und Deutschland. Mit dem Aufbau des Grand Empire begann eine neue Phase der napoleonischen Europapolitik, die sich nicht mehr auf die Konsolidierung der „natürlichen Grenzen" und der Satellitenstaaten beschränkte. Sie läßt sich auch nicht allein mit der Rivalität gegenüber England erklären, da sie eher dazu beitrug, die Kontinentalmächte zu verfeinden statt sie im gemeinsamen Kampf gegen England zu verbünden. Die Gründung des Empire und die Kaiserkrönung vom 2. Dezember 1804, die Königskrönung in Mailand, die Eroberung Neapels, die Umwandlung der Satellitenstaaten in Vasallenfürstentümer, die Napoleon in seiner Familie aufteilte, und schließlich die Deutschlandpolitik, die mit der Verleihung der vollen Souveränität an die drei verbündeten süddeutschen Staaten Baden, Württemberg und Bayern die Rheinbundgründung von 1806 und die völlige Auflösung des alten Reiches vorbereitete, ließen vielmehr immer deutlicher die ehrgeizige Zielsetzung einer imperialen Politik auf dem Kontinent hervortreten.

Diktatfriede von Preßburg und Aufbau des Grand Empire

Napoleon und Preußen

Was von der Bündnispolitik Napoleons zu halten war, zeigte die Behandlung Preußens. In den vom preußischen Unterhändler Graf Haugwitz unterzeichneten Verträgen von Schönbrunn (15. Dezember 1805) und Paris (15. Februar 1806) bot Napoleon Preußen die Besitznahme Hannovers an. Wie wenig ernst dieses scheinbare Bündniswerben gemeint war – bei dem es nur darum ging, Preußen mit

England zu verfeinden und von Interventionen in Deutschland abzuhalten – bewiesen die Verhandlungen mit England, dem Napoleon die Rückgabe Hannovers in Aussicht stellte. Überdies mußte Preußen erfahren, daß das neu gegründete Vasallenfürstentum Berg für Napoleons Schwager Joachim Murat dazu bestimmt sei, als Pufferstaat am Rhein zu dienen und die preußische Politik nach Osten abzudrängen. Die Schaukelpolitik Friedrich Wilhelms III., der im November 1805 nach der Besetzung Hannovers durch französische Truppen einen Beistandspakt mit dem Zaren im Vertrag von Potsdam abgeschlossen hatte, trug allerdings ihrerseits dazu bei, das Ansehen Preußens zu kompromittieren. Die Gründung des Rheinbundes mußte von Preußen als Brüskierung empfunden werden, zumal Napoleon nicht mehr daran dachte, das von ihm selbst vorgeschlagene Projekt eines norddeutschen Bundes unter preußischer Schirmherrschaft zu unterstützen. Der Kriegsausbruch, auch wenn er weder von Napoleon noch von Friedrich Wilhelm III. direkt beabsichtigt war, stellte das folgerichtige Ergebnis einer aggressiven Diplomatie dar, die nicht mehr bereit war, die Gleichberechtigung des Bündnispartners anzuerkennen.

Der Friede von Tilsit

Der vierte preußisch-russische Koalitionskrieg endete – nach der katastrophalen Niederlage Preußens bei Jena und Auerstedt und nach dem Sieg Napoleons über die Russen in der Schlacht von Friedland – mit dem Frieden von Tilsit. Nur dank der Fürsprache des Zaren entging Preußen seiner völligen Vernichtung. Übrig blieb jedoch lediglich ein um die Hälfte verkleinerter Reststaat, der zu einer Macht zweiten, wenn nicht dritten, Grades absank. Aus einem Teil der altpreußischen Gebiete entstand ein neuer Napoleonidenstaat, das Königreich Westfalen unter Jérôme Bonaparte; die polnischen Provinzen wurden unter der Krone Sachsens, das dem Rheinbund beitrat, zum Großherzogtum Warschau zusammengefaßt. Mit dem jungen Zaren Alexander I., der sich in der Rolle des kontinentalen Schiedsrichters gefiel und schon nach Preßburg seine Vermittlung zu Friedensverhandlungen zwischen England und Frankreich angeboten hatte, schloß Napoleon einen Freundschaftspakt. Die glanzvollen Pläne, die er dem Zaren vortrug, umfaßten die ganze Welt: die Aufteilung der Türkei, ein Bündnis mit Persien, die Eroberung Indiens, die Bekämpfung der englischen Kolonial- und Seeherrschaft, die Beherrschung des Kontinents durch die beiden Flügelmächte. Napoleon stand auf dem Höhepunkt seiner Macht.

Dennoch blieb das von der napoleonischen Propaganda vielgepriesene „Werk von Tilsit" brüchig. Die hochfliegenden Pläne, die Napoleon gleichzeitig und in alle Richtungen verfolgte, fügten sich nicht zu einem Gesamtkonzept oder zu jenem „großen Plan", den die Historiker später immer wieder zu entdecken versuchten. Alle Anstrengungen, die Napoleon dem Wirtschaftskrieg gegen England und dem Ausbau des Grand Empire widmete, hielten ihn nicht davon ab, auch seine Eroberungsabsichten im Mittelmeer und im Orient durchsetzen zu wollen. So aber war der Konflikt mit Rußland bereits in Tilsit abzusehen. Schon die russisch-französischen Verhandlungen nach Preßburg waren an der Weigerung Napoleons gescheitert, seine Mittelmeerinteressen aufzugeben. Als er 1806

Sébastiani nach Konstantinopel sandte, diente diese Mission vielmehr dem Ziel, die Türkei zu konsolidieren, um den Russen den Zugang zum Mittelmeer zu verwehren. Die Sicherung des französischen Einflusses an der italienischen Adriaküste gegenüber der Pforte und die Annexion Istriens und Dalmatiens kündigten an, daß Frankreich nicht mehr gewillt war, die Türkei den russischen und österreichischen Interessen zu überlassen. Die orientalischen Versprechungen von Tilsit erfüllten insofern nur den Zweck, Rußland bis zum Friedensschluß mit England in der Allianz zu erhalten. Und auch der Zar dachte in Tilsit möglicherweise nur daran, Zeit zu gewinnen. Es ist kaum zu durchschauen, wer wen überlistete.

Widersprüchlichkeit der napoleonischen Deutschland- und Europapolitik

Die Deutschland- und Europapolitik dieser Jahre steckte voller Widersprüche. Nach Tilsit begann die Ära der napoleonisch-rheinbündischen Reformen, insbesondere in den beiden „Modellstaaten" Berg und Westfalen, die den übrigen Rheinbundstaaten zum Vorbild dienen sollten. Die Verwaltungs-, Rechts-, Wirtschafts- und Gesellschaftsreformen ermöglichten eine gewisse Homogenisierung des deutschen Machtbereichs und eine Anpassung der auf den Ruinen des alten Reiches entstandenen Rheinbundstaaten an die nachrevolutionäre Herrschafts- und Gesellschaftsordnung Frankreichs. Andererseits benutzte Napoleon aber auch das traditionelle Herrschaftsmittel dynastischer Beziehungen. Mit der Einsetzung seiner Brüder und Verwandten zu Vasallenfürsten und mit der Vergabe von Dotations-Domänen an den imperialen Adel Frankreichs gründete er ein feudal gegliedertes Reich der Familie. Der Rheinbund blieb in erster Linie eine Militärallianz. Die Napoleonidenstaaten konnten ihre Vorbildfunktion nicht erfüllen, weil sie militärisch, finanziell und wirtschaftlich von Frankreich ausgebeutet wurden.

Aber auch die Englandpolitik, die nach Tilsit in das Zentrum der napoleonischen Planungen trat, traf keine klare Wahl. Die in den Berliner und Mailänder Dekreten von 1806/07 verfügte Kontinentalsperre im Wirtschaftskrieg gegen England konnte nur funktionieren, wenn die Küstenländer von sich aus ihre Häfen den englischen Waren versperrten und den Schmuggel unterbanden. Die Unterdrückungspolitik Napoleons war jedoch wenig dazu geeignet, die eroberten und verbündeten Länder gefügig zu machen. Auch wenn die Schutzzollwirkung der Kontinentalsperre begrüßt wurde, so war doch andererseits das Kontinentalsystem allzu offensichtlich darauf abgestellt, den französischen Wirtschaftsinteressen den Vorrang einzuräumen. Außerdem vermischten sich die wirtschaftspolitischen mit imperialen Ambitionen. Um den Widerstand gegen die Blockade zu brechen, annektierte Napoleon 1810 ganz Holland und die Nordseeküste bis Lübeck. Um Portugal der Kontinentalsperre zu unterwerfen, ließ er es durch spanische Truppen besetzen. Die Interventionen in Spanien verführten ihn schließlich dazu, auch dieses Land in einen Vasallenstaat umzuwandeln und seinen Bruder, Joseph Bonaparte, in Madrid zum König einzusetzen. Napoleon provozierte damit einen Volksaufstand, der in Europa wie ein Fanal wirkte und den er nicht mehr niederzuschlagen vermochte. Dem spanischen Aufstand von

Volksaufstände und Zusammenbruch des Empire

1808, der von England mit Waffen und militärischen Beratern unterstützt wurde, folgte 1809 die Erhebung Österreichs, die sich nach Waffenstillstand und Frieden im Volksaufstand der Tiroler Bauern fortsetzte. In Preußen diskutierten die Militärs die Möglichkeiten eines nationalen Volkskrieges. Der Zusammenbruch des Empire begann, als Napoleon die Anwendung der Blockade auch dem Zaren aufzuzwingen versuchte und im Juni 1812 den gewagtesten seiner Feldzüge unternahm, den Marsch der Grande Armée ins Innere Rußlands. Als die über siebenhunderttausend Mann starke Armee Deutschland durchzog und von der Bevölkerung verpflegt werden mußte, schrieb der König von Westfalen, Jérôme Bonaparte, warnend an seinen Bruder: „Die Gärung hat den höchsten Grad erreicht . . . Die Verzweiflung der Völker, die nichts mehr zu verlieren haben, weil man ihnen schon alles genommen hat, ist zu fürchten." Der Befreiungskrieg von 1813 wurde nicht von ungefähr von Preußen und Rußland angeführt, jenen beiden Staaten, die als Agrarländer unter der Kontinentalsperre am meisten zu leiden hatten.

Die spanische Erhebung von 1808 markiert den Wendepunkt in der Geschichte des Empire. Die Losung der Revolutionsideologen „Krieg den Palästen, Friede den Hütten", die auch noch den napoleonischen Kriegen zur Rechtfertigung gedient hatte, wurde vollends ad absurdum geführt. In Spanien, in Österreich und später in Preußen kämpfen die französischen Soldaten nicht mehr gegen die „Söldner der Tyrannen", sondern gegen nationale Bewegungen, die sich ihrerseits auf die Freiheitsparolen der Revolution gegen die „Fremdherrschaft" beriefen.

Die Sprengkraft der revolutionären Impulse, die Frankreich Europa vermittelte, wirkte sich auf andere Weise aus, als es die Girondisten 1792 vorausgesehen hatten. Die Völker Europas wurden nicht durch die Revolutionsarmeen befreit; dennoch wurde das Bündnis von nationaler Idee und bürgerlicher Emanzipationsbewegung eingeleitet. Gleichzeitig mußten die Regierungen erkennen, daß die traditionale Herrschafts- und Gesellschaftsordnung dem Ansturm des revolutionären Volksheeres nicht mehr gewachsen war. Die Modernisierung des Ancien Régime wurde zu einem Mittel der Selbstbehauptung. Insofern verfehlte der Krieg nicht seine revolutionierende Wirkung, zumal er allenthalben die Meinungen polarisierte und zu gradlinigen Entscheidungen zwang.

5. Deutschland um 1800

Deutschland und die französische Revolution

Die Frage, warum in Deutschland die Revolution ausblieb und durch Reformen verhindert werden konnte, ist in der Forschung vielfach erörtert worden. Es lassen sich mehrere Gründe anführen, die eng miteinander zusammenhängen. Erstens war in der ökonomisch rückständigen und politisch zersplitterten Vielstaatenwelt des alten Reiches das Bürgertum zahlenmäßig schwächer vertreten und der Adel weniger mächtig als in Frankreich. Während das vergleichsweise noch unbedeutende Handels- und Manufakturbürgertum von staatlicher Förderung abhängig blieb und das an der alten Nahrungsökonomie orientierte Stadtbürgertum noch ganz in die ständische Sozialordnung eingebunden war, stand der größte Teil des Bildungsbürgertums und des Adels im Dienst der zahlreichen Fürstenhöfe. Eine adlig-bürgerliche Revolte wie in der französischen Vorrevolution war nicht zu befürchten. Zweitens war das städtische Bürgertum sehr heterogen zusammengesetzt. Es gab nicht nur die Differenzierung nach sozialen Schichten; es gab auch sehr große regionale Unterschiede in der verfassungsrechtlichen Stellung, im Verhältnis zum Adel, in der wirtschaftlichen Interessenlage und der sozialen Mentalität. Das Bürgertum der oberdeutschen Reichsstädte besaß einen anderen politisch-gesellschaftlichen Status als das Bürgertum der Hansestädte oder der Residenzstädte. Drittens kam es in Deutschland nur zu sporadischen und lokal begrenzten Handwerker- und Bauernunruhen, die sich zumeist gegen örtliche Mißstände und nur selten gegen die Fürsten richteten. Es fehlte eine breite bürgerliche Opposition, die bereit gewesen wäre, mit den aufrührerischen Bauern und Handwerkern zu paktieren. Viertens begründete schon der Aufgeklärte Absolutismus, der sich in Frankreich gegen die adlig-bürgerliche Opposition nicht mehr durchzusetzen vermochte, die Tradition des Reformismus. Der Herrscher wurde nicht als Gegner, sondern als Hüter und Inaugurator der bürgerlichen Gesellschaft angesehen. In der gegebenen Situation war es nur mit Unterstützung des Fürsten möglich, die ständisch-feudalen Privilegien zu beseitigen.

Reformen des Aufgeklärten Absolutismus

Besonders wichtig erscheint es, daß schon das Reformwerk Friedrichs des Großen in Preußen und Josephs II. in Österreich – um nur die berühmtesten Beispiele zu nennen – Vorleistungen erbrachte, die später unter dem Einfluß des revolutionären und napoleonischen Frankreich mit größerem Erfolg fortgesetzt werden konnten. Der Aufgeklärte Absolutismus unterscheidet sich von der absolutistischen Monarchie der Epoche Ludwigs XIV. durch ein verändertes, säkularisiertes Herrscherverständnis, das die alte Vorstellung vom Gottesgnadentum aufhob. Friedrich der Große leitete den Staat im Sinne der Staatstheorie der Aufklärung aus einem Gesellschafts- und Herrschaftsvertrag ab, der den Regenten dazu verpflichtete, im Interesse aller Untertanen für das allgemeine Beste zu sorgen. Als Diener seines Volkes wurde der Herrscher in die Gesellschaft mit einbezogen. Das preußische Landrecht von 1791/94, das Friedrich II. vorbereiten ließ, garantierte bereits die Grundrechte der bürgerlichen Freiheit und Gleichheit. Joseph II. verkündete 1781, acht Jahre vor der französischen Revolution, die Gleichheit aller vor dem Gesetz. Er forderte – konsequenter als Friedrich II., aber auch mit einer Rigorosität, die letztlich zum Scheitern verurteilt war – die Abschaffung aller Adelsprivilegien und der historischen Rechte in den Provinzen.

Es wurden zumindest Versuche unternommen, die Theorie in die Praxis umzusetzen. Das neue Leistungsprinzip im Staatsdienst galt gleicherweise für adlige und bürgerliche Beamte. Wer ein Amt ausübte, mußte dazu befähigt sein. Auch der Bürger konnte deshalb Aufstiegschancen wahrnehmen, während der Dienstadel gezwungen war, sich dem meist besser gebildeten Bürgertum anzupassen. 1755 wurde in Preußen das Staatsexamen für Juristen und 1770 für Verwaltungsbeamte eingeführt. Die Nachfrage des Staates nach einer durch Leistungswissen geschulten Intelligenz führte überall in Deutschland zur Förderung von Universitäten und Gelehrtenschulen. Im preußischen Landrecht wurde die Bildungsqualifikation noch besonders dadurch betont, daß alle Akademiker, die einen ihrem Grad entsprechenden Beruf ausübten – Beamte, Geistliche, Gymnasiallehrer, Ärzte u. a. – durch eine Reihe von Vorrechten dem Adel gleichgestellt waren. Das sog. „eximierte Bürgertum“ wurde aus der ständischen und lokalen Rechtsordnung herausgelöst; es war nicht zum Militärdienst verpflichtet, es genoß Steuerbefreiungen und besaß ein exemtes Forum, d. h. es war direkt den königlichen Gerichten unterstellt. So entstand eine außerständische, adlig-bürgerliche Beamten- und Bildungselite, die integrierend für die Gesamtgesellschaft wirkte. Sie war jedoch viel enger als in Frankreich an das Ideal der Pflichterfüllung im Staatsdienst gebunden.

Teilerfolge der Wirtschaftspolitik

Die wirtschaftliche Förderung des Bürgertums, insbesondere die staatliche Manufakturpolitik, veränderte gleichfalls das traditionelle Ständegefüge. Der forcierte Aufbau der Manufakturen drängte – ebenso wie die Vergabe von Freimeisterpatenten und die Protektion außerzünftiger Gewerbe – die Macht der Zünfte zurück. Die Standesgrenzen verwischten sich, wenn Friedrich der Große in Schlesien auch die Adligen dazu aufforderte, Manufakturen zu bauen. In Österreich wurde das Verbot für den Adel, Handel und Gewerbe zu betreiben, aufgehoben. Auch die konfessionellen Schranken wurden nicht mehr länger anerkannt. Selbst die aufgeklärt-absolutistischen Regierungen in den geistlichen Staaten setzten sich für die Einführung der religiösen Toleranz ein, eine Reform, die nicht zuletzt dem wirtschaftlichen Zweck diente, protestantische und calvinistische Kaufleute ins Land zu ziehen. Joseph II. verwies in diesem Zusammenhang auf den Reichtum der protestantischen Länder Holland und England und sah in der Toleranz ein Mittel, eine ähnliche Entwicklung in den katholischen Ländern einzuleiten.

Gerade die Wirtschaftsreformen zeigen allerdings nicht nur die Möglichkeiten, sondern auch die Grenzen des Aufgeklärten Absolutismus. Es fehlte ein unternehmendes Bürgertum, das von sich aus die Initiativen ergriffen und die

Bemühungen der Regierungen unterstützt hätte. Das Aufstiegsstreben der meisten Bürger konzentrierte sich auf die Beamtenkarriere. Die Bürokratie „als ein neuer, der geburtsständischen Gliederung enthobener Berufsstand, mit dem sich bis zur Jahrhundertwende kein anderer bürgerlicher Stand messen konnte", gewann zunehmend an politischem Gewicht und sozialem Ansehen [445: H. H. GERTH].

Hinzu kam, daß fast alle deutschen Fürsten an den veralteten Prinzipien des Merkantilismus festhielten. Zu den wenigen Ausnahmen zählen Joseph II. und Markgraf Karl Friedrich von Baden, die beide Anregungen der Physiokraten und Freihändler aufnahmen. Anders als Joseph II., der in den Wirtschaftsprozeß möglichst wenig eingriff und den Aufbau der Manufakturen nur finanziell unterstützte, verlieh Friedrich der Große den neu gegründeten Fabriken Monopolrechte und Privilegien, die kaum dazu beitrugen, die Privatinitiative und Konkurrenzfähigkeit der Unternehmer zu fördern. Die etatistischen und die privilegierten Manufakturen verließen sich vielmehr auf die staatliche Hilfe. Außerdem produzierten sie ohne Rücksicht auf die Marktnachfrage mit Vorliebe teuere Luxusgüter, die angeblich viel Geld einbrachten – aber eben nur, wenn sie Käufer fanden. In Preußen gab es 1785 nicht weniger als 6000 Seidenfabrikanten und 700 Porzellan- und Fayencehersteller. Auf diese Weise ließ sich die Konkurrenz der billigen britischen Waren nicht aus dem Felde schlagen.

Die Agrarreformen des Aufgeklärten Absolutismus endeten an den Grenzen der Adelsherrschaften. Adlige Übergriffe auf das Bauernland wurden – anders als in England – durch den Bauernschutz bzw. das Verbot des Bauernlegens abgewehrt. Die Sicherung des bäuerlichen Besitzes lag zugleich im Eigeninteresse des Staates, dem der Bauernstand die Mehrzahl der Soldaten lieferte. Die Bauernbefreiung kam jedoch nur zögernd in Gang. In Preußen wurden bis 1806 rund 50 000 Domänenbauern, etwa ein Siebtel, durch Ablösung der Fronden und Vererbpachtung der Höfe zu selbständigen Eigentümern gemacht. Nur vereinzelt schlossen sich adlige Gutsherren diesen Maßnahmen an. Friedrich II. bemühte sich vergeblich darum, die Fronden, die die ostelbischen Bauern an fünf bis sieben Tagen in der Woche auf den Gutshöfen zu leisten hatten, zeitlich zu fixieren und zu begrenzen. Joseph II. forderte den Widerstand des Adels heraus, als er 1781/85 die Leibeigenschaft, d. h. die Erbuntertänigkeit mit Schollenbindung, aufhob und die völlige Abschaffung der unbezahlten Fronarbeit verfügte. Ebenso hartnäckig widersetzte sich der Adel der geplanten Grundsteuerreform, die die Steuerprivilegien beseitigte und die Abgabenbelastung der Bauern auf ein Maximum von 30% ihrer Einnahmen festlegte. 1789, kurz vor seinem Tode, konnte Joseph II. mit Recht von sich behaupten, er habe bereits in seinen Ländern das zu verwirklichen versucht, was das französische Volk „à grands cris" verlange. Die Vorgänge in Frankreich bewirkten allerdings auch, daß seinen Nachfolgern die Forcierung der Reformen nicht mehr ratsam erschien. Anders als in Preußen und im rheinbündischen Deutschland wurden die Reformen in der Habsburgermonarchie – von Verbesserungen im Heerwesen und der Rechtskodifikation abgesehen – in der napoleonischen Zeit nicht fortgeführt.

Das größte Hindernis für die Selbstentfaltung der Gesellschaft lag wohl im Regierungssystem des Aufgeklärten Absolutismus begründet. Nach Friedrichs II. Ansicht war der Herrschaftsvertrag unwiderruflich. Der absolutistisch regierende Monarch war nicht dazu bereit, politische Rechte an die Gesellschaft abzutreten und das Freiheitsideal der Aufklärer zu erfüllen. Selbst die preußischen Landrechtsautoren, wie Svarez und Klein, die sich weit mehr der Aufklärungsphilosophie verpflichtet fühlten als Friedrich der Große, beharrten auf dem Standpunkt, daß man die bürgerliche Freiheit genießen könne, ohne an der politischen teilzuhaben. Es sei möglich, so meinte Ernst Ferdinand Klein, die eine, nämlich die Freiheit vom Staat, zu besitzen, ohne die andere, nämlich den freien Staat, zu haben. Die „bürgerliche Freiheit" beschränkte sich auf eine private Reservatsphäre, die der Staat respektierte. Deshalb war der Aufgeklärte Absolutismus nur im Rahmen einer Gesellschaftsordnung möglich, in der ein politisch-selbstbewußtes Bürgertum noch nicht existierte. Der Reformmonarchismus stieß insofern an seine eigenen Grenzen, denn die egalisierende Gesellschaftsveränderung, die er zugunsten des Bürgertums einleitete, bedeutete zugleich eine Gefahr für die monarchische Selbstherrschaft.

Trennung von Staat und Gesellschaft

Schon vor 1789 gab es Anzeichen dafür, daß sich das zwiespältige Bündnis zwischen Absolutismus und Aufklärung aufzulösen begann. In Österreich standen die letzten Regierungsjahre Josephs II. im Zeichen einer Wiedererstarkung des Adels. In den österreichischen Niederlanden, in Ungarn, Böhmen und Galizien kam es zu Revolten und Aufständen, die sich gegen die Verwaltungszentralisation und die Beseitigung der Steuerprivilegien richteten. Weite Kreise des Klerus unterstützten Kardinal Migazzi in seinem Widerstand gegen die josephinischen Kirchenreformen und Klostersäkularisationen. Joseph II. mußte einen Teil seiner Reformen widerrufen. Gleichzeitig kritisierte die aufgeklärte Intelligenz das Reformwerk, weil es ihr nicht weit genug ging. Der Kaiser sah sich gezwungen, die Zensur zu verschärfen, um die Öffentlichkeit vor den „Broschürenschmierern" zu schützen. Bedeutsamer noch war, daß ausgerechnet Preußen, das in ganz Europa vielbewunderte Zentrum der politischen Aufklärung, nach dem Tode Friedrichs des Großen einen reaktionären Kurs einschlug. Mit dem Religionsedikt vom 9. Juli 1788 begann eine Kampagne gegen den theologischen Rationalismus der Aufklärung, die auf den erbitterten Widerstand der aufklärerischen Publizisten stieß. Das Edikt bedrohte alle Prediger, die vom wahren protestantischen Bekenntnis abwichen, mit Entlassung und Disziplinarstrafen. Der Verfasser des Edikts, der Minister für Erziehung und Religion, Johann Christoph Wöllner, gehörte wie Bischoffwerder, der Leiter für auswärtige Angelegenheiten, dem der Aufklärung feindlich gesinnten Orden der Rosenkreuzer an, dem auch der preußische König nahestand. Kurz zuvor war auch Bayern auf eine antiaufklärerische Politik eingeschwenkt: 1785 ließ Kurfürst Karl Theodor den Illuminatenorden, einen am Freimaurertum orientierten Geheimbund mit radikal-aufklärerischer Zielsetzung, verbieten und die Mitglieder des Ordens, dem vorwiegend junge Akademiker, Verwaltungsbeamte und Juristen

Entstehung des Konservatismus

angehörten, verfolgen. 1786 erschien das vielbeachtete Pamphlet des Weimarer Regierungsbeamten August Anton von Göchhausen unter dem Titel „Enthüllung des Systems der Weltbürger-Republik", das erstmalig die „Verschwörungstheorie" entwickelte und behauptete, Freimaurer und Illuminaten bildeten eine weltweit organisierte Verschwörung zur Vernichtung der bestehenden Religion, der Gesellschaft und der politischen Autorität.

So entstand in Reaktion auf die Aufklärungsbewegung schon vor Ausbruch der französischen Revolution eine konservative Strömung, die ihrerseits dazu beitrug, daß sich die Kritik der Aufklärer verschärfte und – in Einzelfällen – radikalisierte.

Die deutsche Aufklärungsbewegung

Das war nicht von Anfang an so. Es gehört vielmehr zu den Besonderheiten der deutschen Aufklärung, daß sie ihre wichtigsten Fehden auf dem religiös-kulturellen Gebiet austrug, was offensichtlich mit der Dominanz des Bildungsbürgertums und der relativen Schwäche des Besitzbürgertums zusammenhing. Die bedeutendsten Aufklärer – wie Lessing, Nicolai und Mendelssohn – waren alle in erster Linie in Religionsstreitigkeiten verwickelt. Noch in den siebziger Jahren erregte bezeichnenderweise der Toleranzstreit Lessings mit dem Hamburger Hauptpastor Goeze das meiste Aufsehen. In zunehmendem Maße verquickte sich die Religionskritik aber auch mit politisch-gesellschaftlichen Reformvorstellungen. Es kam vor, daß im Kampf gegen Orthodoxie und Obskurantismus der religiöse in den politischen Radikalismus umschlagen konnte, auch wenn damit noch kein klares politisches Programm verbunden war. Adam Weishaupt, der Gründer des Illuminatenordens, wollte nicht nur eine neue Kirche, sondern auch einen neuen Staat schaffen, der von den Illuminaten geleitet werden sollte. Carl Friedrich Bahrdt, der Extremist unter den protestantischen Theologen, gelangte von der Kritik am biblischen Christentum zu Forderungen einer politischen und sozialen Umwälzung. Eulogius Schneider, ein ehemaliger Franziskanermönch, der 1791 von der Bonner Universität nach Straßburg zog, predigte als Domherr am Straßburger Münster die Erfüllung des Christentums in der französischen Revolution.

In der Regel vertraten jedoch die deutschen Aufklärer gemäßigte Forderungen: Brüderlichkeit und Duldsamkeit, Toleranz der Christen, Niederlegung der Ständeschranken, Respektierung der Menschenrechte, Emanzipation der Juden, Kampf gegen Vorurteile und Aberglauben. Die politischen und gesellschaftlichen Kontroversen über Adelsprivilegien, Leibeigenschaft und Zunftschranken, über die Berechtigung des Absolutismus und über die Notwendigkeit der Reichsreform bewahrten zumeist den Charakter akademischer Erörterungen. Der lehrhaft-professionelle Zug der aufklärerischen Kritik hängt auch mit dem Einfluß und Ansehen der deutschen Universitäten zusammen. Der bedeutendste Publizist seiner Zeit, August Ludwig Schlözer, war zugleich Universitätsprofessor in Göttingen. Auch das ökonomische Denken entwickelte sich ganz im Gegensatz zu England nicht im Anschluß an marktwirtschaftliche Bedürfnisse und im engen Kontakt mit dem Wirtschaftsbürgertum, sondern akademisch-bürokratisch. Auf den Universitäten in Königsberg und Göttingen begann die Adam-Smith-Rezeption, so vor allem im Königsberger Kreis um den Kantschüler Christian Jakob Kraus, aus dem einige der preußischen Reformer hervorgingen: die beiden Schrötter, Theodor von Schön und Georg Heinrich Nicolovius.

Wenngleich die Reformdiskussion eher zurückhaltend und sehr grundsätzlich geführt wurde, so trug sie doch zur Schärfung eines politischen Bewußtseins bei, das den deutschen im Vergleich zu den englischen und französischen Aufklärern keineswegs abgesprochen werden kann. „Auch in Deutschland ist bereits vor 1789 öffentlich über die Anerkennung von Menschenrechten, über Freiheit und Gleichheit als regulative Prinzipien, über die Legitimierung von Herrschaft und die Zustimmungsfähigkeit von Gesetzen diskutiert, Kritik an religiöser Intoleranz und an bäuerlicher Abhängigkeit geübt und politische Reform gefordert worden." [R. VIERHAUS, in: 505].

Die öffentliche Meinung

Von den immer zahlreicher werdenden Journalisten, Publizisten und Schriftstellern, von der wachsenden Buchproduktion und der Fülle der Zeitschriften und „Intelligenzblätter" her gesehen, stellte die öffentliche Meinung in Deutschland einen beachtlichen Faktor dar. Nach zeitgenössischen Schätzungen gab es 1773 dreitausend und 1787 schon sechstausend Berufsschriftsteller. Im Jahre 1791 wurden auf dem deutschen Buchmarkt rund 3200 Titel produziert, darunter 1300 Zeitschriften. Zu den berühmtesten Journalen der neu entstehenden periodischen Presse zählten Schlözers „Staatsanzeigen", das wohl meistgelesene Blatt mit einer bezahlten Auflage von 4400 Exemplaren, Wielands „Teutscher Merkur", Nicolais „Allgemeine Deutsche Bibliothek", die von Gedike und Biester herausgegebene „Berlinische Monatsschrift", die in Jena verlegte „Allgemeine Literatur-Zeitung", Schubarts „Deutsche Chronik", Wekhrlins „Das Graue Ungeheuer" und seine „Hyperboreischen Briefe". Die Zeitungen organisierten sich ihre Leserschaft: In der zweiten Hälfte des 18. Jahrhunderts wurden in Deutschland mehr als fünfhundert Lesegesellschaften gegründet. Neben den Freimaurerlogen und den patriotisch-gemeinnützigen Gesellschaften spielten die Lesezirkel eine wichtige Rolle bei der Entstehung überständischer Gruppen, die mit wachsendem Selbstbewußtsein die Führung im kulturellen Leben übernahmen. Der Verein wurde zum „Faktor der Mobilisierung im Übergang von der ständischen zur bürgerlichen Gesellschaft" [471: TH. NIPPERDEY].

Exklusivität der deutschen Schriftsteller

Es bleibt die Frage, ob und inwieweit der Bezug zu einem Publikum hergestellt werden konnte, das nicht nur unterhalten und belehrt werden wollte, sondern im tätigen Leben stand. Hat man die Praxis wirklich erreicht? Trotz des Öffentlichkeitsanspruchs der Aufklärung blieb der elitäre Zug der Publizistik unverkennbar. In Deutschland, so vermerkte Nicolai kritisch, beziehe sich – anders als in Frankreich und England – der „Stand der Schriftsteller . . . beinahe bloß auf sich selber", eine Tendenz zur Exklusivität, die mit der klassischen und romantischen Literatur und Philosophie eher noch zunahm. „Sie jammern immer", schrieb Friedrich Schlegel 1799 im „Athenaeum", „die Deutschen Autoren schrieben nur für einen so kleinen Kreis, ja oft nur für sich selbst untereinander. Das ist recht gut. Dadurch wird die Deutsche Literatur immer mehr Geist und Charakter bekommen. Und unterdessen kann vielleicht ein Publikum entstehen."

Auch die Welle der Sozietätsgründungen in den siebziger und achtziger Jahren läßt sich nur sehr bedingt als ein Kennzeichen für die wachsende Selbständigkeit der Gesellschaft auslegen. Zwar beeindruckt die Vielzahl der Organisationsformen: Akademien, literarische und gelehrte Gesellschaften, Geheimbünde und Freimaurerlogen, Lesezirkel, Lesebibliotheken und Lesekabinette, patriotische und gemeinnützige, ökonomische Vereinigungen, etc. Aber es fällt doch auf, daß die Initiative vornehmlich von jener neuen Beamten- und Bildungselite ausging, die dem Staat näherstand als der stadtbürgerlichen Gesellschaft. Unter den Mitgliedern dominieren höhere Verwaltungsbeamte, lokale Amtsträger, Juristen, Theologen, professionelle Gelehrte und akademisch „Gebildete". Ausnahmen wie die Hansestädte, vor allem Hamburg, wo die Kaufleute führend beteiligt waren, bestätigen eher die Regel. In vieler Hinsicht flankierten die Aktivitäten der Aufklärungsgesellschaften die obrigkeitlichen Reform- und Mobilisierungsmaßnahmen.

Soziale Situation des Bildungsbürgertums

Der Enthusiasmus, mit dem das Bildungsbürgertum 1789 die französische Revolution begrüßte, deutet auf eine weitverbreitete Unzufriedenheit mit den bestehenden Verhältnissen hin, die sich nicht allein aus der Enttäuschung über den erlahmenden Schwung des Aufgeklärten Absolutismus erklären läßt. Der Grund liegt wohl auch in der sozialen Situation der deutschen Intelligenz. Die Nachfrage des Staates nach einer leistungsfähigen gebildeten Beamtenschaft, die neuen Möglichkeiten des sozialen Aufstiegs im Staatsdienst und das Ansehen der zahlreichen deutschen Universitäten hatten zur Folge, daß es zu viele Akademiker gab. Mit der Zeit reichte das Stellenangebot nicht mehr aus, um alle Berufswünsche zu erfüllen. Die Zahl der kleinen Beamten, der „armen" Gelehrten, der Hungerdichter, der Anwälte ohne Klienten, der Theologen ohne Amt, die sich jahrelang mit Hauslehrerdiensten durchschlugen, wuchs an. Im preußischen Bildungswesen übertraf um 1800 die Anzahl der Bewerber die Zahl der vakanten Stellen um das doppelte. Die freien Berufe kamen vergleichsweise noch selten vor. In Preußen studierten 1804 868 Studenten Jura, 625 Theologie und nur 164 Medizin. Die preußischen Anwälte und Notare wurden von der Regierung ernannt, und der so festgeschriebene Stand vermehrte sich kaum. Von 1786–1800 erfolgten 232 Ernennungen zum Justizrat. Die zahlreichen Schriftsteller trafen auf einen Literaturmarkt, der durch ein Überangebot und durch die Schleuderkonkurrenz der Nachdrucke blockiert wurde. Für viele blieb der Hauslehrer- und Hofmeisterposten die einzige Auffangstelle. Kant, Fichte, Hegel, Schleiermacher, Jean Paul, Hölderlin – sie alle beschäftigten sich eine Zeitlang als Hauslehrer. Der spätere preußische Reformer Gottlob Johann Kunth begann seine Laufbahn als Erzieher der beiden Brüder Humboldt, die später dafür sorgten, daß Kunth doch noch in den preußischen Staatsdienst eintreten konnte. In der Regel fühlte sich jedoch der Hofmeister isoliert und deklassiert, zumal außerhalb der „Gelehrtenrepublik" die Ständeabgrenzung auch weiterhin üblich war. „Es kann mir durch die Seele gehen", schrieb der Freiherr von Knigge, „wenn ich den Hofmeister in manchen adligen Häusern demütig und stumm an der Tafel der gnädigen Herrschaft sitzen sehe, wo er es nicht wagt, sich in irgendein Gespräch zu mischen, sich auf irgendeine Weise der übrigen Gesellschaft gleichzustellen, wenn sogar den ihm untergebenen Kindern von Eltern, Freunden und Bedienten der Rang vor ihm gegeben wird, vor ihm, der, wenn er seinen Platz ganz ausfüllt, als der wichtigste Wohltäter der ganzen Familie angesehen werden sollte." Das Sturm-und-Drang-Drama „Der Hofmeister" von Lenz schilderte ähnliche Szenen, und Goethes Werther mußte es erleben, daß er, von einem Grafen zum Essen gebeten, vor die Tür gesetzt wurde, als adlige Gäste eintrafen.

Verletzter Stolz und fehlgeschlagene Hoffnungen, in einem gesicherten und geachteten Beruf tätig zu werden, aber auch die unerfüllten Aufstiegsträume der vielen kleinen Beamten beförderten die auch unter den deutschen Aufklärern vorhandene Neigung zu radikalen Protesten, denen jedoch nur selten Taten folgten. Es ist kein Zufall, daß die meisten Revolutionsanhänger in Deutschland Schriftsteller waren. Es fehlte der Bezug zu konkreten politischen und wirtschaftlichen Interessen. Die aus der Ferne bewunderte Revolution wurde insofern gerade nicht als Vorbild für eigene Handlungsmöglichkeiten verstanden. „Die intellektuelle Ausbildung ist in Deutschland perfekt", so urteilte Mme de Staël aus zeitgenössischer Perspektive über die deutschen im Vergleich zu den französischen Verhältnissen, „aber es geschieht dabei alles nur theoretisch; die praktische Erziehung ist einzig und allein mit der Verwaltung verknüpft . . . Und die öffentliche Erziehung, so gut sie auch sein mag, kann Gelehrte bilden, aber keine Bürger."

Die „geistige Revolution"

Die ideelle Ausstrahlung der französischen Revolution zeigt sich besonders deutlich in den Reaktionen führender Repräsentanten des deutschen „Geisteslebens", die – mit Ausnahme von Goethe, der die Ereignisse in Frankreich von Anfang an skeptisch beurteilte – den Ausbruch der Revolution begeistert feierten. Dichter wie Klopstock, Wieland und Schiller und Philosophen wie Kant, Fichte und Hegel – um nur die berühmtesten Namen zu nennen – glaubten den Anbruch eines neuen Zeitalters zu erleben, in dem die Menschheit endlich über Unrecht, Tyrannei und Unterdrückung triumphieren werde. Die Revolution wurde als Verwirklichung eigener Ideale, als „Ideenrevolution" begriffen. Friedrich Schlegel konnte Fichtes Wissenschaftslehre und Goethes „Wilhelm Meister" mit der Bedeutung der französischen Revolution gleichsetzen; Kant sah in dem „Experiment" der Franzosen eine Bestätigung für seine Lehre, daß das Naturrecht zu einer freiheitlichen und friedlicheren Ordnung führen werde. Sein Bild von der französischen Revolution blieb – trotz Terror und Krieg – eine Idealkonstruktion. Die meisten Idealisten wandten sich denn auch – anders als Kant – angewidert von den Greueln der Jakobinerherrschaft ab, als sie bemerken mußten, daß die politische Realität der philosophischen Spekulation nicht mehr entsprach. Kants Vertrauen auf die wachsende Vernunft der Menschen, das sich auch durch die Radikalisierung der Revolution nicht erschüttern ließ, implizierte zugleich das Verbot, die bestehende Ordnung auf dem Wege des Widerstandes zu verändern.

In seiner Widerstandslehre wies Kant die revolutionäre Wirksamkeit seiner Philosophie zurück. Aber selbst jene Anhänger von Kants Philosophie, die selber zu Revolutionären wurden, z. B. die „Pilger der Freiheit", die wie Konrad Engelbert Oelsner nach Paris zogen, oder Georg Forster und Anton Dorsch, die beiden prominenten Mitglieder des Mainzer Jakobinerclubs, hielten an einer bürgerlich-aufklärerischen Revolutionsideologie fest. „Ich bleibe dabei", hieß es in einem Brief Forsters vom Dezember 1792, „daß Deutschland zu keiner Revolution reif ist, und daß es schrecklich gräßlich sein wird, sie durch das halsstarrige Bestehen auf die Fortsetzung des unglückseligsten aller Kriege unfehlbar vor der Zeit herbeizuführen . . . Unser rohes, armes, ungebildetes Volk kann nur wüten, aber nicht sich konstituieren." Georg Rebmann, der 1797/98 für die Gründung einer cisrhenanischen Republik eintrat, erwartete die Revolution „von dem reiferen Geiste der Deutschen", d. h. ohne die Exzesse der französischen Jakobiner. Es sei deshalb notwendig, das Volk „aufgeklärter und moralischer" zu machen. Die Revolution vollzog sich nach Rebmann „in den Köpfen"; sie sollte „durch bloße Anwendung der moralischen Maximen" zum Guten gelenkt werden. Heinrich Würzer, einer der bekanntesten norddeutschen Jakobiner, verstand unter Revolution „in dem eigentlichsten Sinne des Wortes" „eine in die Augen fallende regelmäßige Veränderung", eine Definition, die im Grunde nichts anderes meinte als Reform: „Durch Aufstand und Empörung, das heißt, durch tätliche Verweigerung des Gehorsams gegen die bestehende öffentliche Gewalt, und Widersetzung gegen dieselbe mit den Waffen in der Hand, können Revolutionen hervorgebracht und blutig gemacht werden; aber Aufstand und Empörung ist keine Staatsrevolution. Diese besteht in der Aufhebung derjenigen Gesetze, nach denen der Staat bisher regiert wurde, in der Einführung anderer Gesetze an die Stelle der ersteren, in der Veränderung, die durch die eingeführten Gesetze in der Regierung des Staats bewirkt wird."

Reaktion der Konservativen

Wenn dennoch die französische Revolution eine Politisierung und Polarisierung der deutschen öffentlichen Meinung bewirkte, so lag das nicht zuletzt an der hysterischen Reaktion der Konservativen, die überall Verschwörer am Werke sahen. In den neunziger Jahren wurden in Preußen die Gegner des Wöllnerschen Religionsedikts kurzerhand des Jakobinismus verdächtigt. Friedrich Wilhelm II. setzte nunmehr die religiöse „Subversion" gleich mit „Ungehorsam und Widerspenstigkeit gegen Gesetze und Obrigkeit". 1794 wurde Kant von der Zensurbehörde wegen seiner Schrift „Die Religion innerhalb der Grenzen der bloßen Vernunft" gemaßregelt. In Berlin konnte die „Berlinische Monatsschrift", das Sprachrohr der Berliner Aufklärung, nicht mehr erscheinen; Nicolai war gezwungen, seine „Allgemeine Deutsche Bibliothek" im dänischen Altona herauszubringen. Auf den Universitäten wurde die Rechtgläubigkeit der theologischen Fakultäten überprüft, was in Halle zu einem Aufstand der aufgebrachten Studenten führte, der von der Fakultät toleriert wurde. Aus Furcht vor jakobinischen Aufständen gab der Minister für Schlesien, Graf Hoym, die unsinnige Anweisung, jeden zu verhaften, der über die französische Revolution auch nur zu reden wagte. Markgraf Karl Friedrich von Baden, der in Karlsruhe ein halbes Jahrhundert lang aufgeklärt-absolutistisch regiert hatte, lud 1794 alle interessierten Fürsten auf eine Konferenz nach Wilhelmsbad ein, „um vertraulich über die Angelegenheiten zu beraten, die den gefährlichen Geist der Revolution ermutigen und verbreiten könnten, und sämtliche Regierungsmaßnahmen zu vereinen, um demselben zu begegnen". Es kam zwar nur ein Treffen mit dem Landgrafen von Hessen-Darmstadt zustande, aber beide Fürsten planten die Gründung einer „Gesellschaft patriotischer Gelehrter", die eine konservative Zeitschrift und Flugschrift herausgeben sollte. 1795 erschien erstmalig das Journal „Eudämonia", das zum Sprachrohr des deutschen Konservatismus wurde. Schon 1792 war die „Wiener Zeitschrift" von Leopold Hoffmann gegründet worden, „das erste offen konservative Journal der deutschen Geschichte" [436: K. Epstein]. In der Habsburger Monarchie begann unter Franz II., der 1792 die besonnene Regierung Leopolds II. ablöste, eine regelrechte Hexenjagd auf vermeintliche Jakobiner. 1794 kam die österreichische Polizei einer Konspiration auf die Spur, die sich bis dahin allerdings nur durch radikale Reden und Schriften hervorgetan hatte. Die Anführer wurden öffentlich hingerichtet oder zu langjähriger Festungshaft verurteilt.

Österreichisch-ungarische Jakobinerverschwörung

Die österreichisch-ungarische Jakobinerverschwörung liefert ein sehr bezeichnendes Beispiel dafür, daß ein reaktionärer Konservativismus zum Nährboden des Radikalismus werden kann. Der ungarische Jakobinerzirkel um Ignaz von Martinovics und die Wiener Verschwörer um Andreas Riedel und Franz von Hebenstreit schlossen sich ursprünglich zur Verteidigung der leopoldinischen Reformen zusammen. Schon Leopold II. hatte geplant, durch eine Vergrößerung des Anteils bürgerlicher und bäuerlicher Vertreter in den Landständen Ungarns und einiger österreichischer Provinzen einen Partner gegen die Adelsopposition zu gewinnen. Zu diesem Zweck hatte er eine Gruppe geheimer Mitarbeiter, darunter Ignaz von Martinovics, unterstützt, die mit Hilfe von Petitionen und Flugschriften das Projekt fördern sollten. Es gehört zu den Auswirkungen der französischen Revolution, daß Franz II. solche Ständeexperimente nicht mehr fortzusetzen wagte. Die franziszeische Reaktion enttäuschte die Anhänger Leopolds und reizte sie dazu, nunmehr auf eigene Faust und ohne kaiserliche Zustimmung zu handeln. In dem von Martinovics verfaßten revolutionären Katechismus stand zu lesen: „Was muß also das Volk tun, um das völlige Debakel zu umgehen? Antwort: Das, was Frankreich getan hat, nämlich das Königtum beseitigen und eine demokratische Republik gründen." Das Eipeldauer Lied, das wahrscheinlich von Hebenstreit verfaßt wurde, verteidigte die Hinrichtung Ludwigs XVI. und rief die Bauern zum Aufstand gegen den Adel auf. Die Wiener Verschwörer – ein Kreis von etwa achtzig Personen – planten 1794 mit Hilfe einer Volkserhebung einen regelrechten Staatsstreich. Die Reformbestrebungen erfuhren so eine radikale Zuspitzung, die mit dem Reformprogramm des Aufgeklärten Absolutismus, auf das sich die Verschwörer gleichwohl beriefen, nicht mehr vereinbar war.

Norddeutsche Jakobiner

Ähnliches läßt sich auch andernorts beobachten. In Norddeutschland, im Gebiet um Hamburg und in Schleswig-Holstein, einem Zentrum des Presse- und Verlagswesens, begann unter dem Einfluß der französischen Revolution ein Differenzierungsprozeß der politischen Öffentlichkeit, der gleichfalls eine radikale Richtung, die nicht mehr nur Freiheit, sondern auch Gleichheit verlangte, entstehen ließ. Die Aufklärungsbewegung spaltete sich in zwei feindliche Lager. Während das Hamburger Handelsbürgertum den Girondisten nahestand, sympathisierten Intellektuelle und Handwerker mit der Bergpartei Robespierres. Auf Maueranschlägen in Altona bezeichneten die Jakobiner den Adel als „Abschaum" der Gesellschaft und seine Mitglieder als „Hofdiebe". Wie Hebenstreit, den man eine Art „österreichischen Babeuf" [436: K. Epstein] genannt hat, propagierte der Flensburger Jakobiner Georg Conrad Meyer in seiner Zeitschrift „Der neue Mensch" die gleichmäßige Verteilung der Vermögen, allerdings „soweit sie ohne Kränkung des Eigentums anderer möglich ist". Die Hoffnung auf Reformen wurde jedoch selbst in den Jakobinerzirkeln nicht aufgegeben. Trotz der scharfen Despotismuskritik galt für Meyer auch weiterhin das Vorbild „Friedrichs des Einzigen". Pläne oder Vorbereitungen dazu, die Theorie in die Praxis umzusetzen, gab es in Norddeutschland nicht. Die „wirksamste Waffe" [449: W. Grab] blieb die Journalistik.

Süddeutsche Jakobiner

Das Zentrum jakobinischer Aktivitäten lag bezeichnenderweise und aus naheliegenden Gründen im französischen Macht- und Einflußbereich, im linksrheinischen Deutschland und im Süden, in Baden, Württemberg und Bayern, dem Durchzugsgebiet französischer Truppen. In Mainz und im Linksrheinischen wurden 1792/93 und 1797, zur Zeit der cisrhenanischen Bewegung, kurzlebige Republiken mit französischer Hilfe gegründet. Auf der rechten Seite des Oberrheins wurden Verfassungspläne für eine süddeutsche Republik ausgearbeitet und Aufstände vorbereitet, von denen das Projekt von 1797/98 zur Sprengung des Rastatter Kongresses am weitesten entwickelt war. Die süddeutschen Jakobiner fanden Unterstützung aus der Helvetischen Republik und aus dem Elsaß, besonders aus Straßburg, einem Zentrum der französischen Revolutionspropaganda.

Die Mainzer Republik

Mit der Mainzer Republik von 1792/93 begann der schwierige Versuch, die revolutionären Errungenschaften von 1789 auf Deutschland zu übertragen. Vor dem Einfall der Revolutionsarmee war das Rheinland ein typisches Gebiet des alten Reiches. Hier residierten vier Kurfürsten, darunter der Reichserzkanzler im führenden Kurstaat Mainz. Die Reichskirche bewahrte ihren dominierenden Einfluß, die Reichsritterschaft stellte die adlige Führungsschicht, vor allem in den Domkapiteln. In der Reichs- und Kirchenpolitik nahm Mainz eine Schlüsselstellung ein. Es unterstützte 1785 maßgeblich den Fürstenbund; es trat im Nuntiaturstreit von 1786 und in den Auseinandersetzungen um den Febronianismus für die Loslösung der Reichskirche von der Oberhoheit des Papstes ein. Die drei letzten Mainzer Kurfürsten regierten aufgeklärt-absolutistisch; ihre Hauptsorge galt der Bildungsreform. Die Mainzer Universität wurde zu einem Zentrum der

Aufklärung. Die Lage der Bauern war bei weitem nicht so drückend wie im Nachbarland Frankreich. 1787 wurde die Leibeigenschaft aufgehoben, d. h. die Besitzwechsel- und Sterbfallsgelder wurden ablösbar. Die meisten Bauern besaßen ihr Land zu Erbpacht. Die steuerliche Belastung war – wie in allen geistlichen Staaten – relativ milde. 14–16% der städtischen Bevölkerung waren unterstützungsbedürftig; in französischen Städten lag der Anteil durchschnittlich bei 30–35%. Die sozialen Spannungen hielten sich in Grenzen: Während des Mainzer Interregnums von 1774 versuchten die adligen Domherren das Reformwerk abzustoppen; es kam zu Konflikten zwischen innerstädtischen Gruppen und vereinzelt zu Unruhen auf dem Land, die jedoch kaum als Anzeichen einer sozialen Krise gelten können. Es handelte sich um isolierte Vorfälle, die wie in Aschaffenburg auf die Wiederherstellung älterer Privilegien zielten oder gegen eine Überfremdung der Stadt Mainz mit auswärtiger Intelligenz, gegen die Studenten, gerichtet waren. Am größten war der Widerstand gegen die Toleranzpatente: Die Rüdesheimer Bauern rebellierten gegen die Einführung eines deutschsprachigen und deshalb des Protestantismus verdächtigen Gesangbuches; die Aschaffenburger Zunftbürger wehrten sich gegen den Zuzug fremder protestantischer Kaufleute. Im Grunde machte schon der Kurfürst dieselbe Erfahrung wie später die Mainzer Jakobiner: es fehlte ein breit mitdiskutierendes Publikum, ein Partner, der die Reformen mitgetragen hätte. Statt dessen überwog das Interesse am Status quo.

1792/93 bemühte sich Custine, der Oberbefehlshaber der französischen Rheinarmee, ziemlich vergeblich um die Unterstützung der Bevölkerung. Die führenden Mitglieder des von ihm protegierten Jakobinerclubs entstammten der Bildungselite: Georg Forster war seit 1788 kurfürstlicher Bibliothekar, der Theologe Anton Dorsch, der Mathematiker Matthias Metternich, der Philosoph Andreas Hofmann und der Arzt Georg Wedekind waren Universitätsprofessoren. Zwar trat eine verhältnismäßig große Zahl von Handwerkern und kleinen Kaufleuten dem Club bei, der auf 492 Mitglieder (6% der beitrittsberechtigten Mainzer) anwuchs – ein für die damalige Zeit recht beachtlicher Organisationsgrad. Aber damit war noch keineswegs „eine echte Massenbasis" [65: H. Scheel] erreicht. Als Custine die Mainzer Zünfte nach ihren Verfassungswünschen befragte – ein Appell an das Selbstbestimmungsrecht, der bezeichnenderweise schon bald dem Programm der „Zwangsbefreiung" wich – blieb die Resonanz gering. Die Handwerkerzünfte verzichteten auf eine eigene Stellungnahme und überließen die Initiative dem Mainzer Handelsstand. Sein Sprecher, der angesehene Großkaufmann Daniel Dumont, überreichte Custine die „Konstitutionsvorschläge des Handelsstands", die zuvor von 81 der 94 an der Beratung beteiligten Handelsleute gebilligt worden waren. Dumont lehnte eine radikale Umwälzung, die „einen noch ärgern Despotismus" heraufbeschwöre, ab und empfahl die Reform der Mainzer „Regierungsverfassung", die „auf ihre ursprüngliche Reinheit zurückgebracht" werden sollte. Zugleich berief er sich auf „die ersten (!) Grundsätze der Französischen Revolution" und das Vorbild der konstitutionellen Monarchie.

Nicht ganz so ergebnislos verlief eine Verfassungsabstimmung im Dezember 1792, die mit Hilfe einer Unterschriftensammlung durchgeführt wurde. Rund 400 Mainzer Zunftbürger (17%) unterschrieben den Wunsch einer „gänzlichen Umänderung der Verfassung". In 29 der 40 befragten Landgemeinden in der Umgebung von Mainz und Worms kam eine Mehrheit für die Übernahme der „Fränkischen Konstitution" zustande. Offenbar war die Neigung zur direkten Aktion auf dem Land stärker verbreitet als in den Städten, was sich etwa in der spontanen Pflanzung von ca. 50 Freiheitsbäumen in den rheinhessischen und pfälzischen Dörfern niederschlug. Die verstärkt auftretenden Proteste wie Abgabenverweigerung und Waldfrevel sowie der häufig geäußerte Wunsch nach der Ablösung von Beamten wurden nicht selten von politischen Gleichheitsparolen und den Losungsworten „Patriot" und „Nation" begleitet.

Trotzdem gelang es nicht, über den Kreis einer kleinen aktiven Minderheit hinaus eine breitere Anhängerschaft zu mobilisieren. Forster, den Custine zum Vizepräsident der provisorischen Administration berief, kam zu der Überzeugung, daß das deutsche Volk zu einer Revolution noch nicht reif sei. Er trat deshalb für die Angliederung des linken Rheinufers an Frankreich ein, um auf diese Weise die revolutionären Errungenschaften zu bewahren. Die hektischen Bemühungen um die Reunion gipfelten in terrorähnlichen Repressivmaßnahmen wie Eid- und Wahlzwang. Wer sich weigerte, den vorgeschriebenen Bürgereid auf die republikanische Verfassung abzulegen, wurde mit Ausweisung und Deportation bedroht. Ein von einer Minderheit gewählter „Nationalkonvent der freien Deutschen diesseits des Rheins" proklamierte im Frühjahr 1793 die Loslösung des Rheinlandes vom Reich und den Anschluß an Frankreich. Nur der siebte Teil der rheinischen Gemeinden hatte seine Vertreter entsandt; in Mainz beteiligten sich nur 372 Bürger (8% der Wahlberechtigten) an der Abstimmung. Die Mehrheit der Bevölkerung verhielt sich passiv.

Die cisrhenanische Bewegung

1797 befürworteten die Cisrhenanen, unter ihnen der junge Görres, mit Unterstützung des Revolutionsgenerals Hoche die Errichtung einer selbständigen, mit Frankreich verbündeten rheinischen Republik. Eine Reihe von Volksgesellschaften wurde gegründet; die cisrhenanische Agitation versprach die Ermäßigung der Steuern, die Abschaffung der Feudallasten und den freien Verkauf von Land an Bauern. In Koblenz, Köln und Bonn wurde im September 1797 unter Pflanzung von Freiheitsbäumen die neue Republik ausgerufen. Nach dem Fructidor-Staatsstreich, der in Paris die Partei der „natürlichen Grenzen" wieder ans Ruder brachte, mußten sich dann auch die Cisrhenanen mit der Annexion des Rheinlandes abfinden. Ihre Propaganda scheint nicht viel erfolgreicher gewesen zu sein als die der Mainzer Klubisten. Die Reunionsadressen erhielten rund 57 000 Unterschriften bei einer Einwohnerzahl von etwa 1,3 Millionen. Man hat von der „radikaldemokratischen Grundeinstellung", ja sogar von der „sozialen Demokratie" als Ziel der rheinischen Jakobiner gesprochen [52: A. Kuhn]. Die Souveränitätserklärung vom November 1797, eines der Schlüsseldokumente der cisrhenanischen Bewegung, ging jedoch ganz im Sinne der bildungspolitischen

Konzeption der Aufklärer davon aus, „daß nicht der große Haufe, der durch Despoten gegen sein wahres Interesse blind gemacht, verdorben, unwissend, schwach und durch Elend niedergebeugt ist, sondern die wenigen Männer von Aufklärung, Kraft und Mut es sind, denen in Revolutionszeiten das Wohl der Gesellschaft anvertraut ist, und daß der große Haufe, wenn er erst über sein Interesse besser aufgeklärt ist, den uneigennützigen Absichten der entschlossenen Männer wird Gerechtigkeit widerfahren lassen, die sich für das Wohl ihrer Mitbürger opferten und sie dem Despotismus ihrer Unterdrücker entrissen".

Republikanische Bestrebungen in Süddeutschland

Wie die Cisrhenanen so setzten auch die süddeutschen Revolutionsfreunde ihre Hoffnung auf eine Unterstützung Frankreichs. Allerdings war der Kreis der Verschwörer höchst heterogen zusammengesetzt. Er umfaßte Anhänger der helvetischen Republik, die von Basel aus ihre Tätigkeit auf Süddeutschland ausdehnten, Agenten, die sich der französischen Propaganda zur Verfügung stellten, studentische Aufstandszirkel, die untereinander in Verbindung traten, fränkische Reichsritter, die mit dem Projekt einer Adelsrepublik die Gefahr der Mediatisierung abzuwenden hofften, Verbindungsleute zur Ständeopposition in Württemberg und Bayern sowie zu oppositionellen Gruppen in einigen Reichsstädten. Einig waren sich diese verschiedenen Oppositionszirkel nur in der Ablehnung des Ancien Régime. Der Sammelbegriff „süddeutsche Jakobiner" [487: H. SCHEEL] bleibt insofern problematisch. Ernst Jägerschmidt, der Anführer der Baseler Gruppe, bezeichnete es als Ziel, „den schwäbischen und fränkischen mit einem Teil des oberrheinischen Kreises zusammenzuziehen und einen Freistaat daraus zu bilden". Die Aufstandsvorbereitungen gediehen 1797/98 zu dem Plan, in Zusammenarbeit mit dem Revolutionsgeneral der Rheinarmee Augereau den Rastatter Kongreß zu sprengen, ein Unternehmen, das fehlschlug, als die französische Hilfe ausblieb. In Rastatt war vielmehr deutlich zu erkennen, daß die französische Regierung die Zusammenarbeit mit den deutschen Fürsten anstrebte. Anfang März 1799 erschien in Basel eine über hundert Seiten starke Flugschrift, die den Entwurf einer Verfassungsurkunde für eine deutsche Republik enthielt. Sie richtete sich nach dem Vorbild der französischen Direktorialverfassung. Offenbar rechneten die Autoren nicht damit, daß die Bevölkerung diese Verfassung unterstützen werde. Im Falle eines negativen Votums sollte erklärt werden, daß diejenigen, die gegen die Verfassung gestimmt hätten, nicht zum deutschen Volk gehörten. Wie im Rheinland so konnte auch in Süddeutschland von einem Volksaufstand keine Rede sein. Im Gegenteil: „Ein Volk . . . muß Mißtrauen in sich selbsten setzen," hieß es in der Einleitung des Flugblatts, „es hat den Feind in seinem Schoße; es wäre zu schwankend, wenn es die Auswahl seiner Verteidigungsmittel sich selbst überließe. Die feindseligen Atome müssen von der Auswahl ausgeschlossen werden; die nützlicheren Charaktere allein, die Menschen allein, deren Leidenschaften nur auf den Endzweck der freien Gesellschaft hinarbeiten, müssen ausgesucht werden . . .".

Auch die Absolutismuskritik der ständischen Opposition ließ sich mit Revolutionssympathien verquicken. Die Opposition der Landstände war im 18. Jahrhundert überall dort stark ausgeprägt, wo der Landesherr sich von den Landesinteressen entfernt hatte, so in Bayern, wo der Kurfürst sich eine Zeitlang auf das Projekt des Kaisers einließ, Bayern gegen die österreichischen Niederlande auszutauschen, so in Württemberg, wo die protestantischen Interessen gegen das katholische Herrscherhaus verteidigt wurden. In Württemberg bestand überdies eine Sondersituation, weil hier der Adel, der durchweg der Reichsritterschaft angehörte, nicht im Landtag saß, so daß sich die württembergischen Stände fast ausschließlich aus Bürgern als Vertreter der Städte zusammensetzten. Ständekonflikte gab es das ganze 17. und 18. Jahrhundert hindurch; neu war jedoch, daß nach 1789 radikale Forderungen aufkamen, die sich allerdings höchst widerspruchsvoll mit jenen Bestrebungen vermischten, die in Anknüpfung an das Bestehende das alte Recht und die Ständeprivilegien bewahren wollten. Einige württembergische Republikaner dachten an das Vorbild der französischen Generalstände, das nachgeahmt werden sollte, um die Macht des despotischen Herzogs Karl Eugen zu brechen.

In Bayern wurden die Pläne zur Schaffung einer süddeutschen Republik auch von prominenten Persönlichkeiten aus Adel und Bürokratie unterstützt, die im Gegensatz zum Kurfürsten und zu Österreich standen. Die meisten der über 60 größeren Flugschriften, die in den Jahren 1796 bis 1801, teilweise noch bis 1803, in Bayern erschienen, vertraten jedoch Reformziele, die auch mit der konstitutionellen Monarchie vereinbar waren. Nach und nach verstummte dann die Opposition, als mit der Reformregierung von Montgelas eine neue Ära in Bayern begann. Der angebliche Wortführer der republikanischen Bestrebungen, Joseph Utzschneider, stieg unter Montgelas zum obersten Beamten im bayerischen Finanzministerium auf.

Die Basis für die Umsturzpläne in der städtischen und ländlichen Bevölkerung blieb auch rechts des Rheins schmal. Die innerstädtischen Konflikte, vor allem in den Reichsstädten, und die Bauernunruhen hatten zumeist lokale Ursachen und konnten durch teilweise Behebung der Mißstände in der Regel rasch beigelegt werden. Häufig wurde das Pariser Vorbild, auf das man sich berief, nur rein äußerlich kopiert. Die Freiheits- und Gleichheitsparolen der Revolution lieferten ein Mittel, um die eigenen Forderungen und Ziele, die längst vor 1789 bestanden, nachdrücklicher als bisher zu vertreten. In mehreren Reichsstädten bildeten sich Bürgerausschüsse gegen die Mißwirtschaft des Magistrats oder gegen die Exklusivität des städtischen Patriziats, eine Form des Protests, die bereits im Verlauf des 18. Jahrhunderts üblich geworden war. In Nürnberg, Ulm, Augsburg, Reutlingen und Esslingen, wo die Auseinandersetzungen zwischen Rat und Bürgerschaft seit 1789 eskalierten, genügten schließlich doch Konzessionen wie die Anerkennung des Bürgerausschusses und seine Beteiligung am Stadtregiment, um eine Beruhigung herbeizuführen. Zunftunruhen und Gesellenaufstände, z. B. in Nürnberg, wo die Schlosser, Schreiner und Schneider auf die Straße zogen und die Bastillestürmer nachzuahmen versuchten, nahmen zwar neue zunftübergreifende und demonstrationsartige Formen an, ohne daß jedoch

Reichsstädtische Unruhen

zu befürchten war, die Aufstände könnten sich wie ein Flächenbrand über die Stadtgrenzen hinaus ausbreiten.

Bauernaufstand in Kursachsen

Ähnliches gilt für die Bauernrevolten. Einer der größten Bauernaufstände, an dem ungefähr 10 000 Bauern beteiligt waren, fand 1790 in Kursachsen statt. Der Anführer hatte vom Zug der Pariser nach Versailles erfahren und plante, den Kurfürsten aus seiner Sommerresidenz Pillnitz nach Dresden zu holen. Als jedoch eine Regierungskommission Abhilfe der Beschwerden versprach und gleichzeitig ein Tumultmandat den Aufständischen die Todesstrafe androhte, brach die Revolte zusammen. Die Lebensmittelpreise wurden gesenkt; die Kommission empfahl, die Frondienste der Bauern und die Weiderechte der Gutsherren zu begrenzen, Maßnahmen, die dann von den Landständen abgelehnt wurden. Die Bauern mußten jedoch den Eindruck gewinnen, daß die Regierung es nicht bei Drohungen und Strafen bewenden ließ, sondern gewillt war, die bäuerlichen Interessen wahrzunehmen.

In Deutschland hatte der Reformismus offenbar mehr Chancen als der Jakobinismus. Es ist insofern nicht allein außenpolitisch bedingt, daß erst die napoleonische Politik, die unter neuen Vorzeichen an die Tradition des Aufgeklärten Absolutismus anknüpfen konnte, den Anstoß dazu gab, das Ancien Régime zu modernisieren.

6. Das Ende des Heiligen Römischen Reiches

Die territoriale Revolution

Am Beginn des politisch-gesellschaftlichen Umwälzungsprozesses, der in Deutschland unter dem Einfluß der napoleonischen Herrschaft einsetzte, stand die sog. territoriale Revolution durch Säkularisation und Mediatisierung, „eine der größten politischen, wirtschaftlichen und sozialen Veränderungen der Neuzeit" [539: R. Morsey]. Fast alle geistlichen, reichsstädtischen und reichsritterschaftlichen Gebiete sowie die kleineren weltlichen Fürstentümer wurden 1803 im Reichsdeputationshauptschluß und 1805/06 nach dem Frieden von Preßburg den größeren weltlichen Staaten zugeteilt, die mit dem Erwerb der enklavierten und benachbarten Territorien ihre flächenstaatliche Gebietshoheit durchsetzen und ihren Besitz arrondieren konnten. Die zersplitterte deutsche Kleinstaatenwelt brach zusammen. Die Zahl der reichsunmittelbaren Territorien sank von über tausend, die Zwergherrschaften der über dreihundert Reichsritter nicht mitgerechnet, auf etwas über dreißig. Das alte Reich verlor mit dem Reichsadel und der Reichskirche seine treuesten Anhänger, die bisher in Kaiser und Reich den Garanten ihrer eigenen Existenz gesehen hatten. Gleichzeitig banden sich die dank napoleonischer Hilfe vergrößerten Mittelstaaten immer enger an Frankreich. Mit der territorialen Neugestaltung begann so der Prozeß der Reichsauflösung, der 1806 mit der Gründung des Rheinbundes und der Niederlegung der Kaiserkrone durch Franz II. seinen Abschluß fand.

Die Säkularisation von 1803

Der unmittelbare Anlaß der Säkularisation von 1803 ergab sich aus der französischen Eroberung der linksrheinischen Gebiete, für deren Verlust die Fürsten rechtsrheinisch entschädigt werden sollten, was nur durch die Auflösung der geistlichen Staaten möglich war. Frankreich sicherte sich den maßgeblichen Einfluß auf das Entschädigungsgeschäft durch Einzelverhandlungen, in denen es versuchte, die Front der ersten Koalition aufzuspalten und die Interessenten – Preußen, Österreich und die Mittelstaaten – gegeneinander auszuspielen. Die deutschen Verhandlungspartner trugen ihren Teil dazu bei, dieser Taktik zum Erfolg zu verhelfen. Als erster Staat stimmte Preußen im Baseler Frieden (5. April 1795) der Abtretung des linken Rheinufers an Frankreich zu. Es folgten Hessen-Kassel, Württemberg und Baden. In der Berliner Geheimkonvention vom 5. August 1796 akzeptierte Preußen das Prinzip der kompensatorischen Säkularisation. Auch Österreich verhandelte 1797 und 1800/1801 ohne Konsultierung der Reichsstände mit den Franzosen. Ein Geheimartikel des im Oktober 1797 zu Campo Formio ausgehandelten Friedens sah die Abtretung des Rheinlandes gegen „angemessene Entschädigungen" vor, ein Verzicht, der nur, um preußische Entschädigungsansprüche zu durchkreuzen, auf die Pfalz und den Mittelrhein beschränkt wurde. Damit hatte der Kaiser selbst den Grundsatz der Reichsintegrität zugunsten der habsburgischen Hausinteressen aufgegeben. Der Reichsfriedenskongreß in Rastatt (Dezember 1797 – April 1799) mußte sich nach den

Bedingungen von Campo Formio richten. Die Durchführung wurde jedoch zunächst durch den Wiederausbruch des Krieges aufgeschoben. Erst nach dem Frieden von Lunéville (9. Februar 1801) konnte das Entschädigungsgeschäft durch eine Reichsdeputation aus acht Staaten, die der Kaiser im August 1802 nach Regensburg berief, abgeschlossen werden. Längst ehe sie zusammentrat, hatte sich Napoleon mit der anderen Garantiemacht des Reiches, Rußland (das seit dem Frieden von Teschen 1779 an die Stelle Schwedens getreten war), über die Verteilung der Entschädigungsmasse geeinigt. Der Deputation blieb nicht mehr viel anderes zu tun übrig, als den russisch-französischen Entschädigungsplan, der seinerseits auf den Absprachen mit den Einzelstaaten beruhte, im Reichsdeputationshauptschluß vom 25. Februar 1803 zu verabschieden. Der Reichstag stimmte am 24. März zu; der Kaiser ratifizierte am 27. April, allerdings mit Ausnahme des § 32, der eine Vermehrung der protestantischen Virilstimmen im Reichsfürstenrat verfügte. Durch die Neuverteilung der Kurstimmen – mit Salzburg, Baden, Württemberg und Hessen–Kassel entstanden vier neue weltliche Kurfürstentümer anstelle der beiden geistlichen Kurfürstentümer Köln und Trier – ergab sich auch im Kurfürstenkollegium ein protestantisches Übergewicht, so daß der Verlust der Kaiserwürde für das Haus Habsburg zu befürchten war. Mit Ausnahme des nach Regensburg übertragenen Erzkanzlertums Mainz, des Malteserordens und des Deutschen Ordens, die beide dank russischer und kaiserlicher Fürsprache vorerst noch der Säkularisation entgingen, wurden alle geistlichen Territorien und einundvierzig Reichsstädte zur Entschädigungsmasse geschlagen. Am meisten profitierten Preußen und die Mittelstaaten. Sie gewannen weit mehr, als sie linksrheinisch verloren hatten, Preußen etwa das Fünffache, Württemberg das Vierfache und Baden das Siebeneinhalbfache der Gebietsverluste. Napoleons Ziel war es, Preußen als Gegengewicht zu Österreich aufzubauen und eine kleine Anzahl von abhängigen Mittelstaaten zu schaffen, die stark genug waren, um wertvolle Verbündete zu werden, aber zu schwach, um eine von Frankreich unabhängige Politik zu betreiben. Der neue Zar Alexander I., der die Zusammenarbeit mit Napoleon suchte, war in erster Linie um eine gute Ausstattung der mit ihm verwandten Dynastien Württembergs, Badens und Hessen–Darmstadts bemüht, was den französischen Wünschen durchaus entsprach.

Politische Auswirkungen der Säkularisation

Die Säkularisation leistete in mehrfacher Hinsicht einen Beitrag zur Entstehung moderner Staatlichkeit. In Süddeutschland beseitigte sie die Hindernisse für die Bildung und Arrondierung größerer Flächenstaaten. Die politische Notwendigkeit, die neu erworbenen Territorien mit dem Kernland zu einem einheitlichen Staatsverband zu verschmelzen, gab den Anstoß für das Reformwerk der Rheinbundstaaten, insbesondere für die Verwaltungszentralisierung und die Schaffung einheitlicher Wirtschafts- und Rechtsgebiete. Aber auch in Preußen wurden in den Entschädigungslanden, so vor allem in Münster und Paderborn, wo 1802/03 der Freiherr vom Stein mit der Durchführung der Säkularisation beauftragt war, die ersten Verwaltungs- und Justizreformen erprobt. Mit der Entflechtung von Kirche und Staat wuchsen zugleich der Regierung neue

Aufgaben zu: im Bildungs- und Unterrichtswesen, in der Krankenpflege, in der Armenfürsorge. Die Entwicklung zum modernen Wohlfahrtsstaat bahnte sich an. Außerdem förderte die sehr lebhafte zeitgenössische Kontroverse über die Säkularisation das aufklärerische Staatsdenken. Die Debatte über den Wert oder Unwert der geistlichen Staaten hatte schon vor 1803 eingesetzt. Ein Preisausschreiben, das der Fuldaer Domkapitular, der Freiherr von Bibra, 1785 in dem von ihm herausgegebenen katholischen „Journal von und für Deutschland" veranstaltete, forderte dazu auf, die Gebrechen der geistlichen Staaten zu diskutieren und Mittel zur Abhilfe ihrer Mängel vorzuschlagen. Offenbar wurde die eigentümliche Verquickung von weltlicher und geistlicher Gewalt – auch bei den Verteidigern der geistlichen Fürstentümer – nicht mehr als selbstverständlich hingenommen. Die berühmteste der Einsendungen, die Antwort des Reichspublizisten Friedrich Carl Moser, trat für die vollständige Abschaffung der geistlichen Staaten und die Errichtung weltlicher, gewählter Regierungen ein, ohne allerdings einen Ausweg aus dem Dilemma zu finden, wie das im Rahmen der bestehenden Reichsverfassung zu verwirklichen sei. Um 1800 versuchten einige Verteidiger der Fürstbischöfe, so vor allem im Würzburger Kreis um Johann Michael Seuffert, mit den neuen vernunftrechtlichen Prinzipien der Vertragslehre und der Volkssouveränität die Existenz der geistlichen Staaten zu rechtfertigen. Die Wahl der Fürstbischöfe durch das Domkapitel, meinte Seuffert, käme einer „repräsentativen Verfassung" gleich: Die Domkapitel bedeuteten für die Landeseinwohner das „Palladium ihrer Freiheiten", und die Untertanen betrachteten das Recht, „ihren Fürsten wählen zu lassen, als das heiligste Kleinod ihrer Verfassung". Das Reich wurde nicht mehr als ein lehnsrechtlicher Verband, sondern als ein föderalistischer Staatenbund ausgelegt, in dem eine Auflösung einzelner Glieder nicht möglich sei. Die Würzburger Theorien, auch wenn sie ihren Gegenstand allzu offensichtlich verfehlten, zeigen auf ihre Weise, wie fragwürdig die traditionelle, am historischen Reichsrecht orientierte Argumentation geworden war und wie wenig sie noch zu überzeugen vermochte. Der Versuch, die alte Ordnung mit „modernen" Argumenten zu verteidigen, zählt zu den typischen Kennzeichen der Umbruchszeit um 1800. Nicht jeder, der sich auf die Repräsentativverfassung und die Volkssouveränität berief, war deshalb bereits ein Revolutionsfreund oder gar ein „Jakobiner".

Soziale Auswirkungen der Säkularisation

Neben den politisch-rechtlichen hatte die Säkularisation weitreichende soziale und ökonomische Konsequenzen. Zum einen förderte sie die Tendenz zur Entfeudalisierung und zur Auflösung der Ständegesellschaft. Die besonderen Bedingungen der geistlichen Wahlstaaten hatten bisher absolutistischen Tendenzen zur Entmachtung des ständischen Adels enge Grenzen gesetzt. Aber auch in einigen weltlichen Territorialstaaten veränderte sich die Ständeverfassung, weil die Landstandschaft der Klöster entfiel. Die bayerischen Landschaftsverordneten sahen in der Vernichtung des Prälatenstandes eine Bedrohung für alle „ständischen Freiheiten". Im Reich wurden Bischöfe und Prälaten aus dem Reichstag ausgeschlossen und so aus der Teilhabe an der Reichsregierung verdrängt.

Allerdings ging hier die mit der Reichsstandschaft der geistlichen Staaten verbundene Stimmführung auf die weltlichen Erwerber über. Mit 720 Domherrenstellen verlor der stiftsfähige Adel seine bevorzugte Versorgungseinrichtung für nachgeborene Adelssöhne. Der Verlust des Ämtereinkommens traf den Adel schwer. Im Fürstbistum Münster, dem größten der geistlichen Staaten, lag der Anteil des Einkommens aus kirchlichen, höfischen, verwaltenden und militärischen Ämtern am Gesamteinkommen der stiftsfähigen Adelsfamilien im Durchschnitt bei 20 bis 35%. Mit der Reichskirche verschwand auch die Adelskirche. Nach 1803 standen die Kirchenämter des höheren Klerus und des Episkopats auch jenen Anwärtern offen, die aus dem Bauern- und Bürgertum kamen.

Wirtschaftliche Auswirkungen der Säkularisation

Zum andern bewirkte die Säkularisation des Kirchenguts in den katholischen Gebieten eine Umbildung der Eigentumsordnung. Neben der Herrschaftssäkularisation gestattete der Reichsdeputationshauptschluß die Vermögenssäkularisation, ein Erfolg vor allem der bayerischen Diplomatie. In den Paragraphen 35 und 42 wurden die Landesherren dazu ermächtigt, auch die landsässigen Abteien, Klöster und Stifte aufzuheben und das Kirchengut, einschließlich der Güter der Domkapitel, einzuziehen. Der kirchliche Grundbesitz fiel an den Staat und zwar in beträchtlichem Umfang. In Bayern unterstanden bis 1803 mehr als die Hälfte aller Bauern geistlichen Grundherrschaften, die mit Ausnahme der Besitzungen des Pfarrklerus und der kirchlichen Stiftungen an den Staat übergingen, d. h. ca. 65% der bayerischen Bauern lebten jetzt auf Staatsdomänen. Eine kurfürstliche Verordnung vom 21. Juni 1803 stellte es ihnen frei, das grundherrliche Obereigentum gegen Entschädigung abzulösen. So begann in Bayern mit der Säkularisation zugleich die Bauernbefreiung, wenngleich vorerst die Möglichkeit der Ablösung wegen Geldmangel noch nicht wahrgenommen werden konnte.

Verkauf der Kirchengüter

Ein Teil des Kirchengutes, das bisher nach kanonischem Recht unveräußerlich gewesen war, wurde verkauft. Insofern förderte die Säkularisation mit der Aufhebung der sog. Güter zur toten Hand die Mobilisierung des Bodens. Allerdings wurde nur wenig Land zum Verkauf angeboten, in Bayern schätzungsweise nicht viel mehr als ein Prozent der landwirtschaftlichen Nutzfläche. Die Käufer waren in der Regel ehemalige Klostertagwerker und Landhandwerker, die Kleinstparzellen erwarben.

Ganz anders war die Käuferschicht im wirtschaftlich schon weiter fortgeschrittenen Rheinland zusammengesetzt, wo die Franzosen auf der Rechtsgrundlage des Friedens von Lunéville und des Konkordats vom 15. Juli 1801 die Aufhebung und Einziehung geistlicher Güter (mit Ausnahme der Pfarrgüter) einleiteten. Im niederrheinischen Raum und im Umkreis der Städte griffen Kaufleute und Manufakturbesitzer im großen Stil zu. Die Textilproduzenten aus Aachen, Krefeld, Köln und Bonn kauften neben Ländereien vor allem Klostergebäude auf, die als Fabriken dienten. In Koblenz tätigten bereits Makler ein Achtel der Käufe, in Köln sogar etwas mehr als die Hälfte. Nur fünfzig kapitalkräftige Kölner und Aachener Bürger erwarben knapp die Hälfte aller zum Kauf angebotenen Landgüter der Umgebung. In Koblenz sicherten sich die städtischen Käufer, darunter viele Beamte und Notare, 50% der Grundgüter und fast alle Häuser. Die nächstwichtige Käufergruppe kam aus der Bauernschaft. Im Koblenzer Bezirk waren etwa die Hälfte aller Käufer Bauern, die allerdings nur ein Drittel der Güter erwarben. Im Arrondissement Krefeld stellten die Bauern ein Drittel der Käufer. Die meisten dieser Bauern waren Pächter, die das von ihnen schon seit langem bewirtschaftete Gut nun käuflich erwarben. Die Käufergruppe, die in Bayern am zahlreichsten vertreten war – Handwerker, Müller, Wirte, Tagelöhner – fehlte im Rheinland fast völlig. Das lag teilweise an der unterschiedlichen Verkaufspolitik. Die Franzosen versteigerten mehr Land, je nach Region 4–12% der Nutzfläche. Außerdem wechselten in der Regel die Höfe als ganzes ihren Besitzer, während die bayerische Regierung die Anweisung gab, die Ländereien zu parzellieren, um entsprechend den Kaufinteressen möglichst viele Familien mit einem Stück Land zu versorgen und die Geldbedürfnisse der Staatskasse rascher zu befriedigen.

Der Vergleich der rheinischen mit den bayerischen Verhältnissen deutet auf eine grundsätzliche Problematik des französischen Einflusses hin. Das Rheinland war sozialökonomisch bereits in der Lage, sich dem französischen Vorbild anzupassen – mit allen Vor- und Nachteilen: Einerseits erhöhte sich die Bodenmobilität; ehemalige Pächter wurden zu freien Eigentümern; die städtischen Kaufleute und Fabrikanten investierten ihr Kapital – zumindest vorübergehend – in Landbesitz, um die kriegsbedingte Absatzkrise ihrer Waren aufzufangen. Durch Zweitverkäufe gelangte das Land wohl später wieder in bäuerliche Hände. Andererseits gingen die kleinen Leute – wie in Frankreich – zunächst leer aus. Die Kluft zwischen arm und reich verbreiterte sich. In Bayern hingegen änderte sich nicht viel. Die ehemaligen Klostergrundholden wechselten lediglich den Grundherren. In mancher Hinsicht hatte die Säkularisation eher eine demodernisierende Wirkung. Bis 1803 spielten die Klöster als Wirtschaftsmacht noch eine entscheidende Rolle. Sie waren die Kreditgeber auf dem Lande; sie versorgten die Handwerker mit Aufträgen, z. B. beim Kirchenbau. Die Aufhebung der Klosterökonomie bedeutete für Bayern einen „sozialen Rückschritt" [521: R. Haderstorfer] und eine „Reagrarisierung" [556: A. Schlittmeier]. Die ehemaligen, oft hochqualifizierten Handwerker und Kunsthandwerker der Klosterhofmarken, die sich jetzt ihren Lebensunterhalt auf agrarischer Basis sichern mußten, fielen aus der bisherigen Differenzierung gewerblicher Betätigung auf die Stufe von Parzellenbauern zurück. In Baden, wo die Klöster in den breisgauischen und schwarzwäldischen Regionen gleichfalls wichtige Arbeitgeber und Armenfürsorger gewesen waren, versuchte die Regierung durch eine „Politik der Industrieansiedlung" [366: W. Fischer] die Pauperisierung abzuwenden. Sie entschied sich deshalb zumeist für den geschlossenen Verkauf von Land und Klostergebäuden an Unternehmer, um neue Arbeitsmöglichkeiten für die Bevölkerung zu schaffen. Aber auch in Baden fehlten vorerst die Voraussetzungen für eine durchgreifende Modernisierung von Wirtschaft und Gesellschaft. Das wichtigste Anliegen der badischen Regierung war und blieb die „Stärkung des Mittelstandes" und die Förderung des „Gewerbefleißes" in der Heimindustrie.

Historische Tradition und französischer Einfluß

Hinsichtlich des französischen Einflusses auf die Ereignisse von 1803 ist freilich zu beachten, daß die Säkularisation auch auf deutschem Boden eine lange historische Tradition besaß. Die Vorgeschichte der Herrschaftssäkularisation reicht bis in die Reformationszeit zurück. Im westfälischen Frieden war 1648 die Säkularisation von zwei Erzbistümern und dreizehn Bistümern anerkannt worden. Friedrich der Große plante weitere Säkularisationsprojekte. Die staatskirchenrechtlichen Vorstellungen des Aufgeklärten Absolutismus schufen ein Klima, das der Säkularisation günstig war. Auch die Vermögenssäkularisation besaß ihre Vorläufer. Joseph II. hatte in Österreich bereits über siebenhundert „unnütze" Klöster aufgelöst. Die aufgeklärt-absolutistisch regierenden Fürstbischöfe von Mainz finanzierten die Bildungsreform und den Ausbau der Universität aus säkularisiertem Kirchengut. 1773 gestattete Papst Klemens XIV. die Aufhebung des Jesuitenordens. Pius VI. erlaubte 1798 dem bayerischen Kurfürsten, die Klöster mit fünfzehn Millionen Gulden zu belasten, eine Summe, die etwa drei Jahreseinnahmen des damaligen Herzogtums Bayern entsprach. Die aristokratische Reichskirche wurde zwar in Deutschland mit derselben Wirkung umgestaltet, mit der in Frankreich 1789 das revolutionäre Säkularisationsedikt die Kirche entmachtet hatte. Gleichzeitig bestand jedoch auch in diesem Falle eine große Aufnahmebereitschaft für die „Ideen von 1789". Allerdings ist es kaum denkbar, daß die radikale Durchführung der Säkularisation, die Aufhebung aller geistlichen Fürstentümer (mit der einzigen Ausnahme des Kurfürstentums des Reichserzkanzlers) und der Mehrzahl der Klöster ohne die napoleonische Herausforderung und den Druck von außen möglich gewesen wäre.

Mediatisierung

Die Politik der Mediatisierung, mit der die zweite Etappe der territorialen Flurbereinigung begann, hing aufs engste mit den Verhältnissen im alten Reich zusammen. Zwischen den Interessen des Reiches, der geistlichen Staaten, der kleineren weltlichen Reichsstände, der Reichsstädte und der Reichsritterschaft bestand eine enge Übereinstimmung. Kaiser, Ritter, kleinere Fürsten und Grafen, Reichsäbte und Fürstbischöfe waren natürliche Verbündete im Kampf gegen das Souveränitätsstreben der übermächtigen Landesfürsten. Viele Reichsritter traten als Beamte, Diplomaten und Offiziere in den Reichsdienst. In den geistlichen Staaten besaßen sie zumeist das Vorrecht auf die Dompfründen. Sie bildeten dort die politische Führungsschicht und verstärkten auf diese Weise die „Reichstreue" der geistlichen Fürstentümer. Einige Ritter trugen ihre Gebiete Fürstbischöfen zu Lehen auf, um deren Schutz zu genießen. So waren die meisten fränkischen Reichsritter den Fürstbischöfen von Bamberg und Würzburg lehnspflichtig. Erst die Säkularisation zerschlug diese enge soziale und politische Verknüpfung zwischen Kaiser, Reichsadel und Reichskirche.

Das Verhältnis der zumeist protestantischen Reichsstädte zur katholischen Majestät in Wien war allerdings gespannter, zumal die Ein- und Übergriffe der Reichsorgane in die städtische Selbstverwaltung seit dem 18. Jahrhundert wieder zunahmen. Man hat mit einigem Recht von dem „negativen Reichsbewußtsein“ [514: K. S. BADER] der Reichsstädte gesprochen, was jedoch nicht ausschließt, daß auch sie auf den Schutz des Kaisers und seine Vermittlung bei innerstädtischen Konflikten angewiesen blieben.

Napoleon war aus naheliegenden Gründen nicht daran interessiert, die traditionell habsburgtreue Anhängerschaft Österreichs im Reich zu unterstützen, obgleich sich die reichsritterschaftlichen Delegationen, die Reichsstädte, die einen gemeinsamen Städtetag nach Ulm einberiefen, und einige gräfliche und fürstliche Häuser, die sich in der Frankfurter Union und im Schwäbischen Fürstenbund zusammenschlossen, um möglichst gute Beziehungen zu Frankreich bemühten. Sie verfielen dabei auf denselben Ausweg wie die Würzburger Verteidiger der geistlichen Staaten und versuchten, ihre Existenz mit den Parolen der französischen Revolution zu rechtfertigen. Die Reichsstädte beriefen sich auf ihre „republikanische“ Verfassung; die Reichsritter und die kleineren Fürsten zitierten die Freiheit und Sicherheit des Eigentums, die von der französischen Verfassung garantiert sei.

Reichsstädte

In Wirklichkeit waren die kleineren reichsunmittelbaren Territorien längst zu einem Anachronismus geworden. Die reichsstädtischen Mißstände bildeten ein beliebtes Thema der aufklärerischen Kritik, etwa in Schlözers „Staatsanzeigen“ und in Schubarts „Deutscher Chronik“ oder auch in der Romanliteratur, z. B. in Wielands „Abderiten“. Der Grund hierfür lag vor allem im wirtschaftlichen Niedergang vieler Reichsstädte. Mit Ausnahme der drei Hansestädte und Frankfurt gelang es ihnen kaum, sich den veränderten wirtschaftlichen Verhältnissen anzupassen. Als Enklaven fielen die Reichsstädte aus den größeren Wirtschaftsgebieten der Territorialstaaten heraus, von denen sie nicht selten als „Ausland“ behandelt und schikaniert wurden. Die wirtschaftliche Abschnürung führte zur Stagnation und oft an den Rand des finanziellen Bankrotts. Wie die wirtschaftliche so erstarrte auch die politische Verfassung der meisten Reichsstädte. Die Stadtoligarchie bestand aus einer Handvoll von Familien, die sich gegenseitig in die Rats- und Magistratsstellen wählten. In Augsburg zählte die Stadtverwaltung nicht weniger als sechshundert Ämter, die als Pfründen betrachtet und vom Patriziat zäh verteidigt wurden. Die in vielen Reichsstädten ausbrechenden Bürgerunruhen liefern auf ihre Weise ein Symptom für den wirtschaftlichen und politischen Machtverfall der Reichsstädte. Die innerstädtischen Konflikte lassen sich allerdings kaum in das Schema „konservativ-reaktionäre Obrigkeit“ und „progressive antifeudale Aufstandsbewegung“ [487: H. SCHEEL] hineinpressen. Die Forderungen nach einer Kontrolle der städtischen Finanzen und nach „Mitobrigkeit“ dienten manchenorts dem Ziel, Reformbestrebungen zu blockieren, z. B. in Köln, wo das Zunftbürgertum die durchaus zeitgemäße Toleranzpolitik des Rats bekämpfte und gegen Manufakturen wie Verlagswesen opponierte. Aber auch dort, wo die Kaufleute die Bürgeropposition anführten, dachten sie nicht an den Umsturz, sondern an die Reform der Stadtverfassung. Allerdings neigten manche städtischen Obrigkeiten seit 1789 und erst recht seit 1792 dazu, die Bürgerdeputationen am zunehmend konservativen Wiener Kaiserhof als revolutionär zu denunzieren, eine Auswirkung der französischen Revolution, die deutlich macht, „daß man die Probleme weder aus eigener Kraft noch mit Hilfe von Kaiser und Reich mehr lösen konnte" [473: V. Press].

1802/03 waren die Reichsstädte kaum in der Lage, ihre Reichsunmittelbarkeit zu retten. Auf dem Städtetag in Ulm hoffte man nur noch auf „billige und anständige Bedingungen". Außer den drei Hansestädten gelang es 1803 Augsburg, Nürnberg und Frankfurt dank hoher Bestechungssummen an die Franzosen, die Mediatisierung vorerst noch aufzuschieben. Es spricht jedoch für sich, daß die Nürnberger und die Augsburger Kaufmannschaft sich schließlich nur noch Vorteile von der Eingliederung in den bayerischen Staat versprachen.

Reichsritterschaft

Das traditionelle, geschichtlich gewordene Gebilde der Reichsritterschaft ließ sich mit modernen staatsrechtlichen Kategorien kaum noch definieren. In drei Kreisen und vierzehn Kantonen organisiert und korporativ verbunden, verteidigten die Ritter in erster Linie ihren Besitzstand. Zwar waren die Reichsritter in ihrer Rechtsstellung – abgesehen davon, daß sie weder individuell noch kollektiv auf dem Regensburger Reichstag vertreten waren – den übrigen Landesherren gleichgestellt und mit Hoheitsrechten ausgestattet; dennoch glich die reichsritterschaftliche Herrschaft eher einer hochprivilegierten Grundherrschaft. Zu den vom Kaiser garantierten Privilegien zählten das ius retractus, d. h. das Recht, innerhalb von drei Jahren jedes an einen Nichtritter veräußerte Gut zum ursprünglichen Preis zurückzukaufen, und das ius collectandi, d. h. das Recht, die Steuern, die die Ritter ihrem jeweiligen Kanton schuldeten, einzutreiben. Dafür zahlten die Ritter an das Reich sog. „Charitativsubsidien". Außerdem bildeten die reichsritterschaftlichen Territorien das bevorzugte Rekrutierungsgebiet für die habsburgische Armee. Schon auf dem Rastatter Kongreß entstand die merkwürdige Rechtssituation, daß die Reichsritter ihre Reichsunmittelbarkeit nicht nur mit öffentlich-rechtlichen, sondern auch mit privatrechtlichen Argumenten zu retten versuchten, indem sie möglichst viele ihrer korporativen Rechte als privates Eigentum deklarierten. 1803 erreichten sie dank kaiserlicher Unterstützung und französischem Desinteresse die Aufnahme einer „salvatorischen Klausel" in den Reichsdeputationshauptschluß, die den Weiterbestand der Reichsritterschaft garantierte. Gerade die privatrechtliche Argumentation lieferte jedoch den Landesherren ein Mittel, die Ritterschaft auf den Stand korporativ privilegierter Güterbesitzer herabzudrücken, eine Möglichkeit, die Preußen bereits in den neunziger Jahren im Konflikt mit den fränkischen Reichsrittern nach Antritt der Regierung in Ansbach/Bayreuth ausgenutzt hatte. In Anlehnung an das preußische Vorgehen versuchte Bayern 1803/04, die reichsritterschaftlichen Enklaven unter Anerkennung der Eigentumsansprüche und der korporativen Privilegien doch noch in sein Staatsgebiet einzugliedern. Für viele Ritter war das bayerische Angebot durchaus vorteilhaft, denn mit dem Entzug von Hoheitsrechten entfielen zugleich die Unkosten und Ausgaben, die – vor allem für die Rechtspflege – aufgebracht werden mußten und aus Steuereinnahmen nicht immer gedeckt werden konnten. Die bayerische Regierung wich allerdings zurück, als sich der Kaiser ein letztes Mal zum Schutz der Reichsinteressen aufraffte und durch den Reichshofrat ein Dekret verkünden ließ (das sog. „Konservatorium" vom 23. Januar 1804), in dem die Wiederherstellung der Reichsritterschaft unter Androhung der Reichsexekution angeordnet wurde. Die Reichsritterschaft wurde dann das erste Opfer des dritten Koalitionskrieges nach der Niederlage ihres kaiserlichen Schutzherrn bei Austerlitz. Im Frieden von Preßburg (26. Dezember 1805) erreichten die süddeutschen Staaten Bayern, Württemberg und Baden, die im Krieg auf Seiten Frankreichs gegen Österreich Partei ergriffen hatten, die Anerkennung ihrer vollen Souveränität, die den Einfluß des Reiches ausschloß und die rechtliche Handhabe zur Mediatisierung der Reichsritterschaft bot.

Stellung der Mediatisierten nach 1806

Anders als die Säkularisation bewirkte die Mediatisierung keine Enteignung, da das private Eigentum der landsässig werdenden Ritter im Gegensatz zum Kirchengut nicht angetastet wurde. Zwar verloren die Ritter durch die Säkularisation zahlreiche einträgliche Kirchenämter und Pfründen und durch die Mediatisierung die Einnahmen aus den Steuern und anderen landesherrlichen Gefällen; auch mußten sie auf den organisatorischen Zusammenschluß verzichten. Aber ihre wirtschaftliche Lage blieb ansonsten unverändert. Die einzelstaatlichen Deklarationen über die Ritterschaft garantierten den Schutz für alle Grundherrschaftsrechte und den „ungestörten Genuß" des Eigentums. Auch den Standesherren, d. h. jenen kleineren Fürsten und Grafen, die anders als die Ritter die Reichsstandschaft besessen hatten und die gleichfalls 1806 mediatisiert wurden, garantierte die Rheinbundakte ausdrücklich alle materiellen Besitzrechte und Feudalrevenuen. Der ehemalige Reichsadel bewahrte auf diese Weise den Status der „privilegiertesten Klasse", wie es später in der Deutschen Bundesakte vom 8. Juni 1815 hieß. Es war klar, daß diese Bestimmungen die Egalisierungs- und Entfeudalisierungsbestrebungen abblockten. Auch ein Land wie Württemberg, in dem bisher gar kein landsässiger Adel existiert hatte, wurde nun mit dem Adelsproblem konfrontiert. Das gesellschaftliche Reformwerk der Rheinbundstaaten war so von vornherein mit schweren Hindernissen belastet.

Rheinbundgründung und Reichsauflösung

Mit den Bestimmungen des Friedens von Preßburg hatte Napoleon sein Ziel erreicht, leistungsfähige Mittelstaaten zu schaffen, die im „Dritten Deutschland" ein Gegengewicht zu Preußen und Österreich bilden und zwischen Frankreich und Österreich als Pufferstaaten dienen konnten. Nur der Einspruch Preußens während der Schönbrunner Verhandlungen mit Haugwitz verhinderte vorerst noch die Reichsauflösung, die dann ein halbes Jahr später eingeleitet wurde, als die Vertreter von sechzehn süd- und südwestdeutschen Staaten am 12. Juli 1806 die Rheinbundakte unterzeichneten und die Verpflichtung eingingen, sich vom Reich loszusagen. Der Rheinbund war ein Offensiv- und Defensivbündnis unter dem Protektorat des Kaisers der Franzosen. Am 1. August 1806 erklärten die Mitglieder des Rheinbundes ihren Austritt aus dem Reichsverband. Durch ein Ultimatum Napoleons gezwungen, legte Franz II., der bereits 1804 den Titel eines

Kaisers von Österreich angenommen hatte, am 6. August 1806 die deutsche Kaiserkrone nieder, ein Entschluß, der seit dem 5. Juli feststand und nun nicht mehr länger hinausgezögert werden konnte. Die fast tausendjährige Geschichte des Heiligen Römischen Reiches Deutscher Nation war beendet.

Abbruch der Reichstraditionen

Worin lag die politische und soziale Bedeutung der Reichsauflösung? Bezeichnenderweise ist in der Forschung kaum die Frage diskutiert worden, warum das Reich 1806 unterging, sondern eher die, wie es bis 1806 zu überleben vermochte. Die Gründe für den Zusammenbruch des alten Reiches liegen sozusagen auf der Hand. Die schwerfällige Verfahrensweise des Regensburger Reichstages, die Schwäche der Reichsarmee und der Reichsfinanzen, die Lähmung der Reichsinstitutionen, die Rivalität der Reichsstände untereinander, der entstehende Dualismus zwischen Österreich und Preußen, das Souveränitätsstreben der Landesfürsten gegenüber dem Reich – dies alles war der Herausforderung durch das revolutionäre und napoleonische Frankreich nicht mehr gewachsen. Andererseits wurde jedoch das Reich – trotz Hegels berühmter Kritik – nach wie vor nicht in erster Linie als eine machtstaatliche, sondern als eine Rechts- und Friedensordnung aufgefaßt. Das Reich war mehr als ein Gefüge nur staatlicher Institutionen. Durch seinen Rechtsschutz bewahrte es jene alten Freiheiten im Sinne der ständischen und korporativen „Libertät", die in den absolutistisch regierten Einzelstaaten längst in Frage gestellt worden waren. Da, wo die Gesellschaft noch ständisch eingebunden war, konnte das Reich immer noch konfliktregelnd eingreifen: bei reichsstädtischen Unruhen, bei Auseinandersetzungen zwischen Landesherr und Ständen, bei Bauernrebellionen. Als etwa Johann Jacob Moser, der die Rechte der württembergischen Stände gegen den despotischen Herzog verteidigte, von Karl Eugen inhaftiert wurde, bewirkte 1764 ein Reichshofratsspruch seine Freilassung. Der Reichshofrat unterstützte auch die Landschaftsverordnung in Bayern. In einem Klima zunehmender Konflikte hat sich der Einfluß des Reiches im 18. Jahrhundert wahrscheinlich nicht vermindert, sondern eher erweitert und ausgedehnt.

Aber auch für die internationalen Beziehungen und für das europäische Staatensystem erfüllte das Reich eine wichtige Funktion. Im Verlauf des 18. Jahrhunderts gab es keine größeren territorialen Veränderungen im Reich – bis auf die preußische Annexion Schlesiens, für die Friedrich der Große immerhin drei Kriege führen mußte. Als Österreich Bayern erwerben wollte, galt dies als ein Verstoß gegen die Reichsverfassung. Das Reich stabilisierte lange Zeit ein Gleichgewicht, das zugleich als unabdingbar für das europäische Gleichgewicht angesehen wurde. Nicht nur, weil das Reich als eine dezentralistische und pluralistische Ordnung keine Gefahr für Frankreich darstellte, sondern auch, weil es ein Modell für eine zukünftige europäische Konföderation abgeben konnte, meinte niemand anderer als Jean Jacques Rousseau, dem deutschen Gemeinwesen komme kein anderes an Weisheit gleich: „Das öffentliche Recht", schrieb er 1761, „das die Deutschen so gründlich studieren, ist noch wichtiger als sie glauben, denn es ist nicht bloß das deutsche öffentliche Recht, sondern in gewissem Sinne das von ganz Europa." Die französischen Revolutionäre revidierten freilich dieses Urteil. Die Kehrseite der stabilisierenden Reichspolitik lag darin, daß das Reich untrennbar mit der Adelsherrschaft und der Privilegiengesellschaft verbunden blieb, gerade weil es die alten Freiheiten (mit denen nicht die individuelle Freiheit gemeint war, die zum Losungswort der Revolution wurde) schützte und weil es dadurch die kleinräumig verworrenen, in alten Formen erstarrten Verhältnisse bewahrte. Schon während des Rastatter Kongresses schrieb der Moniteur, das offizielle Presseorgan der französischen Regierung: „Da die deutsche Reichsverfassung der Zentralpunkt aller Adels- und Feudalvorurteile von Europa ist, so muß es das einzige Ziel der französischen Republik sein, sie zu vernichten."

7. Die napoleonisch-rheinbündischen Reformen

Napoleon und der Reichsbund

Die Gründung des Rheinbundes, die an das Vorbild des Fürstenbundes gleichen Namens von 1658 anknüpfte, besiegelte die enge Verbindung zwischen Frankreich und den deutschen Mittelstaaten. Durch Säkularisation und Mediatisierung und durch die Aufteilung vorderösterreichischer Gebiete hatte Napoleon feste Länderblöcke geschaffen, zu deren Kern die drei süddeutschen Rheinbundstaaten Bayern, Württemberg und Baden zählten. Der Abschluß des Bündnisses wurde vor allem von den übrig gebliebenen Kleinstaaten unterstützt, insbesondere von dem Kurfürsten und ehemaligen Erzbischof von Mainz, Karl Theodor von Dalberg, der als Fürstprimas des Rheinbundes die schon seit langem geplante Reform der Reichsverfassung unter dem Protektorat Frankreichs durchzusetzen hoffte. Dalberg ließ es zu, daß Napoleons Onkel, Kardinal Joseph Fesch, zu seinem Koadjutor bestimmt wurde. In Verkennung der Realität glaubte er an die offizielle Propaganda des Empire, die vorgab, Napoleon beabsichtige die Erneuerung des abendländischen Kaisertums Karls des Großen. Außerdem schien der Rheinbund die gleichfalls vielfach erörterte „Trias-Idee" zu erfüllen, den Zusammenschluß des „Dritten Deutschland" unter Ausschluß der Großmächte. In der Rheinbundakte war der institutionelle Ausbau der Föderation und die Umwandlung der losen Militärallianz in ein engeres Bündnissystem vorgesehen. In Frankfurt sollte eine ständige Bundesversammlung unter dem Vorsitz des Fürstprimas zusammentreten, ein Fundamentalstatut sollte erlassen und ein oberstes Bundesgericht geschaffen werden.

Die beiden Entwürfe zu einem Fundamentalstatut, die Dalberg in Paris vorlegte, wurden jedoch als unbrauchbar zurückgewiesen. Die Projekte scheiterten am Widerstand der größeren Rheinbundstaaten, voran Bayern und Württemberg, die gerade erst mit Napoleons Unterstützung die volle Souveränität erlangt hatten und nun fürchten mußten, daß der Protektor des Rheinbundes sich Eingriffsmöglichkeiten schuf, die jene des Kaisers im Alten Reich noch übertrafen. Napoleon unternahm zwar 1807 auf einer Konferenz mit Bayern in Mailand und noch einmal 1808 auf dem Erfurter Fürstenkongreß den Versuch, seine Verbündeten umzustimmen; auch ließ er seinerseits im französischen Außenministerium den Entwurf zu einem Fundamentalstatut ausarbeiten; aber ausschlaggebend war dann doch die Erwägung, daß die freiwillige militärische Gefolgschaft der Rheinbundstaaten zweckdienlicher sei als eine aufgezwungene, straff organisierte Allianz.

„Modellstaaten"

Dennoch deutet die Errichtung von Vasallenstaaten darauf hin, daß der Protektor des Rheinbundes von vornherein beabsichtigte, seinen Einfluß auch auf die inneren Verhältnisse der Rheinbundstaaten geltend zu machen. In den beiden neu geschaffenen Staaten, im Großherzogtum Berg und im Königreich Westfalen, setzte Napoleon Mitglieder seiner Familie zu Herrschern ein: Jérôme, sein jüngerer Bruder, residierte in Kassel, Joachim Murat, sein Schwager, in Düsseldorf. Nach Murats Versetzung nach Neapel wurde Berg für einen minderjährigen Neffen Napoleons, den Sohn König Ludwigs von Holland, von einem kaiserlichen Kommissar verwaltet. Zum Nachfolger Dalbergs im Großherzogtum Frankfurt wurde Napoleons Stiefsohn Eugen Beauharnais bestimmt. Den Napoleonidenstaaten war die Aufgabe zugedacht, durch Übernahme des französischen Systems als Modell- und Musterstaaten zu fungieren. Sie sollten jene napoleonisch-rheinbündischen Reformen einleiten, denen der Kaiser eine Anziehungskraft beimaß, der sich auch die übrigen Rheinbundstaaten kaum würden entziehen können. Nach dem Scheitern der Rheinbundverfassung rückten diese Reformpläne in das Zentrum der Deutschlandpolitik. Auch Bayern erklärte sich 1807 auf der Mailänder Konferenz bereit, Reformen nach französischem Vorbild durchzuführen. Die mit Montgelas ausgehandelten „dispositions générales" verpflichteten zur Annahme einer Konstitution, zur Rezeption des Code Napoléon und zum Ausbau einer zentralistisch-bürokratischen Staatsverwaltung. Außerdem wurden 1807 die Hansestädte und die Regierungen in Baden und Hessen–Darmstadt dazu aufgefordert, das napoleonische Zivilgesetzbuch, das die Feudalverfassung nicht mehr kannte und den Zustand des nachrevolutionären Frankreich auf rechtliche Begriffe brachte, einführen zu lassen. Wie zuvor schon das landschaftlich-herrschaftliche Gefüge des Alten Reiches gesprengt worden war, so lag es in der Konsequenz der napoleonischen Siege, daß nunmehr auch die feudalständische Ordnung des Ancien Régime in Deutschland fiel.

Inaugurierung der Reformen

Das Neuartige der napoleonischen Herrschafts- und Gesellschaftspolitik bestand darin, daß sie von der funktionalen Bedeutung der Innen- für die Außenpolitik ausging. Die Gleichförmigkeit des Verwaltungs-, Verfassungs- und Rechtssystems sollte die verschiedenartigen Länder des Empire einander angleichen und die politische Einheit in einem staatenübergreifenden Herrschaftssystem herstellen. Das Grand Empire verlangte als Gewähr seiner Stabilität, daß die in ihm zusammengeschlossenen Staaten soweit wie möglich mit der politischen und gesellschaftlichen Verfassung des Empire français übereinstimmten. Der Export der „Ideen von 1789" war zugleich dazu bestimmt, moralische Eroberungen zu machen. Anläßlich der Übersendung der von französischen Juristen ausgearbeiteten westfälischen Konstitutionsakte schrieb Napoleon an Jérôme: „Welches Volk wird unter die preußische Willkürherrschaft zurückkehren wollen, wenn es einmal die Wohltaten einer weisen und liberalen Verwaltung gekostet hat? Die Völker Deutschlands, Frankreichs, Italiens, Spaniens verlangen staatsbürgerliche Gleichheit und liberale Ideen."

Primat der französischen Machtpolitik

Dennoch folgte die napoleonische Modernisierungspolitik wohl kaum einem doktrinären Schema. Sie stand vielmehr stets unter dem Primat der französischen Machtinteressen. Die Verwaltungszentralisierung, die Beseitigung der Steuerprivilegien, der Ämtermonopole und Militärexemtionen, die Abschaffung des Feudalsystems und die Errichtung einer freien Eigentümergesellschaft sollten die Voraussetzungen schaffen für die rasche Mobilisierung der ökonomischen, finanziellen und militärischen Ressourcen in den eroberten und verbündeten Ländern.

Aus der vorrangig machtpolitisch motivierten Reformabsicht erklärt sich zugleich die Widersprüchlichkeit der napoleonischen Herrschaft in Deutschland. Wenn sich in der Praxis Anpassungsschwierigkeiten ergaben, war Napoleon sofort bereit, seine „liberalen Ideen" preiszugeben. Er betrieb eine dynastische Politik, setzte seine Verwandten zu Fürsten ein und verheiratete sie mit Mitgliedern der alten Fürstenhäuser: Jérôme mit der württembergischen Prinzessin Katharina, Eugen Beauharnais mit einer bayerischen Wittelsbacherin, seine Adoptivtochter Stefanie mit dem badischen Erbprinzen, sich selbst 1809 mit der Habsburgerin Marie-Louise. Er mischte sich dort nicht ein, wo die finanziellen Verhältnisse geordnet waren, z. B. in Württemberg. Napoleon akzeptierte, wenn es nicht anders ging, die etablierte Sozialhierarchie und begünstigte den Adel, solange er als Elite noch nicht ersetzbar war. Er garantierte die „feudalen und seigneurialen" Privilegien der ehemals reichsunmittelbaren und seit 1806 mediatisierten Standesherren in der Rheinbundakte; er ließ zu, daß die Eigentumsgarantien des Code Napoléon zugunsten des Güteradels ausgelegt wurden; ja er umgab sich selbst mit einem neu geschaffenen französischen Militär- und Verdienstadel, der mit lehenähnlichen Majoraten aus dem Domänenbesitz der depossedierten Landesherren beschenkt wurde, eine neue Form „feudal" anmutender Privilegierung. Der Majoratsadel diente auf seine Weise der Machtkonsolidierung und sozialen Absicherung der napoleonischen Herrschaft, denn seine Reichtümer waren aufs engste verknüpft mit der Dauerhaftigkeit der Verhältnisse in den eroberten Ländern. Am Beispiel Westfalens zeigt sich sehr deutlich, in welch eklatantem Widerspruch diese Landschenkungspolitik zu den Modellstaatsplänen und zur Politik der moralischen Eroberungen stand. Die Abschaffung der Feudallasten und Monopolrechte wurde durch die Interessen der kaiserlichen Donatare durchkreuzt, die auf ihre Feudalrevenuen nicht verzichten wollten. Außerdem geriet das Königreich Jérômes durch die Abtretung der Hälfte seiner Staatsdomänen an den Rand des finanziellen Bankrotts. Die Regierung war gezwungen, die Steuerschraube bis zum äußersten anzuziehen. Kriegsverheerungen, Truppenaushebungen und unerträgliche Steuerlasten brachten der Bevölkerung Not, Elend und materielle Bedrückung. Das als Musterstaat geplante Westfalen wurde so zum Land der Bauernunruhen. „Im Widerstreit der einander ausschließenden Zielsetzungen erwies sich das Interesse an den Schenkungen als das stärkere. Der militäraristokratische und sozialkonservative, der hegemoniale und ausbeuterische Charakter des napoleonischen Herrschaftssystems engte die befreienden und revolutionierenden Wirkungen der französischen Machtexpansion nicht unerheblich ein" [595: H. BERDING].

Napoleonische Adels- und Landschenkungspolitik

Andererseits lag jedoch die an Frankreich orientierte Reformpolitik in mehrfacher Hinsicht durchaus auch im wohlverstandenen Eigeninteresse der Rheinbundstaaten. Der Modernisierungsimpuls kam nicht allein und ausschließlich von außen. Zum einen standen die Rheinbundstaaten vor der politischen Notwendig-

Reforminteressen der Rheinbundstaaten

keit, ihre neugewonnenen Territorien dem Kernland einzugliedern. Es handelte sich ja um Gebiete mit höchst verschiedenartigen historischen Traditionen, Verwaltungs- und Rechtsgewohnheiten: weltliche Fürstentümer der kleineren Reichsstände, reichsritterschaftliche Zwergstaaten, säkularisierte Bistümer und Abteien, Reichsstädte, Tauscherrungenschaften und annektierte Länderteile wie die von Österreich abgetretenen Provinzen, die teilweise noch ständisch organisiert waren, z. B. der Breisgau, der an Baden, und Tirol, das an Bayern fiel. Bunt durcheinander gewürfelt waren auch die Rechtsstatuten: gemeines deutsches und partikulares, weltliches und geistlich-kanonisches Recht lösten einander ab, entsprechend der Gemengelage der Territorien. Mit den herkömmlichen Mitteln ließ sich die Aufgabe der Verwaltungs- und Rechtsvereinheitlichung nicht lösen. Eine einfache Übertragung der Einrichtungen des Kernlandes auf die neuerworbenen Landschaften war nicht ratsam, weil dies nur den Widerstand gegen die „Eroberer" herausgefordert und den Restaurationswünschen Vorschub geleistet hätte. Die Übernahme des französischen Systems mit seinen allgemein verbindlichen, rationalen Prinzipien bot sich geradezu an. Wollte man den neuen Staaten jene Einheit verschaffen, die sie historisch nicht besaßen, so mußte man den Weg „organischer" Reformen, den der Freiherr vom Stein in Preußen einschlug, verlassen. Das schonend behutsame Vorgehen, das der Geheime Rat Nikolaus Brauer in der ersten Reformphase Badens und Hans Christoph von Gagern eine Zeitlang in Nassau zu praktizieren versuchten, blieb erfolglos und wich der rücksichtslos energischen Politik Reitzensteins und Marschalls. In Württemberg unter dem Regime König Friedrichs, den sogar Napoleon respektierte, und im Bayern der Ära Montgelas wehte von Anfang an ein schärferer revolutionärer Wind. Die eigentliche Bindung der süddeutschen Rheinbundfürsten an Napoleon bestand darin, „daß er sie durch seine Politik selber zu Revolutionären gemacht hatte, die Opposition gegen ihn nur unter Verzicht auf die erreichte Machtfülle hätten machen können. Er hatte so nicht Kreaturen geschaffen, nicht Satelliten, die mit militärischer Gewalt zum Gehorsam gezwungen und politisch aktionsunfähig gemacht worden waren, sondern echte Verbündete, die in wohlverstandener Staatsraison seiner Politik anhingen" [612: L. Gall].

Zum anderen verband die Gemeinsamkeit des aufgeklärten Staatsideals, das gerade auch von der neuen Beamtengeneration, die mit den veränderten Verhältnissen an die Macht kam, geteilt wurde. In der süddeutschen Staatenwelt, die im 18. Jahrhundert unter dem Schutz von Kaiser und Reich eine Renaissance des Ständegedankens erlebte, so daß sich hier der vorrevolutionäre Absolutismus nicht voll hatte durchsetzen können, war der „unhistorische", aufklärerische Reformeifer der Beamtenschaft noch ungebrochen – ganz im Gegensatz zu Preußen, wo der traditionalistische Reformansatz Steins gerade der Überwindung der im Absolutismus erstarrten Formen galt. Montgelas hatte schon vor seinem Regierungsantritt in den Schriften der neunziger Jahre, als in Bayern noch die Mißwirtschaft des Kurfürsten Karl Theodor herrschte, ein Reformprogramm vorgeschlagen, das „eine starke konstitutionelle Monarchie, eine Nationalrepräsentation und die politische und zivile Freiheit aller Bürger" [635: E. WEIS] forderte. Der Verfassungsgedanke weist bereits über den Aufgeklärten Absolutismus hinaus. In der rheinbündischen Reformära eröffnete sich die Chance, eine Synthese von Aufgeklärtem Absolutismus und Konstitutionalismus herzustellen, die auch in der deutschen Geschichte schon angelegt war. Napoleon „spielte die Rolle eines Katalysators, der die Reformen in Staat und Gesellschaft möglich, notwendig und dringend werden ließ" [636: E. WEIS].

Verwaltung-reorganisation

Die Verwaltungsreorganisation, die „révolution administrative", wie sie Montgelas nannte, stand – nicht anders wie in Preußen – im Zentrum der Gesamtreform. Sie diente dem Ziel, die ständischen, feudalen, kirchlichen, provinziellen und lokalen Sondergewalten zurückzudrängen. Die dringlichste Aufgabe für die neu geschaffenen oder stark vergrößerten Rheinbundstaaten bestand darin, die gesamte Staatsorganisation nach den Prinzipien der Rationalität und Zweckmäßigkeit auf eine feste, einheitliche Basis zu stellen.

Auf der Regierungsebene wurde die bürokratische Ministerialverfassung nach dem Real- und Ressortsystem eingeführt. Es gab nur noch vier bis sechs Fachressorts; die Teilverwaltung einer Provinz entfiel. An die Stelle des bisher üblichen kollegialen Gremiums trat ein für sein Ressort alleinverantwortlicher Minister an die Spitze jedes Ministeriums, der unbehindert durch Nebenbehörden regierte und dessen Beamte weisungsgebunden waren. Sein Zuständigkeitsbereich umfaßte klar umrissene Sachaufgaben, die er zentral für den Gesamtstaat wahrnahm. Die Verwaltungsgliederung von der Ministerial- zur Gemeindeebene wurde straff organisiert und hierarchisiert. Die Kreise, Ämter und Gemeinden erhielten ihre Anweisungen von oben und unterstanden der Kontrolle der jeweiligen Oberbehörde. Die Kreisdirektoren, wie sie in Baden und Bayern, bzw. die Landvögte, wie sie in Württemberg hießen, nahmen ähnliche Aufgaben wahr wie die französisch-westfälischen Präfekten. Die alten historischen Provinzen wurden aufgelöst und durch geographisch abgezirkelte Gebietseinheiten nach dem Muster der französischen Departements ersetzt. Die Gemeinden verloren ihre Selbstverwaltung und wurden verstaatlicht. Zumindest in den Mittelbehörden wurde die Justiz von der Verwaltung getrennt. In Berg und Westfalen verschwanden die Patrimonialgerichte des Adels. In Württemberg wurde die Patrimonialgerichtsbarkeit 1809, in Baden 1813 aufgehoben; in Bayern unterstand sie fortab der staatlichen Kontrolle.

Unterschiedliche Entwicklung in den Rheinbundstaaten

Dies alles fand nun allerdings nicht von heute auf morgen statt. Nur Westfalen übernahm en bloc das französische System. Hier erfolgte innerhalb eines Jahres (1808) Schlag auf Schlag die Gebietseinteilung nach geographischen Grenzen, die Einführung der Ministerialverfassung nach dem Ressort- und Direktorialprinzip, der Aufbau der Präfektur- und Unterpräfekturbehörden, die Aufhebung der gemeindlichen Selbstverwaltung, die Übernahme der französischen Gerichtsverfassung mit Friedensgerichten, Tribunalen, Appellationsgerichten und einem Kassationshof, die Rezeption des Code Napoléon und des französischen Prozeßrechts. In allen anderen Rheinbundstaaten wurden die Reformen schrittweise und nicht immer mit derselben Perfektion verwirklicht. Da, wo keine oder nur geringe Gebietsveränderungen stattgefunden hatten, z. B. in Sachsen, fehlte auch die Reformbereitschaft. Das Reformwerk beschränkte sich hauptsächlich auf die Napoleonidenstaaten und die drei größeren süddeutschen Rheinbundstaaten Baden, Bayern und Württemberg. Aber selbst Napoleons kaiserlicher Kommissar im Großherzogtum Berg, Beugnot, befürwortete – nicht zuletzt, weil er zuvor als Minister in Westfalen die Folgen einer überstürzten Reform kennengelernt hatte – eine Organisation „plus simple et plus locale". Die in kürzester Frist 1809/10 durchgeführte Verwaltungsreorganisation Reitzensteins in Baden, die ein von der Ministerial- bis zur Gemeindeebene rational durchgegliedertes und straff zentralisiertes System einführte, war von den gemäßigten und eher traditionellen Organisations- und Konstitutionsedikten Brauers vorbereitet worden. Im Großherzogtum Frankfurt entschloß sich Dalberg 1810 zu einer Nachahmung des westfälischen Modells, die jedoch viele Institutionen nur zum Schein und dem Namen nach auf den französischen Fuß ummodelte. Der württembergische Organisationsplan von 1806 bezog sich in erster Linie auf die Ministerialverfassung; es dauerte immerhin noch fünf Jahre, bis sich das Bürosystem in den Ministerien durchsetzte. Die Mittelinstanzen erhielten nicht sofort und überall die umfangreichen Kompetenzen und Weisungsbefugnisse der französischen Präfekten; kollegiale Beratungsformen bestanden auch weiterhin; die Gebietseinteilungen richteten sich nicht ausschließlich nach rechnerischen Planungen; die Trennung von Justiz und Verwaltung in den Unterbehörden scheiterte an der Kostenfrage. Widerstände gegen das „Organisationsfieber" und die „Vielregiererei" konnten nicht ausbleiben und mußten berücksichtigt werden. Selbst ein so konsequenter Reformer wie Montgelas blieb stets bemüht, seine Pläne mit den Ergebnissen der Praxis abzustimmen, weil, wie er angab, „in Gegenständen der Erfahrung ein Tag den anderen belehrte". König Friedrich, der noch im Stile Friedrichs des Großen regierte und alle wichtigen Gesetzesentwürfe selber ausarbeitete, konnte sogar als „reiner Pragmatiker" [636: E. Weis] bezeichnet werden. Man hat oft die „Abstraktheit" der napoleonisch-rheinbündischen im Vergleich zu den preußischen Reformen hervorgehoben. Es war jedoch nicht möglich, die Theorie immer glatt in die Praxis umzusetzen.

Verfassungsprojekte

Das gilt nicht zuletzt auch und gerade für die verfassungspolitischen Reformen und Reformprojekte. Wie in Preußen wurde nach zeitgenössischem Wortgebrauch die Gesamtorganisation des Staates und insbesondere die Neugestaltung einer sachgerechten und gesetzmäßigen Verwaltung mit dem Begriff „Verfassung" umschrieben. Die Verwaltung war der Verfassung noch nicht untergeordnet, sondern eher umgekehrt: Die Verwaltung blieb der Kern der Verfassung. Die bayerische Konstitution von 1808 bezeichnete so in ihrer Präambel die Vereinheitlichung und Konzentration des Staates als ihren Hauptzweck. Dennoch war es ein erklärtes Ziel auch der rheinbündischen Reformer, die mit den bürokratischen Mitteln geschaffene Verwaltungseinheit zu einer Nationaleinheit weiterzuentwickeln. Unter dem Eindruck der französischen Revolution und im Gegensatz zum

Aufgeklärten Absolutismus teilten sie die neue Auffassung der preußischen Reformer, daß ein Staat erst dann Festigkeit und Macht gewinnen könne, wenn das Volk ihm innerlich verbunden und von einem gemeinsamen Nationalbewußtsein erfüllt sei. Die bayerische Konstitution sollte nach einem Instruktionsentwurf von 1806 durch zweckmäßige Institutionen „zu einem Nationalinteresse" erheben, um dadurch einen „Nationalgeist zu bilden", freilich: „ohne die Staatsverwaltung in ihren notwendigen Handlungen nach den Bedürfnissen der Zeit zu hemmen". Der Großherzog von Baden strebte in einem Verfassungsversprechen von 1808 danach, „das Band zwischen seiner Person und den Staatsbürgern noch tiefer zu knüpfen".

Die meisten Verfassungspläne, auch die badischen Entwürfe von 1808/09, verschwanden allerdings in den Akten wegen der „während der stürmischen napoleonischen Zeiten notwendig gewesenen Diktatorsmacht", wie der württembergische König 1814 bemerkte. Nur die nach Weisungen Napoleons in Paris entworfene westfälische Konstitutionsakte vom 15. November 1807 und die ihr nachgebildete bayerische Konstitution vom 25. Mai 1808 wurden tatsächlich eingeführt. Die Bestimmungen über die eng begrenzten Kompetenzen der Volksvertreter, die Beschränkung des Wahlrechts auf einen kleinen Kreis von Höchstbesteuerten und das komplizierte dreistufige Wahlverfahren, bei dem an der entscheidenden Stelle, nämlich bei der Berufung der Wahlmänner, dem Fürsten das Ernennungsrecht zufiel, sind allerdings – mit einigem Recht – als „Scheinkonstitutionalismus" und „bloßes Beiwerk der bürokratischen Staatsverfassung" [348: E. R. Huber] abgetan worden. Dennoch gibt es in diesen Verfassungen einige Elemente, die auf die spätere konstitutionelle Entwicklung in den süddeutschen Staaten während des Vormärz bereits hinweisen. Erstmalig setzte sich die Auffassung durch, daß nicht mehr allein der Monarch und seine Beamten, sondern auch die Repräsentanten an der Integration des Gemeinwesens mitwirkten: Die Axiome der Weisungsfreiheit und Gesamtverantwortung verdrängten die Bindung an die ständische Instruktion. Der „moderne" Zug der rheinbündischen Konstitutionen lag vor allem in der Überwindung des alten Ständeprinzips, die viel konsequenter verfolgt wurde als in den preußischen Projekten einer „ständischen Repräsentativverfassung". Nach der Erlangung der vollen Souveränität war es das Ziel der rheinbündischen Staatsmänner, die Ständeverfassung, wo sie noch bestand – in Bayern, in Württemberg, in diversen Provinzen –, aufzulösen. Die Konstitution lieferte ein Mittel, um der „Nation" einen Ersatz für die altgewohnte Ständeverfassung anzubieten. Neuartig war, daß sich die Repräsentantenversammlung nicht mehr ständisch zusammensetzte und der Zensus als alleiniges Kriterium für die Wählbarkeit galt. In Westfalen bestand die Kammer aus hundert Mitgliedern; davon waren siebzig Grundeigentümer, fünfzehn Fabrikanten und Kaufleute und fünfzehn Gelehrte bzw. um den Staat verdiente Persönlichkeiten. Die letztere Gruppe fehlte in der bayerischen Verfassung. Die Zugehörigkeit zu Adel oder Bürgertum spielte rein rechtlich keine Rolle mehr. Mit der Bindung des Wahlrechts an die Grundsteuer und der Schaffung

Die westfälische und die bayerische Konstitution

einer Volksvertretung, in der die Grundeigentümer, gleich, ob sie adlig oder bürgerlich waren, dominierten, war die Konstitution auf jene Eigentümergesellschaft zugeschnitten, die zugleich durch die Sozialreformen gefördert werden sollte.

Grundrechte

Auch die konstitutionelle Sicherung der Grundrechte orientierte sich stärker als in Preußen am Gleichheitsgrundsatz. Die verfassungsmäßige Verankerung der Grundrechte – die Gleichheit vor dem Gesetz, die Gleichmäßigkeit der Besteuerung, gleicher Zugang aller zu den öffentlichen Ämtern, Abschaffung der Leibeigenschaft, wo sie noch bestand, Freiheit der Person und des Eigentums, Gewissensfreiheit, Pressefreiheit (im Rahmen gesetzlicher Grenzen), Unabhängigkeit der Justiz und Gesetzmäßigkeit der Rechtspflege – galt als eine der wichtigsten Errungenschaften der französischen Revolution. Anders als unter dem Aufgeklärten Absolutismus begnügte man sich nicht mehr mit einer als Reservatfreiheit anerkannten bürgerlichen Freiheit im Schutz der ansonsten unbeschränkten monarchischen Selbstherrschaft. Die Verfassungsgarantie bedeutete vielmehr auch eine Bindung für den Herrscher. Die rheinbündischen Reformjuristen (Anselm von Feuerbach, Ludwig Harscher von Almendingen u. a.) interpretierten den Code Napoléon, dessen Rezeption sie vorbereiteten, als Gesetzbuch eines konstitutionellen Rechtsstaats, in dem die bürgerliche Freiheit erst durch die politische Freiheit, die Teilnahme der Bürger an der Gesetzgebung, auch wirklich verbürgt sei.

Scheitern der Verfassungsreform

Wenn dennoch die Nationalrepräsentation in der Rheinbundzeit politisch bedeutungslos blieb – die westfälische Kammer wurde nur zweimal, die bayerische überhaupt nicht einberufen – so lag das nicht nur an den Kriegsumständen. Bei der oligarchischen Zusammensetzung der Kammer wurde übersehen, daß die für die französische Notabelngesellschaft so typische soziale Schicht der propriétaires und rentiers in Deutschland, wo der Prozeß der Kapitalisierung und Kommerzialisierung des Bodens gerade erst begonnen hatte, noch kaum existierte. In den Listen der Höchstbesteuerten rangierte der Adel weit vor dem Bürgertum, so daß die neuen Vertretungsorgane zu seiner Domäne wurden. In Westfalen entstand bei der Einberufung des Landtages – 1808 und 1810 – die paradoxe Situation, daß die Repräsentanten die Reformgesetze zur Beseitigung der Steuerprivilegien ablehnten und so gegen den verfassungsmäßig verankerten Gleichheitsgrundsatz eben jener Konstitution verstießen, der sie ihr neues Amt verdankten. Im Großherzogtum Frankfurt verlangten die Vertretungskörperschaften der Departements die Einberufung von Landständen. In Berg sah sich Beugnot angesichts der westfälischen Entwicklung dazu veranlaßt, den Erlaß einer Konstitution noch hinauszuzögern. In Bayern wurden die „Organischen Edikte" als Ausführungsverordnungen zur Konstitution ohne Beratung mit der Kammer erlassen. Als Harscher von Almendingen 1811 vom leitenden nassauischen Staatsminister Marschall den Auftrag erhielt, eine „repräsentative Konstitution" zu entwerfen, riet er vom Erlaß einer Verfassung ab, denn, so lautet seine höchst aufschlußreiche Begründung, eine Konstitution setze „das Dasein einer

Klasse von Güterbesitzern und Kapitalisten" voraus, die über „Talent" und „Besitz" verfügten. In einem Volk, das an die alten Landstände gewöhnt sei, finde man diese „Klasse" vorerst nur unter den Staatsdienern. Es war das Dilemma der Reformbeamten, daß sie nach wie vor auf eine ständisch agierende Opposition stießen. Als Ausweg blieb deshalb nur die Gesellschaftsveränderung „von oben".

Revolutionierungsprogramm des Code Napoléon

Die sozialpolitischen Reformen und Reformprojekte trafen jedoch ihrerseits auf kaum überwindbare Hindernisse. Mit der Verbreitung „seines" Zivilgesetzbuches, des Code Napoléon, der wesentliche Errungenschaften der Revolution, wenngleich modifiziert, in das Empire übertrug, propagierte Napoleon ein gesellschaftspolitisches Revolutionierungsprogramm mit bürgerlich-egalitärer Ausrichtung. Die antifeudalen Bestimmungen des Code – die Zerschlagung des Großgrundbesitzes durch die Erbteilungen mit Ausnahme der vom Kaiser gestifteten Majorate, das Verbot der Personalfronden und der „ewigen" unablösbaren Grundrenten, die Aufhebung des in der Grund- und Lehnsherrschaft gebundenen bzw. geteilten Eigentums, die wirtschaftliche Betätigungs- und Vertragsfreiheit – zielten darauf ab, die grundherrschaftlichen Verhältnisse zu zerstören und eine liberalisierte Eigentümergesellschaft zu schaffen, die fähig sein sollte, die zum Ausbau des Empire erforderlichen wirtschaftlichen und militärischen Aufgaben zu erfüllen.

Hindernisse der Agrarreform

Die Übertragung der liberalen Rechtsnormen auf die Rheinbundstaaten stieß jedoch auf die paradoxe Ausgangssituation, daß in den von keiner Revolution berührten Gebieten die bürgerlichen Verhältnisse, die das französische Recht voraussetzte, überhaupt erst auf dem Wege der Reform geschaffen werden mußten. Einmal konnten die grundherrschaftlichen Rechte nicht einfach entschädigungslos erlöschen, zumal die Eigentumsgarantien des Code ausdrücklich die Entschädigung bei Enteignung vorsahen. Zum anderen durchkreuzte Napoleon selber durch seine Adelspolitik die Abschaffung der feudalen Rechte und Institutionen. Die Rheinbundakte sicherte im Artikel 27 die Privilegien der Standesherren, namentlich die niedere und mittlere Gerichtsbarkeit, die Jagd- und Fischereirechte, die Bergwerksregalien, die Zehnten und andere Feudalrevenuen. Desgleichen blockierte die Politik der Landschenkungen an den französischen Majoratsadel die Auflösung der Privilegiengesellschaft und die Bauernbefreiung. Im Königreich Westfalen, wo der größte Teil der französischen Dotationsdomänen lag, mußte sich die Regierung im Berliner Vertrag vom 22. April 1808 verpflichten, die Donatare für alle Einkommensschmälerungen zu entschädigen, die sich aus der Reformgesetzgebung, z. B. aus der Abschaffung der sehr einträglichen Monopolrechte (Mühlenbann, Braumonopol etc.) ergaben. 1810, beim Anfall Hannovers, wurden die Dotations-Domänen sogar ausdrücklich von der im übrigen Westfalen geltenden Gesetzgebung ausgenommen. Die pflichtigen Bauern, die auf den kaiserlichen Domänen saßen, verstanden begreiflicherweise nicht, warum für sie die Reformgesetze nicht gelten sollten. Es kam zu endlosen Streitigkeiten und Prozessen. Spitzfindigen Juristen jedoch diente das Vorgehen Napoleons als Beweis dafür, daß das neue französische Recht offenbar mit dem

Feudalwesen vereinbar sei und „modifiziert" werden könne. Fast alle Kommentatoren des Code Napoléon beriefen sich auf den Artikel 27 der Rheinbundakte und auf die kaiserlichen Majoratsdekrete.

Die Folge war eine restriktiv-konservative Auslegung der Reformgesetze. Alle Feudallasten, auch die Fronden, die einfach als Realservitute interpretiert wurden, mußten abgelöst werden. In Berg und Westfalen bemühte sich die Regierung vergeblich darum, wenigstens das Abgabenchaos zu beseitigen und alle Abgaben in eine hypothekarische, jährlich zu zahlende und zum zwanzigfachen Betrag ablösbare Grundrente umzuwandeln. Bei der unentwirrbaren Verflechtung von ständigen, unständigen, privatrechtlichen, herrschaftlichen und steuerähnlichen Abgaben, die an verschiedene Grundherren, Leibherren, Gerichtsherren, Zehntherren usw. gezahlt wurden, bei der engen Verbindung der Feudalrechte mit Bannrechten und Monopolen, war es jedoch kaum möglich, eine einheitliche Form der Grundrente zu schaffen. Ein Ablösungsdekret löste das andere ab, ungeachtet der Tatsache, daß keines in der Praxis funktionierte. In Berg versuchte man, über das französische Hypothekenrecht die Übertragung des Eigentums an den Bauern durchzusetzen. Die Grundrenten mußten in die Hypothekenbücher eingetragen werden und galten als reine Schuldverschreibungen, die den Bauern nicht daran hinderten, über seinen Besitz bei Kauf, Verkauf oder Tausch frei zu disponieren. Das 1808 während des Spanienfeldzuges erlassene Madrider Dekret Napoleons über die Aufhebung der Leibeigenschaft im Großherzogtum Berg verlieh allen ehemaligen Leibeigenen und Erbpächtern ihr Land „à titre de propriété pleine et entière". Erstmalig wurde das geteilte Eigentum aufgehoben. Das bergische Septemberdekret von 1811, „die im Großherzogtum abgeschafften Rechte und Abgaben betreffend", verfügte, daß alle nicht privatrechtlich begründbaren Eigentumstitel entschädigungslos erlöschen sollten, z. B. steuerähnliche Abgaben, gerichtsherrliche Gelder und sonstige vom Adel „usurpierte" Abgaben öffentlich-rechtlichen Charakters. Das Gesetz kam jedoch zu spät und scheiterte am Widerstand des Adels, der die Bestimmungen einfach mißachtete. In der prekären außenpolitischen Situation – der Rußlandfeldzug wurde vorbereitet – war die Regierung nicht in der Lage, gegen die Adelsopposition einzuschreiten. 1812 annullierte sie vielmehr alle Gerichtsprozesse, die von den Bauern angestrengt wurden.

Das Entschädigungsproblem war kaum lösbar. Ohne staatliche Kredithilfe, die wegen des katastrophalen Zustands der öffentlichen Finanzen unmöglich war, konnten die Bauern die hohen Ablösungssummen gar nicht aufbringen. Die Entschädigung durch Landabtretung, wie sie gleichzeitig in Reformpreußen vorgenommen wurde, war bei der Streulage der Güter und den Besitzverhältnissen der westelbischen Grundherrschaft nicht durchführbar. Der adlige Grundherr, der sein Land in der Regel nicht selbst bewirtschaftete (was ihn vom preußischen Gutsherrn unterschied), dachte zuerst an sichere Revenuen und noch nicht an Kapitalgewinne und Rationalisierungsmaßnahmen. Selbst auf den staatlichen Domänen scheiterte die Ablösung nicht zuletzt daran, daß die Regierungen auf die regelmäßigen Domäneneinkünfte angewiesen blieben, die neben den Steuern die wichtigste Einnahmequelle bildeten. In Bayern z. B., wo der Staat seit der Säkularisation von 1803 Grundherr für über 70% aller Bauernhöfe des Landes war, machten sie 1808/09 ein Viertel der Staatseinnahmen aus. Eine erzwungene Ablösung war schon aus fiskalischen Gründen ausgeschlossen.

Bauernbefreiung im Linksrheinischen

Bei Lage der Dinge hat sich die Agrarreform in den Rheinbundstaaten nur höchst unvollkommen durchgesetzt. Erfolgreich war sie lediglich in den linksrheinischen, von Frankreich annektierten Gebieten. Hier trafen die Franzosen relativ günstige Verhältnisse an. Die rheinische Agrarverfassung war bereits monetarisiert und weitgehend auf Rentenwirtschaft umgestellt. Außerdem begannen die Reformen früher und noch unter den Regierungen der Revolution. Schon 1792/93 war das Gebiet zwischen Landau, Saarbrücken, Bingen und Mainz sowie die Grenzstadt Aachen vorübergehend besetzt worden. Als 1797, nach dem Frieden von Campo Formio, der Regierungskommissar Franz Josef Rudler den Auftrag erhielt, den Anschluß der linksrheinischen Gebiete an Frankreich vorzubereiten, wurden die einschlägigen französischen Revolutionsdekrete aus den Jahren 1790–93 eingeführt. Die Abgaben erloschen – bis auf die Grundrenten – entschädigungslos. Zwar kam es auch im Rheinland zu Streitigkeiten, welche Abgaben zu den Grundrenten zu zählen seien, aber die Situation wurde dadurch erleichtert, daß viele Mitglieder des Hochadels und des Klerus gemeinsam mit den Landesherren beim Einfall der Revolutionstruppen geflohen und ins Rechtsrheinische emigriert waren. Ihre Güter wurden konfisziert und fielen an den französischen Staat. Die bäuerlichen Abgaben mußten fortab an den Fiskus gezahlt werden. Da die Urkunden und Verträge hierüber zumeist im Gepäck der Emigranten verschwunden waren, fehlten die Rechtsmittel, um die Abgaben einzutreiben. Die Abgabenverweigerungen häuften sich, zumal die Revolutionspropaganda immer wieder die Bauernbefreiung verkündet hatte. Um die eigenen fiskalischen Interessen zu wahren, verfielen die Eroberer auf einen Ausweg, den die rheinbündischen Regierungen aus naheliegenden Gründen nicht einzuschlagen wagten: Sie „befreiten" die Bauern von den Feudalabgaben und ihr Land vom Obereigentum des Staates, aber sie ersetzten die bisherigen Domäneneinkünfte durch erhöhte Steuern. Bezeichnenderweise ging der 1797 mit viel Freiheitspathos verkündeten Proklamation Rudlers über die entschädigungslose Abschaffung der Feudallasten eine Pariser Instruktion voraus, die sich in der Mehrzahl ihrer Bestimmungen mit den neu einzuführenden Steuern befaßte.

Ergebnisse der Agrarreform

Für die Bauern hat sich in der Rheinbundzeit nicht viel verändert. In Berg und Westfalen, wo der Code Napoléon eingeführt wurde, verhinderte die Ablösungsgesetzgebung eine durchgreifende Reform der ländlichen Sozialverfassung. Die Bauern mußten weiterzahlen, da die hohen Entschädigungsgelder unerschwinglich waren. Bestenfalls waren die Abgaben und Dienste jetzt fixiert, vertraglich geregelt, zu einer jährlich zahlbaren Grundrente zusammengefaßt und ablösbar gemacht. In Berg erhielten die Bauern das volle Besitzrecht, das jedoch von den adligen Grundherren nicht respektiert wurde. In den linksrheinischen Gebieten hob der verstärkte Steuerdruck die Vorteile der Abgabenfreiheit und der Eigentumsverleihung zunächst wieder auf. Von den süddeutschen Rheinbundstaaten führten nur die Großherzogtümer Baden und Frankfurt den Code Napoléon ein, allerdings „modifiziert“, d. h. mit „Zusätzen“ in Baden und mit Zusatzedikten in Frankfurt über die grundherrlichen Rechte, die nur nach gütlicher Übereinkunft der Parteien ablösbar waren. In Bayern, Hessen–Darmstadt, Nassau und im Großherzogtum Würzburg geriet die Rezeption des Code Napoléon 1810 ins Stocken, als der Druck von französischer Seite nachließ und Napoleon selbst zu verstehen gab, daß sein Gesetzbuch auf die deutschen Verhältnisse nicht passe. In Bayern wurden lediglich die ungemessenen Besitzwechselabgaben (Laudemien) und die Fronden fixiert. Das bayerische Dekret über die Auflösung des Lehnsverbandes von 1808 erklärte die bäuerlichen Zinslehen zu freiem Eigentum, allerdings auch weiterhin gegen jährliche Zahlung eines ablösbaren Grundzinses. Mit dem Edikt über die gutsherrlichen Rechte vom 28. Juli 1808 erlosch das Einstands- bzw. Vorkaufsrecht des Grundherrn. Wie bei den Zinslehen war die Ablösung des Obereigentums seit 1803 auf den Staatsdomänen erlaubt. Damit erhielten immerhin drei Viertel aller bayerischen Bauern das Recht der Ablösung. Die Bauernbefreiung begann in Württemberg erst 1817, in Baden 1820. Wie überall in Süddeutschland, so brachte auch in Bayern erst die Revolution von 1848 die endgültige Beseitigung der Grundherrschaft.

Abbau der Privilegien und Privatisierung der Eigentumsrechte

Für den Adel hingegen war der Abbau des Privilegienwesens keineswegs wirkungslos. Abgesehen von der Ausnahmestellung der Standesherren und der kaiserlichen Donatare, konnte der Adel seine materiellen Besitzansprüche nur unter Verlust der feudalständischen Privilegien bewahren. Er verlor seine Steuerprivilegien und Ämtermonopole, den privilegierten Gerichtsstand und die Patrimonialgerichtsbarkeit, die entweder abgeschafft oder der staatlichen Aufsicht unterstellt wurde. Das bayerische Adelsedikt von 1818 machte die Fortführung des Adelstitels vom Nachweis des Adels vor einer staatlichen Behörde und einer daraufhin zu erteilenden staatlichen Konzession abhängig. Wie in Berg und Westfalen, so mußten auch in Baden und Bayern die Stammgüter bzw. Fideikommisse in Anlehnung an die französische Majoratsgesetzgebung vom Staat genehmigt werden. Alle mit dem Grundbesitz verbundenen Rechte büßten ihren Privilegiencharakter ein. Sie verwandelten sich in privatrechtliche, vertraglich geregelte Eigentumstitel – ganz anders als in Reformpreußen, wo die mit dem Besitz eines Rittergutes verknüpften Privilegien, einschließlich der Steuerfreiheiten, fortbestanden und nur der Zugang zu solchen Gütern nicht mehr allein dem Adel vorbehalten blieb. Die Privatisierung grund- und lehnsrechtlicher Beziehungen drängte auf die Rationalisierung, Vereinheitlichung und Vereinfachung der Rechtsformen, und das Postulat der „Freiheit des Eigentums“ erforderte zumindest die Ablösungsmöglichkeit und – längerfristig – die Beseitigung derartiger Besitztitel.

Das napoleonisch-rheinbündische Reformwerk blieb ein Torso. Obgleich die verfassungs- und sozialpolitischen Reformprojekte scheiterten und die Reformerfolge – Verwaltungszentralisierung, Unabhängigkeit der Justiz, Rechtsvereinheitlichung – vor allem auf jenen Gebieten zu verzeichnen sind, in denen der Aufgeklärte Absolutismus bereits vorgearbeitet hatte, so ist dennoch die größere Nähe zu den Errungenschaften der französischen Revolution viel unmittelbarer spürbar als in Reformpreußen. In der Rheinbundzeit zeichneten sich die Grundprobleme einer umfassenden Reformpolitik ab, die erst während des Vormärz im Zeichen von „Bauernbefreiung" und „Verfassungskämpfen" einer Lösung näher gebracht werden konnten. Es ist kein Zufall, daß die Zentren des deutschen Frühliberalismus und Frühkonstitutionalismus nach 1814 in den Mittelstaaten und in den Ländern des rheinischen Rechts lagen, auch wenn die gradlinige Weiterentwicklung der rheinbündischen Reformen durch die Reaktion nach 1819 unterbrochen wurde.

Zukunftsweisender Charakter der Reformen

8. Wirtschaft und Wirtschaftspolitik unter den Bedingungen der Kontinentalsperre

Ziele der napoleonischen Wirtschaftspolitik

Die napoleonische Wirtschaftspolitik verfolgte zwei Ziele: Die Kontinentalsperre war dazu bestimmt, England mit den Mitteln des Wirtschaftskrieges niederzuzwingen; das Kontinentalsystem, d. h. die wirtschaftliche Organisation, die Napoleon dem Festland aufzwang, um es der Kontinentalsperre zu unterwerfen, war zugleich darauf abgestellt, die kontinentalen Märkte für Frankreich zu erobern. Beide Zielsetzungen scheiterten, nicht zuletzt deshalb, weil Napoleon mit veralteten Methoden die Wirtschaftsentwicklung zu reglementieren versuchte und kein Verständnis für die Ausweitung des Marktes durch freien Warenaustausch aufzubringen vermochte.

Die Politik der Blockade und Gegenblockade im französisch-englischen Handelskrieg war nicht neu. Schon 1793 verhängten die Briten von der See her die Blockade über das französische Küstengebiet, während der Jakobinerkonvent die Einfuhr englischer Waren verbot. Das Direktorium wiederholte 1796 das Importverbot und empfahl zwei Jahre später, die französischen Häfen auch allen neutralen Schiffen zu sperren, die englische Waren führten. „Unsere Politik", so lautete die Begründung, „muß sich darauf beschränken, den Handel Englands und damit seine Macht zu ruinieren." Die erste Kontinentalblockade Napoleons von 1806/07 bildete den dramatischen Höhepunkt dieser Entwicklung. Das Berliner Dekret vom 21. November 1806, das nach den Siegen bei Jena und Auerstedt erlassen wurde, verschloß die Häfen des Kontinents vorerst nur jenen Schiffen, die „unmittelbar" aus England kamen. Nach dem Frieden von Tilsit holte dann Napoleon zum entscheidenden Schlag aus: Die Mailänder Dekrete vom 23. November und 17. Dezember 1807 ordneten die Beschlagnahme sämtlicher englischer Waren an, auch dann, wenn sie von Schiffen der neutralen Mächte geführt wurden. Die Engländer verschärften ihrerseits die Gegenblockade. Die vom 11. November bis 18. Dezember als Gegenmaßnahme verkündeten „Orders of Council" erlaubten den Zwischenhandel nur denjenigen neutralen Schiffen, die eine britische Lizenz gegen Zahlung einer Gebühr von einem Viertel des Warenwerts einlösten. Der Zwischenhandel der Neutralen, der sich vor allem für die Amerikaner und Skandinavier zu einem einträglichen Geschäft entwickelt hatte, brach zusammen. Da die Briten bald darauf die letzten französischen und holländischen Kolonien eroberten und mit Unterstützung Portugals und des spanischen Aufstandes auch die Kolonien in Lateinamerika auf ihre Seite brachten, waren die Festlandsstaaten nahezu von den Märkten in Übersee abgeschnitten. England verlor den europäischen Markt, der bisher ein Drittel seiner Exporte abgenommen hatte.

Die Kontinentalsperre 1806/07

Schmuggelhandel

Die Unterbrechung der offiziellen Handelsbeziehungen wurde jedoch durch die englischen Schmuggelexporte einigermaßen ausgeglichen. Solange Dänemark neutral blieb, wurde der Handel über die dänischen Häfen abgewickelt. Als Napoleon auch die dänischen, preußischen und russischen Ostseehäfen unter Kontrolle nahm, diente der schwedische Hafen Göteborg als Umschlagplatz. Außerdem lief ein eifriger Schmuggelhandel über die beiden dem Festland vorgelagerten Inseln, Helgoland im Norden und Malta im Süden. Im Herbst 1808 landeten in Helgoland hundertzwanzig britische Schiffe, und gegen zweihundert englische Kaufleute ließen sich auf der Insel nieder, um von hier aus den Güterexport mit kleinen Küstenschiffen zu organisieren. An den deutschen Küsten bewiesen die hanseatischen Kaufleute großes Geschick im Umgehen der Zollgrenzen, wobei ihnen die Bestechlichkeit selbst hoher französischer Beamter und Generale zu Hilfe kam. Von Hamburg, Bremen und Lübeck aus drangen die eingeschleusten Waren ins Inland, wo es leichter fiel, ihre englische Herkunft zu verheimlichen. Frankfurt wurde zum Warenlager an der Grenze Frankreichs. Die Messestadt Leipzig entwickelte sich zu einem regelrechten englischen Binnenmarkt. Hier kaufte die Schweiz ihre Baumwollgarne ein, von Leipzig aus drangen die englischen Waren nach Mittel- und Osteuropa. Die Geschäfte über ständige Umwege und Umladungen waren zwar risikoreich, und die Mehrkosten schlugen sich in steil ansteigenden Preisen nieder. Auch gerieten manche Städte und Firmen an den Rand des Ruins, etwa Lübeck, wo 1808 eine Kreditkrise ausbrach, die den Bankrott von 95 Firmen zur Folge hatte. Insgesamt jedoch erwiesen sich Handel und Verkehr als außerordentlich widerstandskräftig und anpassungsfähig. Der überseeische Handel mit dem Kontinent wich mehr aus, als daß er sich reduzieren ließ.

Wirtschaftliche Auswirkungen der Kontinentalsperre

Die englische Wirtschaft war ihrerseits auf die Importe von Holz und Getreide angewiesen. Die Abschnürung von den kontinentalen Märkten machte sich vor allem 1808 und 1810/11 bemerkbar. Mißernten trugen dazu bei, daß die Getreidepreise emporschnellten. Gleichzeitig geriet England durch den Preisverfall des Pfundes in eine Währungskrise. Überdies stockten die Exporte in die USA, die – aus Protest gegen die englische Seeüberwachung – ihre Häfen für englische Waren sperrten. 1812 begann der englisch-amerikanische Krieg. Die Lage wurde für Großbritannien bedrohlich, aber der von Napoleon erhoffte wirtschaftliche Zusammenbruch blieb aus.

Für den Kontinent hingegen warf die Blockade eine Reihe schier unlösbarer Probleme auf. Die exportorientierten Wirtschaftsbranchen wurden von ihren Märkten in England, Übersee und anderen Gebieten (etwa Südeuropa) abgeschnitten. England war der wichtigste Abnehmer für Agrargüter. Vor 1807 bezog England zwei Drittel seiner Holzimporte und 34% seiner Getreidelieferungen aus Preußen. Aber auch die französischen Bauern wurden unruhig, zumal durch Kriegseinwirkungen auch der Absatz auf den kontinentalen Märkten erheblichen Schwankungen unterlag. Außer Getreide ließen sich Käse, Butter, Wein und Branntwein schwer verkaufen. Der Zusammenbruch des Überseehandels führte zum wirtschaftlichen Niedergang der Küstenprovinzen und Seehandelsstädte. Hafenstädte wie Bordeaux, Nantes, Marseille, Amsterdam und Antwerpen verödeten. Aber auch die Zulieferbetriebe für Kolonialwaren kamen fast völlig zum Erliegen. Schwerstens getroffen wurde die kontinentale Leinenindustrie, die Stoffe für die Pflanzer und ihre Sklaven in die Kolonien geliefert hatte. Der Leinenexport aus Westfrankreich, Flandern und Holland brach zusammen; der Export des deutschen Leinens aus Westfalen, Sachsen und Schlesien fiel auf ein Sechstel zurück. Allerdings konnten die Verluste der Leinenindustrie durch den Aufschwung der Baumwollspinnereien, die vom englischen Konkurrenzdruck befreit wurden, ausgeglichen werden. In wenigen Jahren baute das kontinentale Europa eine Spinnereiindustrie auf, die 1815 über anderthalb Millionen Spindeln verfügte, von denen sich eine Million in Frankreich befanden, zweihundertfünfzigtausend in Sachsen und einhundertfünfzigtausend in der Schweiz. Am stärksten nutzte Sachsen die Gunst der Stunde: hier stieg die Zahl der Mule-Spindeln von 13 000 im Jahre 1806 auf 256 000 im Jahre 1813. Indessen: England hatte 1811 fast fünf Millionen Spindeln in Betrieb. Der Kontinent holte zwar durch den Rückgang der englischen Konkurrenz auf; aber auch England beschleunigte die Entwicklung, so daß sich der Abstand eher vergrößerte. Außerdem brachte die Kontinentalsperre trotz aller Vorteile für die Baumwollproduzenten eben auch Nachteile ein: es fehlte die Rohbaumwolle, die nur über Schmuggelgeschäfte und gegen überhöhte Preise zu beschaffen war. Die Konsumenten vermißten nicht nur die billigen englischen Stoffe, sondern auch die kolonialen Lebens- und Genußmittel: Kaffee, Zucker, Reis, Tabak, die gleichfalls knapp und teuer wurden. Die Aushilfen, die Napoleon ersann, waren unzureichend. In der Umgebung von Neapel und Malaga wurde – ohne viel Erfolg – Baumwolle angepflanzt. Ein Teil der englischen Importe sollte durch die Rohbaumwolle aus der Türkei ersetzt werden, die jedoch auf dem Landweg und über die Donau, d. h. zu hohen Transportkosten, herbeigeschafft werden mußte. Die Mengen deckten höchstens ein Sechstel des Bedarfs. Um dem Zucker- und Kaffeemangel abzuhelfen, empfahl Napoleon die Herstellung von Rübenzucker und Chicorée-Kaffee-Ersatz. Die Ersatzstoffproduktion konnte jedoch nicht verhindern, daß die Kaffee- und Zuckerpreise sich vervielfachten.

Technische und fiskalische Probleme der Blockadepolitik

Neben die wirtschaftlichen traten die technischen und fiskalischen Probleme der Blockadepolitik. Die Küstenkontrollen reichten nicht aus, um den Schmuggel zu unterbinden. Französische Beamte ließen sich bestechen; die außerfranzösischen Regierungen und sogar König Ludwig von Holland, Napoleons Bruder, duldeten und unterstützten den Schmuggel. Das Überwachungssystem funktionierte nur dann einigermaßen, wenn französische Truppen eingesetzt wurden. So wurde das Kontrollnetz an der Nordseeküste sofort durchlässig, als die Soldaten nach Ausbruch des spanischen und österreichischen Krieges auf die Kriegsschauplätze abzogen. Je nach den Wechselfällen des Krieges entspannte sich die Blockade oder sie zog sich zusammen. Überdies kosteten die Kriege Geld. In der französischen Staatskasse fehlten jedoch die Zolleinnahmen, die 1808/09 von sechzig Millionen Francs auf elfeinhalb Millionen absanken.

Die fiskalischen Interessen, die Klagen der Textilproduzenten über die Knappheit und Verteuerung der Rohbaumwolle, die Unzufriedenheit der französischen Bauern über den reduzierten Getreide- und Weinexport und die wachsende Feindschaft der Neutralen, insbesondere der Amerikaner, veranlaßten Napoleon 1810 zu einer Neugestaltung der Blockadepolitik. Um das Kontrollsystem gegen den Schmuggel abzudichten, wurden Holland und die nordwestdeutschen Küstengebiete annektiert. Um die Amerikaner zu versöhnen und die Unruhe in der Bevölkerung einzudämmen, entschloß sich Napoleon, die Wirtschaftsbeziehungen mit England unter bestimmten Bedingungen wiederaufzunehmen. Die Dekrete von St. Cloud und Trianon gestatteten den Neutralen, gegen Einlösung von kaiserlichen Lizenzen, d. h. unter staatlicher Kontrolle, französische Waren, z. B. Getreide und Wein, nach England zu exportieren und von dort britische Kolonialwaren, z. B. Rohbaumwolle, Kaffee und Zucker, nach Frankreich einzuführen. Alle Kolonialwaren unterlagen dem sog. Trianontarif, der den Wertzoll von 10% auf 40–50% des Warenwerts heraufsetzte. Napoleon lenkte auf diese Weise in seine Staatskasse, was bisher dem heimlichen Schmuggel zugekommen war. Ganz glatt ging diese Rechnung nicht auf. Es zählt zu den Widersprüchlichkeiten der napoleonischen Herrschaft, daß die Getreidelieferungen an England gegen das Hauptziel der Blockade, nämlich die Isolierung der britischen Wirtschaft, verstießen. Die Zollabgaben des Trianontarifs schädigten die Interessen der französischen Produzenten und Konsumenten. Zwar kamen jetzt Rohstoffe und Kolonialwaren wieder ins Land, aber sie waren nach wie vor zu teuer. Napoleon hoffte vergeblich, daß die Engländer gezwungen sein würden, ihre Preise zu senken, um die hohen Zollabgaben auszugleichen. Die Herren des Marktes waren jedoch viel eher in der Lage, die Preise zu diktieren.

Neugestaltung der Kontinentalsperre 1810

Gegen den Schmuggel wurden 1810 Sondergerichte eingesetzt. Zollbeamte, die sich jetzt noch bestechen ließen, riskierten Zuchthausstrafen bis zu zehn Jahren und in schweren Fällen die Todesstrafe. Überall in Napoleons Machtbereich liefen Polizeiaktionen an, die nach englischen Waren fahndeten. Berühmt berüchtigt ist das Exempel, das Napoleon in Frankfurt statuierte. In der Nacht vom 18. auf den 19. Oktober rückten Truppen in die Stadt ein, und am nächsten Morgen erlebten mehr als zweihundert Frankfurter Kaufleute die Konfiszierung ihrer Waren, die auf dem Marktplatz öffentlich verbrannt wurden. Auf die Dauer konnten solche brutalen Methoden jedoch nur dazu beitragen, die Empörung der verbündeten Regierungen und den Haß der Bevölkerung auf die „Fremdherrschaft" zu schüren. Der Schmuggel ließ sich jedenfalls nicht unterdrücken. In Frankfurt, Hamburg und Leipzig florierte nach wie vor der Schmuggelhandel; ganze Dörfer entlang der Rheingrenze lebten vom Schmuggelgeschäft. Durch Freiburg z. B. rollten im August 1810 täglich dreihundert bis vierhundert Wagen voll beladen mit Zucker, Kaffee und Baumwolle. In Nürnberg, Augsburg und Regensburg wurden große Lager mit britischen Waren angelegt. Für manche Beteiligten war das Schmuggelgeschäft so profitabel, daß sehr große Vermögen verdient wurden. Die Rothschilds sind das bekannteste Beispiel. Der Kölner Bankier Abraham Schaaffhausen konnte es sich leisten, für 100 000 Francs Strafgelder zu zahlen, ohne daß offenbar seine Geschäfte darunter litten. In Preußen nutzte sogar die Regierung die Situation aus. Sie gab die beschlagnahmten englischen Waren gegen hohe Lizenzgebühren wieder frei und nahm auf diese Weise von 1810 bis 1812 etwa zwölf Millionen Taler ein, mit denen das preußische Reformheer finanziert wurde.

Das Kontinentalsystem

Napoleons Bemühungen, der französischen Wirtschaft Vorteile auf Kosten der verbündeten Staaten zu verschaffen, waren nicht durchweg erfolgreich. Sie liefen darauf hinaus, durch Schutzzölle und Handelsverträge die deutsche und internationale Konkurrenz auszuschalten. Eine 1809 errichtete Zollschranke von Rees am Niederrhein bis Bremen isolierte den deutschen vom holländischen Markt, der für die Franzosen reserviert wurde. Die Zollgrenze am Rhein zerschnitt die traditionellen Handelsbeziehungen zwischen den beiden Rheinseiten zum Nachteil des Großherzogtums Berg, das den französischen und holländischen Markt verlor. Ebenso wurden die deutsch-italienischen Handelsbeziehungen unterbrochen. Ein 1808 abgeschlossener Handelsvertrag zwischen Frankreich und Italien sicherte den Franzosen das Handelsmonopol. Das Nachsehen hatten die Bayern, die ihre Exporte nach Italien einstellen mußten. Ein Handelsvertrag, den Bayern kurz zuvor mit Italien vereinbart hatte, wurde von Napoleon zugunsten der französischen Wirtschaft so stark verändert, daß der bayerische König es ablehnte, den Vertrag zu ratifizieren. Die Italiener mußten ihren Markt den Franzosen öffnen, insbesondere für Seidenwaren aus Lyon, dem Zentrum der französischen Seidenindustrie, während die Erzeugnisse des eigenen Landes von den ausländischen Märkten abgeschnitten wurden. Die italienische Seidenproduktion ging auf weniger als die Hälfte zurück. Einige Zollmaßnahmen Napoleons konnten nur noch als reine Schikane ausgelegt werden. So wurde der für die süddeutschen Rheinbundstaaten lebenswichtige Transithandel durch den Triannontarif, der auch den Verbündeten aufgezwungen wurde, schwer behindert. Erst 1811 erreichte die badische Regierung die erneute Freigabe des Transits. Bayern, das wichtigste Durchgangsland für den Zwischenhandel mit Levantebaumwolle, mußte es hinnehmen, daß Napoleon 1809/10 an der bayerisch-österreichischen Grenze im Innviertel, das im Wiener Frieden von 1809 vorübergehend an Frankreich abgetreten wurde, eine hohe Zollmauer errichtete.

Trotzdem gewann die deutsche Wirtschaft im Schatten der Kontinentalsperre in mancherlei Hinsicht mehr als die französische. Der Schmuggel wurde stillschweigend von den Regierungen geduldet; die britischen Waren zirkulierten freier; die Rohstoffbeschaffung war deshalb weniger schwierig, und die Preise lagen niedriger als in Frankreich, wo die Grenzen viel schärfer bewacht wurden. Schon 1806/07, in der Zeit der ersten Blockade, kostete das Kilogramm Baumwolle rechtsrheinisch sechs Francs, linksrheinisch hingegen vierzehn Francs. Seit 1810, nach Erlaß des Dekrets von Trianon, erreichte die Baumwolle in Frankreich den sechs- bis zehnfachen Preis, den sie dem deutschen Kaufmann beim illegalen Erwerb kostete. Leipzig blieb in der Blockadezeit der wichtigste kontinentale Handels- und Absatzmarkt. Voran Sachsen, aber auch das Großherzogtum Berg, Böhmen und die Schweiz machten auf der Leipziger Messe ihre besten Geschäfte. Die französischen Waren hingegen gingen nicht so gut, weil sie zu teuer waren. Zwar setzte die Seidenindustrie von Lyon zwei Drittel ihrer Seidenstoffe in Leipzig ab, aber die französischen Tuch- und Baumwollwaren unterlagen der sächsischen, böhmischen und schweizerischen Konkurrenz. Wie das erste Ziel der napoleonischen Wirtschaftspolitik, der wirtschaftliche Sieg über England, so schlug auch das zweite fehl: die Vorherrschaft der französischen Wirtschaftsmacht auf dem kontinentalen Markt. Nicht nur England, sondern auch Frankreich geriet 1810/11 in eine schwere Wirtschaftskrise.

Politische Auswirkungen

Die rücksichtslos egoistische Wirtschaftspolitik Napoleons untergrub den politischen Zusammenhalt des Grand Empire. Die französischen, holländischen und italienischen Märkte verschlossen sich eben nicht nur den Briten, sondern auch den Vasallen und Verbündeten. „Der kontinentale Markt war . . . weit davon entfernt, geeint zu sein und strotzte in Wirklichkeit von Hindernissen für den Handel" [300: F. CROUZET]. Das Kontinentalsystem trug so dazu bei, daß sich die süddeutschen Rheinbundstaaten, voran Bayern, aus gemeinsamen Interessen an der Aufrechterhaltung des Transithandels wieder Österreich annäherten. Immer mehr Länder waren durch Annexionen bedroht: Portugal, Spanien, Toskana, Parma, Kirchenstaat, Holland, Nordwestdeutschland und schließlich Rußland. Zar Alexander I., der empört zusah, daß Frankreich Getreide an England lieferte, während die russische Landwirtschaft unter dem Verlust des englischen Exportmarktes schwer zu leiden hatte, zog am 31. Dezember 1810 die Konsequenz und öffnete seine Häfen. Napoleon sah darin eine wirtschaftliche Kriegserklärung an Frankreich und stürzte sich in das letzte seiner politischen Abenteuer, das den Zusammenbruch seiner Herrschaft einleitete.

Dominanz des merkantilistischen und fiskalischen Denkens

Die Vorstellungen und Motive, die der napoleonischen Blockadepolitik zugrundelagen, blieben in vielfacher Hinsicht den Traditionen des Ancien Régime verhaftet. Das fiskalische und merkantilistische Denken überwog. Es bestimmte die staatlich gelenkte Außenhandelspolitik, die vor allem den Export forcierte und den Import abdrosselte. Seine Absicht sei es, erklärte Napoleon 1810, die Ausfuhr mit allen Mitteln zu fördern, um das Einströmen von Bargeld soweit wie möglich zu steigern. Das lag noch ganz auf der Linie der Merkantilisten des 17. Jahrhunderts. Die veränderte Situation durch den Aufstieg Englands zur führenden Industrie- und Handelsmacht wurde negiert. Aus England kamen die Rohstoffe und Maschinen, die Facharbeiter, die Erfahrungen und Techniken vermittelten, das Kapital, mit dem die europäischen Banken rechneten. Dennoch glaubte Napoleon, daß England gerade deshalb verwundbar sei, weil sein Reichtum sich allein auf Handel und Kapitalbesitz gründete. Trotz aller Bestrebungen, die französische Industrie aufzubauen und ihren Erzeugnissen Absatzmärkte zu sichern, teilte Napoleon die alte Auffassung, die ein Land nur dann für wirtschaftlich mächtig hielt, wenn es zur Selbstversorgung fähig und nicht – wie England – auf Agrarimporte angewiesen war. Die traditionellen agrargesellschaftlichen Vorstellungen, die in der französischen Notabelngesellschaft vorherrschten, prägten auch die Wirtschaftspolitik: der Landbesitz galt immer noch als Quelle und sicherste Grundlage des Reichtums.

Die wirtschaftliche Entwicklung unter den Bedingungen der Kontinentalsperre hat sich zum Teil gegen diese Vorstellungen und anders, als erwartet, durchgesetzt. Der Handel verlagerte sich; er lief neue Wege und Umwege, aber er ließ sich nicht eindämmen. Als letztes Aushilfsmittel blieb der Schmuggel. Der Export der deutschen Staaten konzentrierte sich auf den innerdeutschen Handel und auf Mittel- und Osteuropa. Die deutsch-französischen Handelsbeziehungen, die vor der Blockadezeit über die Hansestädte, hauptsächlich über Hamburg, abgewickelt worden waren, verschoben sich auf die Rheinbundstaaten, die 1810 nach der offiziellen französischen Außenhandelsstatistik 98,2% der Einfuhren aus Frankreich aufnahmen. Von 1798–1820 war Deutschland ununterbrochen der wichtigste Abnehmer für französische Waren, von denen 20–25% über den Zwischenhandel nach Rußland weiterverkauft wurden. Aber auch die deutschen Exporte nach Frankreich erreichten – trotz der Zollgrenze am Rhein – eine erstaunliche Höhe. Der offizielle Wert der deutschen Exporte stieg gegenüber dem Revolutionsjahr 1789 (31 Mill. Francs) unter großen kriegsbedingten Schwankungen bis 1812 auf knapp das Vierfache an (123 Mill.). Der deutsche Anteil am französischen Gesamtimport betrug 1792 5,4%, 1807 11%, 1809 28% und noch 1813 19,7%. Ergänzt wurde dieser offizielle Handel durch die in der Größenordnung unbekannten Schmuggelexporte britischer Waren, die auf dem Umweg über Deutschland nach Frankreich eingeschleust wurden. Insgesamt kann es trotz aller blockade- und kriegsbedingten Störungen um den deutschen Handel nicht so schlecht bestellt gewesen sein, wie es die ältere Forschung angenommen hat. Eine ausgeglichene Handelsbilanz ist durchaus denkbar. Schwer getroffen wurde vor allem der Außenhandel Hamburgs und des Großherzogtums Berg. Allerdings war auch hier der Rückgang des Handelsverkehrs nicht ganz so dramatisch, wie es auf den ersten Blick erscheinen mag. Hamburg und die Hansestädte zählten seit Mitte der 1790er Jahre zu den Nutznießern der englischen Blockade über das französische und holländische Küstengebiet. Da neben den französischen und amerikanischen auch die meisten englischen Exporte und Importe über Hamburg gingen, stellte Hamburg seit 1795 noch vor Amsterdam den größten Umschlagplatz des Kontinents dar. Die britischen Einfuhren über die Hansestädte verdoppelten sich von 1793 bis 1794, stiegen dann leicht an und sprangen von 1799 auf 1800 noch einmal um 100%. 1806/07 brach der offizielle Hamburger Handelsverkehr, dessen rasch wachsender Umfang jedoch selbst schon als eine Folge der Revolutionskriege anzusehen ist, so gut wie vollständig zusammen. Die Hamburger Kaufleute wichen in den illegalen Handel aus, der über die dänische Hafenstadt Tönning an der Eider und später über das schwedische Göteborg abgewickelt wurde.

Entwicklung des deutschen Außenhandels

Auch das Großherzogtum Berg verdankte seinen blendenden Aufschwung zu einem Teil dem wirtschaftlichen Niedergang Frankreichs während der Revolutionswirren. Außerdem räumte ihm Frankreich bis 1806 Vorzugszölle ein, weil

Berg als „der einzige Rivale Englands" auf dem Festland galt, wie Murat, Napoleons Schwager, stolz nach Paris meldete. Nach einer Statistik Beugnots ging der Export Bergs von 55 Mill. Francs 1807 auf 38 Mill. im Jahre 1810, also um etwa ein Drittel, zurück. Das Großherzogtum litt unter der paradoxen Situation, daß es zwar politisch aufs engste mit Frankreich verklammert war, aber wirtschaftlich als Ausland behandelt und nicht nur von den überseeischen, sondern auch von den französischen, holländischen und italienischen Märkten abgeschnitten wurde. Ein Teil der bergischen Industrie wanderte deshalb in das von Frankreich annektierte linksrheinische Gebiet ab, dem der französische Markt offenstand. Weite Kreise in Berg wünschten den vollen Anschluß an Frankreich, der jedoch von Napoleon aus Furcht vor der bergischen Konkurrenz abgelehnt wurde. Im Gegensatz zu den übrigen deutschen Staaten, beispielsweise Sachsen, profitierte Berg, das unter französischer Regierung stand und von Paris aus streng kontrolliert wurde, nur wenig vom Schmuggelhandel. Noch im Mai 1813 befahl Napoleon in Berg die Beschlagnahme britischer Waren. Immerhin konnte das Großherzogtum einen Teil seiner Exporte auf den innerdeutschen Handel umleiten. Als Beugnot immer wieder wegen der bergischen Exportmisere in Paris vorstellig wurde, wies ihn Napoleon darauf hin, daß Berg auf den Leipziger Messen glänzende Geschäfte gemacht habe.

Strukturveränderungen in der gewerblichen Produktion

Anders als in Handel und Verkehr, die zwar am stärksten, aber doch nur kurzfristig von den Blockademaßnahmen betroffen wurden, bewirkten die Handelssperren in der gewerblichen Produktion erhebliche Strukturveränderungen, die auch nach 1815 fortbestanden. Es ist jedoch wiederum bezeichnend, daß die politischen Maßnahmen nur eine Entwicklung beschleunigten, die bereits in Gang gesetzt war. Die napoleonische Wirtschaftspolitik war dann erfolgreich, wenn sie sich schon vorhandenen Trends anpaßte. Das gilt vor allem für den Übergang von der Leinen- zur Baumwollindustrie. Bei der Leinenindustrie handelt es sich um eine mit den alten Methoden des Verlagssystems und der Heimproduktion arbeitende Wirtschaftsbranche, deren Niedergang ohnehin besiegelt schien. Die Zukunft gehörte der mechanisierten Baumwollindustrie, der auch auf dem Kontinent im Prozeß des technologischen und wirtschaftlichen Wandels eine Schlüsselrolle zufiel. Zwar gerieten die in einer Art Treibhausklima entstandenen neuen Baumwollspinnereien nach 1815, als die englische Konkurrenz wieder auf dem Markt erschien, in eine schwierige Anpassungsperiode; aber – langfristig gesehen – überwiegen doch die positiven Impulse für die Einleitung der Industrialisierung.

Verlagerung der Wirtschaftslandschaft

Der Zusammenbruch der „atlantischen Wirtschaft" [300: F. CROUZET] bewirkte eine Veränderung der Wirtschaftslandschaft. Die industriellen Zentren lagen nun im Norden und Osten Frankreichs, in Belgien um Gent und Lüttich, im Linksrheinischen um Aachen, Köln, Krefeld, Gladbach und Rheydt sowie im Elsaß. Die Achse der kontinentalen Wirtschaft war von den Küsten weg an den Rhein gewandert. Im Osten verlief eine zweite Wirtschaftsachse von Sachsen über Böhmen nach Österreich.

Gewerbeentwicklung im Rheinland

Für die Auswirkungen der Kontinentalsperre auf die deutsche Wirtschaft war die Gewerbeentwicklung auf den beiden Rheinseiten, im Dreieck Aachen – Köln – Krefeld und im Großherzogtum Berg mit der Hauptstadt Düsseldorf, von entscheidender Bedeutung. Das Rheinland war bereits vor Beginn der französischen Herrschaft eine blühende Gewerbelandschaft dank der günstigen Verkehrslage am Rhein und im Schnittpunkt der Straßenverbindungen zur Nord- und Ostsee. Berg besaß Erz- und Kohlevorkommen und nutzte den Wasserreichtum des Wuppertales. Die Landwirtschaft war hier nicht mehr von vorrangiger Bedeutung; Berg war auf Getreidelieferungen angewiesen, die bis 1806 aus dem Linksrheinischen kamen. Die Gewerbezentren lagen in den neu entstehenden, zunftfreien Mittelstädten wie Barmen und Elberfeld. Auch im Linksrheinischen nahmen die alten Handels- und Gewerbestädte wie Köln und Aachen mit ihrem erstarrten Zunftsystem an der Entwicklung nicht mehr den entsprechenden Anteil. Die Aachener Tuchhersteller z. B. mieden die Zunftherrschaft der alten Reichsstadt und zogen es vor, in Nachbarstädte wie Burscheid, Monschau und Eupen auszuweichen. Auch der Vorsprung der Baumwollverarbeitung zeichnete sich bereits ab. Im Gegensatz zur Flachsspinnerei und zur Leinenweberei war die Baumwollproduktion von Anfang an verlagsmäßig organisiert, da ja ausländische Rohstoffe verarbeitet wurden, die von den Verlegern aus Holland und England importiert wurden. Der Elberfelder Kaufmann und Verleger Johann Gottfried Brügelmann errichtete 1783/84 in Ratingen bei Düsseldorf die erste mechanische Baumwollspinnerei mit 1600 durch Wasserkraft angetriebenen Mule-Spindeln und mit siebzig bis achtzig Arbeitern im Fabrikbetrieb. In der Regel war allerdings die Textilproduktion noch nicht fabrikmäßig organisiert. Zumeist entstanden betriebliche Mischformen: Spinnen und Weben geschah in Heimarbeit, die Veredelungsproduktion – das Färben und die Appretur – fand meist schon in fabrikähnlichen Werkstätten statt. Zwischen den beiden Rheinseiten entwickelte sich ein lebhafter Verkehr. Die Kölner Weber schickten ihre Tuche zum Bleichen und Färben ins Wuppertal; die bergischen Verleger beschäftigten linksrheinische Baumwollhandspinner und Handweber, Produktionsprozesse, die in der napoleonischen Zeit zerschnitten wurden. Nach 1806 stagnierte die Baumwollproduktion in Berg durch den Abbruch der Handelsbeziehungen. Dafür entwickelte sich rasch die Eisenindustrie. Eine offizielle Statistik von 1809 zählte in Berg 27 Hochöfen für Eisen und Stahl, 6 Hochöfen für Gußstahl, 77 Hütten für Stangeneisen, 492 Hütten für Eisen in Stäben und Reifen, 52 Hütten für Sensen und Sicheln und 600 Werkstätten für Eisendraht. Hergestellt wurden Waffen, Sensen, Messer, Hüttenhämmer, Nadeln, Fingerhüte, Metallknöpfe und andere Kleineisenwaren. Das Übergewicht der Kleineisenproduktion verweist auf die noch sehr bescheidenen Dimensionen dieser Metallindustrie, die vorerst nur fünftausend Arbeiter beschäftigte gegen fünfzigtausend in der Textilindustrie, davon zwanzigtausend in der Baumwollindustrie. In England gab es damals bereits zweihundertfünfzig Hochöfen! Dennoch wurde eine Entwicklung eingeleitet, die mit der Industrialisierung des Ruhrgebietes ihren Fortgang nahm.

Die linksrheinische Gewerbeproduktion, die von allen Vorteilen profitierte, die Napoleon der französischen Wirtschaft verschaffte, konnte eine stattliche Erfolgsbilanz aufweisen. Zwischen 1787 und 1811 verdreifachte sich die Kohleproduktion an der Saar und im Aachener Revier. In Krefeld verdoppelte sich in der gleichen Zeit die Zahl der Einwohner wie der Seidenmanufakturen. Die Baumwollproduktion wuchs in geradezu stürmischem Tempo. Nach der Gewerbestatistik von 1811 waren in den 2500 Baumwollbetrieben des Roerdepartements 65 000 Arbeiter beschäftigt, d. h. 10% der Bevölkerung, ein für die damalige Zeit ungewöhnlich hoher Prozentsatz. Die beiden alten Reichsstädte Aachen und Köln holten jetzt rasch auf. 1798 kam die erste Wollspinnmaschine nach Aachen, vermittelt aus Belgien, wo sich der Engländer William Cockerill niederließ und das Umland mit ausgezeichneten Maschinen versorgte. Die ersten mechanisierten Baumwollspinnereien entstanden nicht selten in säkularisierten Klostergebäuden, die der französische Staat billig verkaufte oder verpachtete. Unter Napoleon erfreute sich Aachen, die alte Kaiserstadt Karls des Großen, der besonderen Gunst der französischen Regierung. Die Anzahl der Tuchmanufakturen kletterte von neun im Jahre 1800 auf einundvierzig 1807 und neunzig 1811, der Wert der Wollprodukte verdoppelte sich von 1786 bis 1811. Köln entwickelte sich in der napoleonischen Zeit zur größten „deutschen" Gewerbestadt. Der Wert der Baumwollproduktion erhöhte sich von 1800 bis 1810 um das Zwanzigfache, von 150 000 auf drei Mill. Francs. 1811 waren in 416 gewerblichen Betrieben insgesamt 13 704 Arbeiter beschäftigt. Der Wert der Gewerbeproduktion lag bei fünfzehn Mill. Francs. Freilich blieben Anpassungsschwierigkeiten an die neuen Marktbedingungen auch in Köln nicht aus. Der Kölner Getreide- und Holzhandel litt unter der Zollgrenze am Rhein und unter den Handelsbeschränkungen der Blockade. Die Tabakfabrikation fiel von achttausend Zentnern 1789 auf nur noch sechshundert Zentner 1810 zurück. Die neuen Ersatzstoffindustrien hielten nicht, was man sich zunächst von ihnen versprach. 1805 gründete Herstatt in Köln die erste Zuckersiederei. 1812 gab es acht Rübenzuckerfabriken, aber schon 1813 nur noch fünf. Wie andernorts so blieb auch in Köln die Rübenzuckerindustrie vorerst in den Kinderschuhen stecken. Erst beim zweiten Anlauf in den 1830er Jahren gewann sie an wirtschaftlicher Bedeutung. Für die Selbsteinschätzung und das Selbstbewußtsein des neu entstehenden rheinischen Großbürgertums ist es dennoch bezeichnend, daß der Kölner Bankier Abraham Schaaffhausen 1815 nach der Übergabe des Rheinlandes an Preußen feststellen konnte: „Da heiraten wir aber in eine arme Familie."

Gewerbeentwicklung in Süddeutschland

Die überwiegend agrarisch-kleingewerblich strukturierte Wirtschaft Mittel- und Süddeutschlands blieb hinter der rheinischen (und sächsischen) Entwicklung weit zurück. Um 1820 gab es im Rheinland etwa tausend Manufakturen. Vergleichszahlen sind schwierig zu ermitteln, weil die Statistiken keinen einheitlichen Begriff der Manufaktur voraussetzen. Trotzdem läßt sich den Angaben entnehmen, daß die relativ gut erforschte industrielle Geschichte des Rheinlandes keineswegs als typisch auch für andere Regionen anzusehen ist. Für Kurbayern sind im Zeitraum von 1740–1833 etwa 210 Manufakturen nachgewiesen worden, für den fränkischen Raum (Ansbach-Bayreuth) 98 Manufakturen. Während der Rheinbundzeit nahm in Bayern die Zahl der Manufakturgründungen zu, dennoch blieb die großgewerbliche Entwicklung hinter dem deutschen Durchschnitt zurück; im fränkischen Raum war die Entwicklung nach 1805 eher rückläufig. Die badische Gewerbestatistik zählte 1809 146 Manufakturen mit 2656 Arbeitern, davon 40 mit mehr als 20 Beschäftigten. An der Spitze stand noch die Nahrungs- und Genußmittelbranche mit 28 Betrieben, erst an zweiter Stelle folgten die Textilbetriebe mit 14 Manufakturen. 1829 verzeichnete die Statistik 163 Fabrikbetriebe. In der Rheinbundzeit läßt sich eine plötzliche, aber nicht sehr ausgedehnte „Gründungswelle" [367: W. FISCHER] beobachten. Sie ging vor allem auf die Bemühungen der badischen Regierung zurück, der Bevölkerung in den ehemals geistlichen Territorien nach dem Wegfall der Klöster neue Erwerbsquellen zu verschaffen. So entstand in dem säkularisierten Kloster von St. Blasien die erste mechanische Spinnerei Badens; hinzu kam eine Waffen- und Maschinenfabrik, die zu den am weitesten mechanisierten Gewehrfabriken Europas zählte. Sie wirkte jedoch noch „wie ein Fremdkörper in einem agrarisch-kleingewerblich orientierten Land" [366: W. FISCHER]. Im rheinbündischen Württemberg fehlten Neugründungen. An der Spitze aller Manufakturen stand nach wie vor die staatliche Tuchmanufaktur in Ludwigsburg, die ursprünglich ein „Zucht- und Arbeitshaus" gewesen war. Die größte Baumwollspinnerei Württembergs, die alteingesessene Firma Meebold/Schüle in Heidenheim, war noch verlagsmäßig organisiert und beschäftigte 1813 tausend Verlagsweber und zweihundert Arbeiter in den Fabrikwerkstätten für Bleiche und Färberei.

Es fällt auf, daß Firmengründer und Facharbeiter häufig aus dem Ausland nach Süddeutschland kamen. Der Gründer der badischen Fabrik in St. Blasien, der Mechaniker Johann Georg Bodmer, stammte aus Zürich. Auch die beiden Inhaber der Lörracher Kattunmanufaktur, die nach Anzahl der Beschäftigten mit hundertfünfzig Arbeitern an der Spitze der badischen Fabriken stand, kamen aus dem Ausland, Koechlin aus Mühlhausen im Elsaß, Merian aus der Schweiz. Während der Blockadezeit zeigten sich einige französische Unternehmer daran interessiert, in Württemberg Baumwollspinnereien zu eröffnen, wohl deshalb, weil hier die Levante-Baumwolle, die auf dem Landweg durch Süddeutschland transportiert wurde, und die eingeschmuggelten englischen Baumwollgarne leichter und billiger zu beschaffen waren als jenseits der rheinischen Zollgrenze. In München etablierten sich zwei Unternehmerpioniere aus dem Großherzogtum Berg: Johann Gottfried Brügelmann aus Düsseldorf und Tillmann Stephens aus Wesel. Es lag also nicht an der Ungunst der Verhältnisse, wenn in Süddeutschland eine lebhafte Gründungstätigkeit ausblieb. Der Investitionsanreiz war gegeben, aber es fehlten die Unternehmer, die zu Pioniertaten bereit gewesen wären. Hinzu kam, daß sich die Regierungen in den süddeutschen Staaten nur zögernd auf eine Industrialisierungspolitik einließen. Man scheute die risikoreichen großen Projekte. Die Förderung des „Gewerbefleißes" blieb bis weit in den Vormärz hinein mittelständisch orientiert und auf die Heimindustrie konzentriert. Es gibt kaum Anzeichen dafür, daß die englische Entwicklung zum Vorbild genommen wurde. „Die Industrialisierung", so lautet das Fazit WOLFRAM FISCHERS über die badische Wirtschaftspolitik, „ist für Baden kein Programm. Man stemmt sich nicht gegen sie, man begrüßt sie und fördert sie auch, aber ihre ganze umwälzende Kraft für die Sozial- und Wirtschaftsverfassung erkennt man nicht. Im Grunde wehrt man sich doch gegen sie, denn so sehr das einzelne industrielle Werk begrüßt wird, so mißtrauisch ist man gegen das ‚Fabriksystem' als Ganzes, wie man es in England und teilweise in Frankreich und Preußen zu erkennen glaubt. Das ‚glückliche Badnerland' sollte so bleiben, wie es war – ein Land tätiger Bauern und Bürger, kleiner Gewerbe und treuer Beamter, ein Land des mäßigen Fortschritts, der behutsamen Neuerung, der klugen Selbstbescheidung." Im Jahresbericht des württembergischen Innenministeriums von 1806/07 hieß es: „Es ist der Charakter der württembergischen Fabrikatur, daß sie nicht in großen, weitläufigen Anstalten, wo sich Verschwendung so gern mit dem Fleiß, Armut sooft mit dem Reichtum paart, glänzt und prangt; in einzelnen Werkstätten, aus dem genügsamen Zirkel der Familien geht die Masse der Waren hervor." Die Industrialisierung galt noch nicht als „politischer Imperativ" [101: D. S. LANDES]. Sie wurde vorerst eher abgewehrt.

Zoll-, Steuer- und Gewerbereformen

Trotzdem haben die Wirtschaftsreformen der Rheinbundzeit unter dem unmittelbaren französischen Einfluß die Industrialisierung, so zögernd sie auch in Gang gesetzt wurde, vorbereitet. Die Verlagerung der Wirtschaftslandschaft von den Küsten ins Inland erforderte die Konzentration auf die nationalen Binnenmärkte, den Abbau der Binnenzölle, die Schaffung größerer Wirtschaftseinheiten, die Freigabe der Gewerbe. Die zoll-, steuer- und finanzpolitischen Maßnahmen wurden überdies von der bitteren Notwendigkeit diktiert, neue Einnahmequellen zu erschließen, um dem Leistungsdruck der Kriege und den Anforderungen Napoleons gewachsen zu sein. Überall in Napoleons Machtbereich begann der Abbau der innerstaatlichen Zollschranken. Die Binnenzölle wurden durch Grenzzölle ersetzt. Münzen, Maße und Gewichte wurden vereinheitlicht; die Finanzverwaltung wurde verbessert; das Steuersystem richtete sich nach dem Grundsatz der Steuerpflicht für alle; Landvermessungen und die Anlage von Katastern leiteten die Reform des Grundsteuerwesens ein. In den linksrheinischen Gebieten und in den Napoleonidenstaaten Berg und Westfalen wurde – wie in Reformpreußen – die Gewerbefreiheit eingeführt. Gegen Einlösung einer Patentsteuer war es jedermann erlaubt, einen Gewerbebetrieb zu eröffnen. Die Zunftschranken, die Gewerbemonopole bzw. die ausschließlichen Privilegien, die vor jeder Konkurrenz schützten, verschwanden. Auf dem Land wurden die Mühlen- und Braumonopole abgeschafft.

In den süddeutschen Rheinbundstaaten hielt man eine gemäßigte Zunftverfassung aufrecht, die nur von den drückendsten Fesseln des Zunftwesens befreit wurde. An die Stelle der Exklusivprivilegien und Monopole trat hier die sog. Gewerbekonzession, die auf Gesuch durch staatliche Behörden erteilt wurde. Die

Konzessionsvergabe wurde jedoch in der Regel liberal gehandhabt; es genügte der Nachweis, daß ein ausreichendes Vermögen und das erforderliche Fachkönnen vorhanden waren. Die völlige Freigabe der Gewerbe erfolgte überall in Süddeutschland erst in den 1860er Jahren. Wie bei der vorsichtig zurückhaltenden Industrieförderungspolitik so überwog bei den Gewerbereformmaßnahmen die mittelständische Orientierung, die nach 1815 weiterbestand und auch von den vormärzlichen Liberalen geteilt wurde. Das staatliche Konzessionssystem sollte den Mittelstand vor den Gefahren der freien Konkurrenz schützen und den „Despotismus der Geldaristokratie" verhindern.

Gesamtwirtschaftlich gesehen, darf das Schwergewicht bestehender Grundstrukturen allerdings nicht unterschätzt werden. In der napoleonischen Zeit waren in Deutschland – nach den Schätzungen von F. W. Henning – noch 62% der rund 10,5 Mill. Beschäftigten in der Landwirtschaft tätig. Von den 21% Erwerbstätigen in den produzierenden Gewerben beschäftigen sich mehr als die Hälfte mit der Herstellung von Textilien und zwar nach wie vor überwiegend in ländlichen und kleinstädtischen Heimindustrien, die ihre Rohstoffe von der Landwirtschaft bezogen. Und auch die 17% Erwerbstätigen in Handel, Verkehr und anderen Dienstleistungen waren wohl in erster Linie mit dem Handel und Transport von Nahrungsmitteln, Textilrohstoffen und Textilien befaßt. Nach 1815 fielen immer noch – nach den Berechnungen von M. Kutz – 67% der deutschen Exporte unter die Rubrik landwirtschaftlicher Produkte und Rohstoffe. Deutschland blieb vorerst ein Agrarland, in dem Handel und Gewerbe noch eng mit der Landwirtschaft verbunden waren. Auch in jenen Gewerberegionen, wo sich im Zuge der Bevölkerungsexplosion und des wachsenden Arbeitskräftepotentials die textile Massenproduktion auf dem platten Land ausbreitete und in der sog. „Proto-Industrialisierung" verdichtete, überwog in der Regel die Abhängigkeit von der Landwirtschaft. Die Agrarkonjunktur war und blieb in hohem Maße von den Erntezyklen bestimmt. In einer wirtschaftlichen „Bilanz der deutschen Staaten für 1815" kommt F. G. Dreyfus zu dem Ergebnis, daß in den Getreidepreisbewegungen der Jahre von 1790–1815 Krieg, Okkupation und Handelssperren viel weniger sichtbar sind als Naturkatastrophen. Einen Ausnahmefall stellt wohl die exportorientierte, tief verschuldete preußische Landwirtschaft dar, die nach 1806 nicht nur unter einer naturbedingten Agrarkrise, sondern auch unter der Verstärkung des Preisverfalls, der wegen der Ausfuhrsperren einsetzte, zu leiden hatte.

Agrarwirtschaft

Die Sicherung der Agrarexporte und die Versorgung des ländlichen Marktes mit billigen Gewerbeprodukten waren wichtige Ziele der preußischen Reformen, die viel stärker als die rheinbündischen Reformen wirtschaftspolitisch akzentuiert waren. Auch in diesem Falle gilt jedoch, daß nicht die Erfahrungen einer beginnenden „industriellen Revolution in Preußen" [373: W. O. Henderson], sondern die landwirtschaftlichen Verhältnisse zum Ausgangspunkt der Reformen wurden.

9. Die preussischen Reformen

Revolution „von oben“

Auch die Stein-Hardenbergschen Reformen in Preußen waren eine Antwort auf die französische Revolution und die napoleonische Herausforderung. Hardenberg schrieb in seiner Rigaer Denkschrift vom September 1807 an den König: „Die Französische Revolution, wovon die gegenwärtigen Kriege die Fortsetzung sind, gab den Franzosen unter Blutvergießen und Stürmen einen ganz neuen Schwung. Alle schlafenden Kräfte wurden geweckt, das Elende und Schwache, veraltete Vorurteile und Gebrechen wurden – freilich zugleich mit manchem Guten – zerstört. Die Benachbarten und Überwundenen wurden mit dem Strome fortgerissen . . . Der Wahn, daß man der Revolution am sichersten durch Festhalten am Alten und durch strenge Verfolgung der durch solche geltend gemachten Grundsätze entgegenstreben könne, hat besonders dazu beigetragen, die Revolution zu befördern und derselben eine stets wachsende Ausdehnung zu geben. Die Gewalt dieser Grundsätze ist so groß, sie sind so allgemein anerkannt und verbreitet, daß der Staat, der sie nicht annimmt, entweder seinem Untergange oder der erzwungenen Annahme derselben entgegensehen muß . . . Also eine Revolution im guten Sinn, gerade hinführend zu dem großen Zwecke der Veredelung der Menschheit, durch Weisheit der Regierung und nicht durch gewaltsame Impulsion von innen oder außen – das ist unser Ziel, unser leitendes Prinzip.“ Die preußischen Reformer wußten, daß es nicht mehr möglich war, ohne grundlegende Reformen von Staat und Gesellschaft im napoleonischen Europa zu überleben. Selbst Friedrich Wilhelm III. teilte nach Tilsit die Überzeugung, daß Preußen an geistigen Kräften ersetzen müsse, was es an physischen verloren habe. Der Reformansatz, insbesondere der des Freiherrn vom Stein, blieb jedoch – anders als in den Rheinbundstaaten – viel stärker an einem antiaufklärerischen und traditionalistischen Staatsideal orientiert, das unter Berücksichtigung der englischen Entwicklung an die ständische Absolutismuskritik anknüpfte. Die preußischen Reformer entschieden sich für eine „Revolution im guten Sinn“, d. h. für eine Politik der defensiven Modernisierung, nicht *mit,* sondern *gegen* Napoleon.

„Organische“ Reformen

Für Stein, der stark von dem Hannoveraner Freundeskreis um August Wilhelm Rehberg beeinflußt war, bot nicht die französische, sondern die englische „glorious revolution“ von 1688 das Vorbild für „notwendige“ Veränderungen. Die administrativen und finanzpolitischen Reformprojekte Hardenbergs, die anders als die mit altständischen Reminiszenzen durchsetzten Pläne Steins Anregungen der französisch-westfälischen Gesetzgebung aufnahmen, waren wenig erfolgreich. Die Reorganisation von Armee und Administration war in erster Linie eine Selbsterneuerung, die lediglich einige modernisierende Elemente dem französischen System, dessen Effektivität unbestreitbar war, entlehnte. Am Ursprung der preußischen Reformen stand das Bestreben, durch eine Synthese von Tradition und Fortschritt auf dem Weg „organischer“ Reformen die verkrusteten Strukturen des absolutistischen Obrigkeitsstaates aufzubrechen und einen Staat zu schaffen, in dem die Bürger sich selbst um die öffentlichen Angelegenheiten kümmerten, d. h. politisch mitwirkten. Die Politik der Selbsterneuerung diente vor allem dem Wiederaufstieg Preußens durch „Befreiung". Auch das patriotische Befreiungsmotiv unterscheidet das preußische vom rheinbündischen Reformwerk.

Stein und Hardenberg traten bereits im April 1806, also noch vor der Katastrophe von Jena und Auerstedt, als Kritiker der königlichen Kabinettsregierung hervor. Stein, den der König einen „widerspenstigen, trotzigen, hartnäckigen und ungehorsamen Staatsdiener" nannte, wurde zu Beginn des Jahres 1807 in Ungnade entlassen und erst nach dem Frieden von Tilsit auf Empfehlung Napoleons zurückgerufen. Napoleon bemerkte rasch, daß seine Wahl auf einen Mann gefallen war, der zu seinen heftigsten Gegnern zählte. Als ein Brief Steins an den Fürsten Sayn-Wittgenstein, aus dem herauszulesen war, daß Stein den Vorbereitungen des Fürsten zu einer nationalen Erhebung Nordwestdeutschlands gegen die Franzosen zustimmte, von der französischen Polizei abgefangen wurde, drängte Napoleon auf den Sturz des Ministers. Stein wurde von den Franzosen geächtet und verfolgt, seine Güter wurden konfisziert. Er entkam auf der Flucht nach Böhmen, später nach Rußland, wo er sich dem Zaren als außenpolitischer Berater zur Verfügung stellte. In die Zeit seines Reformministeriums, das nur etwas länger als ein Jahr, bis November 1808, dauerte, fallen die grundlegenden Gesetze des preußischen Reformwerks: das Organisationsgesetz über die Reform der Staatsverwaltung, das nach Steins Sturz am 16. Dezember 1808 publiziert wurde, das Oktoberedikt von 1807 über die Bauernbefreiung, das auf den Entwürfen der beiden ostpreußischen Kantianer Theodor von Schön und Friedrich Leopold von Schrötter basierte, und die Städteordnung vom 19. November 1808, die von Steins Mitarbeiter, dem Königsberger Polizeidirektor Johann Gottfried Frey ausgearbeitet wurde. Steins Staatsratsplan, der die Einführung eines kollegialen Regierungsgremiums an Stelle der alten Kabinettsregierung vorsah, scheiterte. Hardenberg, der schon von April 1807 bis zu seiner Entlassung nach dem Tilsiter Frieden die Stellung eines Premierministers eingenommen hatte, bevorzugte die hierarchisierte und bürokratische Regierungsverfassung nach französischem Vorbild. Er erreichte 1810 seine Ernennung zum Staatskanzler, ein Amt, das er bis 1822 ausübte. Nach der Zwischenregierung des Kabinetts Dohna-Altenstein nahmen die Reformen unter der straffen Leitung Hardenbergs ihren Fortgang. Die Verwaltungsreformen wurden im Hardenbergschen Sinne weitergeführt. Sie waren aufs engste verknüpft mit Verfassungsprojekten, die Hardenberg jedoch nicht durchzusetzen vermochte. Die Agrarreform fand mit den Regulierungsedikten von 1811 und 1816 und der Ablösungsverordnung von 1821 ihren Abschluß. Sie wurde ergänzt durch die Gewerbereform, die mit dem Gewerbesteueredikt vom 2. November 1810 und dem Gewerbepolizeigesetz vom 7. September 1811 die vollständige Gewerbefreiheit herstellte. Das Gewerbesteueredikt leitete zugleich eine umfassende Steuerreform ein, deren Ziel es war,

Überblick über die Reformgesetze

die vielfältigen höchst unübersichtlichen Steuerabgaben durch wenige Hauptsteuern (für Stadt und Land gleichmäßige Verbrauchssteuern, Gewerbesteuern, Stempelsteuern, Vermögenssteuern, Einkommensteuern, Grundsteuern) zu ersetzen. An die Stelle der 1808/12 eingeführten Einkommensteuer, die bereits in Ansätzen die Progression berücksichtigte, trat 1820 die Klassensteuer, die in Preußen bis 1873 die Hauptsteuer blieb. Die Einkommensteuer scheiterte am Widerstand teils der Oberpräsidenten (Schlesien, Pommern), teils der Stände (Kurmark). Auch die Beseitigung der Steuerprivilegien stieß auf die heftigen Proteste des Güteradels und mißlang. Erfolgreich war hingegen die Zollpolitik: Das Zollgesetz von 1818 stellte mit der Aufhebung der Binnenzölle die volle Wirtschaftseinheit des preußischen Staates her. Für die Ausfuhr führte das Gesetz die Zollfreiheit ein, eine Maßnahme, die vor allem den Agrarexport erleichterte. In engem Zusammenhang mit den Wirtschafts- und Gesellschaftsreformen stand die Einleitung der Judenemanzipation. Nicht anders wie in den Rheinbundstaaten erreichten die Juden allerdings nicht sofort ihre völlige rechtliche Gleichstellung, obgleich Wilhelm von Humboldt sehr entschieden für die vollständige Emanzipation eingetreten war. Das Emanzipationsedikt vom 11. März 1812 erlaubte den Juden den Erwerb des Gemeindebürgerrechts, die Ausübung aller Gewerbe und den Kauf von Grundbesitz. Auch zu akademischen Berufen wurden sie zugelassen. Die Staatsämter in Justiz und Verwaltung und die Offiziersstellen hingegen blieben ihnen verschlossen.

Zu den Stein-Hardenbergschen Reformen der Staats-, Wirtschafts- und Sozialverfassung traten jene beiden Reformwerke, die in den Rheinbundstaaten kein Gegenstück von gleichrangiger Bedeutung besaßen: die Militärreform Scharnhorsts und seiner Mitarbeiter, voran Gneisenau und Boyen, und die Bildungsreform Humboldts. Beide Reformen waren aufs engste mit dem Befreiungsmotiv verknüpft. Die Einführung der allgemeinen Wehrpflicht und die Schaffung eines Bürgerheeres dienten unmittelbar der Vorbereitung der Freiheitskriege; die Bildungsreform schuf ihrerseits die Voraussetzung für die geistige Erneuerung und Aktivierung der Gesellschaft.

Welche Lösungen fanden die preußischen Reformer in ihrem Bemühen um Ausgleich zwischen Modernität und Traditionsbindung, zwischen Elementen des Alten und Neuen, zwischen Beharrung und Fortschritt? Auch in Preußen besaßen die Verwaltungsreformen den Vorrang vor der Verfassungsplanung. Stein und Hardenberg dachten beide zunächst nur daran, die Vertreter der reorganisierten Stände an der Verwaltung zu beteiligen. Die Nassauer Denkschrift Steins vom Juni 1807 prägte die Formel von der „Teilnahme an der Verwaltung", Hardenbergs Rigaer Denkschrift plante die „Amalgamierung" beider Bereiche. Man hoffte auf diese Weise, die im Absolutismus erstarrten Verwaltungsstrukturen aufzubrechen, den „Gemeinsinn" zu beleben und die ständischen Sonderinteressen abzuschleifen. Der „Charakter der Nation", so meinte Vincke, Steins Mitarbeiter, solle „durch die Verwaltung gebildet werden". Stein betonte jedoch ausdrücklich, daß er nicht „Repräsentanten", sondern „Deputierte" der Stände zu

Staatliche Administration und Selbstverwaltung

berufen gedenke: „Den Ausdruck Repräsentanten halte ich für ganz unpassend. Es sind ständische Mitglieder der Kollegien“, sie handeln daher „wirklich als Offizianten, nicht als Volksrepräsentanten“. Die Selbstverwaltung in Provinzen, Kreisen und Städten sollte „praktische Kenntnisse“ und „moralische Energien“ nutzbar machen. Ihr Ziel war – mit den klassischen Worten der Nassauer Denkschrift – die „Belebung des Gemeingeistes und Bürgersinns, die Benutzung der schlafenden und falsch geleiteten Kräfte und zerstreut liegenden Kenntnisse, der Einklang zwischen dem Geist der Nation, ihren Ansichten und Bedürfnissen und denen der Staatsbehörden, die Wiederbelebung der Gefühle für Vaterland, Selbständigkeit und Nationalehre“. Steins Vorstellung von der politischen Mitwirkung der Bürger ging noch von der ständischen Gliederung der Gesellschaft aus und nicht von dem modernen Gedanken eines allgemeinen Staatsbürgertums. Deshalb hat es Stein immer abgelehnt, den Bauern oder dem gewerbetreibenden Stadtbürgertum zu gestatten, Männer aus anderen Ständen – „Advokaten, Pamphletisten und Schreiber“ – als Vertreter ihrer Interessen zu wählen. „Das Ideal der Gleichheit aller hatte in seinen Überlegungen ebensowenig Platz wie das Repräsentativsystem, das den einzelnen nicht in eine ständische, sondern in eine persönliche Verantwortung zum Staat stellen wollte“ [694: K. O. v. Aretin]. Der Kompromiß zwischen dem ständischen und repräsentativen Prinzip bestand vor allem darin, daß die Ständegliederung modifiziert und das Wahlrecht erweitert wurde. Die alte ständische Dreigliederung in Adel, Klerus und Stadtpatriziat wich der neuen dreigliedrigen Ständeordnung: Adel, Bürgertum und Bauerntum. Das Wahlrecht sollte allen Eigentümern, auch den freien Bauern, zustehen. Insofern bildete die Bauernbefreiung die Voraussetzung der Ständeneugliederung. Außerdem galten die neuen Axiome der Weisungsfreiheit und Gesamtverantwortung.

Die Städteordnung von 1808

Steins Selbstverwaltungsideal wurde vor allem in der Städteordnung von 1808 verwirklicht. Das Wahlrecht war an einen verhältnismäßig niedrigen Zensus gebunden; die Wahlen erfolgten bezirksweise ohne korporative Bindung; die Stadtverordneten waren Repräsentanten der ganzen Gemeinde und nur ihrem Gewissen unterworfen. Zu den Funktionen der Stadtverordnetenversammlung gehörte die Wahl des Magistrats, einer kollegialisch organisierten Behörde, die ein abhängiges Vollzugsorgan blieb. Die einzelnen städtischen Verwaltungsaufgaben wurden von gewählten Kommissionen wahrgenommen. In die Kompetenz der Selbstverwaltung fielen vor allem die Finanzen. Gerichtsbarkeit und Polizei wurden verstaatlicht. Andererseits glich jedoch das Stadtbürgertum auch weiterhin einer ständischen Korporation. Es lag kaum in der Absicht Steins, im Sinne der individualistischen Freiheit vom Staat eine „staatsfreie“ kommunale Selbstverwaltung zu schaffen. Die ständische Schichtung in Stadtbürger, Schutzverwandte und Eximierte wurde nicht aufgehoben, sondern eher sanktioniert. Das Wahlrecht blieb vom Besitz des Bürgerrechts abhängig, und bürgerrechtspflichtig waren nach wie vor nur die Inhaber von Gewerbebetrieben und Grundeigentum. Der Erwerb des Bürgerrechts wurde zwar auch den übrigen Einwohnern erleichtert, aber da er mit hohen Kosten verbunden war, wurde diese Möglichkeit nur selten wahrgenommen. So standen sowohl die sozialen Unterschichten, d. h. die steigende Zahl von Gesellen, Handlangern, Tagelöhnern, Arbeitern, Hausdienern u. a., als auch die Beamten und Intellektuellen außerhalb der Wählerschaft. Die Gemeinde war noch weit entfernt von einer egalisierten Bürgergesellschaft. Erst die revidierte Städteordnung von 1831 versuchte die Trennung von Bürgergemeinde und Einwohnergemeinde zu überwinden. Sie band allerdings gleichzeitig das Wahlrecht an einen höheren Zensus und verstärkte die Staatsaufsicht und die Stellung des Magistrats gegenüber der Stadtverordnetenversammlung. Trotz der sich verändernden sozialen Verhältnisse lag so die Selbstverwaltung der preußischen Städte bis weit in den Vormärz hinein in den Händen alteingesessener Handwerker und Kaufleute. In den Großstädten lag der Anteil der wahlberechtigten Vollbürger nur bei 6–8% oder, den Familienanhang eingerechnet, bei einem Drittel der Haushalte. Unter den 102 Stadtverordneten von Berlin befanden sich 1809 ein Arzt, zwei Bauinspektoren und drei Polizeibeamte; alle anderen waren Geschäftsleute und Gewerbetreibende. Das Ziel, alle Bürger zu politischer Mitverantwortung zu „erziehen", wurde nur unvollkommen erfüllt. Jedenfalls erscheint es verständlich, daß die rheinischen Liberalen nach 1815 trotz der bürokratischen Bevormundung die für Stadt und Land einheitliche französische Munizipalverfassung beizubehalten wünschten, die keine ständischen Unterschiede, sondern nur gleichberechtigte Bürger kannte.

Problematik der ständischen Repräsentativverfassung

Oberhalb der Gemeindeebene ließ sich die widersprüchliche Konzeption einer ständischen Repräsentativverfassung kaum durchsetzen. „Die Städteordnung war eine Standesreform und weil sie das nur war, hatte sie Erfolg" [663: R. KOSELLECK]. Die Verfassungsprojekte Hardenbergs, die im Abwehrkampf gegen Napoleon aus nationalen, verteidigungs- und finanzpolitischen Motiven dann doch die Bildung einer „Nationalrepräsentation" vorsahen, blieben ständisch orientiert. Es erwies sich jedoch als unmöglich, im Rahmen der ständisch zusammengesetzten Repräsentantenversammlung einen politischen Gesamtwillen zu formen und das finanzielle Engagement aller Bürger herzustellen. Mit Hardenbergs Worten sollte „Ein Nationalgeist, Ein Interesse und Ein Sinn" in der Nationalrepräsentation verkörpert sein. Als jedoch 1811 eine Notabelnversammlung zusammentrat, gerieten die Repräsentanten in das Dilemma, daß sie Ständen entstammten, deren partikulare Interessen sie gleichwohl als Sprecher der Nation nicht mehr vertreten durften. Hardenberg machte die Erfahrung, daß die Majorität als altständische, feudalaristokratische Fronde agierte. Trotzdem wiederholte Hardenberg das Experiment. 1812 berief er eine gewählte interimistische Nationalrepräsentation, die sich aus achtzehn Vertretern des adligen Grundbesitzes, aus zwölf (später vierzehn) Vertretern des städtischen Grundbesitzes und aus neun Vertretern des „Bauernstandes" zusammensetzte. Der erneute Rekurs auf die Stände wurde vor allem von der finanziellen Notlage des Staates diktiert. Über die Hälfte der Kriegskontributionen, die Preußen an Napoleon zu zahlen hatte, basierte auf Krediten des Adels. Ausländische Anleihen waren nur zu erhalten, wenn auch die Stände für die Schuldentilgung hafteten. Nicht von ungefähr wurde das erste Verfassungsversprechen von 1810 in einem Finanzedikt publiziert. Die ständische Opposition war jedoch so heftig, daß ihre Wortführer, Marwitz und Finckenstein, sogar vorübergehend inhaftiert werden mußten. Nach Meinung Reinhart Kosellecks wäre die Schaffung einer Nationalrepräsentation in Preußen gleichbedeutend gewesen mit dem Verzicht auf weitere Reformen, für die eine tragfähige Mehrheit nicht zustandekam. Am Ende der preußischen Reformzeit stand deshalb nur die Restauration der kreis- und provinzialständischen Verfassung, in die sich die Städteordnung bruchlos einfügen ließ. Die Verfassungsversprechen über eine gesamtstaatliche Nationalrepräsentation wurden erst im Revolutionsjahr 1848/49 eingelöst.

Behördenausbau und inneradministrative Konstitutionalisierung

Das Scheitern der Verfassungspläne hing auch mit jener Entwicklung zusammen, die Koselleck treffend mit dem Ausdruck „inneradministrative Konstitutionalisierung" umschrieben hat. Wie der rheinbündische, so zielte auch der preußische Behördenausbau darauf ab, der „Regierungsverwaltung" eine feste Regierungsverfassung zu geben. „Die neue Verfassung bezweckt", wie es im Organisationsgesetz vom 16. Dezember 1808 hieß, „der Geschäftsverwaltung größtmöglichste Einheit, Kraft und Regsamkeit zu geben." Auch die preußische Ministerialverfassung richtete sich nach den neuen, modernen Prinzipien der Ressorttrennung und persönlichen Verantwortung des Beamten für ein bestimmtes Sachgebiet. Das wirre Neben- und Gegeneinander von Provinzial- und Realressorts im 1723 geschaffenen Generaldirektorium, das vielkritisierte Kabinettssystem und die zahlreichen Nebenbehörden mit Immediatstellung verschwanden. Andererseits verurteilte man in Preußen ziemlich einhellig das französische Bürosystem mit strenger Hierarchie bzw. Subordination, das mit dem vielkritisierten „Rheinbundabsolutismus" identifiziert wurde. Die preußischen Reformer entschieden sich für ein gemischtes System. Auch von Hardenberg wurde das altdeutsche Kollegialsystem nicht ganz beseitigt, sondern nur bürokratisch gestrafft. Die Befehlshierarchie, das „bürokratische Kettensystem", wie es Humboldt nannte, wurde mehrfach durchbrochen. Auf der mittleren Verwaltungsebene wurde neben den Provinzialregierungen die zusätzliche Mittelinstanz der Oberpräsidenten geschaffen, die als Sachverwalter der Provinzialinteressen auftraten. In den Kreisen kamen die Landräte, obgleich sie Staatsbeamte waren, auch weiterhin aus dem kreiseingesessenen ritterschaftlichen Adel. Mit dem Gendarmerieedikt vom 30. Juli 1812 versuchte Hardenberg vergeblich, den feudalständischen Landrat durch einen vom König ernannten Kreisdirektor des bürokratischen Typs zu ersetzen. Ebenso hielten sich die lokalen Gutsherrschaftsautokratien der Junker mit den dazugehörigen Rechten der Patrimonialgerichtsbarkeit und der Polizeigewalt. Schließlich erneuerte die Städteordnung mit der kommunalen Selbstverwaltung die städtische Autonomie.

Die preußischen Reformer sahen mit einigem Stolz auf ihre „Verwaltungsfreiheit". Der kollegialen Regierungsverfassung mit gemeinsamer Beratung und gegenseitiger Kontrolle wurde geradezu eine konstitutionelle Funktion zugeschrieben. Niebuhr konnte sogar die Ansicht vertreten, „daß die Freiheit ungleich mehr auf der Verwaltung beruhe als auf der Verfassung". Der von Hardenberg 1817 errichtete Staatsrat zog als Beratungsorgan für die Gesetzgebung auch legislative Kompetenzen an sich, die – der ursprünglichen Verfassungsplanung nach – der Nationalrepräsentation zugedacht waren: Die Repräsentantenversammlung wurde durch eine Art Beamtenparlament ersetzt. Der Griff nach den legislativen Kompetenzen spiegelt zu einem Teil das Selbstverständnis der Beamtenschaft wider, die – zumal nach den Auseinandersetzungen mit der Adelsfronde – für sich in Anspruch nahm, die Interessen der Allgemeinheit zu vertreten. Außerdem steigerte sich mit dem Hinauszögern einer Konstitution der Selbstbehauptungswille der Bürokratie, die ihre eigenen Herrschaftspositionen verteidigte. Ausschlaggebend war jedoch auch, daß die administrative Integration als notwendiges Korrelat der Repräsentativverfassung mißlang. Es war nur folgerichtig, daß Hardenberg genau zu dem Zeitpunkt, als er die Einberufung der Repräsentanten plante, daran ging, ein Staatskanzleramt zu schaffen und das Verwaltungssystem bis in die Kreise hinunter zu bürokratisieren. Die Nationalrepräsentation scheiterte „nicht zuletzt deshalb, weil Hardenberg die Verwaltungsbehörden nicht hinreichend bürokratisieren konnte, damit den Ständen legislative oder wenigstens konsultative Aufgaben hätten delegiert werden können" [663: R. Koselleck]. Gerade auch vor dem Hintergrund der preußischen Entwicklung wird es erklärbar, warum in den Rheinbundstaaten die beiden extremsten Verfechter der Staatssouveränität – Montgelas in Bayern und Reitzenstein in Baden – zugleich Anhänger des Repräsentativgedankens waren, auch wenn sie dessen Verwirklichung zunächst skeptisch beurteilten. Souveränität und Repräsentation waren Begriffe, die – dem französischen Staatsdenken gemäß – zusammengehörten. Andernfalls drohte die Gefahr, die sich im Preußen der Restaurationszeit weit mehr abzeichnete als in den konstitutionellen süddeutschen Staaten, nämlich, daß der technisch verbesserte und modernisierte Verwaltungs- und Regierungsapparat nur ein perfekteres Instrument schuf, um die traditionellen alten Herrschaftsinteressen durchzusetzen.

Administration und Repräsentation

Der Rückstand in der Verfassungsentwicklung wurde allerdings dadurch aufgewogen, daß Preußen bei der Durchsetzung der Sozial- und Wirtschaftsreformen weit erfolgreicher abschnitt als die Rheinbundstaaten. Der unmittelbare Anlaß der Reform war – hier wie dort – im Druck des finanziellen Notstandes begründet. Auch in Preußen war die wirtschaftlich freie Gesellschaft vor allem dazu bestimmt, die hohen Kriegs-, Besatzungs- und Kontributionskosten (120 Millionen Francs!) aufzubringen. Bauernbefreiung, Eigentumsbildung und Gewerbefreiheit sollten durch den Ansporn der „freien Konkurrenz" den „Kredit des Grundbesitzers" und den „Wert der Arbeit" steigern. Zweck des Oktoberediktes von 1807 war es, „alles zu entfernen, was den Einzelnen bisher hinderte, den Wohlstand zu erlangen, den er nach dem Maß seiner Kräfte zu erreichen fähig war". Die preußischen Reformer standen dem Wirtschaftsliberalismus und Adam Smith, dessen Lehre auf der Königsberger Universität rezipiert und mehreren Reformbeamten, darunter Theodor von Schön, vermittelt worden war, sehr viel

Liberale Wirtschaftspolitik

näher als die rheinbündischen Reformer. Dennoch war wohl auch die preußische Wirtschaftspolitik kaum von Anfang an auf die Förderung der Industrialisierung angelegt. Die Mitarbeiter Steins und Hardenbergs hatten die rückständigen Zustände der ostelbischen Provinzen vor Augen, als sie ihre Reformmaßnahmen planten: hochverschuldete Rittergüter, Überspekulation mit landwirtschaftlichen Gütern, Verfall der Agrarpreise durch die guten Ernten von 1806 und 1807, Behinderungen des Agrarexports durch die Ausfuhrsperren, ein innerer Markt, der die überschüssigen Agrargüter wegen der elenden Lage der Bauern und Handwerker nicht aufnehmen konnte. „Vom Oktoberedikt (1807) und dem Regulierungs- und Landeskulturedikt (1811) bis zum Zollgesetz (1818) und zur Ablösungsverordnung (1821) stand die Ankurbelung und Rationalisierung der Landwirtschaft und anderer Erwerbsmöglichkeiten auf dem platten Lande an erster Stelle der Bemühungen, weil hier das Fundament des preußischen Nationalwohlstands gesehen wurde. Mit Hilfe der Gewerbefreiheit wurden die wirtschaftlichen Möglichkeiten des platten Landes durch landwirtschaftliche Nebenbetriebe, durch Ausbreitung des ländlichen Handwerks, durch zusätzliche Erwerbsquellen für die arme Landbevölkerung vergrößert. Deshalb wurde am Prinzip der Gewerbefreiheit auch gegen den unaufhörlichen Protest der städtischen Gewerbetreibenden festgehalten" [688: B. VOGEL]. Die Wirtschaftsreform war in erster Linie eine Agrarreform. Auch die Freigabe der Gewerbe diente nicht vorrangig der Gewerbeentwicklung, sondern der Aufhebung der Schranken zwischen Stadt und Land und der Vermehrung der Nahrungsstellen für die ländliche Bevölkerung. Das Zollgesetz von 1818 benachteiligte eher die städtischen Gewerbetreibenden, die sich – vor allem im ehemals französischen Rheinland – das Schutzzollsystem zurückwünschten. Es verfolgte zunächst einmal die Absicht, den Agrarexport zu sichern und den ländlichen Markt mit billigen Gewerbeprodukten zu versorgen.

Bauernbefreiung: Oktoberedikt von 1807

Am Beginn der Reformmaßnahmen stand das Oktoberedikt von 1807 „den erleichterten Besitz und den freien Gebrauch des Grundeigentums sowie die persönlichen Verhältnisse der Land-Bewohner betreffend". Das Oktoberedikt hob die ständischen Berufsschranken auf, beseitigte die Erbuntertänigkeit der Bauern und gab den Güterverkehr frei. In die Eigentumsverhältnisse griff das Oktoberedikt noch nicht ein. Es schuf zunächst nur die persönliche Freiheit und Freizügigkeit der Bauern durch die entschädigungslose Abschaffung der Loskaufs- bzw. Abzugsgelder und der Gesindezwangsdienste, laut § 12: „Mit dem Martini-Tage Eintausend Achthundert und Zehn (1810) hört alle Gutsuntertänigkeit in Unsern sämtlichen Staaten auf. Nach dem Martini-Tage 1810 gibt es nur freie Leute; so wie solches auf den Domänen in all Unsern Provinzen schon der Fall ist . . ." In engem Zusammenhang damit stand die Freigabe der Berufswahl: „Jeder Edelmann ist, ohne allen Nachteil seines Standes, befugt, bürgerliche Gewerbe zu treiben; und jeder Bürger oder Bauer ist berechtigt, aus dem Bauer- in den Bürger- und aus dem Bürger- in den Bauernstand zu treten." Damit war ein freier Berufs- und Arbeitsmarkt geschaffen. Der Schuster blieb nicht mehr unter

Zwang bei seinem Leisten, der Bauernsohn konnte in die Stadt abwandern und ein Handwerk erlernen, dem Stadtbürger war es freigestellt, ein Landgut zu erwerben, der Adlige war nicht mehr allein auf standesgemäße Berufe angewiesen. Mit der Freigabe des Güterverkehrs erhielt jeder Bürger die Erlaubnis, ein Rittergut zu kaufen. Zwar waren auch zuvor schon Adelsgüter mit königlicher Genehmigung in bürgerliche Hände übergegangen, jedoch ohne die Vorrechte und Privilegien, die für den Adel mit dem Besitz eines Rittergutes verbunden waren (Steuerfreiheiten, Patrimonialgerichtsbarkeit, Polizeigewalt, Standschaft in den Kreis- und Provinzialvertretungen). Wenn auch das Privilegienwesen – anders als in den Rheinbundstaaten – bestehen blieb, so war es doch nicht mehr allein dem Adel vorbehalten, in den Genuß solcher Privilegien zu gelangen. Der adlige Erbstand verwandelte sich in eine Bodenaristokratie beliebig übertragbaren Grundeigentums. So entstand eine mobile Wirtschaftsklasse von Gutsunternehmern.

Die Aufhebung der Erbuntertänigkeit und die Herstellung der freien Konkurrenz auf dem Gütermarkt brachten allerdings den Bauern auch erhebliche Nachteile ein. Da alle Grundstücke beweglich wurden, entfiel das Verbot des Bauernlegens, d. h. das Verbot, das Bauernland zum Gutsbesitz einzuziehen. Mit der Schollengebundenheit verschwand zugleich der Bauernschutz, z. B. der Anspruch auf Unterkunft und Unterhalt bei Invalidität und im Alter sowie auf Hilfeleistungen des Gutsherrn, besonders bei Saat und Ernte. Der adlige Gutsherr konnte seine Fürsorgepflichten abstoßen und bei ungehindertem Wettbewerb sein Grundeigentum auf Kosten des Bauernlandes erweitern.

Agrarreformen Hardenbergs

Die Allodifikation der gutszugehörigen Bauernstellen, die im Oktoberedikt noch ausstand und erst mit den Reformgesetzen Hardenbergs (Regulierungsedikt und Landeskulturedikt, beide vom 14. September 1811) eingeleitet wurde, hat diese negativen Folgen der Bauernbefreiung noch verschärft. Die entschädigungspflichtigen Bauern mußten je nach Besitzrecht die Hälfte oder ein Drittel des Bauernlandes abtreten, eine „Regulierung", die in der Deklaration von 1816 mit Rücksicht auf die wirtschaftliche Leistungsfähigkeit der Betriebe auf die „spannfähigen" Güter eingeschränkt wurde. Die kleineren Höfe, die mit dem vom Gutsherrn entliehenen Vieh bewirtschaftet wurden, blieben also von der Allodifikation ausgeschlossen. Die Fron- und Naturaldienste der Bauern wurden in Dienstgelder umgerechnet und zum fünfundzwanzigfachen Betrag, zahlbar in Raten, ablösbar gemacht. Die Zwangsgesindedienste, Schutzgelder zum Auswärtsdienen, Heiratserlaubnisgebühren und andere mit der Erbuntertänigkeit verbundene Abgaben erloschen entschädigungslos. Die Ablösungsverordnung von 1821 lehnte sich an die Gesetzgebung der Rheinbundstaaten an und regelte die Ablösung des grundherrschaftlichen Obereigentums und der Dienste für die Bauern „mit besserem Besitzrecht" (Nutzeigentümer, Erbzinsleute, Erbpächter). Sie betraf etwa vierzig Prozent der Bauern, die nicht der Gutsherrschaft, sondern der Grundherrschaft unterstanden. In den Territorien, die auf dem Wiener Kongreß an Preußen zurückfielen oder neu hinzukamen, übernahm Preußen die dort in der Rheinbundzeit eingeführte Gesetzgebung.

Die Entschädigung durch Landabtretung – im Gegensatz zu dem langwierigen Verfahren der Geldentschädigung – erleichterte und beschleunigte die Eigentumsverleihung. Aber sie brachte zugleich erhebliche Rückschläge im bäuerlichen Besitzstand mit sich. Die rund 12 000 Rittergüter erhielten etwa anderthalb Millionen Morgen Entschädigungsland, dazu noch den Großteil der aufgeteilten Gemeingründe, von denen nur 14% den Bauern zufielen. Außerdem verloren viele Bauern ihr Land im freien Güterverkehr. Nach Schätzungen wurden bis 1860 in den östlichen Provinzen Preußens rund vier Millionen Morgen Bauernland zu den Rittergütern geschlagen. Durch die Gemeinheitsaufteilung und die Kultivierung des bisher ungenutzten Ackerbodens, der 1815 ca. zwei Fünftel der Fläche ausmachte, konnten zwar die Landverluste einigermaßen aufgewogen werden, aber doch nur um den Preis, daß die Bauern auf die schlechteren Böden abgedrängt wurden. Die preußische im Gegensatz zur rheinbündischen Agrarreform gelang, weil sie auch und vielleicht sogar in erster Linie im Interesse des Güteradels lag. Die wirtschaftliche Erfolgsbilanz war bemerkenswert: Die landwirtschaftliche Nutzfläche wuchs bis 1848 von 7,3 Millionen auf 12,46 Millionen Hektar, die landwirtschaftliche Produktion erhöhte sich um etwa vierzig Prozent.

Wandel der ländlichen Sozialverfassung

Die Agrarreform hatte eine soziale Umschichtung der ostelbischen Landbevölkerung zur Folge. Die Vergrößerung des Gutslandes ermöglichte bis 1867 eine Vermehrung der Rittergutsfamilien aufs Doppelte bis Dreifache. Die Zahl der Bauernhöfe blieb durch den Landesausbau konstant. Hinzu kam eine neu entstehende bäuerliche Unterschicht, die vor der Reform kaum ins Gewicht gefallen war: die auf dem Gutsland beschäftigte Landarbeiterschaft (Instleute, Gesinde, Tagelöhner), die auf das Zweieinhalbfache anwuchs, und die Kleinbauernschaft der Kätner, die sich um das Drei- bis Vierfache vermehrte. Die Kätner waren nachgeborene Bauernsöhne, die früher Soldaten geworden waren. Jetzt, nach der Einführung der allgemeinen Wehrpflicht, kehrten sie nach der dreijährigen Dienstzeit ins Dorf zurück, heirateten und erwarben ein kleines Stück Land, das seit der verbesserten Bodenleistung und durch erhöhten Arbeitsaufwand die Grundnahrung für die Familie gerade bieten konnte. Sonstiger Bedarf wurde aus handwerklichem Nebenerwerb befriedigt. An die Stelle des alten Gutsverbandes trat so das neue Dorf der Gutsbesitzer adliger und bürgerlicher Herkunft, der Hofbauern, die sich großenteils auf den Grenzböden ansiedelten, der Eigenkätner und Dorfhandwerker auf Kleinststellen, die gerade die Nahrung der Familie sicherten, und der vom Bodenbesitz ausgeschlossenen Landarbeiter und Gutstagelöhner. Die Hauptgewinner der Reform waren die Großgrundbesitzer – „einer der tragischen Ironien der deutschen Verfassungsgeschichte. Es offenbart sich hier die innere Antinomie des bürgerlichen Liberalismus, der die Freiheit des Individuums und seines Eigentums schuf und zugleich vermöge der Eigengesetzlichkeit der Eigentumsfreiheit die Akkumulation der Eigentumsmacht in der Hand weniger Einzelner auslöste" [348: E. R. Huber].

Soziale Folgen der Gewerbefreiheit

Wie die Agrarreform so hat auch die Gewerbereform einen Raum eröffnet, in dem sich neue Energien entfalten konnten. Die Gewerbefreiheit schuf die Voraussetzung für den wirtschaftlichen Aufstieg und die spätere Industrialisierung Preußens. Gleichzeitig verschärften sich jedoch auch im gewerblichen Bereich die gesellschaftlichen Spannungen. Die Gewerbefreiheit wurde nach den Befreiungskriegen für die elende Lage vieler Städte und Gewerbezweige verantwortlich gemacht. Die Handwerker vermehrten sich rascher als die übrige Bevölkerung. Ihre Zahl verdoppelte sich zwischen 1816 und 1846. In den unteren Rängen des gewerblichen Mittelstandes bildete sich die Grenzschicht der „kleinen Meister". Bis etwa 1830 nahm die Zahl der Meister schneller zu als die der Gesellen; es entstanden zahllose Einmannbetriebe. Ab etwa 1840 holten die Gesellen auf. Die Zahl der Gesellen pro hundert Meister betrug in Berlin 1776: 94; 1801: 103; 1846: 180. Die Gewerbetätigkeit nahm zwar zu, aber gleichzeitig vermehrte sich auch die Zahl der Gesellen, die nicht mehr in Meisterstellen aufsteigen konnten. Die Auswirkungen der Gewerbefreiheit trugen neben anderen Faktoren (chronische Depressionen, technische Modernisierung, Bevölkerungsvermehrung, Landflucht) dazu bei, daß viele Gewerbetreibende, insbesondere in den vier Grundhandwerken – Schneiderei, Schuhmacherei, Tischlerei, Weberei –, immer stärker durch die Überbesetzung ihrer Handwerke bedrängt wurden. 1840/41 beklagte sich die Berliner Stadtverordnetenversammlung über die uneingeschränkte Gewerbefreiheit; sie gab an, daß Tausende von Familien ins Elend gestürzt und allein in der zweiten Hälfte des Jahres 1839 fünfhundert Handwerksfallite in Berlin registriert worden seien. Die Krise des Handwerks gehört ebenso wie die Notlage der bäuerlichen Unterschicht zu den sozialen Voraussetzungen der Revolution von 1848/49. „Die preußische Beamtenschaft hatte bewußt für Adam Smith gegen Napoleon optiert, um den einen durch den anderen zu vertreiben . . . Sie entfesselte eine gesellschaftliche Bewegung, die sich langsam ihrer Steuerung entzog, und die ihr schließlich entglitt, sobald die soziale Frage zur Verfassungsfrage aufrückte" [663: R. KOSELLECK].

Diskrepanz von politischer und wirtschaftlicher Verfassung

Was 1848/49 geschah, trug auch und nicht zuletzt den Charakter eines Aufstandes der „Länder des rheinischen Rechts" gegen den preußischen Obrigkeitsstaat. In Preußen mündete die bürokratische Reform in ein System politischer Reaktion. Zwischen der altständischen Opposition auf der einen und der bürgerlichen Opposition auf der anderen Seite, die beide – jedoch in auseinanderstrebenden Richtungen – die Einlösung der königlichen Verfassungsversprechen verlangten, geriet die Regierung in eine Zwangslage. Die Wirtschaftsreform trug so auf ihre Weise dazu bei, die Ausbildung einer repräsentativen Verfassung zu verhindern. Umgekehrt stand die wirtschaftliche Emanzipation in den süddeutschen Staaten noch aus, während sich hier der Konstitutionalismus durchsetzte. Im Vormärz wurden die ehemaligen Rheinbundstaaten und die „Länder des rheinischen Rechts" zu den Hochburgen des politischen Liberalismus, Preußen hingegen zu dem Staat, in dem die unabhängige Wirtschaftsgesellschaft am weitesten gediehen war. Die unterschiedliche Entwicklung in Reformpreußen und in den Rheinbundstaaten unter dem Einfluß des napoleonischen Frankreich bewirkte so das Auseinandertreten von politischer und wirtschaftlicher Verfassung. Die Vorgeschichte der Revolution von 1848/49 ist auch geprägt durch den Gegensatz zwischen einem sozialökonomisch-liberalen und politisch obrigkeitsstaatlich strukturierten Preußen und den sozialökonomisch-konservativen und politisch konstitutionellen süddeutschen Staaten.

Bildungsreform und Neuhumanismus

Die Bildungsreform und die Heeresreform prägten auf ihre Weise die preußische Sonderentwicklung. Der Bildungspolitik fiel in Preußen eine der wichtigsten Aufgaben des gesamten Reformwerks zu. Alle anderen Reformen, die der Verwaltung und Verfassung, der Wirtschaft und des Heeres, setzten einen neuen Bürger voraus, der bereit und fähig war, selbstverantwortlich zu handeln. Die Erfahrung, die immer wieder mit den ständischen Sonderinteressen zusammenstieß, lehrte, daß die Nation zuerst einmal „gebildet" und „erzogen" werden müsse, um den „Gemeinsinn" zu beleben und die Selbsttätigkeit der Gesellschaft zu entfalten. Anders als die Verfassungsreform, die noch von der ständischen Gliederung der Gesellschaft ausging, richtete sich die Bildungsreform von vornherein gegen jede Standes- und Berufserziehung, wie sie bisher auf den Ritterakademien des Adels, in den Kadettenanstalten der Armee und den städtischen Berufsschulen üblich gewesen war. Die Grundkonzeption Humboldts, den Stein 1808 für die Leitung der Sektion Kultus und Unterricht im preußischen Innenministerium vorschlug, beruhte auf dem neuhumanistischen Ideal einer zweckfreien „allgemeinen" Bildung. Die Erziehung sollte nicht mehr nur im Sinne der utilitaristischen Pädagogik der Aufklärung Sachkenntnisse und „brauchbares Wissen fürs wirkliche Leben" (Basedow) vermitteln, sondern die Selbstentfaltung der geistigen Kräfte anregen, insbesondere durch die Beschäftigung mit dem klassischen Altertum und seinen Sprachen. Humboldt verknüpfte die Kulturpolitik des Staates mit dem Gedanken der „allgemeinen Menschenbildung" und der harmonischen, allseitig gebildeten Persönlichkeit: „Alle Schulen, deren sich nicht ein einzelner Stand, sondern die ganze Nation oder der Staat für diese annimmt, müssen eine allgemeine Menschenbildung bezwecken. Was das Bedürfnis des Lebens oder eines einzelnen seiner Gewerbe erheischt, muß abgesondert und nach vollendetem allgemeinem Unterricht erworben werden. Wird beides vermischt, so wird die Bildung unrein, und man erhält weder vollständige Menschen noch vollständige Bürger einzelner Klassen." Die „allgemeine" Bildung war nicht mehr unmittelbar – wie seinerzeit unter dem Aufgeklärten Absolutismus – auf den Staatszweck bezogen. Sie könne nur, schrieb Humboldt, „aus der Tiefe des Geistes", d. h. aus der Freiheit wachsen. Dem Staat – und gemeint war der Reformstaat – kam die Aufgabe zu, die Erziehung des Menschen allein um des Menschen selbst willen zu fördern: „Denn nur die Wissenschaft, die aus dem Innern stammt und ins Innere gepflanzt werden kann, bildet auch den Charakter um, und dem Staat ist's ebenso wie der Menschheit nicht um Wissen und Reden, sondern um Charakter und Handeln zu tun."

Nationalerziehung

Dieses oberste Ziel, die Verwirklichung einer Menschheitsidee, schloß freilich die Erwartung nicht aus, daß die zweckfreie Bildung von sich aus die Hingabe an Staat und Nation erwecken werde. Insofern war die Bildungsreform von dem neu entstehenden Nationalgedanken beeinflußt. Direkter und weit weniger differenziert als bei Humboldt wurde die Erziehung zum Menschentum in Fichtes „Reden an die deutsche Nation" mit der „Nationalerziehung" gleichgesetzt. „Der vernunftgemäße Staat", hieß es in der sechsten Rede, „läßt sich nicht durch künstliche Vorkehrungen aus jedem vorhandenen Stoffe aufbauen, sondern die Nation muß zu demselben erst gebildet und herauferzogen werden. Nur diejenige Nation, welche zuvörderst die Aufgabe der Erziehung zum vollkommenen Menschen durch die wirkliche Ausübung gelöst haben wird, wird sodann auch jene des vollkommenen Staates lösen." Der Staat erhält bei Fichte als „Vormund der Unmündigen das vollkommene Recht, die letzteren zu ihrem Heil auch zu zwingen". Die allgemeine Wehrpflicht fand so ihre Parallele im allgemeinen Schulzwang.

Schulreform

Die Gesetzgebung schuf die „staatliche Einheitsschule" in der Dreigliederung von Elementarschule, Gymnasium und Universität anstelle des bisherigen Nebeneinander von kirchlichen, privaten, gemeindlich-städtischen, korporativen und staatlichen Bildungsanstalten. Das Unterrichtswesen stand fortab durchgängig unter staatlicher Aufsicht, die vor allem das Prüfungswesen vorschrieb. Die schon seit 1717 formal geltende allgemeine Schulpflicht wurde nun streng durchgesetzt. Die Voraussetzung hierfür lag in der ausreichenden Besoldung und vor allem in der verbesserten Ausbildung der Lehrer in den neu eingerichteten Lehrerseminaren. Die Anstellung der Lehrer ging unter Zurückdrängung kirchlichen Einflusses und älterer Patronatsrechte auf gemeindliche Schulbehörden über. Die Schulinspektion lag weiterhin bei den Geistlichen. Bis 1820 wurden in Preußen 17 623 Dorfschulen mit 18 140 Lehrern und 2462 städtische Elementarschulen mit 3745 Lehrern geschaffen. Für die höhere Schulbildung entstand der neue Schultyp des humanistischen Gymnasiums, dessen Unterrichtsgang nach festgelegten Lehrplänen mit der Reifeprüfung abschloß, die den Zugang zur Universität eröffnete. Es gelang allerdings nicht, die standes- und praxisorientierte Berufsausbildung ganz zu unterdrücken. Die Kadettenanstalten konnten nicht beseitigt werden. Neben das Gymnasium trat die Realschule, deren Absolventen jedoch nicht zum Universitätsstudium zugelassen waren.

Universitätsreform

Die Universitätsreform, die einige Vorbilder auch in den Rheinbundstaaten besaß – so vor allem die Reform der Universität Heidelberg durch Reitzenstein –, bildete den krönenden Abschluß der Schulreform. Sie konzentrierte sich vor allem auf die Neugründung der Universität Berlin unter dem Rektorat Fichtes. Nach dem Grundsatz der Freiheit von Forschung und Lehre sollte hier das Ideal der voraussetzungslosen Wissenschaft verwirklicht werden – mit den klassischen Worten Humboldts: „Nicht darauf ist zu sehen, daß dieses oder jenes gelernt werde, sondern in dem Lernen muß das Gedächtnis geübt, der Verstand geschärft, das Urteil berichtigt, das sittliche Gefühl verfeinert werden. Nur so wird die Geschicklichkeit, die Freiheit, die Kraft erreicht werden, die nötig sind, um jeden Beruf aus freier Neigung und um seiner selbst willen – und nicht um das Leben damit zu fristen – zu ergreifen." Das Prinzip der Einheit von Forschung und Lehre im akademischen Amt, und zwar so, daß die Forschung als das Primäre galt, diente dem Ziel, auch die Studenten durch Teilnahme an den Forschungsarbeiten des Lehrers zu selbständigem Denken und Forschen anzuregen. Die wissenschaftliche Befähigung wurde zum Bildungsideal der Universitäten. Gleichzeitig gab die „civitas academica", die Gemeinschaft der Lehrenden und Lernenden, das Vorbild ab für die erstrebte nationale Gemeinschaft.

Viele dieser Grundsätze haben bis in die jüngste Zeit das Bildungswesen geprägt: das Ideal der universalen Bildung, die Entfaltung individueller Fähigkeiten statt bloßer Wissensvermittlung, die Autonomie von Erziehung und Wissenschaft, die Freiheit und Einheit von Forschung und Lehre. Die kritischen Einwände sind bekannt: Wissenschaft wird selten um ihrer selbst willen betrieben, und schon Humboldt beklagte sich über die Professoren als der „unbändigsten und am schwersten zu befriedigenden Menschenklasse". Das hochgesteckte philologische und literarische Bildungsziel und die an Bildungsnachweise gebundene Laufbahnreglementierung wirkten sozial abschließend gegenüber den unteren Klassen. So wurde das Gymnasium „mehr eine die Schichtung der Gesellschaft bewahrende und stabilisierende Institution" [655: K.-E. Jeismann]. Die Intellektualisierung der Bildung förderte die Einseitigkeit des bloß Theoretischen, das Spezialistentum und die Entfremdung vom Berufsleben: „Die Verengerung von Bildung und Leben vollzog sich in Deutschland erbarmungsloser als jemals in Frankreich oder England, wo die Gefahr, daß den Universitätslehrern der Überblick über das Ganze ihres Faches und überhaupt des Lebens entschwand, niemals so groß werden konnte" [355: F. Schnabel]. Schon die preußischen Bildungsreformer machten die Erfahrung, daß die Freiheit eben doch ihre Grenzen am staatlichen Interesse fand. Die Freiheitskriege brachten nicht die nationale Wiedergeburt, wie sie sich Fichte vorgestellt hatte, sondern die Festigung obrigkeitsstaatlicher Macht. Der Krieg entfesselte nationale Emotionen und Aggressionen, die in krassem Widerspruch standen zu den humanitären Zielen der „Nationalerziehung".

Soziale Folgen der Bildungsreform

Zielvorstellungen der Heeresreformer

In stärkerem Maße noch als die Bildungsreform liefert die Heeresreform ein Beispiel für die Paradoxien der geschichtlichen Entwicklung, die für die preußischen Reformer nicht vorhersehbar waren. Scharnhorst und seine Mitarbeiter waren zugleich Anhänger der Bildungsreform. Die von Scharnhorst 1810 gegründete Kriegsakademie, deren Leitung sein Schüler Carl von Clausewitz, der Verfasser der „Theorie vom Kriege", übernahm, sollte nicht mehr nur militärischfachliche Kenntnisse vermitteln, sondern die Allgemeinbildung der Offiziersanwärter fördern. In der „Absonderung der bürgerlichen, der gebildeten Klasse vom Militär" sah Scharnhorst die eigentliche Ursache der preußischen Niederlage von 1806. Das Heer galt zugleich als Schule der Nation. Seine Neugestaltung beschränkte sich deshalb nicht auf technische und organisatorische Verbesserungen. Die wichtigste Aufgabe der Heeresreformer bestand vielmehr darin, das überkommene Söldnerheer, das sich bisher aus geworbenen Ausländern und zwangsweise rekrutierten bäuerlichen Untertanen zusammensetzte und nur durch harten militärischen Drill und barbarische Strafen diszipliniert werden konnte, in ein Bürgerheer nach französischem Vorbild umzuwandeln, in dem der Wehrdienst nicht mehr als verhaßter Zwang, sondern als patriotische Verpflichtung des selbstverantwortlichen Staatsbürgers empfunden werden sollte. „Man muß", so forderte Scharnhorst, „der Nation das Gefühl der Selbständigkeit einflößen." „Es scheint bei der jetzigen Lage der Dinge darauf anzukommen, daß die Nation mit der Regierung aufs Innigste vereinigt werde, daß die Regierung gleichsam mit der Nation ein Bündnis schließt, welches Zutrauen und Liebe zur Verfassung erzeugt und ihr eine unabhängige Lage wert macht. Dieser Geist kann nicht ohne einige Freiheit . . . stattfinden. Wer diese Gefühle nicht genießt, kann auf sie keinen Wert legen und sich nicht für sie aufopfern." So entwickelte Scharnhorst den Gedanken der allgemeinen Wehrpflicht. Alle Bürger ohne Ausnahme sollten eine Zeitlang im stehenden Heer, der sog. Linie, dienen. Neben die Linie trat als zweite selbständige Formation die Landwehr, die sich aus älteren Reservisten und ungedienten Männern bis zum 40. Lebensjahr zusammensetzte. Sie sollte, wie es Boyen formulierte, „ein Stück bürgerlichen Lebens" in der Armee darstellen. Trotz des Widerstandes Hardenbergs entschied sich Scharnhorst gegen das napoleonisch-rheinbündische Konskriptionssystem, bei dem sich die Besitzbürger durch eine Geldabgabe vom Wehrdienst freikaufen konnten. Eine solche Maßnahme erschien ihm unvereinbar mit dem Ziel, das Heer in die Nation zu integrieren.

Allgemeine Wehrpflicht und Landwehr

Die allgemeine Wehrpflicht konnte wegen der einengenden Bestimmungen des Pariser Vertrages von 1808, der die preußische Heeresstärke auf 42 000 Mann festlegte, erst 1813/14 eingeführt werden. Bis dahin bot das sog. Krümpersystem ein Aushilfsmittel: Die Soldaten wurden vor Beendigung ihrer Dienstzeit „beurlaubt" und durch neu einberufene Rekruten ersetzt, so daß für den Kriegsfall eine zahlenmäßig relativ starke Reservearmee bereitstand. Außerdem wurden seit Februar 1813 Freiwilligenverbände aufgestellt. Mit der Landsturm-Ordnung vom 21. April 1813 propagierten die Volkskriegsstrategen schließlich die nationale Insurrektion im Volksaufstand gegen die „Fremdherrschaft".

Krümpersystem

Das Volksaufgebot, die Landwehr und die Einführung der allgemeinen Wehrpflicht stießen jedoch auch in den konservativen Kreisen Preußens auf erhebliche Bedenken. „Eine Nation bewaffnen", so warnte eine anonyme Denkschrift, die im Polizeiministerium zirkulierte, „heißt den Widerstand und Aufruhr organisieren und erleichtern." Nicht jeder wagte wie Gneisenau, der in Armeekreisen als ausgemachter Jakobiner galt, den „Griff ins Zeughaus der Revolution".

Wie die allgemeine Wehrpflicht, so erschütterte das zweite Kernstück der Heeresreform, die Abschaffung des Adelsmonopols für die Offiziersstellen, die wichtigste feudalständische Institution des friderizianischen Preußen. Die gesellschaftliche Erweiterung des Offiziersstandes lag in der Konsequenz der neuen Vorstellung von der Nation, die vor allem mit den gehobenen bürgerlichen Schichten identifiziert wurde. Die Auslese der Offiziere sollte sich fortab nach dem bürgerlichen Bildungs- und Leistungsprinzip richten. „Einen Anspruch auf

Abschaffung des Adelsmonopols für Offiziersstellen

Offiziersstellen", so hieß es in einem der ersten Berichte der Militärreorganisationskommission, „sollen von nun an in Friedenszeiten nur Kenntnisse und Bildung gewähren, in Kriegszeiten ausgezeichnete Tapferkeit und Überblick. Aus der ganzen Nation können daher alle Individuen, die diese Eigenschaften besitzen, auf die höchsten Ehrenstellen im Militär Anspruch machen. Aller bisher stattgehabte Vorzug des Standes hört beim Militär ganz auf und jeder ohne Rücksicht auf seine Herkunft hat gleiche Pflichten und gleiche Rechte."

Die Heeresreformer waren sich im klaren darüber, daß die Durchsetzung dieser Prinzipien von dem Erfolg der Verfassungsreform abhing. Die Demokratisierung der Armee setzte die Demokratisierung von Staat und Gesellschaft voraus.

Heeresreform, Verfassungsreform, Bildungsreform

Innerhalb der preußischen Reformpartei traten deshalb die Heeresreformer mit Entschiedenheit für eine Konstitution ein, die sich am bürgerlichen Verfassungsdenken orientierte, dies auch im Hinblick auf die Rückgewinnung der Rheinbundstaaten. „Die Notwendigkeit", schrieb Gneisenau 1814 an Arndt, „Preußen bald, sogleich eine Konstitution zu geben, habe ich mündlich und schriftlich dargetan und dazu angetrieben. Sogar Motive, die nur der Staatskunst angehören, gebieten dies. Es gibt kein festeres Band, um die Einwohner der zu erwerbenden Länder an unsere älteren zu knüpfen, als eine gute Konstitution. Überdies müssen wir damit die Meinung in Deutschland für uns gewinnen. So etwas erwirbt uns den Primat über die Geister. Der dreifache Primat der Waffen, der Konstitution, der Wissenschaften ist es allein, der uns aufrecht zwischen den mächtigsten Nachbarn erhalten kann." Die einprägsame Formel vom dreifachen Primat „der Waffen, der Konstitution, der Wissenschaften" verwies zugleich noch einmal auf den unauflöslichen inneren Zusammenhang von Heeresreform, Verfassungsreform und Bildungsreform.

In der Folgezeit wurde dieses Programm nur sehr unvollkommen und partiell verwirklicht. Die Einführung der allgemeinen Wehrpflicht begründete die militärische Überlegenheit Preußens. Die Kriegserfolge von 1813, 1864, 1866 und 1870 sind ohne das Werk Scharnhorsts kaum denkbar.

Gesellschaftlicher Militarismus

Aber die Steigerung der Macht konnte auch von den Gegnern der Reform ausgenutzt werden, die den bildungs- und verfassungspolitischen Gehalt der Heeresreform ablehnten. Die Einbeziehung des besitzenden und gebildeten Bürgertums in das Heer führte nicht zur Demokratisierung der Armee, sondern eher zur Feudalisierung des Bürgertums, das gemeinsam mit dem Adel eine neue offiziersfähige und von der übrigen Gesellschaft abgesonderte Führungsschicht bildete. So wurde der gesellschaftliche Militarismus zu einem Kennzeichen der preußisch-deutschen Geschichte. „Das, was man den ‚preußischen Militarismus' zu nennen pflegt, beruhte im 19. Jahrhundert, der verfassungsgeschichtlichen Wurzel nach, nicht auf einem Sieg des militärischen Geistes über den zivilen Geist, sondern umgekehrt: auf einem Sieg der im zivilen Sektor erfolgreichen Restauration über die im militärischen Sektor vollzogene Reform" [348: E. R. Huber].

Freiheitskriege

Die restaurative Entwicklung zeichnete sich schon während der Freiheitskriege ab: Der Volkskrieg verwandelte sich wieder in den Kabinettskrieg alten Stils. Für konservative Generale wie Yorck und Blücher war der Krieg von Anfang an kein Freiheits-, sondern ein Befreiungskampf, und die Volksbewegung, wie sie ein Marwitz sah, konnte nichts anderes sein als eine patriotische Bewegung „für König und Vaterland", „als ob", wie es Bismarck in seiner ersten politischen Rede 1847 formulierte, „die Bewegung des Volkes von 1813 anderen Gründen zugeschrieben werden müßte, und es eines anderen Motivs bedurft hätte als der Schmach, daß Fremde in unserem Lande geboten". Es ist bis heute in der Forschung umstritten, welche Zielvorstellungen den Freiheitskrieg bestimmten und wer welchen Anteil am Zustandekommen der nationalen Erhebung hatte, ob der König in den entscheidenden Märztagen 1813 gezwungen wurde, sich unter dem „Druck der Volksmassen" an die Spitze der Volksbewegung zu stellen, wie es die marxistisch-leninistische Geschichtsinterpretation sehen will, oder ob der König rief und alle eilten zu den Fahnen, wie es konservative Historiker seit Heinrich von Treitschke dargestellt haben, oder ob die konstitutionellen und gesamtdeutsch-nationalen Vorstellungen des Bildungsbürgertums den Ausschlag gaben, wie es die Wortführer des vormärzlichen Liberalismus angaben. Der Umstand, daß alle politischen Richtungen sich auf das Erbe des Freiheitskrieges berufen konnten, deutet darauf hin, daß die nationale Erhebung aus stark divergierenden Bestrebungen erwuchs. Nicht konkrete politische Programme und klare Zielvorstellungen, sondern „ein ebenso intensives wie diffuses Freiheitsverlangen" und eine eindeutige Feindbestimmung, die den lang aufgestauten Haß gegen den französischen Eroberer freisetzte, kennzeichneten die erregte Stimmung und mobilisierten „die Massen" [696: H. BERDING]. 1813 konnte die Freiheitsparole alle im gemeinsamen Kampf vereinigen und sammeln: die Mächte der Koalition, Fürsten und Adlige, die Reformpartei und das Bildungsbürgertum, die konservativen Generale und die Volkskriegsstrategen, reguläre Armeen, Landwehr und Freikorps, Freiwillige aus allen Bevölkerungsschichten und Landesteilen, Handwerker, Bauern, Tagelöhner, Studenten, Akademiker und Kaufleute. Als jedoch Napoleon besiegt war, kamen die ideologischen, politischen und sozialen Konflikte wieder zum Vorschein. Der Wiener Kongreß stand vor der schwierigen Aufgabe, die neu aufbrechenden Spannungen zwischen Revolution, Reform und Restauration zu einem Ausgleich zu bringen.

10. Der Wiener Kongress zwischen Revolution und Restauration

Kriegsziele der Alliierten

Schon die diplomatischen Absprachen, die der dritten Koalition zugrundelagen, so die Petersburger Konvention vom 11. April 1805 zwischen England und Rußland, beruhten auf der Taktik der Alliierten, die Festlegung auf politische Kriegsziele zu vermeiden. Die Verbündeten verpflichteten sich hauptsächlich, nur durch gemeinsamen Beschluß und in Form eines Kongresses Frieden zu schließen. Wie 1804/05 so blieb auch 1813 zunächst die Frage offen, ob Großbritannien in der Wiederherstellung des europäischen Gleichgewichts irgend etwas anderes sehen würde als die Rückkehr zum Status quo ante bzw. die Entmachtung Napoleons und die Zurückdrängung Frankreichs in seine alten Grenzen. Erst in den Besprechungen vom Januar 1814 setzte der britische Außenminister Castlereagh seinen Vorschlag durch, die Bourbonen mit Ludwig XVIII. nach Frankreich zurückzuholen. Im Vertrag von Chaumont vom 4. März schlossen die Alliierten eine auf zwanzig Jahre befristete Allianz ab, die in erster Linie militärische Absprachen enthielt. Darüber hinaus wurde die Unabhängigkeit Spaniens, der Schweiz, Italiens, Deutschlands und der Niederlande zugesichert. Deutschland sollte aus einer Konföderation souveräner Staaten bestehen. Die Niederlande sollten vergrößert werden und eine „geeignete" Grenze erhalten, was sich offensichtlich auf Belgien bezog. Für Frankreich sollten die Vorkriegsgrenzen nach dem Stand von 1792 gelten. Mit der Wiederherstellung der „alten" Grenzen Frankreichs und der Vergrößerung der Niederlande als „Barrierestaat" schienen die britischen Interessen bereits erfüllt.

Russische Friedenspläne

Dagegen hatte Zar Alexander I. schon 1804/05 eine eigene Konzeption vertreten, die stärker auf die soziale Befriedung des nachrevolutionären Europa ausgerichtet war und zugleich den russischen Einfluß, insbesondere in Polen, sichern sollte. In Anlehnung an die Pläne seines polnischen Jugendfreundes Adam Czartoryski, der 1804 zum russischen Außenminister aufgestiegen war, und unter dem Einfluß des Florentiner Abbé Piattoli, der die Idee eines von Rußland geeinten und nach dem Nationalitätenprinzip neu geordneten Europa propagierte, schlug Alexander Pitt vor, den befreiten Völkern „eine freie und kluge Verfassung" zu geben. Der Friede könne nur dann erreicht werden, „wenn die innere soziale Ordnung auf vernünftiger Freiheit basiere, die die Macht des Herrschers festigt und als gewisses Hindernis gegen die Leidenschaften zügellosen Ehrgeizes oder irgendwelcher unsinniger Ideen dient, die an der Spitze der Nation stehende Menschen häufig vom wahren Weg abbringen ...". „Die nationale und konstitutionelle Selbständigkeit der Völker durch Rußland gemeinsam mit England garantiert", so hieß es schon in der Denkschrift Piattolis von 1803, „wird den Frieden des gesamten Europa herbeiführen." Alexander I. unterstützte die spanische Verfassung von 1812, die von Ludwig XVIII. erlassene Charte und die konstitutionellen Bestrebungen in den süddeutschen Staaten. 1815 erließ er eine liberale Verfassung für das in Personalunion mit Rußland vereinigte Königreich Polen. Auch Alexanders erste Projekte einer Heiligen Allianz hielten sich im Kern noch an die Forderungen Piattolis. Die christliche Religion sollte die Solidarität der Fürsten und Völker begründen. Erst die Umarbeitung der Vorlage durch Metternich gab der Heiligen Allianz ihren restaurativen Gehalt. Sie betonte – mit einer deutlichen Spitze gegen das russische Vormachtstreben – nur noch die Solidarität der Monarchen und ihre Verpflichtung, die Außenpolitik auf die Prinzipien der „heiligen Religion, insbesondere die Vorschriften der Gerechtigkeit, der christlichen Nächstenliebe und des Friedens" zu gründen. Castlereagh nannte die Heilige Allianz eine Mischung von sublimer Mystik und Unsinn. Metternich äußerte sich mit ähnlichem Zynismus. Von der ursprünglichen Absicht Alexanders, ein Bündnis zwischen Fürsten und Völkern zu stiften und durch Repräsentativverfassungen die alte Kabinettspolitik unmöglich zu machen, war keine Rede mehr.

Andererseits ließ sich die russische Konzeption mit derjenigen der preußischen Reformer durchaus in Übereinstimmung bringen. Auch wenn die preußischen Verfassungsprojekte stärker an ständischen Vorstellungen orientiert blieben, so stand doch fest, daß eine Rückkehr zum absolutistischen Ancien Régime ausgeschlossen blieb. Auch Traditionalisten wie Stein forderten die Beteiligung der Völker am Staat. Aus Steins Sicht gehörte gerade die durch den Absolutismus bewirkte Trennung von Staat und Gesellschaft zu den Ursachen der Revolution. 1812 zählte Stein zu den Beratern des Zaren, den er dazu aufforderte, den Krieg fortzusetzen und sich an die Spitze der nationalen Befreiung Deutschlands und Europas zu stellen. Er erhielt im Dezember 1812 die – unerwartete – Unterstützung des konservativen Generals Yorck, der ohne den Befehl des zögernden Königs die aufsehenerregende Konvention von Tauroggen mit den Russen abschloß, in der sich das preußische Hilfscorps von 18 000 Mann von der Großen Armee abspaltete und vorläufig zur Neutralität verpflichtete. Stein verkündete in Ostpreußen eigenmächtig die Bildung von Landwehr und Landsturm. Yorck proklamierte vor den ostpreußischen Landständen den Krieg gegen die Franzosen. Im Bunde mit den führenden Heeresreformern Scharnhorst, Gneisenau, Boyen und Clausewitz und getragen von der aufflammenden nationalen Begeisterung der herbeiströmenden Freiwilligen gelang es Stein Ende Februar 1813, die Bedenken Friedrich Wilhelms III. und Hardenbergs zu zerstreuen. Rußland und Preußen schlossen das Bündnis von Kalisch. Am 10. März stiftete der König das Eiserne Kreuz. Am 16. März erklärte Preußen Frankreich den Krieg. In einem Aufruf „An mein Volk" besiegelte der König das Zusammenwirken der preußischen Regierung mit der patriotischen Bewegung. Die gemeinsame russisch-preußische Proklamation von Kalisch vom 25. März 1813 verhieß die „Wiedergeburt eines ehrwürdigen Reiches" und die Herstellung der deutschen Verfassung „allein durch die deutschen Fürsten und Völker und aus dem ureigenen Geiste des deutschen Volkes".

Konvention von Tauroggen und russisch-preußisches Bündnis

Das militärische Übergewicht lag im Frühjahrsfeldzug von 1813 noch eindeutig

Frühjahrsfeldzug 1813 und Waffenstillstand

auf Seiten Frankreichs. Napoleon siegte, wenn auch unter schweren Anstrengungen, am 2. Mai bei Großgörschen und Lützen und am 20. Mai bei Bautzen an der Spree. Allerdings litt die Armee unter dem Mangel an Reiterei und unter der unzureichenden Ausbildung der im März/April überstürzt ausgehobenen neuen Truppen, so daß Napoleon im Juni seinen Gegnern einen Waffenstillstand anbot.

Kriegseintritt Österreichs

Die kurze Phase des Waffenstillstands vom 2. Juni bis 10. August 1813 leitete die Wende des Freiheitskrieges ein. In dieser Zeit schlossen sich England und Schweden der Koalition gegen Napoleon an. Das für den weiteren Verlauf des Krieges und für die Niederlage Frankreichs in der Völkerschlacht von Leipzig entscheidende Ereignis war der Kriegseintritt Österreichs am 11. August 1813. Schon im Vertrag zu Reichenbach vom 17. Juni bot Österreich seine bewaffnete Vermittlung an. Metternich wurde „praktisch Ministerpräsident der Koalition" [708: H. A. Kissinger]. Am 26. Juli fand die denkwürdige neunstündige Unterredung zwischen Metternich und Napoleon im Palais Marcolini zu Dresden statt, in der sich Napoleon weigerte, irgendwelche Territorien (abgesehen von einem Teil Polens an Rußland) abzutreten. Damals fielen die berühmten Worte: „Eure Herrscher, geboren auf dem Throne, können sich zwanzigmal schlagen lassen und doch immer wieder in ihre Residenz zurückkehren; das kann ich nicht, ich, der Sohn des Glücks! Meine Herrschaft überdauert den Tag nicht, an dem ich aufgehört habe, stark und folglich gefürchtet zu sein."

Gleichgewichtspolitik Metternichs und Castlereaghs

Metternich zögerte lange, die österreichische Neutralität aufzugeben. Es lag kaum im österreichischen Interesse, die französische Vorherrschaft gegen eine russische einzutauschen und die Machtposition Preußens in Deutschland zu verstärken. Ebensowenig konnte es sich der Vielvölkerstaat leisten, für nationale Ideale zu kämpfen. „Abstrakte Gedanken zählen nicht viel", schrieb Metternich im April 1813 an den Zaren, „wir nehmen die Dinge so, wie sie sind, und wir versuchen nach Kräften uns zu hüten, Gefangene von Illusionen über die Wirklichkeit zu werden." Unter Metternichs Leitung verwandelte sich der nationale Befreiungskrieg in einen Kabinettskrieg um das deutsche und europäische Gleichgewicht. Metternich gewann Castlereaghs Unterstützung für eine Politik der Mäßigung gegenüber Frankreich, die der Versuchung eines Straffriedens widerstand. Der am 30. Mai 1814 mit Ludwig XVIII. abgeschlossene erste Frieden von Paris vermied eine Aufteilung Europas in Sieger und Besiegte. Frankreich erhielt die Grenzen von 1792, zuzüglich einiger eroberter Gebiete, und erreichte die Rückgabe seiner Kolonien und Handelsniederlassungen in Übersee. In den Auseinandersetzungen über die Neuordnung Deutschlands durchkreuzte Metternich die Hoffnungen Steins auf eine Auflösung der Rheinbundstaaten. Als nacheinander Bayern, Württemberg und die übrigen Mittelstaaten (mit Ausnahme Sachsens) von Frankreich abfielen und in das Lager der Alliierten überwechselten, erhielten sie in den Verträgen von Ried, Fulda und Frankfurt Besitzstands- und Souveränitätsgarantien, die eine Rückkehr zu den Zuständen des alten Reiches ausschlossen und die territorialen Veränderungen seit 1803 anerkannten. Es gelang Metternich, die besonderen Erfordernisse der

Donaumonarchie mit den historischen Traditionen der internationalen Ordnung und der deutschen Staatenwelt in Übereinstimmung zu bringen. „Österreichs Überleben hing von dem Anerkennen von Grenzen ab. Es hing ab von der Heiligkeit von Verträgen und der Legitimität . . . Weil die österreichische Politik keine Kräfte aus den Neigungen der Bevölkerung ziehen konnte, mußte sie ihre Ziele durch eine hartnäckige und geschickte Diplomatie zu erreichen trachten. Jede einzelne Maßnahme war zweideutig, jeder Schritt konnte so oder so ausgelegt werden. Das Ergebnis aber war eine Koalition, deren moralische Grundlage sich als haltbar erwiesen hat, was man auch immer von ihrem Gehalt denken mag, und deren Erfolge in der Schaffung eines Friedens nach einem Vierteljahrhundert des Krieges lagen" [708: H. A. KISSINGER].

Es ist üblich geworden, das Werk des Wiener Kongresses unter dem schon zeitgenössischen Leitbegriff der „Restauration" zusammenzufassen. „Nicht die Freiheit und die Lebensbedürfnisse der Völker, sondern staatliche Restauration und Gleichgewicht der Mächte waren die Parolen der Stunde mit dem Ziel eines festen Systems von monarchischen, inneren Umbruchstendenzen enthobenen Staaten unter Vorrang der Größeren" [701: K. GRIEWANK]. Allerdings konnte die alte kontinentale Staatengesellschaft nicht vollständig wiederhergestellt werden. Selbst konservative Staatstheoretiker der Restaurationszeit wie Friedrich Gentz und Karl Ludwig von Haller hielten eine einfache Rückkehr zum Ancien Régime für unmöglich. Immerhin wurden die territorialen Umwälzungen der napoleonischen Zeit größtenteils wieder rückgängig gemacht. Frankreich verlor im zweiten Pariser Frieden vom 20. November 1815, der – nach Waterloo und dem Epilog der Hundert Tage – ungünstiger ausfiel als der erste, auch die vor 1792 eroberten Grenzgebiete, darunter Savoyen und Nizza, Landau und das Saargebiet um Saarlouis und Saarbrücken. In Spanien und Portugal wurden die alten Dynastien wiederhergestellt. Holland und das ehemals österreichische Belgien wurden unter der Herrschaft des Oraniers, König Wilhelms I., zum Königreich der Niederlande vereinigt. Die restaurierten Kantone der Schweiz erhielten eine staatenbündische Verfassung. Die fünf Großmächte (später auch Portugal) garantierten die „immerwährende Neutralität" der Schweiz und die „Unverletzlichkeit" ihres Territoriums. Schweden blieb mit Norwegen, das von Dänemark schon im Kieler Frieden vom 14. Januar 1814 abgetreten worden war, vereinigt. England wehrte jedoch die Ansprüche des schwedischen Kronerben auf den dänischen Reststaat ab. In Italien wurden die habsburgischen Seitenlinien in Toskana und Modena wiedereingesetzt. Venezien und die Lombardei fielen an Österreich, das seine Vorherrschaft in Oberitalien befestigte. In Parma regierte die Tochter des österreichischen Kaisers, die Exkaiserin Frankreichs Marie-Louise. Das Königreich Neapel und Sardinien-Piemont (das um Genua vergrößert wurde) erhielten ihre alten Regierungen zurück; der Papst erreichte die Wiederherstellung des Kirchenstaats. Italien war nur noch „ein geographischer Begriff" (Metternich). In Deutschland wurde das Restaurationsprinzip nicht mit derselben Konsequenz wie in Italien durchgesetzt. Metternich lehnte die Wiederherstellung des alten

Staatliche Restauration

deutschen Reiches, des Kaisertums und der mediatisierten und säkularisierten Reichsfürstentümer ab. Nur nach Kurhessen, Braunschweig, Oldenburg, Hannover, Hamburg, Bremen, Lübeck und Frankfurt kehrten die alten Regierungen zurück.

Verfassungsfragen auf dem Wiener Kongreß

Die konservative Staatenrestauration beschränkte sich zunächst auf die Wiederherstellung alter Grenzen und die Rückführung der gewaltsam vertriebenen Dynastien. In den Auseinandersetzungen über innen- und verfassungspolitische Fragen stand der Wiener Kongreß nicht von Anfang an im Zeichen der Restauration. 1814 herrschte vielmehr Einigkeit darüber, daß eine Revolution nur vermieden werden könne, wenn man den in den Freiheitskriegen erwachten Völkern in irgendeiner Weise entgegenkam. Niemand dachte zunächst an eine Wiedererweckung des Absolutismus. Alexander I. befürwortete Repräsentativverfassungen, wie sie in der französischen Charte von 1814, wenn auch unter starker Betonung des monarchischen Prinzips, und ein Jahr später in Polen verwirklicht wurden. Die preußischen Reformer vertraten die ständische Richtung mit Berufung auf Burke und die englische Verfassung. In jedem Fall wurde die Notwendigkeit geschriebener Verfassungen anerkannt. Die Auslegung des Legitimitätsprinzips, wie sie Talleyrand, der als Außenminister des bourbonischen Frankreich auf die politische Bühne zurückkehrte, vortrug, erschien akzeptabel: Legitim sei eine Herrschaft, die zwar das monarchische Erbrecht gegen bonapartistische Usurpationen verteidige, die jedoch zugleich die öffentliche Meinung respektieren müsse. Eine gemäßigte konstitutionelle Verfassung sei mit dem Legitimitätsprinzip durchaus vereinbar. Auch Metternich forderte weder die Rückkehr zu vergangenen Zeiten noch eine Reaktion. Wahrer Konservativismus, schrieb Metternich in seinem politischen Testament, verlange eine aktive Politik und eine sorgfältig abgewogene Reform: „Das Wort Freiheit hat für mich nicht den Wert eines Ausgangs-, sondern den eines tatsächlichen Ankunftspunktes. Den Ausgangspunkt bezeichnet das Wort ‚Ordnung'. Nur auf dem Begriff von ‚Ordnung' kann jener der ‚Freiheit' beruhen." „Legitimität" bedeutete Abkehr von der Revolution und Anpassung der Kräfte des Wandels an jene der Erhaltung.

Vom Rheinbund zum Deutschen Bund

In Deutschland blieb das Erbe der Rheinbundzeit wirksam. Die neue politische Organisation im „Deutschen Bund", eine lockere völkerrechtliche Vereinigung souveräner Staaten mit dem Zweck „der Erhaltung der äußeren und inneren Sicherheit Deutschlands und der Unabhängigkeit und Unverletzlichkeit der einzelnen deutschen Staaten", war eine moderne Schöpfung. Die Bundesakte vom 8. Juni 1815 knüpfte an die staatenbündische Tradition an, welche vom Fürstenbund des Jahres 1785 über die verschiedenen Triaspläne zum Rheinbund von 1806 geführt hatte. Für die österreichische Regierung war der Rheinbund das Vorbild des neu zu schaffenden Deutschen Bundes. „Dem unparteiischen Beobachter", hieß es in einem späteren österreichischen Bericht über die Entwicklung der deutschen Frage auf dem Wiener Kongreß, „hat es nicht entgehen können, daß ein mächtiges Geschick die Beibehaltung der Gestalt des Rheinbundes in seinen

Hauptteilen und Bestimmungen gebot, und die Wiedereinführung des Alten verhinderte." In der Errichtung eines deutschen wie eines italienischen Nationalstaates sah Metternich nur eine Gefahr für das Gleichgewicht und den Frieden in Europa. Das Gleichgewichtssystem beruhte auf dem Gleichgewicht der fünf europäischen Großmächte, der sog. Pentarchie, dem Gleichgewicht der Nationen im habsburgischen Vielvölkerstaat und dem Gleichgewicht der Einzelstaaten im Deutschen Bund.

Scheitern der preußischen Verfassungspläne

Die Beschränkung der deutschen Verfassungspläne auf die Bildung eines Staatenbundes, der kein gemeinsames Staatsoberhaupt, keine einheitliche Gesetzgebung, Verwaltung und Rechtsprechung, keine Wirtschafts- und Zolleinheit und kein einheitliches Heerwesen kannte, entsprach allerdings kaum den nationalen Erwartungen und Hoffnungen, die durch die Befreiungsideologie und die patriotische Publizistik von 1813/14 geweckt worden waren. „Daß . . . eine deutsche Einigung geschaffen werden müßte, das war die Meinung der in den Erlebnissen von Fremdherrschaft und Befreiungskrieg ihrer Zusammengehörigkeit bewußt gewordenen Kreise des Volkes, das forderten stürmisch die patriotischen Publizisten der Erhebung wie Arndt und Görres und auch Staatsmänner wie Stein und Humboldt" [342: M. Braubach]. Neuere Forschungen [710: W. Mager; 694: K. O. Frhr. v. Aretin] haben allerdings nachgewiesen, daß das Vorbild der alten Reichsverfassung bei der Neugestaltung Deutschlands, die in den Quellen meist mit Ausdrücken wie „Wiedergeburt", „Regeneration", „Reorganisation" oder „Wiederherstellung" umschrieben wird, eine viel größere Rolle gespielt hat, als man lange Zeit angenommen hat. Selbst Görres lehnte im „Rheinischen Merkur", in dem auch Stein eine Reihe von Artikeln erscheinen ließ, die nationalstaatliche Einheit nach französischem Muster ab. Eine solche Einheit, meinte er, führe „nur allzu leicht zu Erstarrung, Tod und Despotismus". Das deutsche Volk wünsche vielmehr, „daß ihm eine der vorigen (Verfassung) ähnliche neue, bessere gegeben werde".

Hinter den preußischen Einheits- und Reichsparolen verbargen sich schon 1814/15 massive Machtinteressen. Die preußischen Staatsmänner griffen 1814 auf jene Pläne zurück, die seinerzeit die napoleonische Rheinbundpolitik durchkreuzt hatte. Schon nach dem Frieden von Basel 1795 und mit Entstehung der norddeutschen Neutralität war der Gedanke aufgetaucht, Deutschland in zwei Einflußzonen, eine nördliche unter Preußens und eine südliche unter Österreichs Führung, aufzuteilen. Seitdem waren nun allerdings mit den Rheinbundstaaten in sich abgerundete Länder entstanden, deren Souveränität akzeptiert werden mußte. Die geplante Restitution einiger Einrichtungen der alten Reichsverfassung diente vor allem dem Ziel, den „Rheinbundabsolutismus" einzudämmen und die Souveränität der Mittelstaaten auszuhöhlen. Stein unterstützte deshalb in Wien eine Zeitlang die Restaurationspläne und das Kaiserprojekt der seit 1803/06 ihrer Reichsunmittelbarkeit entkleideten und mediatisierten Angehörigen der Reichsritterschaft und des Reichsfürstenstandes. Während die Protagonisten der nationalen Bewegung wie Arndt und Jahn mit dem Reichs- zugleich den Einheitsgedanken verfochten, neigten die Anhänger des Kaiserplans eher zu föderalistischen Ansichten, die sich an der alten reichsständischen Libertät orientierten. Zum Nationalstaat stand der alte Reichspatriotismus eher im Widerspruch, ohne daß dies bei der allgemeinen Renaissance des Kaiser- und Reichsgedankens während der Freiheitskriege immer klar erkannt wurde. Als das Kaiserprojekt scheiterte, erinnerte man sich in Berlin an zwei andere Institutionen des alten Reiches. Der 41-Punkte-Vorschlag Steins und Hardenbergs, der dann in den gemeinsamen österreichisch-preußischen Entwurf eines Bundesvertrages vom Oktober 1814, den sog. 12-Punkte-Vorschlag, einging, forderte die Wiederherstellung der Reichskreise und der Landstände. An Verfassungsorganen waren ein Direktorium, das zwischen Preußen und Österreich alternieren sollte, ein aus Österreich, Preußen, Hannover, Bayern und Württemberg bestehender Kreisoberstenrat und ein Rat der Fürsten und Städte vorgesehen, in dem auch die Mediatisierten Sitz und Stimme erhalten sollten. Die Kreisobersten sollten an der Spitze der fünf Reichskreise stehen; im Kreisoberstenrat hatten Preußen und Österreich je drei, die übrigen Mitglieder jedoch nur je eine Stimme. Die beiden Großmächte waren also in der Lage, die Mittelstaaten zu majorisieren. Artikel VII über die Landstände, die in allen deutschen Einzelstaaten errichtet werden sollten, legte die Betonung auf die Adelsvertretung: „In jedem zum Bund gehörenden Staat soll eine ständische Verfassung eingeführt oder aufrecht erhalten werden. Allgemeine Grundsätze sind dieserhalb als Minimum der Rechte der Landstände festzusetzen. Sie sollten bestehen aus den Familienhäuptern der mediatisierten vormaligen Reichsstände, des sonst unmittelbaren und übrigen Adels als erblichen, und aus erwählten Ständen. Ihre Befugnisse sollen zugleich sein, ein weiter zu bestimmender Anteil an der Gesetzgebung, Verwilligung der Landesabgaben, Vertretung der Verfassung bei dem Landesherrn und dem Bund." Ein Bundesgericht sollte darüber wachen, daß die Regierungen die Rechte der Landstände nicht schmälerten. Die Absicht lief darauf hinaus, „die Nutznießer landständischer Einrichtungen, insbesondere die durch Säkularisation, Mediatisierung und bürokratischen Absolutismus politisch entmachteten und wirtschaftlich bedrängten adlig-patrizischen ehemaligen Führungsschichten im Süden und Südwesten gegen ihre Souveräne zu mobilisieren, um ohne Gewaltanwendung von außen diese gefügig zu machen, sie in den Bund zu zwingen und ihnen im Landesinnern Gegenkräfte entgegenzustellen" [710: W. MAGER]. Diese stille Mediatisierung der ehemaligen Rheinbundfürsten diente weniger der Schaffung eines nationaldeutschen Bundesstaats als vielmehr dazu, die Hegemonie Preußens und Österreichs zu etablieren.

Die „12 Artikel"

In den Beratungen des deutschen Verfassungsausschusses, der vom 16. Oktober bis zum 16. November tagte, unterstützte Metternich die preußische Politik. Die Teilung Deutschlands in Interessensphären entsprach bis zu einem gewissen Grad seinen Vorstellungen vom deutschen und europäischen Gleichgewicht. Andererseits war die Gegnerschaft der Mittelstaaten vorauszusehen. Ausschlaggebend war wohl ein pragmatischer Grund: Metternich brauchte Preußen gegen Rußland, und er konnte sich deshalb einen Konflikt in der deutschen Frage vorerst nicht leisten. Die Krise des Wiener Kongresses, die auch das Ende der Verfassungsberatungen auf der Grundlage der 12 Punkte herbeiführte, entzündete sich nicht an den Verfassungsproblemen, sondern an den territorialen Streitfragen um das polnisch-sächsische Problem.

Das polnisch-sächsische Problem

Das Königreich Sachsen und das Herzogtum Warschau, die beide seit 1807 unter Napoleons treuestem Anhänger, König Friedrich August I., in Personalunion verbunden waren, gehörten zu den Besiegten des Krieges von 1813/14. Rußland, das das Herzogtum Warschau im Krieg okkupierte, erhob in Wien Anspruch auf ganz Polen. Preußen forderte als Kompensation die Totalannexion Sachsens. Castlereagh schlug statt dessen eine vierte polnische Teilung vor. Es war der Augenblick, in dem Talleyrand die Möglichkeit nutzte, die Stellung Frankreichs im Konzert der europäischen Mächte wieder zur Geltung zu bringen. So entstand eine defensive Allianz zwischen Frankreich, Österreich und England. Österreich übernahm die Rolle einer Schutzmacht Sachsens und der Mittelstaaten. Zwar fand der Kongreß schließlich eine Kompromißlösung – nur das sog. Kongreßpolen fiel an Rußland; Preußen begnügte sich mit dem nördlichen Teil Sachsens und dem Ländererwerb in Rheinland-Westfalen – aber der Bruch zwischen Preußen und Österreich war perfekt. Im Dezember 1814 ließ Metternich einen neuen Verfassungsentwurf kursieren, den sog. Wessenbergplan, der nur noch eine rein staatenbündische Lösung der deutschen Frage vorsah. Metternich schlug so die Brücke zu den süddeutschen Königreichen. Die Nachricht von der Rückkehr Napoleons aus Elba im März 1815 zwang zu raschem Handeln. Nach heftigen Auseinandersetzungen, bei denen es Bayern in letzter Minute gelang, das bereits vorgesehene Bundesgericht aus der Verfassung zu streichen, kam schließlich als Kompromiß die Bundesakte vom 8. Juni 1815 zustande, die nur noch ein gemeinsames Verfassungsorgan kannte, nämlich die Bundesversammlung in Frankfurt, ein ständiger Gesandtenkongreß unter dem Vorsitz Österreichs. Sie erhielt später den Namen „Bundestag". Der Stimmenverteilung nach war weder im Engeren Rat, der sich aus den elf größten Staaten zusammensetzte, noch im Plenum eine Majorisierung der anderen Staaten durch Österreich und Preußen möglich.

Die deutsche Bundesakte

Verfassungsdiskussion um den Artikel XIII

Aus den ursprünglichen Verfassungsplänen war nur der Artikel XIII der Bundesakte übriggeblieben, dessen sibyllinische Formulierung viele Deutungen zuließ: „In allen Bundesstaaten wird eine landständische Verfassung stattfinden." Herausgelöst aus dem Kontext, in dem er entstanden war, bot dieser Artikel kein Hindernis mehr für konstitutionelle Repräsentativverfassungen nach dem Muster der französischen Charte. Während Hannover, Sachsen-Weimar und Kurhessen altständische Verfassungen einführten, nahm die Entwicklung in Süddeutschland einen anderen Verlauf, den Metternich nicht vorausgesehen hatte. Nicht zuletzt die Befürchtungen, die Frankfurter Bundesversammlung könne verbindliche Grundsätze zur Erfüllung des Verfassungsversprechens beschließen und auf diese Weise die innere Souveränität der Einzelstaaten beschränken, gaben in Bayern, Baden, Württemberg und Hessen-Darmstadt den Anstoß zum Erlaß von Konstitutionen, die eindeutig repräsentativen Charakter besaßen und die französische Charte zum Vorbild nahmen. Es begann der Wettlauf der Mittelstaaten untereinander, sich an die Spitze fortschrittlicher Verfassungsbewegungen zu stellen. Metternich bemühte sich vergeblich darum, eine Lösung des Verfassungsproblems in seinem Sinne durchzusetzen. 1817/18 propagierte er erfolglos in Berlin, Stuttgart und München das Projekt eines erweiterten Staatsrats, in den die Vertreter von Provinzialständen aufgenommen werden sollten. „So ist der Verfassungsartikel der Bundesakte nicht, wie ursprünglich beabsichtigt, zum Ausgangspunkt einheitlicher, vom Bund bestimmter landständischer Verfassungen geworden, sondern hat am Ende mit der Errichtung konstitutioneller Monarchien die Souveränität der Einzelstaaten begünstigt" [694: K. O. Frhr. v. Aretin].

Wende zur Restaurationspolitik

Metternichs Besorgnis wuchs, als in Württemberg und Hessen–Darmstadt über die künftige Verfassung mit den Ständeversammlungen verhandelt wurde. Aus seiner Sicht näherte sich dieses Verfahren bereits der Anerkennung der Volkssouveränität. Auf dem Aachener Kongreß (29. September bis 21. November 1818), bei einem Treffen mit Friedrich Wilhelm III. in Teplitz (1. August 1819) und schließlich auf der Karlsbader Konferenz (6. bis 31. August 1819) bemühte sich Metternich, die Revolutionsfurcht der Fürsten zu schüren und die konstitutionelle Verfassungsentwicklung abzustoppen. Kurz vor der Karlsbader Konferenz erschien die Schrift von Gentz „Über den Unterschied zwischen den landständischen und Repräsentativverfassungen" mit der These, nur altständische Verfassungen entsprächen dem Artikel XIII der Bundesakte. Die erregte Stimmung nach der Ermordung Kotzebues, der stürmische Verlauf der ersten Landtagssessionen in München und Karlsruhe, die widerstrebende Haltung des preußischen Königs in der Verfassungsfrage und insbesondere die Enttäuschung des Zaren über seine Erfahrungen mit den ersten beiden polnischen Landtagen kamen Metternich zu Hilfe. Die Wende zur Restaurationspolitik trat ein. Sie war eher das Ergebnis einer unerwarteten Entwicklung als das Resultat einer bewußten Planung auf dem Wiener Kongreß.

Auf den Wiener Ministerialkonferenzen von 1820 und dem Kongreß von Verona 1822 setzten sich endgültig die restaurativen Kräfte durch. Österreich, Preußen und Rußland kehrten zum Absolutismus zurück. Die weitere Verfassungsentwicklung in den deutschen Mittelstaaten geriet vorerst ins Stocken und erhielt erst 1830 unter dem Eindruck der französischen Julirevolution und der belgischen Verfassung neue Impulse. Im Zeichen der Restauration wurde nun die Heilige Allianz zum Instrument, alle Ansätze einer neuen Politik und Ordnung zu unterdrücken. Erst jetzt erhielten die vorrevolutionären Prinzipien der Legitimität, Autorität und Stabilität ihren eindeutig reaktionären Aspekt. Trotzdem bewies ein Phänomen wie der süddeutsche Konstitutionalismus, daß sich das Rad der Geschichte nicht mehr einfach zurückdrehen ließ. In Spanien, wo Ferdinand VII. die Verfassung von 1812 aufhob, brach schon wenige Jahre später eine Revolution aus, die auf Portugal, Italien und Griechenland übergriff. Das Europa der Pentarchie fand nicht zu dem alten Gleichgewichtssystem des 18. Jahrhunderts zurück, das auf der klassischen Trennung von Außen- und Innenpolitik beruht hatte. Vielmehr war es gezwungen, sich mit den divergierenden innenpolitischen Entwicklungen in den verschiedenen Nationen zu beschäftigen. Die Außenpolitik der Großmächte verwandelte sich in eine europäische Innenpolitik, die nur mit Mühe die restaurative Homogenität aufrechterhielt. „Mein geheimster Gedanke ist", trug Metternich in sein Tagebuch ein, „daß das alte Europa am Anfang seines Endes ist." Auf die Dauer konnte die Restaurationspolitik das Erbe der französischen Revolution und der napoleonischen Herrschaft nicht überwinden. Andererseits bestätigt es den Charakter der „Übergangszeit", daß ein Abbruch der Reformen überhaupt möglich war. Offenbar war nur ein kleiner Teil des Bürgertums von der Begeisterung der Freiheitskriege erfaßt worden. Die Reformen der Verwaltungszentralisierung und der Rechtsvereinheitlichung sowie die weitgehende Gleichstellung zwischen adligen und bürgerlichen „Eigentümern" genügten einem Bürgertum, das nicht von sich aus die Beteiligung an den Problemen des Staates und die Übertragung eigener Rechte gefordert hatte. Erst im Verlauf des Vormärz und mit der allmählich einsetzenden Industrialisierung erstarkte die bürgerliche Emanzipationsbewegung, die dann zum Träger der Revolution von 1848 wurde.

II. Grundprobleme und Tendenzen der Forschung

1. Die Darstellung der Epochenwende

Die epochale Bedeutung der Wende vom 18. zum 19. Jahrhundert ist in der Forschung seit langem anerkannt; umstritten blieb jedoch, welcher Stellenwert der Umbruchszeit von 1789–1815 im Gesamtverlauf der europäischen und deutschen Geschichte des 19. Jahrhunderts zukommt. Schon die häufig wechselnde Epochenbezeichnung deutet darauf hin. Je nachdem, ob nationale, außenpolitische oder politisch-soziale Veränderungen ins Blickfeld gerückt werden, spricht man vom Zeitalter der nationalen Erhebung der Völker, vom napoleonischen Zeitalter der Vormachtstellung Frankreichs, vom Zeitalter der französischen Revolution, vom Zeitalter der „atlantischen" Revolution bzw. „der demokratischen Revolutionen des Westens", vom „Beginn der Moderne", oder auch – im Hinblick auf die deutsche Geschichte – von der preußischen Reformzeit.

Die französische National-geschichts-schreibung

Die ältere Geschichtsschreibung blieb auf die nationalgeschichtliche Perspektive eingeengt. Die französischen Historiker neigten dazu, die Entstehung der Revolution aus den innerfranzösischen Verhältnissen zu erklären und die französische Machtexpansion unter Napoleon als Teil der französischen Geschichte zu interpretieren. Sie untersuchten vor allem die außenpolitische Zielsetzung Napoleons: die Verteidigung der „natürlichen Grenzen" im Rivalitätskampf mit England [283: A. Sorel, L'Europe et la Révolution française], die Orientpolitik [248: E. Bourgeois, Manuel historique de politique étrangère], die dynastische Familienpolitik des Korsen [272: F. Masson, Napoléon et sa famille], die „idée impériale" bzw. die Wiederherstellung des karolingischen Weltreiches [257: E. Driault, Napoléon et l'Europe], die letztlich ziellose Eroberungspolitik, die nur dem eigenen Ruhm nachjagte [275: P. Muret, Une conception nouvelle de la politique étrangère de Napoléon Ier]. Gemeinsam ist allen diesen Interpretationen, so umstritten sie im einzelnen auch blieben, daß die Frankreich unterworfenen europäischen Länder lediglich für die napoleonische Zeit in den Blick kommen. Die Kontinuität dieser nur vorübergehend in die französische Nationalgeschichte eingetretenen Gebiete wird abgeblendet.

Im Gegensatz hierzu hat die deutsche Nationalgeschichtsschreibung die Kontinuität der preußisch-deutschen Geschichte überbetont. So wurden die preußi-

Treitschke: Kontinuität der preußisch-deutschen Geschichte

schen Reformen, die sich leichter in die nationale Kontinuität einordnen ließen, weit intensiver erforscht als die napoleonisch-rheinbündischen, die lange mit dem Makel der „Fremdherrschaft" behaftet waren. Die preußische Reform- und Erhebungszeit galt als Beginn des nationalstaatlichen Jahrhunderts, das in der Reichsgründung Bismarcks seinen krönenden Abschluß gefunden habe. Sie erfüllte aus „borussischer" Sicht zugleich das Vermächtnis Luthers und Friedrichs des Großen. „Das große neunzehnte Jahrhundert stieg herauf", schrieb TREITSCHKE 1879, „das reichste der neuen Geschichte; ihm ward beschieden, die Ernte einzuheimsen von den Saaten des Zeitalters der Reformation, die kühnen Ideen und Ahnungen jener gedankenschweren Epoche zu gestalten und im Völkerleben zu verwirklichen" [357: Deutsche Geschichte, Bd. 1, 192]. In der Zeit der „Schande und der Prüfung" war es die Erinnerung an Friedrich den Großen, „die langnachwirkende segenspendende Macht des Genius", die die „sittliche Kraft" zum Befreiungskampf verlieh. Das neue politische Freiheitsdenken entstand demnach nicht aus der Auseinandersetzung mit der französischen Revolution, sondern aus der „Gedankenfülle der modernen deutschen Bildung" in der Zeit der klassischen Dichtung und der idealistischen Philosophie. In der Versöhnung von Kultur und Staat sah TREITSCHKE die „historische Größe" der Reformzeit und zugleich ein politisches Ideal, „an dessen Verwirklichung die deutsche Nation bis zum heutigen Tage arbeitet". Die Betonung lag auf den eigenständigen historischen Impulsen der idealisierten preußisch-deutschen Nationalgeschichte, die unabhängig von den Einflüssen des revolutionären und napoleonischen Frankreich interpretiert wurde. Nicht das revolutionierte, sondern das auf den friderizianischen Grundlagen freiheitlich umgestaltete Preußen stand im Mittelpunkt der Epochendarstellung. Das Moment des Kontinuitätsbruches wurde aus der deutschen Geschichte gleichsam verdrängt. Die nationale Befangenheit der deutschen wie der französischen Geschichtsschreibung führte so dazu, daß die aus den nationalen Traditionen auf das napoleonische Herrschaftssystem einwirkenden Tendenzen und die vom napoleonischen Europa auf die einzelnen Nationalgeschichten ausstrahlenden Wirkungen in die Betrachtung nicht einbezogen wurden.

Neurankeaner: Hegemonie und Gleichgewicht

Erste Ansätze zur Überwindung dieser nationalgeschichtlichen Isolierung brachte die politische Geschichtsschreibung von den internationalen Beziehungen. Insbesondere die neurankeanische Schule (E. MARCKS, A. WAHL, W. WINDELBAND) trug dazu bei, jenes europäische Staatensystem wiederzuentdecken, das RANKE einst als eine die germanischen und romanischen Völker umspannende und unauflösliche „Einheit" begriffen hatte. „Es gibt kaum eine Epoche der neueren Geschichte," schrieb A. WAHL 1912 [289: Geschichte des europäischen Staatensystems, VI], „in der der Inhalt der Geschichte des europäischen Staatensystems so geschlossen wäre wie in der der Jahre von 1792 bis 1815." Mit der Frage nach den für die Geschichte der Staatenwelt maßgebenden Prinzipien und Regeln, wie Hegemonie und Gleichgewicht, gewann die Epochendarstellung eine paradigmatische Dimension. Die kriegerische Auseinandersetzung zwischen dem revolutionären Frankreich und dem alten Europa sowie der englisch-französische Zweikampf um die Vormachtstellung ließen sich in die Geschichte der europäischen Hegemonialkriege von Karl V. und Philipp II. zu Ludwig XIV. einordnen. Der Wiener Kongreß von 1814/15 als Epocheneinschnitt bedeutete die Wiederherstellung des europäischen Gleichgewichtssystems, das zugleich Englands „Weltstellung" ermöglichte. Aus der eigenen zeitgeschichtlichen Erfahrung setzten die Neurankeaner das napoleonische Zeitalter der Vormachtstellung Frankreichs in Parallele zur englischen Seehegemonie im imperialistischen „Weltstaatensystem". So schließt W. WINDELBANDS mehrfach aufgelegte Darstellung über die Politik der Großmächte [291] mit der These, Englands Stellung in der Welt entspräche der Napoleons in Europa. Einmal abgesehen von den politischen Implikationen dieser Interpretation (aus der Deutschlands Auftrag, die Gleichgewichtsinteressen gegen England zu behaupten, abgeleitet wurde), lenkte die Erforschung der internationalen Beziehungen den Blick zurück auf den die einzelnen Nationalgeschichten übergreifenden Zusammenhang der Epoche. Sie blieb dabei allerdings ganz der Maxime vom „Primat der Außenpolitik" verpflichtet.

Meinecke: Ideengeschichtliche Interpretation

Die nationale und die geistesgeschichtlich-idealistische Auffassung der preußisch-deutschen Geschichte, wie sie im Anschluß an TREITSCHKE von FRIEDRICH MEINECKE [712: Das Zeitalter der deutschen Erhebung] bis WILLY ANDREAS [244: Das Zeitalter Napoleons] vorherrschte, führte nur auf Umwegen zu einer vergleichenden Analyse des politisch-gesellschaftlichen Wandels. Die ideengeschichtliche Interpretation der Erhebungszeit bei MEINECKE hielt am Verdikt der napoleonischen „Fremdherrschaft" fest, auch und erst recht am Lobpreis Preußens als „Hort der deutschen Freiheit und Kultur"; aber sie sah schärfer als bei TREITSCHKE auch die „Risse" und die „Disharmonie" im „Bündnis zwischen Staat und Geist", „schon um aus der trivialen patriotischen Phrase und Legende herauszuführen".

Troeltsch: „Deutscher Geist und Westeuropa"

Die Erforschung der Geistes- und Ideengeschichte regte zugleich dazu an, sich mit den „Ideen von 1789" auseinanderzusetzen. In den zwanziger Jahren begann die von ERNST TROELTSCH intensivierte Debatte über das Thema „Deutscher Geist und Westeuropa". Sie stand noch ganz im Zeichen der Zivilisationskritik und betonte auch weiterhin den geistig-kulturellen Gegensatz zwischen Frankreich und Deutschland, aber sie bewirkte doch, daß der französische Einfluß „auf das deutsche Geistesleben" zumindest thematisiert wurde. F. SCHNABELS große Gesamtdarstellung des 19. Jahrhunderts [355], die wie das Werk TREITSCHKES unvollendet blieb, würdigte, wenngleich mit kritischer Distanz, die geschichtliche Bedeutung der französischen Revolution und des napoleonischen Empire für die „Entwicklung des europäischen Geistes". SCHNABEL schildert „die innere Auflösung der europäischen Gemeinschaft", die mit der französischen Revolution in ihr letztes Stadium getreten sei: „Man mag die Frage stellen, ob dies für das Abendland im letzten Ende nicht sehr verhängnisvoll geworden ist, und in vielfacher Weise war es dies ohne Zweifel. Aber es wurde für die

Schnabel: Ausbreitung einer rationalen Staats- und Gesellschaftsauffassung

Menschheit von höchster Bedeutung, daß der in ihrer Entwicklung emporgestiegene Geist der planmäßigen Ratio eine Epoche der höchsten Auswirkung in das Leben gefunden hat und daß die neue Staats- und Gesellschaftsauffassung, welche aus vielfacher Wurzel erwachsen war, durch die Gewalt eines rücksichtslos gestaltenden Willens über Europa gebreitet wurde. Aller Glanz der Waffen und der staatlichen Macht ist vergänglich. Dies aber ist Napoleons geschichtliche Bedeutung, daß er im Systeme des Empire die Grundlage einer neuen und gleichartigen Gesellschaft gelegt hat" [ebd., Bd. 1, 145].

Stadelmann: Aufklärung, Absolutismus, Revolution

Nach 1945 nahm die deutsche Geschichtsschreibung zunächst die Fragestellungen der zwanziger Jahre wieder auf. 1948 erschien R. STADELMANNS vieldiskutierter Beitrag zu dem Thema „Deutschland und Westeuropa" [493]. Auch STADELMANN ging noch von der Prämisse einer „eigenständigen" deutschen Entwicklung aus. Die französische Revolution bildete lediglich den Vergleichs- und Bezugspunkt, um von hier aus zu fragen, warum die Revolution in Deutschland ausblieb und durch „organische" Reformen ersetzt wurde. In diesem Zusammenhang verwies STADELMANN zum ersten Mal auf das reformerische Potential des Aufgeklärten Absolutismus. Seine Argumentation lief darauf hinaus, daß die nach den Maximen des Aufgeklärten Absolutismus regierten Länder gerade die vor der französischen Revolution fortschrittlichsten Staaten Europas gewesen seien, so daß hier anders als in Frankreich die Revolution verhindert und eine evolutionäre Entwicklung eingeleitet werden konnte.

Raumer: Die napoleonische Revolution in Deutschland

Dem Problem der „Kontinuität von Aufklärung, Revolution und Empire" ist auch die nach TREITSCHKE und SCHNABEL wichtigste Gesamtdarstellung der Epoche von 1789 bis 1815 gewidmet, die aus der Feder K. v. RAUMERS 1965 im Handbuch von BRANDT/MEYER/JUST erschien [354: Deutschland um 1800]. Hier wird erstmalig nicht mehr nur die preußische Reformzeit, sondern auch das napoleonisch-rheinbündische Reformwerk als bedeutender Ertrag für den „liberalen Geist" gewürdigt und ohne nationale Vorbehalte anerkannt. Die stärkere Beachtung der Rheinbundstaaten lenkte den Blick auch auf die Diskontinuitäten und Traditionsbrüche der deutschen Geschichte unter dem direkten Einfluß des revolutionären und napoleonischen Frankreich. Für RAUMER markiert die Rheinbundzeit eine Zäsur, die die vorrevolutionäre von der „modernen" Zeit trennt: „Die ‚Revolution von oben', die Napoleon auf dem Boden des sogenannten Dritten Deutschland von 1801–1812 auslöste, stellte nicht bloß in territorialer Hinsicht den umfassendsten Einsturz dar, den die deutsche Geschichte vor dem Jahr 1945 kennt. Ihre Bedeutung für die Erneuerung von Staat und Gesellschaft war gewaltig; für das geistige Bewußtsein, aber auch die politisch-soziale Wirklichkeit, kann der Einschnitt, den das erste Jahrzehnt des 19. Jahrhunderts für Deutschland gebracht hat, wenn auch bedingt mit dem des ersten Jahrzehnts der Reformation verglichen werden" [ebd., 266].

Die französische und angelsächsische Revolutionshistorie begann Mitte der fünfziger Jahre mit dem Versuch eines komparativen Forschungsansatzes, um die „Einheit der Epoche" wieder bewußt zu machen. 1955 trugen ROBERT R.

Palmer/ Godechot: Zeitalter der „atlantischen Revolution“

PALMER und JACQUES GODECHOT auf dem Internationalen Historikerkongreß in Rom ihre Konzeption von einem Zeitalter der „atlantischen Revolution“ vor, die von beiden Autoren in der Folgezeit zu einer Gesamtdarstellung der Epoche ausgebaut wurde [149: J. GODECHOT, Les révolutions; 197: R. R. PALMER, The Age of Democratic Revolution]. PALMER und GODECHOT gingen von der Beobachtung aus, daß gegen Ende des 18. Jahrhunderts nicht nur in Frankreich, sondern in ganz Europa wie in Amerika revolutionäre politische Konflikte ausbrachen, die zwar aus lokal begründeten Ursachen entstanden, aber doch auf allgemeine Entwicklungsprobleme der bürgerlichen Gesellschaft zurückgingen. Die französische Revolution erschien aus solcher Sicht nur als Teil und Höhepunkt einer umfassenden Emanzipationsbewegung, die sich in den einzelnen Ländern – in Amerika und Frankreich, in Irland, Holland, Belgien und der Schweiz, im linksrheinischen Deutschland, in Ungarn und in Polen – auf verschiedene Art und Weise und mit unterschiedlichem Erfolg manifestierte, jedoch die gleichen Zielsetzungen und die gleichen Prinzipien vertrat. Überall habe es sowohl eine Erhebung des Adels wie dann eine des Bürgertums gegeben, und überall seien die Erhebungen von Kriegen begleitet gewesen.

Gegen die Konzeption PALMERS und GODECHOTS sind zahlreiche kritische Einwände vorgebracht worden – bis hin zu dem Vorwurf sowjetmarxistischer Historiker, die These von der „atlantischen“ Umwälzung und der „demokratischen Revolution des Westens“ liefere nur die Rechtfertigungsideologie für das Militärbündnis der Nato. Viele Historiker verteidigten den einzigartigen Rang und die welthistorische Bedeutung der „großen“ französischen Revolution. Es ist bezweifelt worden, daß alle bei PALMER und GODECHOT aufgezählten Revolten und Umsturzbewegungen im Kern „demokratisch“ gewesen seien, und es wurde wiederholt darauf hingewiesen, daß der Faktor des „Feudalismus“ als auslösendes Moment in Nordamerika gerade fehlte. „Der wichtigste Einwand“, so resümiert E. SCHMITT [216: Einführung in die Geschichte der Französischen Revolution, 53 f.] das Ergebnis der Debatte, „ist wohl der, daß die komparatistische Methode bis heute zu wenig entwickelt ist, als daß mit ihrer Hilfe eine Analyse so tiefgreifender Veränderungsprozesse, wie es die Revolten und Revolutionen des späten 18. Jahrhunderts waren, voll befriedigend durchgeführt werden könnte.“ Die Konzeption PALMERS und GODECHOTS könne nur als Arbeitshypothese aufgefaßt werden, „die noch auf eine gründliche Bestätigung wartet“. Die meisten Werke der Revolutionshistorie blieben auch weiterhin um Frankreich zentriert.

Modernisierungstheorien

In der deutschen Geschichtswissenschaft dominiert in jüngster Zeit und im Zusammenhang mit der Diskussion über das „Theoriedefizit“ der Geschichte die Suche nach theoretischen Erklärungsmodellen des sozialen Wandels, die einen generalisierenden und komparativen Zugriff ermöglichen. So wurden vor allem die Modernisierungstheorien befragt, um inhaltliche Kriterien für den „Beginn der Moderne“ zu bestimmen oder präzisieren zu helfen. Die sozialwissenschaftliche Modernisierungsdebatte entstand im Anschluß an ältere Evolutionstheorien nach dem zweiten Weltkrieg im Hinblick auf die Probleme der unterentwickelten Länder. In dem Bemühen um eine Entwicklungsanalyse der Dritten Welt griff man erneut auf ältere Kontrastbegriffe wie „traditionale" und „moderne" Gesellschaft zurück und verfeinerte diese Begriffe in einem umfangreichen Katalog von deskriptiven Dichotomien (z. B. ländlich-agrarische Gesellschaft/städtisch-industrielle Gesellschaft; agrarische Subsistenzwirtschaft/industrielle Technologie; geringe Produktivität/hohe Produktivitätssteigerung; soziale Stabilität/soziale Mobilität; ständische Schichtung/egalitäre, auf Berufsleistung basierende Schichtung; lokale, personale Herrschaft/zentralisierte bürokratische Herrschaft; usf.). Der Ausdruck Modernisierung wurde dann aus seiner Beziehung zu den Entwicklungsländern gelöst und zu einer universellen Kategorie ausgeweitet. Er trat als übergreifender Terminus für soziale, politische und wirtschaftliche Entwicklungen verschiedenster Art an die Stelle älterer Begriffe wie „Industrialisierung", „Demokratisierung" und „Rationalisierung", mit denen jeweils nur Teile des umfassenden Wandlungsprozesses bezeichnet werden konnten. Es ist sowohl auf die inhaltliche Vagheit der Sammelbezeichnung als auch auf die assoziative Nützlichkeit des Modernisierungsbegriffs hingewiesen worden. Das Wort „modern", meint R. BENDIX [411: Modernisierung in internationaler Perspektive, 505], erwecke ungefähr gleiche Vorstellungen: es erinnere nicht nur an technische Erfindungen und industrielle Produktionssteigerung, sondern es löse zugleich auch Assoziationen mit der Demokratisierung von Gesellschaften aus, insbesondere mit der Zerschlagung überkommener Privilegien und der Erklärung gleicher Bürgerrechte für jedermann. Von hier aus verweist BENDIX auf den epochaltypischen Modernisierungsprozeß, der von der „Doppelrevolution" des 18. Jahrhunderts, der industriellen in England und der politisch-sozialen in Frankreich und Nordamerika, ausgegangen sei. „Modernisierung", so formuliert BENDIX, „ist also ein bestimmter Typ des sozialen Wandels, der im 18. Jahrhundert eingesetzt hat. Er besteht im wirtschaftlichen und politischen Vorangang einiger Pioniergesellschaften und den darauf folgenden Wandlungsprozessen der Nachzügler." „Jede Nachzüglergesellschaft steht . . . vor dem Problem, ihre historisch überkommene Struktur und ihre typischen Spannungen (einschließlich des Impulses zur Modernisierung) mit den Einwirkungen der von außen kommenden Ideen und Techniken in einen Zusammenhang zu bringen . . . Sie muß die Anziehungskraft der entwickelten Gesellschaft mit den Werten in Übereinstimmung bringen, die ihren eigenen Traditionen innewohnen."

Pionier- und Nachzüglergesellschaften im 18. Jh.

Die Frage nach dem Interdependenzproblem im Spannungsverhältnis von Pionier- und Nachzüglergesellschaften wurde von der neueren, sozial- und strukturgeschichtlich orientierten Absolutismusforschung aufgenommen [409: K. O. FRHR. v. ARETIN, Hrsg., Der Aufgeklärte Absolutismus; 459: F. KOPITZSCH, Hrsg., Aufklärung, Absolutismus und Bürgertum in Deutschland]. Der veränderte methodische Ansatz führte zur Aufdeckung des Zusammenhangs zwischen der ökonomischen Entwicklung und der Ausbildung des Aufgeklärten

Absolutismus, der – so lautet die Gegenthese zu STADELMANNS älterer Argumentation über das Verhältnis von Aufklärung und „fortschrittlichem" Reformmonarchismus – nur in ökonomisch rückständigen Ländern möglich gewesen sei. STADELMANN, so meint ARETIN, habe Ursache und Wirkung verwechselt: „Die geradezu unerträgliche Tyrannei des sich in alles und jedes einmischenden Aufgeklärten Absolutismus konnte sich in jenen Ländern nicht entwickeln, die ein reiches und selbstbewußtes Bürgertum besaßen, das wiederum die Voraussetzung zur Revolution war . . . Daher konnte der Aufgeklärte Absolutismus ebensowenig die Revolution in irgendeinem Land verhindern, wie die Revolution in einem Land ausbrechen konnte, das das Stadium des Aufgeklärten Absolutismus durchmachte" [ebd., 39]. Ökonomisch gesehen, stellt der Aufgeklärte Absolutismus nach ARETIN den Versuch dar, den wirtschaftlichen Rückstand gegenüber England, Holland und Frankreich aufzuholen, ohne daß es gelang, den Freiheitsraum zu schaffen, den eine nach „kapitalistischen" Grundsätzen aufgebaute Industrie und ein so organisierter Handel benötigten. Es läßt sich deshalb bezweifeln, ob der Reformmonarchismus im Endergebnis dasselbe wollte wie die Revolution.

Mit den neuen Forschungsergebnissen stellte sich erneut das Periodisierungsproblem. Ist die Reformära des frühen 19. Jahrhunderts, die gleichfalls unter dem Zwang stand, das Ancien Régime zu modernisieren, der letzten Phase des bürokratisch-aufgeklärten Absolutismus zuzurechnen oder dem „Beginn der Moderne" als einer historisch „Neuen Zeit"? Die „Sozialgeschichte der deutschen Aufklärung" (KOPITZSCH) hat diese Alternative als unangemessen zurückgewiesen und auf das Mischungsverhältnis von „Tradition" und „Moderne" in der „Übergangszeit" aufmerksam gemacht; sie hat andererseits die Bedeutung der „zweiten großen Reformwelle" nicht unterschätzt, „die im beginnenden neunzehnten Jahrhundert ganz Deutschland erfaßte und es grundlegender veränderte, als dies der Aufgeklärte Absolutismus jemals erreicht hatte" [KOPITZSCH, ebd., 58].

Beginn der Moderne

Stärker wird die Zäsur der westeuropäischen Doppelrevolution auf der Epochenschwelle vom 18. zum 19. Jahrhundert in den „Studien zum Beginn der modernen Welt" des Heidelberger Arbeitskreises für moderne Sozialgeschichte betont. Ein von R. KOSELLECK 1977 herausgegebener Sammelband [463], der einen Einblick in die Bemühungen vermittelt, die Modernisierungstheorie für die europäische Sozialgeschichte fruchtbar zu machen, geht von der Prämisse aus, daß erst die mit der französischen Revolution einsetzende Vorstellung einer „neuesten Zeit" den entscheidenden Erfahrungswandel erbrachte. Indem die „Gleichzeitigkeit des Ungleichzeitigen zur Grunderfahrung aller Geschichte" wird, so führt KOSELLECK [ebd., 281 f.] aus, entsteht ein „ständiger Impuls zum progressiven Vergleich". Er gründet auf der nun auch historisch vermittelten Erfahrung, „daß einzelne Völker oder Staaten, Erdteile, Wissenschaften, Stände oder Klassen den anderen voraus seien, so daß schließlich – seit dem achtzehnten Jahrhundert – das Postulat der Beschleunigung oder – von seiten der

Zurückgebliebenen – des Ein- oder Überholens formuliert werden konnte". Wie das lexikalische Unternehmen „Geschichtliche Grundbegriffe" des Heidelberger Arbeitskreises aufzuzeigen versucht, spiegelt sich diese „Erfahrung der Neuzeit" im tiefgreifenden und sich beschleunigenden Bedeutungswandel zentraler politisch-sozialer Begriffe. In der „Sattelzeit" von etwa 1750 bis 1850 werden die neuartigen zukunftsorientierten und ideologisch verwendbaren Bewegungsbegriffe wie „Revolution", „Emanzipation", „Republikanismus" oder „Liberalismus" zu Indikatoren und Faktoren politisch-sozialer Veränderungen [vgl. 488: J. SCHLUMBOHM, Freiheit]. In den begriffsgeschichtlichen Studien wird so das Problem der Modernisierung auf seine semantischen Voraussetzungen hin analysiert.

Die auf die sozioökonomischen Folgewirkungen der Doppelrevolution fixierte Modernisierungsforschung hat bisher in erster Linie den Modernisierungsprozeß parallel zum Prozeß der Industrialisierung untersucht, bei dem sich – trotz unterschiedlicher soziopolitischer Konstellationen und Systeme – eine gewisse Gleichgerichtetheit der Strukturveränderungen aufweisen läßt. Der Zeitabschnitt von 1789 bis 1815 fällt dann in eine Epoche langfristiger Strukturwandlungen im Übergang von der ständisch-agrarischen zur industriekapitalistischen und liberal-demokratischen Gesellschaftsordnung. So konnte die napoleonische Ära von französischen Historikern als eine bloße „Episode" bezeichnet werden [246: L. BERGERON, J. LOVIE, A. PALLUEL-GUILLARD, L'épisode napoléonien]. Neuere Gesamtdarstellungen bevorzugen die Untersuchung eines breiteren Zeitraumes [112: L. BERGERON, F. FURET, R. KOSELLECK, Das Zeitalter der europäischen Revolution 1780–1848; 242: E. WEIS, Der Durchbruch des Bürgertums 1776–1847]. Gerade die Darstellung von E. WEIS läßt jedoch auch erkennen, wie entscheidend die Modernisierungs*politik* und die politisch-sozialen Veränderungen im napoleonischen Europa den weiteren Verlauf der deutschen und kontinentaleuropäischen Geschichte im 19. Jahrhundert geprägt und bestimmt haben.

Neuere Gesamtdarstellungen

2. Streitfragen über die Ursachen der englischen industriellen Revolution

In der Fülle der Literatur über die Anfänge der englischen industriellen Revolution lassen sich drei Perioden der Forschungsgeschichte mit je eigenen Fragestellungen ausmachen. Die „Klassiker" der älteren Forschung, namentlich Toynbee [1884], Mantoux [1906] und Cunningham [1907], begriffen die industrielle Revolution als den entscheidenden Wendepunkt in der Wirtschafts*politik* vom Merkantilismus zum Prinzip des laissez-faire. Am detailliertesten beschrieb Mantoux die „vorbereitenden Veränderungen": die Expansion des Handels- und Kreditwesens, aber auch schon die Fortschritte in der Landwirtschaft. Die Kausalanalyse beschränkte sich noch auf die Darstellung der Kapitalakkumulation. Die Profite aus dem florierenden Handel, vor allem aus dem Kolonialhandel, und die Gewinninflation in der Landwirtschaft schufen demnach wachsende Ersparnisse zur Finanzierung der industriellen Unternehmen und ihrer technischen Ausrüstung. Der Veränderungsvorgang selber wurde auf die Durchsetzung der neuen Produktionstechniken, die Entwicklung des Fabriksystems und die Entstehung der Lohnarbeiterschaft zurückgeführt.

Ältere Forschung

In der Zwischenkriegszeit verlagerte sich der Forschungsschwerpunkt. Die von der neueren Wirtschaftswissenschaft im Anschluß an Keynes ausgelöste Diskussion über Wachstumsmodelle und die Versuche der Nationalökonomen, das Verhältnis zwischen dem input an Kapital, Arbeit, technischem Wissen und den Wachstumsraten des output zu definieren, lenkten auch das historische Interesse auf die gesamtwirtschaftlich das Wachstum bestimmenden Determinanten. Die Rolle des Handels- und Bankkapitals bei der englischen Industriefinanzierung wurde geringer veranschlagt als in der älteren Forschung. Die Sozialgeschichte beschäftigte sich nicht mehr allein mit der Lage der Arbeiter, sondern mit den gesamtgesellschaftlichen Bedingungen und Begleiterscheinungen des Wachstumsprozesses. Die verschiedenen wirtschaftlichen und soziokulturellen Teilaspekte wurden 1948 in der Gesamtdarstellung von T. S. Ashton [76: The Industrial Revolution, 21] zusammengefaßt: „Das Zusammentreffen von wachsendem Angebot an Land, Arbeit und Kapital ermöglichte die Expansion der Industrie. Kohle und Dampf lieferten Brennstoff und Energie für die Massenproduktion; niedrige Zinssätze, steigende Preise und hohe Gewinnaussichten wirkten als Anreiz. Aber hinter allen diesen nachweisbaren materiellen Faktoren steckte mehr. Der Handel mit fernen Gegenden hatte das Weltbild des Menschen und die Wissenschaft sein Verständnis des Universums erweitert: die Industrielle Revolution war auch eine geistige Revolution." Ashton, wie vor ihm schon Clapham [1926], revidierte das Elendsbild, das seit Friedrich Engels über die Lage der englischen Arbeiterklasse gezeichnet worden war. Die Annahme eines umfassenden wirtschaftlichen Wachstums korrigierte die idyllische Vorstellung

Übernahme der Wachstumstheorien

vom vorindustriellen Landleben und führte zu der „optimistischen" Ansicht, daß die industrielle Revolution Stagnation, Immobilität, Massenarmut und Hungerkrisen beseitigt und den Lebensstandard auch der Massen verbessert habe.

Komparatistische Analysen

In den fünfziger und sechziger Jahren verknüpfte sich das historische Interesse mit dem aktuellen Bemühen, die Probleme der unterentwickelten Länder zu verstehen. Die „erste" industrielle Revolution gewann eine paradigmatische Bedeutung für die vergleichende Analyse frühindustrieller Entwicklungsmechanismen. A. Gerschenkron [91: Economic backwardness in historical perspective] und D. S. Landes [101: Der entfesselte Prometheus] untersuchten die Vor- und Nachteile der Pionierrolle Englands und die Chancen der wirtschaftlich rückständigen Länder auf dem Kontinent, den englischen Vorsprung einzuholen. Die Erforschung der Ausgangsbedingungen für die Transformation traditionaler Gesellschaften erforderte zugleich eine Systematisierung der Kausalanalyse. R. M. Hartwell [95: The causes of the Industrial Revolution in England] wandte sich – bei aller Einsicht in die Schwierigkeit, die relative Bedeutung einzelner Ursachen der industriellen Revolution festzustellen – gegen die unsystematische Methode der Historiker, Ursachen beliebig zu arrangieren oder die Erklärung in einer „Hauptursache" zu suchen. Es sei notwendig, die strategischen Variablen der englischen Wirtschaft und ihre funktionalen Beziehungen zu definieren. Man gewönne schon viel mit dem Versuch, exogene und endogene Faktoren, die den Wandel verursachten, zu unterscheiden und gegeneinander abzuwägen.

Die Ausweitung der einzubeziehenden Variablen stellte eine Fülle neuer Erklärungsansätze zur Verfügung, ohne daß es allerdings gelang, die jeweiligen Ursachen exakt anzugeben und direkte Kausalitätsverhältnisse festzustellen. „Man fände wohl keine zwei Historiker", vermutet D. S. Landes in seiner europäischen Wirtschaftsgeschichte [101: Der entfesselte Prometheus, 28], „die sich über die ‚Ursachen' des ökonomischen Fortschritts in Europa einigen könnten." Letztlich, so meint K. Borchardt [77: Probleme der ersten Phase der industriellen Revolution, 13], sei „in einem interdependenten System das Zurechnungsproblem nicht lösbar". Diskutiert werden vor allem folgende Streitfragen: Über welche Zeitdauer erstreckte sich die englische industrielle Revolution und wie radikal war der Wandel tatsächlich? Kommt der Binnenmarkt- oder der Außenmarktnachfrage, dem Agrarsektor oder dem Produktionsgüterbereich die größere strategische Bedeutung für die Beschleunigung des wirtschaftlichen Wachstums zu? Soll die Baumwollindustrie oder die Eisenindustrie als „Leitsektor" der Industrialisierung angesehen werden? Welche Faktoren im Ursachengeflecht kann man als exogen, welche als endogen bezeichnen? Inwieweit wird der Prozeßverlauf von außerökonomischen Faktoren und soziokulturellen Antriebskräften bestimmt? Brachte die industrielle Revolution auch den Massen eine Verbesserung ihrer Lebenshaltung oder überwiegen ihre zerstörerischen Aspekte?

Erweiterung der Frageansätze

Datierung der englischen industriellen Revolution

Die Datierung der industriellen Revolution hängt von der Wahl der Kriterien ab, die zur Erklärung ihrer Ursachen für wichtig gehalten werden. Die ältere Forschung setzte mit Toynbee das Stichjahr 1760 an, weil sich in den sechziger

Jahren mit den Erfindungen der technische Fortschritt anbahnte. Allerdings waren die ersten mechanisierten Fabriken erst Vorboten einer Entwicklung, die Adam Smith in seinem 1776 erschienenen Werk „The wealth of nations“ noch gar nicht zur Kenntnis nahm. Die Agrarhistoriker haben die „agricultural revolution“ immer mehr ins 17. Jahrhundert zurückverlegt. Der vom Agrarsektor ausgehende Einfluß auf das gesamtwirtschaftliche Wachstum blieb jedoch umstritten. Die neuen Anbaumethoden und Agrartechniken fanden nicht sofort und überall Verbreitung. Da der Höhepunkt der Enclosure-Bewegung mit den Anfängen der Strukturveränderungen im Produktionsgüterbereich zusammenfiel, zählt die Agrarrevolution – vom zeitlichen Verlauf her gesehen – nicht zu den „Voraussetzungen“ der industriellen Revolution. Auch die seit Marx oft wiederholte These, daß im Gefolge der Enclosures die von ihrem Land vertriebenen Bauern die „industrielle Reservearmee“ gestellt hätten, gilt seit der Arbeit von J. D. Chambers [Enclosure and labour supply in the Industrial Revolution, in: 92: D. V. Glass/ D. E. C. Eversley, Hrsg., Population in history, 308 ff.] als widerlegt. Eine massenhafte Landflucht läßt sich aus den Quellen nicht nachweisen.

Unterscheidet man den Beginn der Strukturveränderungen der industriellen Revolution von deren Durchsetzung, registriert etwa in erhöhten Wachstums- und Investitionsraten, so fällt die Zäsur erst in die achtziger Jahre. Die take-off-Theorie von W. W. Rostow [107: Stadien wirtschaftlichen Wachstums] legte den entscheidenden Durchbruch zur Wachstumsperiode – in der „Wachstum zum Normalzustand wird“ – auf die zwei Jahrzehnte von 1783–1802 fest. Vor 1780 betrug die Wachstumsrate der Industrieproduktion weniger als 2%, nach 1780 zwischen 3 und 4%. Diese Angaben blieben allerdings umstritten. Neuere statistische Untersuchungen gehen davon aus, daß das Wirtschaftswachstum bis in die 1820er Jahre mit einer jährlichen Zunahme von 1,5 oder 1,6% „bestenfalls bescheiden“ ausfiel [110: J. G. Williamson, Why was British growth so slow during the Industrial Revolution?; vgl. 83: N. F. R. Crafts, British economic growth; 94: C. K. Harley, British Industrialization before 1841]. Das Ende der industriellen Anlaufphase fällt demnach erst in die 30er und 40er Jahre des 19. Jahrhunderts.

Leitsektoren: Baumwoll- oder Eisenindustrie?

Die Kontroverse über die „führenden“ Industriezweige hängt mit dem Periodisierungsproblem eng zusammen. Diejenigen Historiker, die wie Ph. Deane [85: The First Industrial Revolution; 86: Die industrielle Revolution] im Baumwollboom mehr eine Art Symptom sehen und die „Führungsrolle“ der Eisenindustrie zuweisen, weil von ihr die bedeutenderen Wirkungen auch auf andere Industrien ausgingen, bevorzugen eine späte Datierung der industriellen Revolution. Ph. Deane vertritt die These, daß der Übergang zu anhaltendem Wachstum erst durch die Steigerung der Eisenproduktion möglich geworden ist. Über die Baumwollindustrie schreibt sie: „Genau genommen war ihre bemerkenswerte Expansion nicht hinreichend kräftig oder für sich selbst genommen durchdringend, um die englische industrielle Revolution zu stimulieren, obgleich sie sicherlich ein wichtiger Teil von ihr ist" [85: The First Industrial Revolution, 99]. Für das zeitgenössische Bewußtsein hingegen geschah das auffällig Neue in der Baumwollproduktion. „Wer industrielle Revolution sagt, meint Baumwolle", so urteilt E. J. HOBSBAWM [100: Industrie und Empire, 55]: „Wenn wir an sie denken, sehen wir, wie die zeitgenössischen ausländischen Besucher Englands, die neue Stadt Manchester vor uns, die sich zwischen 1760 und 1830 um das Zehnfache vergrößerte (von 17 000 auf 180 000 Einwohner), in der wir ‚Hunderte fünf- bis sechsgeschossige Fabriken bemerken, jede mit einem turmhohen Schornstein daneben, der schwarzen Kohlenrauch ausstößt', eine Stadt, die ihren Namen der liberalen Wirtschaftsschule gab, welche die Welt beherrschte. Es kann keinen Zweifel geben, daß dieser Eindruck richtig ist. Zwar gründet sich die britische Industrielle Revolution keineswegs *nur* auf Baumwolle oder Lancashire oder gar Textilien, und die Baumwolle verlor ihren Vorrang nach wenigen Generationen. Dennoch war sie das Hauptelement der industriellen Umwandlung . . ."

Größere Bedeutung der Binnenmarkt- oder Außenmarktnachfrage?

Wer diese Ansicht teilt, wird dem Exportmarkt für Baumwolle, der „weit dynamischer und ausbaufähiger war" [HOBSBAWM, ebd. 41], mehr Bedeutung beimessen als dem Binnenmarkt – trotz der Argumente, die vor allem ASHTON [76: The Industrial Revolution] für die größere Stabilität der Binnenmarktnachfrage angeführt hat. Auch HOBSBAWM räumt allerdings ein, „daß beide Kräfte auf unterschiedliche Weise wichtig waren". Wer andererseits die langfristigen Ursachen des Wachstumsprozesses betont, wird mit R. M. HARTWELL feststellen: „Die wichtigsten Wachstumsimpulse müssen vom Binnenmarkt ausgegangen sein, da im 18. Jahrhundert die Expansion des Marktes der industriellen Expansion voranging" [Die Ursachen der industriellen Revolution, in: 78: R. BRAUN u. a., Hrsg., Industrielle Revolution, 50; zuletzt hierzu 84: R. DAVIS, The Industrial Revolution and British overseas trade, Leicester 1979].

Langsames wirtschaftliches Wachstum oder radikaler Wandel?

Die Annahme eines langen Prozesses, in dessen Verlauf alle wichtigen Faktoren des Wirtschaftswachstums kumuliert wurden, die schließlich zusammenwirkend den ökonomischen und technologischen Durchbruch ermöglichten, läßt es zugleich fraglich erscheinen, ob die industrielle Revolution überhaupt eine der großen Diskontinuitäten in der Geschichte darstellt. Natura non facit saltum – die Natur macht keine Sprünge, so lautet die Schlußfolgerung HARTWELLS, die er mit der nur scheinbar paradox klingenden Frage verknüpft: „Benötigen wir überhaupt eine Erklärung der Industriellen Revolution? Könnte sie nicht der Höhepunkt einer alles andere als aufsehenerregenden Entwicklung, die Folge einer langen Periode langsamen wirtschaftlichen Wachstums sein?" [ebd., 52]. Weniger von den Ursachen als von den Wirkungen her gesehen, bleibt freilich die industrielle Revolution „die gründlichste Umwälzung menschlicher Existenz in der Weltgeschichte, die jemals in schriftlichen Dokumenten festgehalten wurde" [100: E. J. HOBSBAWM, Industrie und Empire, 11]. HARTWELLS Interpretation macht jedoch deutlich, daß sich Kontinuität und Diskontinuität auch in der ökonomischen Entwicklung nicht scharf voneinander trennen lassen. Die

Erörterung langfristiger Wachstumsprozesse führte so zu einer kritischeren Verwendung des Begriffs „Revolution", mit dem sich in der älteren Forschung wie selbstverständlich die Vorstellung eines raschen, radikalen Wandels verbunden hatte. Neuerdings ist sogar von dem „Mythos einer britischen Industriellen Revolution" gesprochen worden [90: M. FORES].

Die Bedeutung der Region für die Industrialisierung

Von den Rahmenbedingungen der Volkswirtschaft her gesehen, mag die stärkere Betonung des evolutionären Charakters der Industrialisierung gerechtfertigt erscheinen. Eine solche Betrachtungsweise läuft allerdings Gefahr, spektakuläre Erfolge wie die der Baumwollindustrie in die gesamtwirtschaftliche Entwicklung, die weniger sprunghaft verlief, gleichsam statistisch einzuebnen. Dagegen hat S. POLLARD [106: Peaceful conquest] mit einigem Recht die Bedeutung einer Region wie Lancashire hervorgehoben, die als Vorposten der industriellen Revolution das rückständige Umland nach und nach eroberte. „Die britische industrielle Revolution", so lautet seine Kernthese, „war vor allem ein regionales Phänomen" [ebd., 14].

Autonomie der soziokulturellen Antriebskräfte?

Das schwierigste Forschungsproblem besteht wohl nach wie vor in der Analyse der kausalen Beziehungen zwischen den wirtschaftlichen und soziokulturellen Antriebskräften der industriellen Revolution. Die älteste aller Streitfragen lautet immer noch: „Wer entfesselte Prometheus?" Schon T. S. ASHTON [76: The Industrial Revolution] und – mit noch größerem Nachdruck – M. W. FLINN [88: The origins of Industrial Revolution] haben betont, daß die industrielle Revolution mehr war als eine bloße Produktivitätssteigerung der Wirtschaft. „Die Haupterfindungen des Vierteljahrhunderts nach 1760 waren direkte und unmittelbare Produkte der sozio-religiösen Wandlungen", schrieb FLINN im Anschluß an die religionssoziologische Interpretation Max Webers [ebd., 102]. Auch D. S. LANDES [101: Der entfesselte Prometheus] legt besonderes Gewicht auf die sozio-kulturellen Voraussetzungen der industriellen Revolution: relative Offenheit und gesteigerte Mobilität der englischen Gesellschaft, die Rolle des religiösen und sozialen Dissidententums, veränderte menschliche Auffassungen und Verhaltensweisen, besonders eine rationale Einstellung zum Reichtum, „faustische Ethik", etc. Aber kann man diese Faktoren als exogene, vom Prozeßverlauf unabhängige Variablen bezeichnen? Für HARTWELL liegt die Schlußfolgerung näher, „daß das Gewinnstreben von Möglichkeiten abhing, Gewinne zu erzielen, und daß die Möglichkeit wiederum von den wirtschaftlichen Veränderungen im 18. Jahrhundert abhing" [Die Ursachen der industriellen Revolution, in: 78: R. BRAUN u. a., Hrsg., Industrielle Revolution, 52]. Und selbst LANDES' Stellungnahme zu der vieldiskutierten Frage, ob die neue Technologie Ursache oder Wirkung der Wirtschaftsentwicklung gewesen sei, lautet: „Die Tatsache, daß bereits vorher Wohlstand und Erfahrungen vorhanden waren, war ein wesentlicher Grund dafür, daß sich die technologischen Neuerungen z. B. in der Eisen- und der chemischen Industrie so rasch einbürgerten . . . Die Erfindungen waren zum Teil deshalb möglich, weil das Wachstum und die Prosperität der Industrie sie dringend erheischten; und diese trugen dazu bei, daß die Erfindungen sehr schnell in weitem Umfang Verwendung fanden“ [101: Der entfesselte Prometheus, 73]. Welche Ursachen auch immer untersucht wurden – Erfindungen und Innovationen, die Außenhandelsnachfrage, die Kapitalakkumulation, das Bevölkerungswachstum, das Gewinnstreben und die unternehmerische Risikobereitschaft – stets stellte sich heraus, daß sie keine autonomen Variablen, sondern Ausdruck des Wachstums selbst waren.

Kontroverse über die Ursachen der Bevölkerungsexplosion

Die Diskussion über die Erweiterung der zur Verfügung stehenden Produktionsfaktoren, so vor allem die Bevölkerungszunahme, liefert ein besonders gutes Beispiel. Die medizingeschichtliche Erklärung – Absinken der Sterberate durch verbesserte Hygiene, Pockenimpfungen, Ausbleiben externer Schocks (Kriege, Seuchen etc.) und Geburtenüberschuß als ganz „normale“ Reaktion auf die vorhergehende Periode hoher Mortalität – schien jenen Historikern recht zu geben, die im Bevölkerungswachstum ein autonomes Ereignis und/oder die Hauptursache des Wirtschaftswachstums sehen wollten [vgl. 92: D. V. GLASS/D. E. C. EVERSLEY, Hrsg., Population in history]. Andererseits läßt sich jedoch der Rückgang der Hungersterblichkeit auch auf landwirtschaftliche Produktionssteigerungen bzw. eine verbesserte Lebensmittelversorgung und damit auf wirtschaftliche Fortschritte zurückführen.

Wie über die wirtschaftlichen und sozialen Ursachen so läßt sich auch über die Ergebnisse, insbesondere über die sozialen Konsequenzen der industriellen Revolution, nur schwer ein Konsens herbeiführen. Zwar findet sich in fast allen Darstellungen zur englischen Wirtschaftsgeschichte eine Schilderung der äußerst schlechten Lebens- und Arbeitsbedingungen der Lohnarbeiter. Auch wenn die schlimmsten Mißstände – Wohnungselend, Krankheit, Sittenlosigkeit, Analphabetentum, Praktiken grober Unternehmer etc. – erst im Verlauf der ersten Hälfte des 19. Jahrhunderts weit verbreitet auftraten, so ist man sich doch einig darüber, daß der Lebensstandard der Arbeiter von Anfang an extrem niedrig war. Dennoch wurde die auf Marx und Engels zurückgehende Verelendungstheorie immer wieder in Frage gestellt. Die Kontroverse zwischen „Pessimisten“ (P. MANTOUX, J. L. und B. HAMMOND, in jüngster Zeit: E. J. HOBSBAWM) und „Optimisten“ (J. H. CLAPHAM, T. S. ASHTON u. a.) spitzte sich auf die Frage zu, ob sich der Lebensstandard der Massen, speziell der Arbeiter, nicht doch im Vergleich zur vorindustriellen Zeit verbessert habe. [Vgl. 109: A. J. TAYLOR, Hrsg., The standard of living in Britain; zuletzt hierzu 103: P. H. LINDERT/J. G. WILLIAMSON, English workers' living standards]. Das statistische Material gibt nur unzureichend Auskunft. Ziemlich sicher ist, daß das Sozialprodukt pro Kopf der Bevölkerung anstieg, aber das besagt noch nichts über die Verteilung der Einkommen. Verläßliche Preis- und Lohnindices liegen nicht vor. In der Periode der Kriege scheint die Preissteigerung größer gewesen zu sein als die Nominallohnsteigerung. Andererseits ist anzunehmen, daß das Familieneinkommen bei zunehmender Beschäftigung nicht so stark absank. Auch die „Optimisten“ geben allerdings zu, daß sich zwischen 1780 und 1820 das Lebenshaltungsniveau der Arbeitenden wohl kaum verbesserte. Ein eindeutiger Anstieg

Die Verelendungskontroverse: „Optimisten“ und „Pessimisten“

der Reallöhne ist erst seit den 1840er Jahren zu verzeichnen. Ebenso schwierig ist es, Ausgabenstrukturen, Nahrungs- und Konsumgewohnheiten zu erörtern. Bis zum späten 18. Jahrhundert sind nur wenige Haushaltsrechnungen überliefert. Möglicherweise läßt das Absinken der Sterberate auf eine bessere Ernährung schließen. Jedenfalls wurde das fortgesetzte Bevölkerungswachstum nicht von einer Senkung des Lebensstandards begleitet, und schon dies ist im Vergleich zur vorindustriellen Zeit bedeutsam genug.

Letztlich läßt sich jedoch der Streit zwischen „Optimisten" und „Pessimisten" nicht durch statistische Berechnungen entscheiden. Statistische Angaben, so meint Hobsbawm [100: Industrie und Empire, 80], „sind wichtig, aber auch irreführend. Ob die Industrielle Revolution den meisten Briten absolut oder relativ mehr und bessere Nahrung, Kleidung und Wohnung verschaffte, ist selbstverständlich für jeden Historiker von Interesse. Doch er geht am Kern der Sache vorbei, wenn er vergißt, daß sie nicht einfach ein Additions- und Subtraktionsvorgang war, sondern eine *fundamentale soziale Umwandlung*. Sie veränderte das Leben der Menschen so sehr, daß es nicht wiederzuerkennen war; oder, um genau zu sein, sie zerstörte in ihrem Anfangsstadium ihre alte Lebensweise und überließ es dann ihnen, eine neue für sich zu entdecken, wenn sie es konnten und wußten, wie das zu machen war. Aber sie ließ nicht erkennen, wie sie das machen sollten."

3. Die französische Revolution als Modernisierungskrise: Bruch oder Kontinuität?

Wie kaum ein anderes Thema ist die Geschichtsschreibung über die französische Revolution von weltanschaulich-politischen Frontstellungen geprägt. Die klassischen Werke der Revolutionshistorie lassen sich jeweils einer konservativen, liberal-bürgerlichen, sozialistischen oder sowjetmarxistischen Interpretationsrichtung zuordnen. Die konservativen Kritiker der Revolution bilden die älteste Schule. Ausgehend von Burkes „Reflections on the Revolution in France" und den schon zeitgenössischen Konspirations- und Komplotthesen, wonach die Verschwörung der Freimaurer und Jakobiner die Revolution planmäßig herbeigeführt habe, identifizierten sie die Revolution mit der jakobinischen Terrorherrschaft, von der sich die altüberkommene, „gewachsene" Ordnung des Ancien Régime vorteilhaft abhob. Die Revolution verkörperte die „abstrakten" Prinzipien willkürlicher Veränderung. Für Hippolyte Taine, dessen sechsbändige Gesamtdarstellung von 1876–1894 erschien, waren die Jakobiner konspirative Volksverführer; zu ihren Anhängern zählte der „niedrigste Pöbel". Wenn auch die Verschwörungstheorie heute als widerlegt gilt, so hielt sich doch in der konservativen Geschichtsschreibung die These, daß die Schreckensherrschaft einer aktiven Minderheit „das eigentliche Wesen der Revolution" darstelle [141: P. Gaxotte, Die Französische Revolution, 259].

Die konservative Interpretation

Als erster entwarf 1823 Adolphe Thiers aus der Sicht des liberalen Großbürgers ein positives Gegenbild, das die liberalen Errungenschaften der Revolution hervorhob: die Erklärung der Menschen- und Bürgerrechte, das Reformwerk der Konstituante, die Verfassung von 1791. Der Romantiker Jules Michelet prägte die idealisierende Vorstellung vom „guten Volk", das seine Ketten zerbrochen habe. In der Zeit der Dritten Republik gelang es Alphonse Aulard, auch der Jakobinerdiktatur positive Aspekte abzugewinnen. Er stilisierte Danton zum umsichtigen pragmatischen Republikaner und zum nationalen Helden des bedrohten Vaterlandes. Die Verantwortung für die Schreckensherrschaft wurde seinem „Gegenspieler" Robespierre aufgebürdet. Schließlich überdeckte Clémenceau die differenzierende Beurteilung der Historiker mit seiner berühmten „Blockthese": „La Révolution est un bloc!" Die Französische Revolution wurde zum nationalen politischen Mythos.

Die liberale Interpretation

Auf ganz andere Weise aktualisierten die sozialistischen Interpreten das Erbe der Revolution. Die Phase der Terreur wurde als Höhepunkt der französischen Revolution und als Vorstufe einer egalitären Gesellschaftsverfassung angesehen. Ältere Ansätze aus der Zeit der Februarrevolution von 1848 aufgreifend, verfaßte Jean Jaurès 1901–1904 die erste „Histoire socialiste de la Révolution française". In ihrer Nachfolge stehen die bedeutenden Gesamtdarstellungen von A. Mathiez [186], G. Lefebvre [174] und A. Soboul [225]. Mathiez lieferte erst-

Die sozialistische und marxistisch-leninistische Interpretation

malig eine umfassende Analyse der wirtschafts- und sozialpolitischen Maßnahmen der Jakobiner. Die „Terreur" diente aus seiner Sicht dem Ziel einer revolutionären Umgestaltung der Besitzverhältnisse. So wurden die Jakobiner bei MATHIEZ zu den Vorfahren der russischen Oktoberrevolution. LEFEBVRE und SOBOUL betonten ihrerseits die progressiven Züge des jakobinischen Egalitarismus; sie bestritten allerdings die „sozialistischen" Zielsetzungen der Robespierristen, die nie daran gedacht hätten, das Privateigentum aufzuheben. LEFEBVRE begründete die dirigistische Wirtschaftspolitik und die Terrormaßnahmen auch mit den Zwängen der Kriegs- und Notdiktatur. Bei SOBOUL fällt der dynamische Part im Revolutionsgeschehen den ländlichen und städtischen „Volksmassen" zu, deren soziales und politisches Instrument die jakobinische Diktatur gewesen sei. Die Gleichheitsrepublik blieb jedoch nach SOBOUL „im Bereich der Antizipationen, des niemals erreichten, aber stets erstrebten Ikariens" [225: Die Große Französische Revolution, 573]. Nachdrücklicher noch als SOBOUL betonte die sowjetmarxistische Geschichtsschreibung (V. P. VOLGIN, V. M. DALIN, A. R. NAROČNICKIJ, A. R. IOANNISIAN, A. V. ADO, V. S. ALEKSEEV-POPOV, A. Z. MANFRED), der auch einige französische und DDR-Historiker nahestehen (C. MAZAURIC, W. MARKOV), die aktivistischen Elemente der „Volksrevolution" und das kommunistische Gedankengut, insbesondere bei Babeuf. Der Leipziger Historiker W. MARKOV, Herausgeber mehrerer Sammelwerke, die einen Einblick in diese Forschungsrichtung vermitteln [182: Jakobiner und Sansculotten; 183: Robespierre], ergänzte MAZAURICS Babeufstudie [188: Babeuf et la conspiration pour l'égalité] durch seine Arbeiten über Jacques Roux und die Enragés [184: Die Freiheit des Priesters Roux; Exkurse zu Jacques Roux].

Die sozialistische und marxistische Interpretation ging davon aus, daß die Revolution das Ergebnis eines Klassenkampfes zwischen Bourgeoisie und Feudaladel gewesen sei. Allerdings habe erst die Unterstützung der Bauern und der städtischen Unterschichten die kompromißlose Liquidierung des Ancien Régime ermöglicht. Als die revolutionäre „Klassenallianz", die von LEFEBVRE als „Volksfront" bezeichnet wird, 1794 zerbrach, habe sich das Bürgertum zur alleinherrschenden Klasse erhoben. Der Sieg des Bürgertums bedeute zugleich den Durchbruch des modernen Kapitalismus. Im Rahmen der marxistisch-leninistischen Geschichtstheorie markiert so die französische Revolution die Ablösung des Feudalismus durch den Kapitalismus und damit eine Etappe in der kontinuierlichen Aufwärtsentwicklung der Gesellschaft. LEFEBVRE hat darüber hinaus die Einzigartigkeit des französischen Ereignisses betont. Als Révolution de la liberté habe die Revolution die modernen bürgerlichen Freiheiten geschaffen; als Révolution de l'égalité habe sie eine soziale Demokratie zu verwirklichen versucht; als Révolution de l'unité habe sie den ersten nationalen Einheitsstaat errichtet. Auch die sozialistische Interpretation trug so dazu bei, daß der französischen Revolution der höchste Stellenwert im Selbstverständnis Frankreichs verliehen wurde. Es ist von hier aus begreiflich, daß die von R. R. PALMER zur Debatte gestellte These einer „atlantischen Revolution" (vgl. Kap. II, 1) bei französischen Historikern – mit Ausnahme von J. Godechot – auf Ablehnung stieß.

Standardwerke zur Wirtschafts- und Sozialgeschichte

Die „Schule" Mathiez/Lefebvre/Soboul gab entscheidende Anregungen für die weitere Forschung, insbesondere im Bereich der Wirtschafts- und Sozialgeschichte. Der beispielhafte Durchbruch ist G. Lefebvre zu verdanken, der mit der Geschichte der Paysans du Nord pendant la Révolution française [176] und als Historiker der Grande Peur von 1789 [175] die Standardwerke über das ländliche Frankreich schuf. E. Labrousse [169: La crise de l'économie française] untersuchte am Beispiel der zyklischen und saisonalen Preis- und Lohnschwankungen die Wirtschaftskrise am Ende des Ancien Régime und fügte den sozialen Ursachen der Revolution die Bedeutung der Wirtschaftskonjunktur hinzu. Darüber hinaus eröffnete Labrousse das weite Feld der Untersuchungen von städtischen Gesellschaften. A. Soboul wurde mit seiner Habilitationsschrift [222: Les Sans-culottes parisiens en l'an II] zum Experten der städtischen Volksrevolution. G. Rudé [212: Die Massen in der französischen Revolution] erarbeitete aus den Quellen der Pariser Polizeipräfektur eine Statistik über die soziale Zusammensetzung der Pariser Volksbewegung.

Die neuere strukturanalytische Forschung

Die Debatte über die französische Revolution wurde neu entfacht, als die Strukturalisten der „Nouvelle Histoire" im Kreis um die Zeitschrift „Annales" das Revolutionsthema mit den Ergebnissen der Ancien Régime-Forschung konfrontierten. Im Hinblick auf die „lange Dauer" säkularer Entwicklungsprozesse wurde die Revolution nicht mehr in erster Linie als ein plötzlicher Bruch, sondern im Rahmen der langfristigen historischen Kontinuitäten untersucht. Die Aufdeckung der höchst komplizierten Gemengelage sozialer Konflikte im Auflösungsprozeß des Ancien Régime und die Beobachtung eines raschen Wandels, der längst vor 1789 einsetzte – steigende Bevölkerung, steigende Preise, steigende soziale Mobilität, steigende Anteilnahme einer kritisch-räsonierenden Öffentlichkeit an politischen Auseinandersetzungen –, führten zu einer Revision der sozialistischen Globaldeutung der „bürgerlichen Revolution mit Unterstützung der Volksmassen" (E. Labrousse). Zum wichtigsten Vertreter dieser Forschungsrichtung und zum schärfsten Kritiker des „revolutionären Katechismus" der jakobinischen „Vermächtnishistoriographie" wurde F. Furet, der gemeinsam mit D. Richet 1965 eine Gesamtdarstellung der französischen Revolution vorlegte [139: La Révolution]. Furet rezipierte zugleich die Forschungsergebnisse der angelsächsischen Revolutionshistoriker, die ihrerseits im Anschluß an A. Cobban [128: The social interpretation of the French Revolution] das marxistische Klassenkampfschema und die jakobinische Zäsurideologie zu durchbrechen versuchten. Auf deutscher Seite boten zwei internationale Forschungskolloquien, die 1975 in Göttingen [163: E. Hinrichs, E. Schmitt, R. Vierhaus, Hrsg., Vom Ancien Régime zur Französischen Revolution] und 1979 in Bamberg [219: E. Schmitt, R. Reichardt, Hrsg., Die Französische Revolution – zufälliges oder notwendiges Ereignis?] stattfanden, ein Forum der Diskussion. Außerdem wurden die Forschungskontroversen in den von E. Schmitt herausgegebenen Sammelpublikationen vorgestellt [217: Die Französische Revolution: Anlässe und langfristige Ursachen; 218: Die Französische Revolution]. Über die Fülle der demographischen und sozialgeschichtlichen Untersuchungen informiert ein Forschungsbericht von R. REICHARDT [203: Bevölkerung und Gesellschaft Frankreichs im 18. Jh.]. Eine Bilanz der Ergebnisse zahlreicher Regionalmonographien zur Bauernschaft und Agrarstruktur Frankreichs im 18. Jahrhundert liefert eine Überblicksdarstellung von G. van den HEUVEL [160: Grundprobleme der französischen Bauernschaft 1730–1794].

Neue Frageansätze und Kontroversen

Zur Debatte standen vor allem die Wandlungen in der ländlichen und städtischen Gesellschaft sowie jene Prozesse, die sich an der Scheidegrenze von Altadel, Neuadel und Bürgertum abspielten. Daran knüpften sich in Auseinandersetzung mit älteren Thesen etwa folgende Fragen: War die französische Revolution en bloc eine „bürgerliche Revolution" oder fanden 1789 drei Revolutionen statt? Welche gemeinsamen oder gegensätzlichen Motivationen und Zielsetzungen hatten die an der Revolution beteiligten sozialen Gruppen? Gab es am Ende des Ancien Régime eine „réaction féodale"? Bedeutete die Zäsur von 1789 einen radikalen Bruch in der französischen Geschichte oder lassen sich Kontinuitäten im Übergang vom Ancien Régime zur Revolution feststellen? War die Jakobinerdiktatur der Höhepunkt der französischen Revolution oder nur eine Phase, in der die „bürgerliche Revolution" für kurze Zeit von ihrem Weg abwich?

Die Forschungen zur Agrargeschichte haben besonders deutlich gemacht, daß die Auflösung der Ständegesellschaft im 18. Jahrhundert mit einer Modernisierungskrise verbunden war. Schon LEFEBVRE hat in seinen agrargeschichtlichen Arbeiten [176: Les paysans du Nord; 175: La grande peur; 173: Études sur la Révolution française] die Autonomie der Bauernrevolution hervorgehoben und den Konflikt in der Dorfgesellschaft darauf zurückgeführt, daß der Kapitalismus zum Teil unter der Decke der Feudalrechte in die Landwirtschaft eindrang und das Abgabenwesen für die Bauern noch weniger erträglich machte. Mehrere Regionalstudien von E. LE ROY LADURIE [170: Les paysans de Languedoc], P. BOIS [118: Paysans de l'ouest], A. POITRINEAU [200: La vie rurale en Basse Auvergne], P. DE SAINT-JACOB [213: Les paysans de la Bourgogne], J. MEYER [191: La noblesse bretonne], R. ROBIN [209: La société française] u. a. untersuchten die Veränderungen innerhalb der Seigneurie. Die Streitfrage geht vor allem darum, ob die Wandlungen der Agrarwirtschaft noch mit dem Begriff „Feudalität" erfaßt und auf eine „réaction féodale" zurückgeführt werden können. A. COBBAN [128: The social interpretation of the French Revolution] hat als erster die Gegenthese vorgebracht, daß die Triebkraft der Revolution nicht ein den gesamten Tiers Etat einigender Klassenkampf gegen die Feudalaristokratie gewesen sei, sondern die Polarisierung von Stadt und Land und der Widerstand der konservativen Bauern gegen den ländlichen Kapitalismus adliger und bürgerlicher Grundherren. COBBAN lehnte die Bezeichnung „feudale" oder „aristokratische Reaktion" ab und sprach statt dessen von der „Verbürgerlichung der Seigneurie". F. FURET [Der revolutionäre Katechismus, in: 218: E. SCHMITT, Die

Bäuerlicher Widerstand gegen die „feudale Reaktion" oder die „Verbürgerlichung der Seigneurie"?

Französische Revolution, 46 ff., in erweiterter Fassung auch in: 140: Penser la Révolution Française] verwies auf die Ergebnisse der Regionalstudien, die selbst für wirtschaftlich rückständige Gebiete belegen, daß die herkömmlichen Feudalabgaben längst weniger einbrachten als die Einkünfte aus der Verpachtung und der direkten Bewirtschaftung. Dagegen hielt R. ROBIN [Der Charakter des Staates am Ende des Ancien Régime, in: 218: E. SCHMITT, Die Französische Revolution, 207] mit Marx daran fest, daß die Pacht „eine halbfeudale und halbkapitalistische Mischform" darstelle; und nach A. SOBOUL blieb die Grundrente im „wesentlichen feudal" [224: La crise de l'Ancien Régime, 44]. FURET führt diese Begriffsverwirrung wohl zutreffend auf den „immer noch sehr weit verbreiteten Irrglauben" zurück, „daß Revolutionen notwendigerweise aus dem Wunsch bestimmter Klassen oder Gesellschaftsgruppen entstehen, eine in ihren Augen allzu langsame Veränderung zu beschleunigen". Und er fährt fort: „In einem bestimmten Sektor der Gesellschaft, der direkt von der Umwälzung der traditionellen Ordnung betroffen ist, kann die Revolution auch aus dem Widerstandswillen gegen einen als zu rasch empfundenen Wandel resultieren" [ebd., 75].

Von der Analyse des Verhältnisses Stadt-Land ausgehend, hat CH. TILLY [232: The Vendée] am Beispiel des Vendéeaufstandes gezeigt, daß das antibürgerliche Mißtrauen der Bauern gegenüber den Städtern auch im Verlauf der Revolution nicht verschwand und sich bei einem Teil der Landbevölkerung mit der antirepublikanischen Chouannerie verband. Unter den deutschen Historikern lieferte E. WEIS [240: Ergebnisse eines Vergleichs der grundherrschaftlichen Strukturen Deutschlands und Frankreichs] in einer komparativen Analyse der deutschen und französischen Agrarverhältnisse einen Beleg dafür, daß die französischen Bauern, die am Ende des 18. Jahrhunderts nur noch über ein Drittel des Bodens verfügten im Gegensatz zum westelbischen Deutschland, wo 80–90% des Landes zu Nutzeigentum ausgegeben war, nicht mehr in erster Linie von den seigneurialen Rechten, sondern von der Konzentration des Grundbesitzes und von der Geldverpachtung betroffen waren. Vom Ergebnis der Bauernrevolution her gesehen, kam E. HINRICHS [162: Die Ablösung von Eigentumsrechten, 177] zu dem Schluß, daß die Aufhebung der seigneurialen Rechte 1789 die Widerstände gegen die Entwicklung zum Agrarkapitalismus nicht beseitigt habe: „Indem die französischen Bauern vor der Revolution die immer stärker kommerzialisierten Feudalrechte und nach 1789 ihre finanzielle Ablösung bekämpften, bekämpften sie im Grunde, was im Frankreich des Ancien Régime – auch mit Hilfe der ‚Feudalität' – zum Kapitalismus drängte."

Kontroverse über die Sansculotterie

Auch aus den Forschungen über die städtische Bevölkerung geht hervor, wie stark die populare Bewegung noch von vergangenheitsorientierten antimodernistischen Zielsetzungen geprägt war. Seit den Arbeiten von A. SOBOUL [222: Les Sans-culottes parisiens; 223: Paysans, Sans-culottes et Jacobins] und G. RUDÉ [212: Die Massen in der Französischen Revolution] wissen wir, daß das „Volk von Paris" weder als „Pöbel" (TAINE) noch als die „Nation" (MICHELET), aber auch nicht als soziale Klasse, Präproletariat oder gar als Proletariat agierte. Es überwog der „menu peuple", die kleinen Leute aus Handwerk und Handel. Ihre noch präkapitalistische Mentalität wird auch von SOBOUL und RUDÉ nicht bestritten. SOBOUL beschreibt dennoch das gesellschaftspolitische Ideal der Sansculotten und ihre Forderung, daß die Reichen ihren Überfluß mit den Armen teilen sollten, mit dem Begriff „Teilungskommunismus". Auch in diesem Fall erscheint der Vorwurf nicht unberechtigt, daß die marxistische Sehweise und die entsprechende Terminologie die Fakten zu sehr einkapseln. Für F. FURET und D. RICHET [139: La Révolution] hinterließen die Sansculotten keine zukunftsweisenden Spuren in der französischen Geschichte. Ihre Vorstellungen vom wirtschaftlichen Kleinproduzenten und Kleineigentümer und vom Dirigismus des Staates entstammten vielmehr der Welt des Ancien Régime und liefen auf Wiederherstellung der vorkapitalistischen Verhältnisse hinaus. Beide Autoren meinen, daß sich die Aufstände der Bauern wie der Sansculotten noch der Kategorie traditioneller Hungerrevolten zuordnen lassen. FURET [112: Das Zeitalter der europäischen Revolution, 64 f.] erinnert an den jahrhundertealten „Chiliasmus der Armen", der „durch ein tiefes Verlangen nach Vergeltung und Umkehrung des sozialen Status" genährt worden sei. Der Egalitarismus stellt insofern die Kehrseite der Erniedrigung dar. K. KLUXEN [168: Französische Revolution und industrielle Klassengesellschaft] hat allerdings hervorgehoben, daß der künstliche Industrialismus der Kriegswirtschaft für kurze Zeit eine wenn auch regional begrenzte Klassengesellschaft entstehen ließ, wobei im Grunde die Regierung der Unternehmer war: „Die Revolution begann eben nicht im Zeichen eines Klassenkampfes, sondern sie brachte dessen Konstellation erst hervor. Der Versuch seiner Aufhebung durch Robespierre und St. Just verursachte den Rückschlag des Pendels und mündet in den Sieg des girondistischen Großbürgertums ein, der der Revolution nachträglich ihren, ‚bürgerlichen' Charakter verlieh" (ebd., 69).

Das Problem der „bürgerlichen Revolution"

Über kein Problem ist freilich so viel gestritten worden wie über das der „bürgerlichen Revolution". Welches Bürgertum ist gemeint? A. COBBAN [129: The myth of the French Revolution] und seine Schülerin E. L. EISENSTEIN [Who intervened in 1788? in: 217: E. SCHMITT, Die Französische Revolution, 254 ff.] lehnten es überhaupt ab, von einer „bürgerlichen Revolution" zu sprechen. In Wirklichkeit, meinte COBBAN, habe sich 1789 nichts anderes abgespielt als ein politischer Machtkampf um Staatsämter. Zu den sozialen Trägerschichten der Revolution habe, wenn überhaupt, die Funktionärsbourgeoisie gezählt, jedenfalls nicht das Handels- und Manufakturbürgertum der Städte, das in der Nationalversammlung kaum durch Abgeordnete vertreten gewesen sei. EISENSTEIN wies darauf hin, daß keiner der Sprecher des parti national seiner sozialen Herkunft nach aus dem Bürgertum stammte: Sieyès war ein Abbé, Mirabeau ein Graf, Lafayette ein Marquis. Nach Einkommen und Vermögen läßt sich überdies das Bürgertum des 18. Jahrhunderts nicht klassifizieren und vom Adel trennen. Wie mehrere Regionalstudien belegen [138: R. FORSTER, The nobility of Toulouse; 209: R. ROBIN, La société française en 1789; 221: J. SENTOU, Fortunes et groupes sociaux à Toulouse], lebten die meisten Großbürger noch nicht auf kapitalistischer Grundlage, sondern – wie die Adligen – von Ämtern, Renten, Pensionen und Landbesitz. G. V. TAYLOR [Noncapitalist wealth, in: 217: E. SCHMITT, Die Französische Revolution, 288 ff.] prägte den Begriff „Eigentumskapitalismus" (propriatory capitalism); R. ROBIN [209: La société française en 1789] entschied sich für die Bezeichnung „Bourgeoisie d'Ancien Régime", die von vielen Historikern übernommen worden ist. Auch marxistisch orientierte Historiker sind mit den Worten von M. VOVELLE „dazu übergegangen, das differenzierte Profil einer gemischten Bourgeoisie des Übergangs zu zeichnen" [237: Die Französische Revolution, 70]. Es besteht Konsens darüber, daß der Begriff Bourgeoisie jedenfalls nicht das Industriebürgertum des 19. Jahrhunderts bzw. die kapitalistische Bourgeoisie im marxistischen Sinne meint. Ebensowenig wird bestritten, daß Adlige ihrerseits erfolgreich in Wirtschaftsbereiche eindrangen, die nach älterer Lehrmeinung dem „aufsteigenden" Handels- und Manufakturbürgertum vorbehalten waren. Zahlreiche Belege hierfür liefert die Arbeit von G. RICHARD [208: La noblesse d'affaires].

Neuinterpretation der Adelskrise

So aber entstand nicht nur ein völlig neues Bild vom Bürgertum, sondern auch vom Adel, das die ältere Vorstellung einer „réaction féodale" in Frage stellte. Die Adelsgesellschaft war am Ende des Ancien Régime nicht durch Erstarrung und Abwesenheit von Wandel charakterisiert; sie war im Gegenteil sehr raschen Veränderungen unterworfen. Die Studien von J. ÉGRET [135: La Pré-Révolution française], F. BLUCHE [117: Les magistrats du Parlement de Paris], W. DOYLE [133: The Parlement of Bordeaux], V. R. GRUDER [157: The Royal Provincial Intendants], D. D. BIEN [114: La réaction aristocratique] und G. CHAUSSINAND-NOGARET [123: Aux origines de la Révolution] über den Aufstieg Bürgerlicher in Adelsämter bestätigten die gesteigerte soziale Mobilität und die Integration der obersten Schichten des Tiers Etat in den Adel. Insofern gab es keine Blockierung des Bürgertums durch die Exklusivität einer Adelskaste. Der Konflikt spielte sich eher innerhalb der Adelsgesellschaft, zwischen Altadel und Neuadel, ab. Wie D. D. BIEN anmerkte, ging das Edikt von 1781 über die Offiziersstellen nicht gegen Bürgerliche vor, sondern gegen jene Adligen, die nicht vier Adelsgenerationen vorweisen konnten. Der Widerstand kam vornehmlich aus den Reihen des Provinz- und Landadels und richtete sich gegen die führende aristokratisch-bürgerliche Elite aus Hofadel und Roture. So läßt sich auch die Identitätskrise des Kleinadels auf eine Modernisierungskrise zurückführen.

Die bürgerlich-aristokratische „Elite"

Im Zusammenhang mit der Sozialgeschichte der Aufklärung wurde dem Begriff der „bürgerlichen Revolution" der Begriff der „Elite" entgegengesetzt, der die Verwischung der Standesgrenzen in der Oberschicht andeuten soll. Auf sozialer Ebene entstammte diese Elite allen drei Ständen, wenn auch überwiegend dem Dritten Stand; auf kultureller Ebene verband sie das neue Wertsystem der Aufklärung. Die These einer überständischen Elitebildung, wie sie vor allem von G. CHAUSSINAND-NOGARET [122: La noblesse au XVIIIe siècle] vertreten wurde, übersah allerdings die Widerstände der alten Gesellschaftshierarchie, die sich dem egalitären Verschmelzungsideal und dem propagierten Selbstverständnis der Gelehrtenrepublik entgegenstellten. D. ROCHE [210: Le siècle des lumières en province; Die „Sociétés de pensée", in: 158: GUMBRECHT, REICHARDT, SCHLEICH, Hrsg., Sozialgeschichte der Aufklärung, T. 1, 77 ff.] hat am Beispiel der Akademie- und Freimaurerbewegung nachgewiesen, daß das Offenheitspostulat in der Praxis nicht immer eingehalten wurde. In den größeren Städten, wo mehrere Logen gegründet wurden, spezialisierten sie sich vielfach auf jeweils bestimmte Gesellschaftsgruppen; und in den Provinzialakademien bewahrten Adlige und Privilegierte trotz der steigenden Zahl bürgerlicher Mitglieder (30–35%) ein deutliches Übergewicht. Erst 1789 ergriffen auch jene das Wort, die bis dahin von der „Kultur der Notabeln" ausgeschlossen blieben. Die Beharrungstendenzen der Adelsgesellschaft werden neuerdings wieder sehr nachdrücklich betont, so in der Monographie der Vovelle-Schülerin M. CUBELLS über die Aixer Parlamentsaristokratie [130: La Provence des Lumières]. Andererseits läßt sich nicht bestreiten, daß die Aufklärungsbewegung ebenso wie der parti des patriotes von 1789 eine gemischte Sozialstruktur aufwies. Dem entspricht der weitgehend übereinstimmende Stellenwert aufklärerischer Reformforderungen in den adligen wie bürgerlichen Cahiers de doléances [R. CHARTIER, Die cahiers de doléances von 1789, in: 158: GUMBRECHT, REICHARDT, SCHLEICH, Hrsg., Sozialgeschichte der Aufklärung, T. 2, 171 ff.].

Furet/Richet: Die drei Revolutionen von 1789 und das „Ausgleiten" der "liberalen Revolution"

Für F. FURET und D. RICHET [139: La Révolution] hatte die „bürgerliche Revolution" das Ziel, durch liberale Reformen ein durch die aufgeklärte Elite kontrolliertes Staatswesen durchzusetzen. Die „Révolution de la liberté" war eine „bürgerliche Revolution", weil mit ihren Errungenschaften – die teilweise Abschaffung der Feudalrechte, die Erklärung der Menschen- und Bürgerrechte, die Zivilkonstitution des Klerus, die Zerschlagung der historischen Provinzen, die Abschaffung der Stände, Zünfte und Privilegien, die Einführung von Geschworenengerichten, die Verfassung von 1791 – das Zeitalter der bürgerlichen Nationalstaaten, des Konstitutionalismus und des Wirtschaftsliberalismus begann. Da die bäuerlichen und städtischen Volksmassen andere und teilweise entgegengesetzte, nämlich vergangenheitsorientierte Ziele verfolgten, fanden nach FURET und RICHET 1789 drei Revolutionen statt: der liberale Reformanlauf der aufgeklärten Elite in Versailles, der Kampf der Bauern um die Befreiung von Steuer- und Seigneuriallasten, die Hungerrevolte des Kleinbürgertums in den Städten. Die Eigendynamik der Bauern- und der Sansculottenrevolution, der Ausbruch des Krieges und das Scheitern der konstitutionellen Monarchie bewirkten das „Ausgleiten" (dérapage) der „liberalen" Revolution in der Phase der Konventsherrschaft bis zum Sturz Robespierres. Die Jakobinerdiktatur stellt in dieser Interpretation nur ein kurzes Zwischenspiel dar, das für den weiteren Geschichtsverlauf im 19. Jahrhundert folgenlos blieb. In der Zeit der „bürgerlichen" Republik ab 1795 kehrte die Revolution vielmehr zu ihrem Ausgangspunkt zurück.

Die stärkere Beachtung der Auflösung traditioneller Sozialstrukturen schon in

Die Relativierung der Zäsur von 1789

der Zeit des Ancien Régime führte zugleich zu einer Wiederentdeckung Tocquevilles und seiner These von einer begrenzten Kontinuität, die den revolutionären Bruch überdauerte. Nicht nur für die administrative Zentralisation, sondern auch für andere Bereiche – Verfassung, Wirtschaft, Gesellschaft, Religion und Kultur – läßt sich zeigen, daß das Ancien Régime viel stärker auf die Revolution eingewirkt hat, als es die gemeinhin übliche Unterscheidung zwischen „alt" und „neu" (wobei „alt" meist mit „feudal" gleichgesetzt wird) wahrnehmen will. E. Schmitt [215: Repräsentation und Revolution] hat die Genesis der Theorie und Praxis parlamentarischer Repräsentation aus der Herrschaftspraxis des Ancien Régime hergeleitet. R. Reichardt [Die revolutionäre Wirkung der Reform der Provinzialverwaltungen, in: 163: E. Hinrichs u. a., Hrsg., Vom Ancien Régime zur Französischen Revolution, 66 ff.] hat nachgewiesen, daß sich die Führungsschicht der Revolutionäre von 1789 aus den Honoratioren der Repräsentativkörperschaften des Ancien Régime (Klerusversammlungen, Provinzialversammlungen, Munizipalitäten) zusammensetzte. „Wahrscheinlich", so resümiert E. Schmitt [216: Einführung in die Geschichte der Französischen Revolution, 89] „war die ganze Staats- und Verfassungsreform der Jahre 1789–1791, die ja auf aufklärerischem Denken fußte, in weit größerem Maße aus den Plänen des Ancien Régime inspiriert, als wir bis heute vermeinen."

Die sozialgeschichtlich orientierte Aufklärungsforschung in ihren verschiedenen Teildisziplinen – Buchgeschichte, Alphabetisierungsforschung, Erziehungsgeschichte, Frömmigkeitsforschung, Geschichte der aufklärerischen Gesellschaften – belegte, daß sich schon im Zeitalter der Lumières zahlreiche sozio-kulturelle Veränderungen vollzogen. Viele Anzeichen, z. B. die Zunahme des Buchbesitzes und die Abkehr von barocken Frömmigkeitsregeln auch in kleinbürgerlichen Kreisen, deuten darauf hin, daß die Aufklärung eine größere Breitenwirkung erreichte, als bisher angenommen worden ist [158: H. U. Gumbrecht, R. Reichardt, Th. Schleich, Hrsg., Sozialgeschichte der Aufklärung, mit wichtigen Beiträgen von D. Roche, Die Sociétés de pensée; D. Julia, Staat, Gesellschaft und Reform der Lehrpläne; R. Darnton, Neue Aspekte zur Geschichte der Encyclopédie; J. Quéniart, Alphabetisierung und Leseverhalten in den Unterschichten; M. Vovelle, Entchristianisierung; 131: R. Darnton, The business of enlightenment; 201: J. Quéniart, Culture et société urbaines].

Aufdeckung sozio-ökonomischer Kontinuitäten

Für den wirtschaftlichen Bereich steht es außer Zweifel, daß die Revolution die Strukturen nicht grundlegend veränderte und in mancherlei Hinsicht „moderne" Entwicklungen, die sich vor 1789 anbahnten, eher abbremste. Frankreich blieb das Land der Parzellenbauern. Freihändlerische Tendenzen, die schon Turgot zu fördern versuchte, wurden durch protektionistische verdrängt. Die Wirtschaftshistoriker S. B. Clough [Retardierende Faktoren im französischen Wirtschaftswachstum, in: 218: E. Schmitt, Die Französische Revolution, 181 ff.], F. Crouzet [299: Angleterre et France] und M. Lévy-Leboyer [318: La croissance économique en France] stimmen darin überein, daß die Revolution die Ausbildung des Industriekapitalismus stark verzögert hat. CROUZET spricht geradezu von einer „désindustrialisation".

Die Forschungen über die napoleonische Notabelngesellschaft, insbesondere von L. BERGERON [246: L'épisode napoléonien; 111: Die französische Gesellschaft von 1750–1820; 245: Banquiers, négociants et manufacturiers parisiens] und J. TULARD [Problèmes sociaux de la France napoléonienne, in: 262: La France à l'époque napoléonienne, 639 ff.; 286: Nouvelle histoire de Paris; 287: Napoléon ou le mythe du sauveur], führten zu dem Ergebnis, daß die Zusammensetzung des Bürgertums sich unter dem Kaiserreich nicht wesentlich von seiner Zusammensetzung vor 1789 unterscheidet: Handel, Grundbesitz und Staatsdienst.

Die Rückkehr der neueren Mentalitätsgeschichte zum „revolutionären Ereignis"

Die Strukturgeschichte der langen Zeitabläufe brachte freilich die Gefahr mit sich, das Epochenereignis der Revolution gleichsam in den langfristigen Kontinuitäten aufzulösen. Die neuere Mentalitätsgeschichte ist deshalb darum bemüht, die „Kreativität des revolutionären Augenblicks" (M. VOVELLE) wiederzuentdecken und aus den „Gefängnissen der langen Dauer" zu befreien. Erforscht werden in erster Linie jene Lebensbereiche, die von der Revolution radikaler verändert wurden als die wirtschaftlichen und gesellschaftlichen Strukturen: die revolutionären Ideologien und die kollektiven Einstellungs- und Verhaltensweisen im Zusammenhang mit der Sozialgeschichte und Sozialpsychologie der revolutionären Volksmenge. In seiner 1982 erschienenen Einführung in die Revolutionsgeschichte [237: Die Französische Revolution – Soziale Bewegung und Umbruch der Mentalitäten] skizziert M. VOVELLE, der wichtigste Vertreter dieser Forschungsrichtung, eine weitgespannte Thematik – von den Diskursanalysen, die am Beispiel politisch-sozialer Schlüsselbegriffe die neuen Grundwerte untersuchen, über die Ausdrucksformen der „Kulturrevolution" in öffentlichen Festen und in der laizistischen Gegenreligion bis hin zu den Wandlungen des gesellschaftlichen Alltagsverhaltens in der Familie und gegenüber dem Tod.

Aus der Sicht der Mentalitätshistoriker mißt sich die Tragweite des revolutionären Ereignisses vor allem in der Art und Weise, in der die Revolution erlebt und empfunden wurde, nämlich als radikaler Bruch zwischen einer alten und einer neuen Welt. Die subversive Symbolik der revolutionären Feste und der karnevalesken Umzüge des Jahres 1793/94 spiegelt den Traum einer neuen Gesellschaft und einer idealen Welt der sozialen Gleichheit [196: M. OZOUF, La fête révolutionnaire; 236: M. VOVELLE, Les métamorphoses de la fête en Provence]. Im Verhalten der Franzosen gegenüber den politischen und religiösen Ereignissen, z. B. der Entchristianisierungskampagne des Jahres II, läßt sich die Geographie und Soziologie der „deux France" ablesen, eine mentale Spaltung, die sich langfristig auf die politischen Optionen des 19. und 20. Jahrhunderts auswirkte [235: M. VOVELLE, Religion et Révolution]. „Die Revolution erscheint als Katalysator kollektiver Verhaltensmuster, als eine Zeit und ein Ort, in der bzw. an dem inmitten der Aktion dauerhafte Entscheidungen fallen" [237: Die Französische Revolution, 57].

Neubewertung der jakobinischen Revolution: Die Entstehung einer neuen politischen Kultur

Indem die Mentalitätsgeschichte erneut die Momente des revolutionären Umbruchs hervorhob, stellte sie zugleich einige Erklärungsmuster der „revisionistischen" Historiker wieder in Frage, so vor allem die von FURET und RICHET entwickelte These vom terroristischen „Ausgleiten" der Revolution (siehe oben). Die jakobinische Revolution konnte nicht länger als eine folgenlose Episode der dérapage angesehen werden; und auch die politisch-sozialen Vorstellungen der Sansculotten und die in den Sektionen erprobten neuen Praxisformen der direkten Demokratie ließen sich nicht mehr nur als Erbe der Vergangenheit im Sinne eines jahrhundertealten Chiliasmus des Volkes interpretieren. Auch F. FURET rückt in seinem zuletzt erschienenen Buch [140: Penser la Révolution Française] von der dérapage-These ab und sieht die wichtigste Errungenschaft der jakobinischen Revolution in der Durchsetzung einer neuen politischen Kultur, die allerdings – daran hält FURET fest – in der Abkehr vom liberalen Repräsentationsprinzip zugunsten der direkten Demokratie zu einem „kollektiven Machttaumel" geführt habe. Für M. VOVELLE hingegen stellt die Revolution auf ihrem „Höhepunkt", „als Trauma und Gründungserlebnis zugleich" nach wie vor ein verpflichtendes Erbe dar.

Die weit auseinanderklaffende Bewertung des Jakobinismus zeigt, daß die politisch motivierte Feindschaft der revolutionshistorischen „Schulen" noch keineswegs überwunden ist. Das Herannahen des 200. Jahrestages der Revolution steigert eher noch die gegenseitige Polemik. Andererseits beweist die Entdekkung beständig neuer Forschungsfelder zur Revolutionsgeschichte die Fruchtbarkeit eines Themas, das wie kaum ein anderes zu Pionierwerken der Geschichtswissenschaft über das Spannungsverhältnis von kurzer und langer historischer Dauer angeregt hat.

4. Die „Revolution des Geistes“ und die Entdeckung des deutschen Jakobinismus

Die Forschungskontroversen zum Thema „Deutschland und die französische Revolution“ entzündeten sich kaum an der „politischen Geschichte“ im Zeitalter der Koalitionskriege und Napoleons. Am Ausgangspunkt der Diskussion stand vielmehr die Frage nach der ideellen Ausstrahlung der Revolution „auf das deutsche Geistesleben“. Die älteren Monographien von G. P. Gooch [447: Germany and the French Revolution] und A. Stern [494: Der Einfluß der Französischen Revolution auf das deutsche Geistesleben] befaßten sich hauptsächlich mit den geistigen Reaktionen der bedeutendsten Philosophen und Dichter. Der Mangel dieser Darstellungen liegt in der Beschränkung des Themas auf die schmale Schicht der geistigen Elite Deutschlands. Erst das Werk von J. Droz [428: L'Allemagne et la Révolution française] zog auf breiterer Quellenbasis, die vor allem von der vorzüglichen Edition J. Hansens [53: Quellen zur Geschichte des Rheinlandes] bereitgestellt wurde, Zeitungen und Zeitschriften in die Analyse mit ein und versuchte, „die öffentliche Meinung“ in fünf Reaktionstypen einzuteilen: die liberale, die moralistische, die humanistische, die empiristische und die pietistische Reaktion. Wirksamer als dieses Einteilungsschema war für die weitere Forschung die Hauptthese des Buches, die an die Kritik von Hegel und Marx anknüpfte, Deutschland habe die Revolution anderer Völker nur mit der abstrakten Tätigkeit des Gedankens begleitet. Der Dualismus von Intelligenz und Politik, von Geist und Wirklichkeit, von Denken und Handeln begründet nach Droz das unpolitische Verhalten der Deutschen und erklärt, warum es in Deutschland nicht zu einer Revolution kam. Die klarste Formulierung dieser später oft wiederholten These findet sich bei R. R. Palmer [197: The Age of Democratic Revolution, Bd. 2, 430]: „Man war eifrig bemüht, den Staat rein theoretisch zu betrachten, und es bestand keine Möglichkeit, den Gang der Ereignisse vorauszubestimmen, Verantwortung zu übernehmen, Alternativen und mögliche Konsequenzen abzuwägen oder Bündnisse mit Personen, deren Ansichten von den eigenen abwichen, zu schließen. Politisches Denken wurde idealistisch, es traf weder die widerstreitenden Interessen einzelner divergierender Gruppen, noch das eigentliche Dilemma der Justiz, die Widersprüche der empirischen Probleme und auch nicht die Unvollkommenheiten, die mit den Ergebnissen aller menschlichen Bemühungen verbunden sind, sondern dieses Denken bezog sich vielmehr auf das reine Wesen des Staates selbst, oder auf Freiheit, Recht, Gesetz, Menschenwürde, ewigen Frieden oder die allgemeine Bewegung der Geschichte.“

Geistes- und ideengeschichtliche Interpretationen

Die These von der Praxisferne des deutschen politischen Denkens

Das Werturteil über die Praxisferne und Rückständigkeit des deutschen politischen Denkens ist allerdings in mehrfacher Hinsicht modifiziert und relativiert worden. Schon R. Stadelmann [493: Deutschland und Westeuropa] kam von einem anderen Wertmaßstab aus zu dem entgegengesetzten Ergebnis. Er betonte das politische Denken der Aufklärer und hob hervor, daß die Staaten des Aufgeklärten Absolutismus gerade die vor der französischen Revolution fortschrittlichsten Staaten Europas gewesen seien (Vgl. Kap. II, 1). Seitdem zählt die Verbindung von Absolutismus und Aufklärung zu den immer wieder diskutierten Themen der Aufklärungsforschung.

Valjavec: Anfänge der Parteiengeschichte

Auf andere Weise führte das 1951 erschienene bahnbrechende Werk von F. VALJAVEC [497: Die Entstehung der politischen Strömungen in Deutschland] über die geistesgeschichtlichen Interpretationen von GOOCH, STERN und DROZ hinaus. VALJAVEC untersucht die Reaktion auf die französische Revolution im Kontext der Parteiengeschichte. Die politische Aufklärung erscheint als Ursprung des frühen Liberalismus und als Antipode des Konservativismus. Der Einfluß der französischen Revolution lag nach VALJAVEC vor allem darin, daß sie die seit etwa 1770 bereits vorhandenen „politischen Strömungen" profilierte und teilweise radikalisierte. VALJAVEC betont das kritische Potential auch der deutschen Aufklärungsbewegung bis hin zu „radikalen Sturmzeichen" und „nicht völlig fehlenden revolutionären Stimmen". Im Prozeß der Politisierung der Gesellschaft, der durch die Aufklärung eingeleitet wurde, entstand nach 1789 der Demokratismus und Jakobinismus, dessen relativ eigenständige Rolle von VALJAVEC erstmalig herausgestellt wird. Freilich handelte es sich nach VALJAVEC erst um „tastende Versuche, die soziale Frage in den Kreis der politischen Erörterungen einzubeziehen". „Die demokratischen Strömungen Deutschlands sind nicht durch jene Stetigkeit gekennzeichnet, die der liberalen Bewegung eigen war. Im Deutschland der 90er Jahre war der demokratische Gedanke ein politisches Strohfeuer, das mächtig aufflammte, aber bald erlosch. Er war von der französischen Revolution abhängig, er stand und fiel mit ihr" [ebd., 228].

VALJAVECS Buch gab viele Anregungen, die lange unbeachtet blieben. Die Ausführungen über die Gruppenbildungen auf dem Gebiet der Personalpolitik, über die Stellung des Beamtentums, die Rolle der Publizistik, das Lesepublikum, die Anfänge der Vereinsbildung in Lesegesellschaften und Freimaurerlogen umrissen ein breites Spektrum von Themen, die erst in jüngster Zeit wieder aufgegriffen wurden.

Epstein: Konservativismusforschung

Nachfolge fand das Buch VALJAVECS zunächst in der Konservativismus- und Jakobinismusforschung. Auch in K. EPSTEINS großangelegter Monographie über „Die Ursprünge des Konservativismus in Deutschland" [436] bildet die Aufklärung den „entscheidenden Wendepunkt" der „besonderen historischen Periode . . ., die um 1770 beginnt". Allerdings betont EPSTEIN stärker als VALJAVEC den Einschnitt von 1789, wenn er ausführt, daß die Kritik der deutschen Aufklärer „auf naive Weise unpolitisch" blieb, „was durch die Tatsache belegt wird, daß kaum je nach Mitteln der Abhilfe Ausschau gehalten wurde, die realistischer waren als ein Gebet, daß Gott Deutschland mit besseren Fürsten segnen möge". Die politischen Wirkungen der Aufklärung werden sehr gering eingeschätzt. Trotz massiver sozialer Proteste (Adelskritik, Diskussionen um Zunftprivilegien und Leibeigenschaft) und politischer Kritik am Absolutismus und an den Zuständen im alten Reich (Kleinstaaterei, geistliche Staaten, Mißstände in den Reichsstädten) waren die religiösen Auseinandersetzungen nach EPSTEIN das „wichtigste Schlachtfeld für die Kämpfe zwischen deutscher Aufklärung und deutschem Konservativismus". Erst die „Herausforderung durch die französische Revolution" beschleunigte die Entwicklung vom bloßen „Traditionalismus" zum Konservativismus, der „zum ersten Mal die selbstbewußte Form einer abgrenzbaren Weltanschauung annahm". Am Beispiel der „Verschwörungstheorien" beschreibt EPSTEIN das nach 1790 veränderte Klima einer „revolutionsfeindlichen Hysterie" und zunehmenden Polarisierung der politischen Fronten, das die Ansätze des „Reformkonservativismus" zerschlug.

Umstrittene Jakobinismusforschung

Die meisten Beiträge der neueren Forschung sind der Entdeckung des deutschen Jakobinismus gewidmet. Es gibt allerdings zahlreiche kritische Einwände gegen die ideologischen Prämissen dieser Forschungsrichtung, die – anders als bei VALJAVEC – die Aktivitäten der deutschen Jakobiner allein unter dem Gesichtspunkt der von der älteren Historiographie vernachlässigten demokratischen Traditionen beurteilt, sei es, daß die Jakobiner als Avantgardisten des Klassenkampfes den „großen progressiven Traditionen" der DDR (H. SCHEEL) zugeordnet, sei es, daß sie als „Vorkämpfer für eine deutsche Republik" und „im Interesse demokratischer Bewußtseinsbildung" für die „freiheitlich-demokratischen" Traditionen der Bundesrepublik (W. GRAB) in Anspruch genommen werden. SCHEEL, der Verfasser des fast achthundert Seiten starken Standardwerkes über „Süddeutsche Jakobiner" [487], will „eine gründliche ideologische Erziehungsarbeit" leisten und das „Vorurteil" widerlegen, daß der Deutsche nur zur Revolution des Geistes tauge. GRAB, der Herausgeber der fünfbändigen bundesdeutschen Jakobinerdokumentation [52], zitiert in der Einleitung zu diesem Werk die vielbeachtete Rede des früheren Bundespräsidenten G. Heinemann bei der Schaffermahlzeit in Bremen vom 13. Februar 1970: „Traditionen gehören nicht in die alleinige Erbpacht von Reaktionären . . . Es ist Zeit, daß ein freiheitlich-demokratisches Deutschland unsere Geschichte bis in die Schulbücher anders schreibt."

Scheel: Süddeutsche Jakobiner

Der Gewinn der Jakobinismusforschung liegt unbestritten in dem neu erschlossenen Quellenmaterial. H. SCHEELS Pionierwerk, das 1962 erstmals erschien und dem zwei große Quellenpublikationen folgten [66: Jakobinische Flugschriften; 65: Die Mainzer Republik I: Protokolle des Jakobinerclubs, II: Protokolle des Rheinisch-deutschen Nationalkonvents], schildert die bis dahin unbekannte weitverzweigte Tätigkeit der süddeutschen Jakobiner, gipfelnd in der Offensive zur Sprengung des Rastatter Kongresses und in den Plänen zur Gründung einer süddeutschen Republik.

GRABS Quellenveröffentlichungen in der Reihe „Deutsche revolutionäre Demokraten" [52] – die von GRAB selbst edierten Schriften norddeutscher Jakobiner, die von H. W. ENGELS und G. STEINER besorgten Ausgaben von Jakobinerschauspielen und Jakobinerdichtungen, die von A. KÖRNER erstveröffentlichten Verhörprotokolle und Schriften der Wiener Jakobiner und die von A. Kuhn publizierten Schriften linksrheinischer Republikaner – liefern einen beachtlichen Beitrag zur politischen Ideengeschichte. Problematisch und kontrovers blieb jedoch der Begriff Jakobinismus, der sich schwer definieren läßt und mit dem höchst unterschiedliche Bestrebungen bezeichnet werden.

Die älteren DDR-Arbeiten orientierten sich noch an Lenins Definition der „Jakobiner mit dem Volk", die sich allerdings auf die französische Jakobinerherrschaft bezog. H. Voegt [503: Die deutsche Jakobinische Literatur] sah in Rebmann „den Anwalt der Massen", der das „Volk in seiner revolutionären Kraft" erkannt habe. P. Stulz und A. Opitz [495: Volksbewegungen in Kursachsen] schilderten die kursächsischen Bauernaufstände als Beispiel für das Bündnis zwischen der Avantgarde der bürgerlichen Klasse und der revolutionären Volksbewegung. Demgegenüber hat H. Scheel hervorgehoben, daß die deutschen Jakobiner „objektiv" „ohne Volk" geblieben sind, denn nirgends – das linksrheinische Gebiet „bis zu einem gewissen Grade" ausgenommen – hätten sie tatsächlich die Massen in Bewegung gebracht: „Doch subjektiv, in ihrer Zielsetzung, vertraten sie revolutionär-demokratische Grundansichten." Trotzdem hält Scheel im ersten Teil seines Buches, der eine umfassende Analyse der Ständekonflikte sowie der reichsstädtischen und bäuerlichen Unruhen in den süd- und südwestdeutschen Territorien liefert, an der These vom verschärften antifeudalen Klassenkampf fest. Bei der großen Heterogenität der Oppositionskräfte bleibt es jedoch äußerst fraglich, ob und wieweit man die Begriffe „Klassenkampf" und „Jakobinismus" verwenden kann. Im Verlauf der Darstellung kommt Scheel selber zu dem Schluß, daß nicht die revolutionären Verhältnisse für die radikaldemokratischen Bestrebungen den Ausschlag gaben, sondern die jeweilige militärische Situation der französischen Revolutionsarmeen und die wechselnden politischen Regime in Paris: „Zur richtigen Einschätzung der Kräfteverhältnisse gehört jedoch vor allem die Einsicht in die unbedingte Notwendigkeit tätiger französischer Unterstützung." Es gelingt Scheel nicht, die These Valjavecs vom „politischen Strohfeuer, das mächtig aufflammte aber bald erlosch", oder Epsteins Fazit von einer „logischen Zuspitzung bestimmter Strömungen der Aufklärung" plausibel zu widerlegen. „Man wird gut daran tun", schrieb A. Kuhn 1973 in einem Forschungsbericht [464: Der schwierige Weg zu den deutschen demokratischen Traditionen, 436 f.], „diesen Befund für die Wirklichkeit zu nehmen, und nicht an ihm so lange herumzudeuteln, bis die deutschen Jakobiner unter Zuhilfenahme von Definitionskriterien aus weiter fortgeschrittenen Gesellschaften so progressiv und so revolutionär werden, wie sie es aufgrund der materiellen Verhältnisse in Deutschland gar nicht sein konnten."

Grab: Norddeutsche Jakobiner

Ähnliche Einwände sind auch gegen die bundesdeutsche Jakobinismusforschung vorgebracht worden. Von W. Grab stammen mehrere Arbeiten über die norddeutschen Jakobinerzirkel in den Zentren des Verlags- und Pressewesens, in Hamburg, Altona, Flensburg und Kiel [448: Demokratische Strömungen in

Hamburg und Schleswig-Holstein; 449: Norddeutsche Jakobiner; 52: Leben und Werke norddeutscher Jakobiner]. Die jakobinische Publizistik erreichte nach GRAB einen „außerordentlich hohen Reifegrad" des politischen Denkens. GRAB liefert eine idealtypische Merkmalsbeschreibung des Jakobinismus, die scharf zwischen liberalen Reformern und revolutionären Demokraten trennt: „Wichtigstes Kriterium für die Bestimmung der jakobinischen Bewegung Deutschlands ist ihre revolutionär-demokratische Grundeinstellung. Die jakobinischen Publizisten verzichteten darauf, sich weiterhin an die Fürsten mit Bitten um Reformen zu wenden; sie sagten sich von der Ideologie einer evolutionären Umwandlung des Privilegiensystems los und richteten ihre Appelle ans Volk mit der Aufforderung zum gewaltsamen Umsturz." Das Ziel der deutschen Jakobiner war „die revolutionäre Aktion, um gemeinsam mit den sozialen Unterschichten ein republikanisches Gemeinwesen zu errichten" [52: Deutsche revolutionäre Demokraten, Bd. 1, Einl. XXI]. In den von GRAB veröffentlichten Quellendokumentationen findet sich jedoch kaum ein Jakobiner, auf den die angegebenen Kriterien zutreffen. Die Texte bringen immer wieder auch Anklänge an den Reformismus und das Bildungsideal der Aufklärung mit der Zielsetzung, das unwissende Volk, den „Pöbel" und den „großen Haufen", zu vernünftigem politischen Handeln zu „erziehen". Über Georg Forster beispielsweise schreibt GRAB selber, daß es ihm trotz seines Übergangs ins revolutionäre Lager nicht gelungen sei, „Reste seines liberal-idealistischen Denkens vom Primat der Erziehung abzuschütteln" und während seiner Mainzer Tätigkeit zu der Erkenntnis vorzudringen, daß „Orientierung auf die Revolution auch Orientierung auf die Bedürfnisse und Ziele der plebejischen Massen bedeuten mußte". „Zu tief saß die Furcht vor dem Wüten des Pöbels" [450: Eroberung oder Befreiung?, 23]. GRABS Definitionsversuch blieb auch in den Reihen der Jakobinismusforscher umstritten, vor allem bei jenen, die den „reinen" Jakobinismus im französischen Sinne nachzuweisen bemüht sind [Vgl. den Berliner Tagungsbericht über die „erste ‚Generalversammlung' von Jakobinismusforschern verschiedener Disziplinen": 417: O. BÜSCH, W. GRAB, Hrsg., Die demokratische Bewegung in Mitteleuropa; zuletzt hierzu: 511: H. WILHARM, Politik und Geschichte, Bd. 2].

Untersuchungen über die österreichisch-ungarische Jakobinerverschwörung

Auf der Suche nach Anhängern der französischen Revolution, die sich uneingeschränkt als Jakobiner bezeichnen lassen, konzentrierte sich das Forschungsinteresse mehr und mehr auf die österreichisch-ungarische Jakobinerverschwörung und die rheinischen Jakobinerzirkel. Die Ergebnisse zeigen allerdings, wie sehr die tatsächliche Bedeutung der deutschen Jakobiner überschätzt worden ist. Die Jakobinerverschwörung in der Habsburger Monarchie stand in einem engen Kausalzusammenhang mit dem Aufgeklärten Absolutismus. Zuerst haben E. WANGERMANN [507: Von Joseph II. zu den Jakobinerprozessen] und D. SILAGI [491: Jakobiner in der Habsburger Monarchie] darauf aufmerksam gemacht, daß die Wiener Verschwörer um Andreas Riedel und Franz Hebenstreit und die ungarischen Jakobiner um Ignaz von Martinovics in Opposition zum franziszeischen System an die Reformbestrebungen Josephs II. und die Ständeexperimente Leopolds II. anknüpften. Für Silagi stellt die ungarische Jakobinerbewegung eine in die Illegalität gedrängte Variante des von Leopold II. verbesserten Josephinismus dar. Sie war „ein mißgeleiteter Ausläufer einer leopoldinischen Planung". „Die Verschwörung des Martinovics und seiner Genossen war kein Vorspiel freiheitlicher Bewegungen in Ungarn" – wie es die neuere madjarische Forschung „im Zuge einer Suche nach Ahnen für die Staatspartei" darzustellen bestrebt sei –, „sondern ein Abgesang des Aufgeklärten Absolutismus in Österreich; ein Ereignis eher des Bereiches der Wiener Kabinettspolitik als des weiteren Feldes nationaler und sozialer Kräfte in der Monarchie." Martinovics erscheint bei Silagi trotz seiner jakobinischen Wendung „als eine Art Testamentsvollstrecker Leopolds II." [ebd., 8, 12, 175]. Wangermann [Josefiner, Leopoldiner und Jakobiner, in: 475: H. Reinalter, Hrsg., Jakobiner in Mitteleuropa, 231 ff.] versucht, „allen Seiten dieser vielseitigen Bewegung gerecht zu werden": „Sie war ein Abgesang des Aufgeklärten Absolutismus, und doch zugleich ein Vorläufer der demokratischen Bewegung", weil sie „ein monarchisches Reformprogramm durch direkte Opposition einer reaktionär monarchischen Regierung aufzwingen wollte." Auch der ungarische Historiker K. Benda betont die Radikalität des Übergangs „vom höfischen Reformertum zum Jakobinertum"; er fügt jedoch hinzu: „Wir sollen uns hüten, das Gewicht und die Bedeutung der demokratischen Bestrebungen zu überschätzen" [Die ungarischen Jakobiner, in: 475: H. Reinalter, Hrsg., Jakobiner in Mitteleuropa, 284]. Die Kontinuitätslinie, die vom Josephinismus ihren Ausgang nahm, schließt sich, wenn Benda hervorhebt – was auch für viele linksrheinische Jakobiner gilt –, daß die überlebenden Anhänger der Verschwörung „als ein letzter Ausklang ihrer Bewegung" später in den Dienst Napoleons traten, der an die Traditionen des Aufgeklärten Absolutismus wiederanknüpfte.

Wie H. Reinalter [476: Aufgeklärter Absolutismus und Revolution] gezeigt hat, gab es „frühdemokratische Bestrebungen" auch in anderen Ländern der Habsburgermonarchie, so in Böhmen, Kärnten und Krain, in der Steiermark, in Oberösterreich, Tirol, Welschtirol und Vorarlberg, ohne daß hier „jakobinische Verschwörungen" nachzuweisen sind. Es bleibt die Frage, ob die Flucht in den Verbalradikalismus aus Enttäuschung darüber, daß die Einflußnahme auf den Herrscher mißlang, als wichtiger Beitrag zur Ausbildung einer revolutionär-demokratischen Gesellschaftstheorie interpretiert werden kann.

Ältere Arbeiten zur rheinischen Geschichte

Die rheinische Geschichte zur Zeit der Revolution gehört seit je zu den bevorzugten Themen der Forschung. Der Schwerpunkt der älteren Arbeiten von J. Hashagen, J. Hansen, M. Braubach, L. Just, H. Mathy und J. Droz lag vor allem auf der ideengeschichtlichen und biographischen Erforschung des rheinischen Republikanismus. Für J. Droz [428: L'Allemagne et la Révolution française] ist die Mainzer Revolution eine „Revolution Kants", d. h. einer kleinen intellektuellen Oberschicht, die bei der Stadt- und Landbevölkerung kaum Resonanz fand. Die Revolutionsbegeisterung der Mainzer Klubisten entsprang primär ihrer Verwurzelung in der Gedankenwelt der Spätaufklärung. Auch das, was einige Jahre später Joseph Görres und die Koblenzer Cisrhenanen zu verwirklichen versuchten, entsprach nach Droz [427: La pensée politique et morale des cisrhénans] „einer Verschmelzung der französischen Freiheit mit der Philosophie des Kategorischen Imperativs".

Kontroverse über die Mainzer Republik von 1792/93

Die demokratisch engagierte Jakobinismusforschung wendet sich mit scharfer Kritik gegen diese ältere Forschungsrichtung, die als „reaktionär" und „konservativ" abgetan wird. In Mainz, so lautet die Gegenthese, wurde vielmehr „erstmals der Teufelskreis, in dem sich der deutsche Idealismus bewegte, an entscheidender Stelle theoretisch und praktisch durchbrochen" (H. Scheel); hier war „unter dem Schutz der französischen Besetzung die Verbindung zwischen gebildeten Demokraten und dem Volk . . . Wirklichkeit geworden" (W. Grab); der rheinische Neojakobinismus von 1797/98 „war eine breite soziale Bewegung . . ., deren Hauptziel es war, den Aufbau der bürgerlichen Gesellschaft nicht schon bei den Interessen von Besitz und Bildung enden zu lassen" (A. Kuhn).

Neuere Untersuchungen zur Mainzer Geschichte von F. G. Dreyfus [426: Sociétés et mentalités à Mayence] und T. C. W. Blanning [412: Reform and Revolution in Mainz] bestätigen jedoch, daß am Rhein keineswegs eine revolutionäre Situation bestand. Blanning schildert die Selbstgenügsamkeit der Mainzer Gesellschaft, die in erster Linie an der Erhaltung des Status quo interessiert war und sich gegen die fortschrittlichen Reformen der aufgeklärt-absolutistisch regierenden Mainzer Kurfürsten stemmte. Vereinzelte Konflikte mit dem Domkapitel, innerstädtische Auseinandersetzungen, die Handwerker- und Bauernunruhen in Mainz, Aschaffenburg und Rüdesheim, die von Blanning ausführlich dargestellt werden, besaßen nach Verlauf und Zielen nichts Revolutionäres. Die umfassende Analyse der sozialen und ökonomischen Verhältnisse, die Dreyfus vorlegt, macht die führende Rolle des Adels, der Beamten und des Klerus deutlich, während das berufsständisch gegliederte Mainzer Stadtbürgertum relativ bedeutungslos blieb. Dreyfus spricht unumwunden von dem „Mythos" des revolutionären Mainz. F. Dumont, der Autor einer umfassenden Darstellung über die Mainzer Republik [433; vgl. auch den zusammenfassenden Aufsatz in: 505: J. Voss, Hrsg., Deutschland und die Französische Revolution, 132 ff.] kommt zu dem Schluß: „Das Mainzer Ancien Régime wurde nicht von innen heraus zerstört, sondern von außen, durch die benachbarte Großmacht, die Eroberung mit Systemveränderung verband." „Die Mainzer Republik ist deshalb treffender als ein spezieller Fall von Revolutionierung zu bezeichnen." Im Grunde standen die Mainzer Jakobiner vor demselben Problem wie die Mainzer Kurfürsten. Die Bevölkerung unterstützte weder die Reformpolitik noch teilte sie die Revolutionsbegeisterung.

Trotzdem bedeutete wohl gerade diese Situation eine besondere Herausforderung für jene kleine, aber aktive Minderheit, die sich mit außergewöhnlichem Eifer um die „Revolutionierung" bemühte. Auf dem Gebiet der Organisation und des Clubwesens verzeichneten sowohl die Mainzer Jakobiner als auch die cisrhenanischen Republikaner beachtliche Teilerfolge. Neuerdings werden deshalb in der Jakobinismusforschung die organisations- und vereinsgeschichtlichen Aspekte besonders hervorgehoben.

Der erste Band der Edition SCHEELS dokumentiert die innere Organisation des Mainzer Jakobinerclubs. A. KUHN [52: Linksrheinische deutsche Jakobiner] interpretiert die „patriotischen Volksgesellschaften", die seit Herbst 1797 nach dem cisrhenanischen Zwischenspiel in nachweisbar neunzehn Orten im Linksrheinischen gegründet wurden, als „Vorformen politischer Parteien". Seine Quellenauswahl legt deshalb besonderen Wert auf Vereinsstatute, Satzungsentwürfe, Sitzungsprotokolle, parteiähnliche Proklamationen, Korrespondenzen zwischen den einzelnen konstitutionellen Zirkeln etc. KUHNS Monographie über den Kölner konstitutionellen Zirkel von 1798 [465] versucht nachzuweisen, daß mit den Volksgesellschaften unter starker Beteiligung der Handwerker bereits der Typ der organisierten Massenpartei entstand. Allerdings bleibt es zweifelhaft, ob sich das Kölner Beispiel verallgemeinern läßt. KUHN selbst räumt ein, daß von den Volksgesellschaften nur diejenigen von Köln, Bonn und Koblenz „größere Bedeutung erreichten", „ohne aber dem Mainzer Klub von 1793 den Rang ablaufen zu können". Die Geschichte des Kölner Zirkels blieb – auch nach KUHNS Ansicht – eine „Episode".

Theorie-Praxis-Problematik in der neueren Forschung

Teilweise in Zusammenhang mit dem Jakobinismusthema und in Auseinandersetzung mit älteren Thesen über die „Revolution des Geistes" wird in der jüngeren Forschung auch die Theorie-Praxis-Problematik im veränderten Erfahrungshorizont der französischen Revolution neu diskutiert. Es geht dabei vor allem um die Frage nach den „praktischen" Bezügen und nach der revolutionären Wirksamkeit der Theorie, die nicht von vornherein – wie noch bei DROZ – als realitätsfern ausgelegt und für das angeblich unpolitische Verhalten der Deutschen verantwortlich gemacht wird. Zuerst hat J. RITTER in seiner Hegelstudie [479: Hegel und die Französische Revolution] nachzuweisen versucht, daß Hegels Verhältnis zur französischen Revolution zeitlebens positiv gewesen sei: „Es gibt keine zweite Philosophie, die so sehr und bis in ihre innersten Antriebe hinein Philosophie der Revolution ist wie die Hegels" [ebd., 15]. RITTER wendet sich gegen die herkömmliche Auffassung, daß „jenes prekäre Praktischwerden der Theorie" (J. HABERMAS) in der deutschen Philosophie auf Ablehnung stieß. P. BURG [419: Kant und die französische Revolution] weist gleichfalls die ältere These zurück, wonach die deutsche Aufklärung und die Philosophie der Kantianer spätestens nach den Erfahrungen der französischen Jakobinerherrschaft revolutionsfeindlich geworden sei. Er hebt die revolutionären Ansätze der Naturrechtslehre Kants hervor, die allerdings in der Souveränitäts-, Gewalten- und Widerstandslehre wieder zurückgenommen werden. Die Theorie Kants ist „nicht wirklichkeitsfern konzipiert, sondern zu stark den konkreten geschichtlichen Gegebenheiten angepaßt". So wird „die Revolution zugleich in Frankreich (unter naturrechtlichem Aspekt) begrüßt und anderweitig (unter dem

Aspekt des faktisch Gültigen) verboten" [ebd., 264 f.]. Da gerade das antirevolutionäre Theorem in der Widerstandslehre Kants auf Kritik in der deutschen Aufklärung stieß, kann nach BURG aus Kants Lehre auch nicht eine Begründung für das Ausbleiben der Revolution in Deutschland geschlossen werden. R. SAAGE [484: Eigentum, Staat und Gesellschaft bei Immanuel Kant] betont die „besitzindividualistischen Perspektiven" der kantianischen Rechtslehre und wendet sich damit gegen die Marxsche Kritik, Kant habe die materiellen Interessen seiner Klasse nicht erkannt.

In der Jakobinismusforschung herrscht die Neigung vor, die „progressiven" gesellschaftlichen Konzeptionen und Vorstellungen des deutschen politischen Denkens zur Zeit der Revolution herauszuarbeiten. M. BUHR [418: Revolution und Philosophie] entdeckt „Jakobinisches" in Fichtes Philosophie; B. WEISSEL [510: Von wem die Gewalt in den Staaten herrührt] analysiert die „dialektische progressive Geschichtstheorie" am Beispiel der Rousseaurezeption in Deutschland. Eine Quellenedition von J. GARBER [51] zur „jakobinischen und liberalen Revolutionsrezeption in Deutschland 1789–1810" erschien unter dem bezeichnenden Titel „Revolutionäre Vernunft". Literaturwissenschaftler widmen sich dem (umstrittenen) Phänomen des „literarischen" und „philosophischen Jakobinismus" [vgl. die Beiträge von J. GARBER, K. R. SCHERPE, I. STEPHAN u. a., in: 417: O. BÜSCH, W. GRAB, Hrsg., Die demokratische Bewegung in Mitteleuropa]. Insbesondere die Forsterforschung [480: RÖDEL, 49: STEINER, 496: UHLIG, 512: WUTHENOW] ist darum bemüht, die alte These einer praxisfernen „moralistischen Reaktion" (DROZ) zu entkräften. Bei R. R. WUTHENOW [512: Vernunft und Republik] erscheint Forster nicht länger als der spekulative Theoretiker, der sich in Paris resigniert und schaudernd von den Greueln der Revolution abwendet, sondern als gesellschaftskritischer Utopist: „Nicht Illusionen über eine plötzlich eingetretene Vollkommenheit der Weltzustände haben ihn geleitet, Opportunismus schon gar nicht, nur Einsicht, Grundsätze, der Mut, ihnen zu folgen und der Verzicht auf persönlichen Vorteil, wobei zum Mut nun auch der Mut zum Irrtum gehört." „Forster besitzt also keine Theorien, an denen er die Wirklichkeit mißt, sondern lediglich Prinzipien, an denen er festhält. Was er 1793 in Paris erfährt, widerspricht nicht einem utopischen Entwurf, sondern seinen aktuellen Hoffnungen" [ebd., 14, 124].

Intensivierung der Aufklärungsforschung

Die kontroverse Debatte über den Jakobinismus rief viele Kritiker auf den Plan, die vor einer Dogmatisierung der französischen Revolution warnten. Dies blieb nicht ohne Rückwirkungen auf die Aufklärungsforschung. Die Leistungen, Grenzen und Wirkungen der deutschen Aufklärungsbewegung, in der eindeutig die gemäßigt reformerische Richtung überwog, wurden nicht mehr nur unter der verengten Fragestellung untersucht, warum in Deutschland die Revolution ausblieb. „Revolution ist eine der möglichen Konsequenzen der Aufklärung, Reform eine andere" [469: H. MÖLLER, Wie aufgeklärt war Preußen?]. Bei der Standortbestimmung des politischen Denkens wird deshalb mehr als zuvor die ganz andere Ausgangssituation in Deutschland berücksichtigt. Erklärungsbedürftig, so meint R. Vierhaus, sei nicht die Abwendung von der Revolution, sondern die anfängliche Zustimmung. Die neue Bildungs- und Beamtenelite neigte dazu, ihre eigenen Emanzipationserfahrungen auf die als Triumph der Aufklärung idealisierte Revolution zu übertragen [R. Vierhaus, „Sie und nicht wir" – Deutsche Urteile über den Ausbruch der Französischen Revolution, in: 505: J. Voss, Hrsg., Deutschland und die Französische Revolution, vgl. 499: Ders., Politisches Bewußtsein in Deutschland vor 1789]. Die spezifische Bewußtseinslage der deutschen „Gebildeten" erklärt jedoch auch, warum die Ereignisse von 1789 angesichts der sozial-revolutionären Konsequenzen von einem Teil der Aufklärer von Anfang an skeptisch beurteilt wurden. H. Möller [468: Aufklärung in Preußen] hat dies für Nicolai und die preußischen Aufklärer, U. Becher [410: Politische Gesellschaft] für den Kreis der Reichspublizisten um F. C. v. Moser und A. L. v. Schlözer nachgewiesen. Schon das ältere und 1976 neu aufgelegte Werk von H. H. Gerth [445: Bürgerliche Intelligenz um 1800] analysierte im Hinblick auf die „Ursprungssituation des liberalen Denkens in Deutschland" die wichtige Rolle der verbeamteten Intelligenz, die ihre Reformbemühungen in enger Bindung an den Staat durchzusetzen hoffte (was nicht mit purer Anpassung zu verwechseln ist). Gerth verwies zugleich auf die wachsende Schicht der Intellektuellen ohne Amt und der institutionell wie personell ungebundenen Literaten, die nicht selten deshalb den radikalen Ideen der Aufklärung anhingen, weil sie ein Ausdruck ihrer eigenen Unzufriedenheit waren. Exemplarisch wird dieser Zusammenhang von Lebensweg, Umwelt und Werk in der Rebmannbiographie von R. Kawa [457] dargelegt.

Im Rahmen der Sozialgeschichte der Aufklärung findet neuerdings die Sozietätsbewegung des 18. Jahrhunderts, die für die Entwicklung der bürgerlichen Gesellschaft charakteristischer war als die isolierten Jakobinerzirkel, verstärkte Beachtung. Einen Einblick in diese Forschungsrichtung vermitteln die Sammelbände über Freimaurerlogen und Geheimbünde [477: H. Reinalter; 466: P. Ch. Ludz], über patriotische und gemeinnützige Gesellschaften [502: R. Vierhaus] sowie über die zahlreichen Lesegesellschaften [422: O. Dann]. [Vgl. auch den zusammenfassenden Forschungsbericht 461: F. Kopitzsch, Die deutsche Aufklärung, sowie den Versuch einer Synthese 454: U. Im Hof, Das gesellige Jahrhundert].

Forschungsdesiderate

Die Rezeption der französischen Revolution ist immer noch erst teilweise erforscht. Wir wissen wenig über die Reaktionen der städtischen und ländlichen Bevölkerung. Möglicherweise lassen sich solche Forschungslücken nur durch regionale Fallstudien schließen [für die linksrheinischen Gebiete vgl. 509: E. Weis, Révoltes paysannes et citadines]. Anregungen hierzu bietet der von J. Voss herausgegebene Kolloquiumband [505: Deutschland und die Französische Revolution, mit Länderreferaten von H. Reinalter/Österreich; H. Möller/Preußen; F. Dumont/Mainz; E. Weis/Pfalz-Bayern, Zweibrücken; J. Voss/Baden]. Auch vergleichende Untersuchungen über die regionalen Unterschiede in der Sozialstruktur des Stadtbürgertums, das sich in den Residenzstädten ganz anders zusammensetzte als in den Reichsstädten oder in den Hansestädten, stellen ein Forschungsdesiderat dar. Beispielgebend sind die Einzelstudien über Köln [387: I. Nicolini], Mainz [426: F. G. Dreyfus], Koblenz [369: E. François], Augsburg [360: I. Bátori], Frankfurt [380: R. Koch] und Hamburg [460: F. Kopitzsch] sowie die Aufsätze von V. Press zum Thema „Reichsstadt und Revolution" [473] und von K. Müller über einen Städtevergleich zwischen Köln und Aachen [470: Studien zum Übergang vom Ancien Régime zur Revolution].

Die meisten Regionalstudien machen allerdings deutlich, daß die Zäsur von 1789 viel weniger einschneidend war als der Modernisierungsschub der napoleonischen Ära. Mit den Worten von E. Weis: „Die eigentliche historische Wirkung der Französischen Revolution . . . scheint mir nicht in den wenigen lokalen Erhebungen, Jakobinerzirkeln und Traktaten der Zeit von 1789 bis 1799 zu liegen, sondern vielmehr in den Reformen, die in der napoleonischen Zeit – unter dem Druck oder durch die Vermittlung des imperialen Frankreich – durchgeführt wurden" [Pfalz-Bayern, Zweibrücken und die Französische Revolution, in: 505: J. Voss, Hrsg., Deutschland und die Französische Revolution, 130].

5. Von der kirchen- und reichsgeschichtlichen zur sozial- und wirtschaftsgeschichtlichen Erforschung der Säkularisation

Problematik einer Gesamtdarstellung der Säkularisation

Eine Gesamtdarstellung der Säkularisation ist bis heute nicht geschrieben worden. Die Gründe hierfür liegen einmal in der wenig ausgeglichenen Forschungslage: Für einzelne Gebiete, so vor allem für das Rheinland und Bayern, existieren zwar zahlreiche Regionaluntersuchungen, aber sie reichen bei weitem nicht aus, ein Gesamtbild der Säkularisationsvorgänge in den deutschen Territorien zu vermitteln. Zum anderen erschwert die Vielfalt höchst verschiedenartiger Aspekte und noch offener Probleme die erschöpfende Behandlung des Themas. Die Säkularisation betrifft rechtliche, geistesgeschichtliche, kirchen- und verfassungspolitische, sozial- und wirtschaftsgeschichtliche Sachverhalte; sie ist verflochten mit der Reichs- und Territorialgeschichte sowie mit den allgemeinen politischen Ereignissen nicht nur in Deutschland, sondern in ganz Europa; ihre Vorgeschichte reicht zurück bis zu den Säkularisationen des 16. und 17. Jahrhunderts, ihre Auswirkungen bestimmten das Verhältnis von Staat, Kirche und Gesellschaft bis ins 20. Jahrhundert. Hinzu kommt die Problematik des historischen Urteils, das – im Anschluß an zeitgenössische Kontroversen für oder gegen die geistlichen Staaten – zumeist parteiisch ausfiel. In der älteren Literatur überwiegt die säkularisationsfeindliche Darstellung. Auch heute noch verteilt sich die Säkularisationsforschung auf verschiedene Forschungszweige und -richtungen.

Rechts- und kirchengeschichtliche Darstellungen

Nach wie vor dominiert der rechts- und kirchengeschichtliche Aspekt. Die besten Überblicksdarstellungen über den Untergang der Reichskirche im Zusammenhang mit der allgemeinen Geschichte finden sich nicht zufällig in Handbüchern zur Verfassungs- und Kirchengeschichte [348: E. R. Huber, Deutsche Verfassungsgeschichte, Bd. 1, 42 ff.; 549: H. Raab, Der Untergang der Reichskirche, in: H. Jedin, Hrsg., Handbuch der Kirchengeschichte, 533 ff.]. Eine vorläufige Bilanz dieser Forschungsrichtung bieten die 1976 und 1978 von A. Rauscher und A. Langner veröffentlichten Beiträge der vom Arbeitskreis „Deutscher Katholizismus im 19. und 20. Jahrhundert“ durchgeführten Symposien [550: Säkularisierung und Säkularisation vor 1800; 532: Säkularisation und Säkularisierung im 19. Jahrhundert]. Untersucht werden vor allem die Rechtsprobleme des Reichsdeputationshauptschlusses, der Stellenwert der Säkularisation im Prozeß der Säkularisierung, die Folgen der Säkularisation für das kirchliche Leben im katholischen Deutschland und die Auswirkungen auf das Verhältnis von Kirche und Staat.

Die alte Streitfrage nach den Rechtsgrundlagen und der Rechtmäßigkeit der Säkularisation scheint heute gelöst zu sein. Die Verdammungsurteile, die Treitschke und seine Schule aus nationalen Gründen gegen den „ungeheueren Rechtsbruch“ und die „Fürstenrevolution“ in den süddeutschen Staaten geschleudert haben, werden nicht mehr ernst genommen. HUBER [348: Deutsche Verfassungsgeschichte, Bd. 1, 57] bezeichnet die Aufhebung der geistlichen Fürstentümer als einen Akt der „legalen Revolution", in dem sich die politische Notwendigkeit gegenüber der „überlieferten Rechtmäßigkeit" durchgesetzt habe. Eine rechtsgeschichtliche Studie von K. D. HÖMIG [523: Der Reichsdeputationshauptschluß] weist darauf hin, daß das Reichsgesetz von 1803 gegen das 1648 festgesetzte Prinzip der gütlichen Einigung in Religionssachen verstieß. Man umging in Regensburg diese Schwierigkeit, indem man die geistlichen Staaten im Reichstag zwar zum Votum aufrief, sie aber gleichzeitig für abwesend erklärte. Auch HÖMIG kommt jedoch zu dem Schluß, daß diese „Verfassungswidrigkeit" an der Rechtswirksamkeit des Hauptschlusses nichts geändert habe.

Säkularisation und Säkularisierung

Mit der Zuordnung der Säkularisation zum Prozeß der Säkularisierung wurde die parteiische Argumentation der Säkularisationsgegner relativiert. H. LÜBBE [536: Säkularisierung] verweist auf den begriffsgeschichtlichen Bedeutungswandel von Säkularisierung und auf die neutralisierende Benutzung dieses Begriffs als historisch-soziologische Prozeßkategorie. Auch innerhalb der Religionssoziologie und -philosophie setzte sich die Unterscheidung von legitimer Säkularisierung im Sinne zu respektierender Weltlichkeit der Welt einerseits und einem mehr ideologisierenden, sich antireligiös verstehenden Säkularismus andererseits durch. Die katholische und die protestantisch-konservative Fixierung auf Säkularisierung in der Bedeutung von christlichem Glaubensverfall und Substanzverlust wurde aufgegeben.

Innerkirchliche Säkularisierungsvorgänge

Erst der Verzicht auf polemische Positionen ermöglichte es, auch innerkirchliche Säkularisierungsvorgänge ins Blickfeld zu rücken. Hierher gehört etwa die Entdeckung der katholischen Aufklärung in vielen geistlichen Staaten. Zahlreiche Studien über einzelne Fürstbistümer und Klöster im 18. Jahrhundert widerlegten die ältere These liberaler Historiker vom „verrotteten" Mönchtum und dem geistigen Niedergang des stiftischen Deutschland. Andererseits wurde deutlich, daß die aufklärerischen Bestrebungen innerhalb des Katholizismus dazu beitrugen, die überlieferten traditionellen Rechtsvorstellungen über den Zusammenhang zwischen geistlicher und weltlicher Macht aufzulösen. P. WENDE hat in seiner Untersuchung über die zeitgenössische Publizistik [569: Die geistlichen Staaten] auf die vernunftrechtliche Argumentation, die von einem Teil der Verteidiger der Fürstbischöfe im Verlauf der Säkularisationsdebatte entwickelt wurde, aufmerksam gemacht: „. . . die Anwälte der geistlichen Staaten (verließen) ihre ursprüngliche Bastion, die der Tradition, . . . um sich in der Stellung des neuen Geistes zu verschanzen" [ebd., 93]. Ein Aufsatz von B. CASPER über theologische Studienpläne des späten 18. und frühen 19. Jahrhunderts [in: 532: A. LANGNER, Hrsg., Säkularisation und Säkularisierung] macht deutlich, daß die Bemühungen um eine „nützliche" Theologie „einer inneren Säkularisierung von Theologie" nahekamen.

Innerkirchliche Folgen der Säkularisation

Mit den neuen Forschungsergebnissen stellte sich noch einmal das Problem der innerkirchlichen Folgen der Säkularisation. Die lange Zeit gültige und gegen die ältere Forschung gerichtete These von den positiven Seiten der Säkularisation im Hinblick auf die religiöse Erneuerung und innere Festigung der katholischen Kirche, die sich, von der weltlichen Herrschaft entlastet, ihren seelsorgerischen Funktionen und theologischen Aufgaben habe widmen können, wurde wieder in Frage gestellt. Nach LANGNER [532: Säkularisation und Säkularisierung, 153] führte die Diskussion auf dem Augsburger Kolloquium des Arbeitskreises „Deutscher Katholizismus im 19. und 20. Jahrhundert“ eher zu dem Ergebnis, daß „die Säkularisation eine im 18. Jahrhundert in Ansätzen bereits sichtbare innerkatholische Evolution zunächst aufgehalten habe, eine Evolution, die also vielleicht auch ohne die Säkularisation und ihre negativen Folgen zu den späteren positiven Ergebnissen geführt hätte“. Auch die nach M. BRAUBACH [342: GEBHARDT, Handbuch der deutschen Geschichte, Bd. 3,34] vielzitierte „Demokratisierung“ der Geistlichkeit, die schon TREITSCHKE, wenngleich mit negativer Bewertung („plebejischer Klerus“), betont hatte, blieb nicht unumstritten. R. v. OER [in: 532: A. LANGNER, Hrsg., Säkularisation und Säkularisierung, 28] und H. RAAB [549: Der Untergang der Reichskirche] heben hervor, daß die Seelsorgetätigkeit schon lange vor 1803 in den Händen bürgerlicher Kleriker lag. Wie für die Gesamtgesellschaft so trifft es wohl auch für die kirchliche Entwicklung zu, daß der Wandel sich vorbereitete und nicht abrupt und sprunghaft einsetzte.

Neueren Untersuchungen zufolge, bewirkte die Säkularisation auch keine umwälzende Neuerung des staatskirchenrechtlichen Systems. Das Grundmodell der Staatskirchenhoheit stammte bereits aus der vorrevolutionären Zeit. E. WEIS [635: Montgelas, 113 ff.] hat auf die historische Tradition des bayerischen Landesfürstentums für die staatskirchenrechtlichen Vorstellungen von Montgelas hingewiesen und schon die Vorgänge bei den Freisinger Bischofswahlen von 1788 und 1790 als Versuche gedeutet, die offen auf eine Säkularisation als „ersten Präzedenzfall“ hinausliefen. K. D. HÖMIG [523: Der Reichsdeputationshauptschluß] und H. W. STRÄTZ [Die Säkularisation und ihre nächsten staatskirchenrechtlichen Folgen, in: 532: A. LANGNER, Hrsg., Säkularisation und Säkularisierung, 31 ff.] kommen zu ähnlichen Ergebnissen. Die schnelle Regeneration der katholischen Kirche im Verein mit der verstärkten Bindung an das Papsttum verschafften der Kirche allerdings bald wieder ein Eigengewicht gegenüber dem staatlichen Hoheitsanspruch. Auf lange Sicht war das Ergebnis der Entwicklung nach 1803 die im Grundsatz anerkannte Selbständigkeit der katholischen und – paritätshalber – auch der protestantischen Kirche. Die Entstehung des politischen Katholizismus und die Ansätze zur katholischen Parteibildung lassen sich möglicherweise darauf zurückführen, daß aus den ehemals geistlichen Staaten Impulse zu stärkerem politischen Engagement hervorgegangen sind. In einer sozialgeschichtlichen Analyse über das Verhältnis des katholischen westfälischen Adels zum preußischen Staat hat H. REIF [391: Westfälischer Adel 1770–1860] „die hohe identitätsstiftende Kraft“ und die „Organisationskapazität“ der katholischen Religion hervorgehoben: „Der katholische westfälische Adel (distanzierte sich) vom Staat und definierte sich als von staatlichen Bindungen relativ unabhängige, traditional-paternalistisch und kirchlich-sozialpolitisch legitimierte regionale, agrarische und kirchliche Führungsschicht, die, gestützt auf eine über Organisationsformen der Gesellschaft – expandierendes Vereins-, Verbands- und Parteiwesen und erneuerte katholische Kirche – gewonnene Massenloyalität, in den Parlamenten sowie gegenüber Hof und staatlicher Bürokratie diffus über die katholische Religion integrierte antimoderne, antiliberale und antikapitalistische Sozialinteressen vertrat" [ebd., 458].

Materielle und kulturelle Verluste

Zweifellos ist die Kirche vor allem materiell und kulturell getroffen worden. Die gewaltigen Vermögensverluste, die Zerstörung oder Verschleuderung wertvoller Kunstwerke und Bibliotheksbestände, die Auflösung von achtzehn katholischen Universitäten sowie zahlreicher Akademien und Gymnasien in Stiften, Abteien und Klöstern haben das geistige, kulturelle und soziale Leben im katholischen Deutschland auf lange Zeit geschwächt. In der älteren, säkularisationsfeindlichen Literatur [vgl. 554: A. M. SCHEGLMANN, Geschichte der Säkularisation im rechtsrheinischen Bayern] tauchte immer wieder der Vorwurf des „Wandalismus" auf, ein Begriff, der zuerst 1794 vom französischen Bischof Henri Grégoire in der Nationalversammlung benutzt wurde, um die sinnlose Zerstörung von kirchlichen Kunstwerken durch die Jakobiner zu brandmarken. Neuerdings spricht man viel vom Beginn des „katholischen Bildungsdefizits" und von der Ausbildung eines Inferioritätsbewußtseins bei den deutschen Katholiken. Genauer belegt ist das alles noch nicht. Das katholische Bildungswesen, so meinte R. v. OER [in: 532: A. LANGNER, Hrsg., Säkularisation und Säkularisierung, 28], sei ein Forschungsfeld, das „noch weiterer Bearbeitung harrt". H. RAABS Versuch einer Bilanz über die Auswirkungen der Säkularisation auf Bildungsleben, Geistesleben und Kunst im katholischen Deutschland [ebd., 63 ff.] stützt sich auf zeitgenössische Anklagen und auf verstreut liegende monographische Studien und Miszellen über einzelne Bistümer und Klöster (meist in Bayern). Das „Ende der stiftischen Kulturlandschaft" läßt sich zwar konstatieren; über das tatsächliche Ausmaß der Verluste wissen wir jedoch wenig.

Monographien über einzelne Bistümer

Gut erforscht hingegen sind die politischen Voraussetzungen für die Säkularisation der Reichskirche. Die Vorgeschichte der dritten Koalition und die Zusammenhänge mit der europäischen Geschichte sind von U. KRÜGER-LÖWENSTEIN [267: Rußland, Frankreich und das Reich] neu untersucht worden. Monographische Forschungen, so vor allem M. BRAUBACHS und H. RAABS Biographien der letzten Kurfürsten von Köln und Trier [516: Maria Theresias jüngster Sohn Max Franz; 548: Clemens Wenzeslaus von Sachsen und seine Zeit], G. SCHWAIGERS Arbeit über die bayerischen Bistümer [560: Die altbayerischen Bistümer] und M. LAHRKAMPS Darstellung über Münster [531: Münster in napoleonischer Zeit] bieten vorzügliche Fallstudien zur Vorgeschichte und Durchführung der Säkularisation.

Aretin: Reichsgeschichte, Reichsadel und Reichskirche

Die Vorgeschichte der Säkularisation im Zusammenhang der Reichsgeschichte bildet das zentrale Thema der großen Darstellung und Dokumentation von K. O. FRHR. v. ARETIN über das Ende des alten Reiches [570: Heiliges Römisches Reich 1776–1806, besonders Bd. 1, 372 ff.]. ARETIN schildert den von den verschiedenartigsten Frontstellungen geprägten Entscheidungskampf um die Reichsverfassung zwischen den Territorialfürsten, die aus dem Reich drängten, dem Reichsadel, der seine Existenz über die Reichskirche dem Reich verdankte, und den alten universalen Mächten, Kaiser und Papst, die beide im Sinne der partikularen Kräfte die Säkularisation begünstigten, „die besser und zutreffender als Entmachtung des seit dem Westfälischen Frieden aufgestiegenen Reichsadels bezeichnet werden sollte". Das besondere Interesse ARETINS gilt der Auflehnung der Reichskirche gegen den römischen Zentralismus, eine Auseinandersetzung, die politisch vom Episkopalismus und theologisch vom Febronianismus getragen wurde und in den Streitigkeiten um die Rechte der Nuntiaturen ihren Höhepunkt erlebte: „Es ist das die Parallele des Kampfes der größeren Stände gegen das Kaisertum." Sie erklärt die Zurückhaltung Roms im Kampf gegen die Säkularisation und das erstaunliche, gegen die Reichskirche gerichtete Bündnis, das Pius VI. mit dem territorialen Staatskirchentum einging. Rom wurde „ein grundsätzlicher Feind des Reiches und der Reichskirche".

Die wirtschafts- und sozialgeschichtliche Erforschung der Säkularisation, die in Frankreich schon um die Jahrhundertwende einsetzte – bereits 1928 konnte G. LEFEBVRE eine erste Bilanz dieser Forschungsrichtung vorlegen [La vente des biens nationaux, in: 173: Études sur la Révolution française, 307 ff.] –, erreichte in der deutschen Geschichtsschreibung erst in jüngster Zeit einen methodischen Durchbruch, der quantifizierbares Material über den Besitzwechsel und die Umschichtung der Eigentumsordnung zutage förderte [vgl. die Forschungsberichte 518: CH. DIPPER, Probleme einer Wirtschafts- und Sozialgeschichte der Säkularisation, und H. KLUETING, Die Folgen der Säkularisation, in: 599: H. BERDING/H.-P. ULLMANN, Hrsg., Deutschland zwischen Revolution und Restauration, 184–207; speziell zu Bayern 568: E. WEIS, Die Säkularisation der bayerischen Klöster 1802/03]. Die ältere Forschung, deren Ergebnisse R. MORSEY [539: Wirtschaftliche und soziale Auswirkungen der Säkularisation] 1966 in einem grundlegenden und zu weiteren Fragen anregenden Aufsatz zusammenfaßte, lieferte bereits einige Angaben zur Veräußerung der Kirchengüter, so die Arbeiten von P. KAISER über den Aachener Bezirk [525], von G. KLIESING über einige kurkölnische Ämter [527], von W. KLOMPEN über den Krefelder Bezirk [528], von F. PAULY über Trier [545] und von A. SCHLITTMEIER über die niederbayerische Abtei Niederaltaich [556]. Allerdings waren diese Arbeiten – im Rahmen der noch vornehmlich kirchengeschichtlichen Orientierung – thematisch eingegrenzt auf die Frage nach Umfang und Bedeutung des Kirchenguts. Die Käuferstatistik, die heute besonders interessiert, d. h. die Untersuchung der sozialen Zusammensetzung der Käuferkreise und die Berechnung des Umfangs der von den verschiedenen Käufergruppen erworbenen Güter, fehlte noch ganz oder sie blieb unvollständig. Immerhin wurden die pauschalen Verdächtigungen der älteren Literatur widerlegt, die Kirchengüter seien „verschleudert" worden und fast ausschließlich in die Hände von Juden und Protestanten gefallen.

Ältere Arbeiten über das Kirchengut

Neuere wirtschafts- und sozialgeschichtliche Arbeiten über den Nationalgüterverkauf

Die neueren Regionaluntersuchungen gehen von einheitlichen methodischen Ansätzen und Fragestellungen aus. Verkaufspolitik, Verkaufsmodus, Verkaufserlös und Verkaufsobjekte, der Gesamtumfang der veräußerten Güter und die Beteiligung der verschiedenen Berufs- und Besitzstände am Erwerb werden systematisch auf der Grundlage von Inventarverzeichnissen und Versteigerungsprotokollen erforscht. Die Quellenbasis hat sich ständig erweitert. Mit Hilfe des EDV-Einsatzes werden neuerdings auch „serielle Quellen" wie Notariatsakten (Pacht- und Verkaufsurkunden), Kataster, Schatzungs- und Personenregister, Kirchenbücher, staatliche Statistiken etc. ausgewertet [vgl. A. Kube, Der Einsatz der Datenerfassung mit EDV bei Forschungen zur Besitzumschichtung als Folge der Säkularisation, in: 638: E. Weis, Hrsg., Reformen im rheinbündischen Deutschland, 7 ff.]. Untersucht wurde, ob die Besitzumschichtung zugunsten des Dritten Standes stattfand oder ob Adlige und Geistliche versuchten, ihren Besitz zurückzukaufen, ob das Kleinbauernland vermehrt wurde oder ob kapitalkräftige Pächter und Stadtbürger zugriffen, ob und wie tiefgreifend sich das Landangebot auf die industrielle Entwicklung auswirkte. Die Ergebnisse fielen je nach Gegend und wirtschaftlichem Entwicklungsstand der untersuchten Gebiete unterschiedlich aus. Nach Ch. Dippers Schätzung hatte das linksrheinische Kirchengut einen Anteil von 11,8% an der landwirtschaftlichen Nutzfläche; die Verkäufe erfaßten 5,1% der Gesamt- bzw. 8,1% der Nutzfläche [ebd., 135]. Für das Arrondissement Koblenz gelangt K. de Faria e Castro zu dem Ergebnis, „daß die Nationalgüterversteigerungen in erster Linie dem (städtischen) Bürgertum nutzten" [520: Die Nationalgüter im Arrondissement Koblenz, 108]. Zwar waren über die Hälfte der erfaßten Käufer Bauern bzw. ehemalige Pächter, aber ihr Anteil am Erwerb beschränkte sich nur auf ein Drittel. Die große Gruppe der Tagelöhner blieb unbeteiligt. Der Bauernstand erhöhte seinen Anteil an Grund und Boden je nach Region um 1–4,8%. Die Angehörigen bürgerlicher Berufe hingegen, darunter auffallend viele Beamte und Notare der ehemaligen Residenz- bzw. der französischen Behördenstadt, erwarben mehr als die Hälfte der Güter und praktisch sämtliche Gebäude. Ein Achtel der Verkaufsobjekte wurde von Maklern ersteigert. Geistliche und Adlige fehlten bis auf wenige Ausnahmen unter den Käufern. Auch das Kleinbürgertum – einfache Beamte, Handwerker, Ladenbesitzer, Müller, Wirte – beteiligte sich kaum. Am Beispiel der Kölner Verhältnisse kommt R. Büttner [517: Die Säkularisation der Kölner geistlichen Institutionen] zu der Überzeugung, daß sich „im Rheinland eine neue Wirtschaftsgesinnung durchsetzte, die zu einer schnelleren Entwicklung der Wirtschaft im linksrheinischen Deutschland führte" [ebd., 403]. Die hauptsächlichen Käufer waren Kölner und Aachener Bürger; nur fünfzig von ihnen erwarben knapp die Hälfte aller Landgüter (nach Preisen). In Köln tätigten bereits die Makler, von denen die umsatzstärksten aus dem Textilgebiet zwischen Aachen und Lüttich kamen, etwas mehr als die Hälfte der Käufe. Die nächstwichtige Käufergruppe wurde auch in Köln von den Pächtern gestellt. Nimmt man die Ergebnisse der früheren Arbeiten über die linksrheinischen Gebiete hinzu, so

Regionalstudien über das Rheinland

scheint im Umkreis der Städte Bonn, Aachen, Köln, Krefeld, Kleve das Handelskapital an dem Landangebot besonders interessiert gewesen zu sein. Wie die Pilotstudie von M. Müller [542: Säkularisation und Grundbesitz. Zur Sozialgeschichte des Saar-Mosel-Raumes], die aus einem von W. Schieder initiierten Trierer Forschungsprojekt über die linksrheinischen Nationalgüterveräußerungen hervorging, nachgewiesen hat, kann allerdings nur eine genaue Analyse der Zweitverkäufe auf der Basis von Notariatsakten über das tatsächliche Ausmaß der Besitzumschichtungen Aufschluß geben. Müller kommt für den Trierer Raum zu dem überraschenden Ergebnis, daß über 40% der ersteigerten Kirchenimmobilien, die etwa 14% der Nutzfläche ausmachten, noch während der Franzosenzeit weiterverkauft wurden. Der Besitzwechsel, der zunächst nur einen relativ kleinen Personenkreis meist städtischer Käufer betraf, erfaßte in der zweiten Verkaufsrunde fast die Hälfte der Bevölkerung und kam nun auch den Bauern zugute. Die Ausbildung eines freien Boden- und Kapitalmarktes, an dem breitere Schichten der Bevölkerung partizipierten, förderte auch nach Müllers Ansicht „eine neue Wirtschaftsgesinnung".

Regionalstudien über die rechtsrheinischen Gebiete

Für die rechtsrheinischen Gebiete hingegen gilt, daß die Sozial- und Wirtschaftsverfassung durch die Säkularisation wenig positive Impulse erhielt. Für Bayern liegen detaillierte Untersuchungen von A. Schlittmeier [556: Die wirtschaftlichen Auswirkungen der Säkularisation in Niederbayern], R. Haderstorfer [521: Die Säkularisation der oberbayerischen Klöster Baumburg und Seeon] und M. B. Wagner [567: Die Säkularisation der Klöster im Gebiete der heutigen Stadt Passau] über die Kirchengutsveräußerungen von insgesamt acht bayerischen Prälatenklöstern und drei Passauer landsässigen Klöstern vor; für Münster existieren die von M. Lahrkamp [531: Münster in napoleonischer Zeit], für das Herzogtum Westfalen die von H. Klueting [529: Die Säkularisation im Herzogtum Westfalen] erarbeiteten Daten. Verkauft wurde nur sehr wenig, in Bayern kaum 1% der landwirtschaftlichen Nutzfläche, in Münster lediglich die Hälfte bis zwei Drittel der Zeitpachtgüter. Parzellenverkäufe überwogen. Das Kleinbürgertum war offenbar unter den Käufern viel stärker vertreten als linksrheinisch. Die Rolle der Makler blieb unbedeutend. In einer Behördenstadt wie Münster brachte die kleine Käufergruppe der Beamten ein Drittel der Kaufsumme auf. Das Gros der Käufer waren ehemalige Pächter (ein knappes Drittel) und Gewerbetreibende, meist Bäcker, Branntweinbrauer, Wirte und Gärtner, die die Landparzellen vor den Toren der Stadt aufkauften, um sie für ihren Betrieb landwirtschaftlich zu nutzen. In den bayerischen Klostergebieten fehlte die Bauernschaft als Käufer so gut wie vollständig. Bis auf wenige größere Betriebe, bei denen auch das städtische Kapital und vor allem der Adel mitboten, fielen die Kleinstparzellen zumeist an die ehemaligen Klosterdiener und -tagwerker, die aus schierer Existenznot zugriffen. Schlittmeier und Haderstorfer konstatieren eher die negativen Folgen einer Entwicklung, die auf eine „Reagrarisierung" hinauslief. D. Stutzer verwies auf das „außerordentlich leistungsfähige System der Versorgung und der sozialen Sicherung", das die Klöster in Altbayern vor der Säkularisation boten [564: Die Säkularisation 1803; zusammenfassend der Aufsatz in: 638: E. WEIS, Hrsg., Reformen, 33 ff.]. LAHRKAMP weist auf den rascheren Anstoß zur Bodenmobilität hin und hebt hervor, daß die wirtschaftspolitische Bedeutung der Vermögenssäkularisation vor allem in Parallelität zur gleichzeitig in die Wege geleiteten Bauernbefreiung zu sehen sei: „Das größere Gewicht in der Umstrukturierung der Eigentumsverhältnisse an Grund und Boden im Münsterland kommt zweifellos der Bauernbefreiung zu" [ebd., 409]. Für das ehemals kurkölnische Herzogtum Westfalen, das 1802/03 an Hessen-Darmstadt und 1816 an Preußen kam, stellt KLUETING fest, daß sich „erstaunlich wenig" verändert hat. Die Klosterkolonen erhielten den Staat zum Grundherrn; die wenigen klösterlichen Eigenbetriebe wurden domanialisiert und in Zeitpacht ausgegeben. Verkäufe in geschlossenen Gutskomplexen fanden erst nach dem Anfall des Landes an Preußen statt, wobei der Löwenanteil der reichsten Adelsfamilie des Landes, den Freiherren von Fürstenberg, zufiel.

Insgesamt gilt, daß in den neueren wirtschafts- und sozialgeschichtlich orientierten Arbeiten mehr als zuvor die Auswirkungen der Säkularisation im Hinblick auf die – begrenzte – Umverteilung des Eigentums und die sozialen Veränderungen in der Besitzstruktur betont werden. Die Säkularisation wird nicht mehr in erster Linie unter dem Aspekt des Rechtsbruchs, der mangelhaften, oft genug verletzenden Durchführung und der nachteiligen Folgen für den katholischen Volksteil betrachtet, sondern im Zusammenhang mit der politischen, wirtschaftlichen und sozialen Umbruchssituation des Revolutionszeitalters. Dabei wird deutlich, daß in den wirtschaftlich rückständigen rechtsrheinischen Gebieten kaum Chancen der Veränderung genutzt werden konnten, während es linksrheinisch eher gelang, die Besitzverhältnisse teils zugunsten des Stadtbürgertums und teils zugunsten der bäuerlichen Bevölkerung umzuschichten. Die Frage bleibt allerdings noch offen, ob durch diese Bodenbewegung eine neue Sozialstruktur oder lediglich eine Stabilisierung der hergebrachten Besitzhierarchie erreicht wurde.

6. Die Revision der nationalgeschichtlichen Rheinbundforschung

Abwertung der „undeutschen" Rheinbundreformen

Die Tendenz der älteren Nationalgeschichtsschreibung, den Einfluß des revolutionären und napoleonischen Frankreich in Mitteleuropa zugunsten genuin preußischer „organischer" Reformen abzuwerten und die Auseinandersetzung mit Napoleon fast ausschließlich unter den Kategorien „Fremdherrschaft" und „Befreiung" zu subsumieren, ist in der neueren Forschung erst allmählich revidiert worden. Noch in der 9. Auflage der Handbuchdarstellung von M. Braubach [342: Von der Französischen Revolution bis zum Wiener Kongreß] werden die neu geschaffenen Napoleonidenstaaten, das Königreich Westfalen und die Großherzogtümer Berg und Frankfurt, als „traditionslose Schöpfungen" interpretiert und die „in der Aufklärung wurzelnde unhistorische Denkweise der Rheinbundreformer" hervorgehoben, durch die „auch wertvolle Bestandteile des Erbes der Vergangenheit abgetragen und bedroht wurden". Der Souveränitätswille der rheinbündischen Staatsmänner habe sich zwar zunächst gegen Napoleon und dessen Pläne gerichtet, dem Rheinbund eine straffere Organisation zu geben, er sei jedoch „auch künftigen Bestrebungen, zu einem neuen Zusammenschluß eines von der Fremdherrschaft befreiten Deutschland zu kommen, hemmend in den Weg getreten" [ebd., 52 ff].

Die nationalen Vorurteile, die zeitgenössische Ressentiments gegen die „Fremdherrschaft" bewahrten, reichen zurück in die borussische Geschichtsschreibung der Reichsgründungszeit und des Kaiserreichs. Treitschke [357: Deutsche Geschichte, Bd. 1, 352 ff.] prägte die Formel von den „geschichtslosen deutschen Mittelstaaten des Südens", wo abstrakte Vernunft und „naturrechtliche Willkür" nach französischer „Schablone" herrschten. Die Apologie Preußens, das auf dem Wege „einer gesunden deutschen Politik" die „Stunde der Befreiung" von der „Schmach der Fremdherrschaft" vorbereitete, bestimmte das Urteil über den „Lügengeist" der „napoleonisch-partikularistischen" Rheinbundstaaten, voran das „Satrapenland" Bayern, dem unter „dem gewalttätigen Regiment des Halbfranzosen Montgelas" „der sittliche Schwung des preußischen Lebens völlig fehlte". Aus der Zeit des dritten Napoleon und der deutschen Einheitsbewegung im Zeichen der neu erwachenden deutsch-französischen Spannung stammt L. Häussers oft wiederholte Charakterisierung des Rheinbundes als eine „große Napoleonische Präfektur" [345: Deutsche Geschichte, Bd. 2, 695. Vgl. 584: K. v. Raumer, „Préfecture française"]. Der Begriff der Präfektur meint die machtpolitische Zwecksetzung der Militärallianz, das System der zentralistischen militärisch-politischen Diktatur, das von der Staatsspitze auf die Präfekten in der Provinz, aber auch von der Innenverwaltung auf die Administration der eroberten und okkupierten Länder übertragen worden sei: „Der Bund bestand aus Fürsten, die ihre Lage wie ihr Interesse mit Napoleon verband, deren äußere Abhängigkeit von ihm durch die schrankenlose Gewalt im

Inneren belohnt ward, die sich zum größten Teil wohl fühlten in dieser Präfektengewalt und die allzu rasch vergaßen, daß der soldatische Absolutismus auf keinem Boden geschichtlich weniger heimisch war als in Deutschland" [Häusser, ebd., 696].

Wenn auch eine allgemeine Rheinbundforschung nur zögernd in Gang kam – Th. Bitteraufs „Geschichte des Rheinbundes" [574] beschränkte sich auf die Darstellung der Gründungsgeschichte – und E. Hölzle in einem HZ-Aufsatz von 1933 [580: Das Napoleonische Staatensystem, 277] feststellen konnte, daß sich an der „klassischen" Geschichtslehre Treitschkes, die „unbedingte Unterwerfung in Sachen der europäischen Politik und ebenso unbeschränkte Souveränität im Innern" für das Charakteristikum des Rheinbundes zu halten, wenig geändert habe, so fehlte in der Folgezeit doch nicht ganz das Bemühen um eine differenziertere Beurteilung des Rheinbundes. Um die Jahrhundertwende und in den zwanziger Jahren erschienen eine Reihe von Länderdarstellungen, die das organisatorische Reformwerk der Rheinbundstaaten anerkannten und es in die Tradition des Aufgeklärten Absolutismus einordneten. Die Kritik am „abstrakten Vernunftschema" der Rheinbundreformen wurde abgemildert, teils mit dem Hinweis auf den gemäßigten Charakter vieler Reformen, teils mit der Begründung, daß die „absolutistischen Reformen" zur Durchsetzung der „Staatssouveränität" geschichtlich notwendig gewesen seien. Die Monographien über die Napoleonidenstaaten von Ch. Schmidt [626: Le Grand-Duché de Berg], A. Kleinschmidt [619: Geschichte des Königreichs Westfalen], F. Thimme [632: Die inneren Zustände des Kurfürstentums Hannover] und P. Darmstaedter [604: Das Großherzogtum Frankfurt] sowie W. Andreas' Darstellung über Baden [593: Geschichte der badischen Verwaltungsorganisation] bewiesen, daß Napoleon weit davon entfernt war, allen Rheinbundstaaten eine „schrankenlose Gewalt im Innern" einzuräumen. Andererseits waren zumindest die beiden mächtigsten Rheinbundstaaten, Bayern und Württemberg, keineswegs bereit, sich „in Sachen der europäischen Politik" bedingungslos der napoleonischen Herrschaft zu unterwerfen. M. und L. Doeberls wichtige Beiträge zur Montgelasforschung [576: Rheinbundverfassung und bayerische Konstitution; 606: Maximilian von Montgelas] schilderten die dramatischen Auseinandersetzungen um den Eintritt Bayerns in den Rheinbund und den erfolgreichen Widerstand Bayerns und Württembergs gegen eine Rheinbundkonstitution.

Ältere Monographien über einzelne Rheinbundstaaten

Die positive Einschätzung des Rheinbundes begann mit zwei unterschiedlichen Neuinterpretationen, die allerdings vorerst nicht allgemein akzeptiert wurden. F. Schnabels große Würdigung der Rheinbundreformen im ersten Band seiner 1929 erstmals erschienenen „Deutschen Geschichte im 19. Jahrhundert" [355] blieb lange Zeit ohne Nachfolge. Nach Schnabel vollendete die Rheinbundzeit nicht allein das Staatsideal des 18. Jahrhunderts, sondern sie legte zugleich die Grundlagen einer neuen bürgerlichen Gesellschaftsordnung. In den „Ländern des rheinischen Rechts" verbreiteten sich jene von Napoleon ausgewählten und gesicherten Ergebnisse der französischen Revolution, die über

Schnabel: Revision der borussischen Interpretation

den Aufgeklärten Absolutismus hinauswiesen und das „bürgerliche Zeitalter" vorbereiteten. Frei von nationaler Befangenheit, wenn auch in skeptischer Distanz, die an Tocqueville erinnert, schildert SCHNABEL erstmalig das indirekte Übergreifen von Revolution: „Wenngleich das System des Empire den machtpolitischen Zweck Napoleons und Frankreichs nicht erfüllte und in dieser Hinsicht weiterlebt nur als Versuch eines kühnen und genialen Experimentators, so hat es doch die innere Struktur Europas und Deutschlands für alle Folgezeit gewandelt und die Völker auf jene Stufe der gesellschaftlichen und geistigen Entwicklung geführt, die Frankreich zuerst gezimmert hatte" [ebd., 146]. Die rheinbündische Reformzeit unter dem direkten Einfluß des napoleonischen Frankreich, die von der älteren, auf Preußen konzentrierten Geschichtsschreibung ignoriert oder als zukunftslos abgetan worden war, erhielt so die Bedeutung einer Weichenstellung für die Geschichte des 19. Jahrhunderts. Aus der Sicht des süddeutschen Liberalen entwarf SCHNABEL ein Gegenbild zur kleindeutsch-preußischen Historiographie.

Hölzle: Neubewertung der napoleonischen Rheinbundpolitik

Auf ganz andere Weise versuchte E. HÖLZLE in seinem wichtigen HZ-Aufsatz von 1933 [580: Das Napoleonische Staatensystem], der Rheinbundpolitik gerecht zu werden. Er verknüpfte die Frage nach dem Stellenwert der rheinbündischen Reformen für die deutsche Geschichte mit der Frage nach der Funktion des Rheinbundes im napoleonischen Herrschaftssystem. Der Rheinbund erscheint als Modell der napoleonischen Europapolitik, deren Ziel es gewesen sei, das organisatorische Werk der Revolution über ganz Europa hin auszudehnen und das Staatsideal des 18. Jahrhunderts gemäß dem rationalistischen Denken überall zu verwirklichen. Diesem Ziel dienten nach HÖLZLE nicht nur die bis 1808 verfolgten Verfassungspläne zum Ausbau des Rheinbundes, sondern auch die diplomatischen Insinuationen und Einwirkungen auf die inneren Reformen der Einzelstaaten. Die Reformtätigkeit der süddeutschen Staatsmänner wird allerdings auch weiterhin im Rahmen des nationalen Geschichtsbildes beurteilt und am Vorbild der preußischen Reformen gemessen. HÖLZLE versichert ausdrücklich, daß er die „Verantwortlichkeit vor unserer nationalen Geschichte" anerkennen und das „zeitlich Bedingte und Begrenzte der unter dem Zeichen Napoleons erfolgten Umbildung der deutschen Staatenwelt" nicht leugnen wolle. Die geschichtliche Bedeutung der rheinbündischen Reformen liegt nach HÖLZLE vor allem darin, daß sie mit der Übernahme des französischen Verwaltungs- und Rechtssystems zugleich an die Bestrebungen des Aufgeklärten Absolutismus anknüpften: „Die Saat, die Napoleon ausstreute, fiel auf einen empfänglichen Boden. Es war der Geist des 18. Jahrhunderts, die Staatsidee des Rationalismus, die in den Führern der deutschen Staaten lebte. Die Friedrich von Württemberg, Montgelas und Reitzenstein waren alle Jünger des aufgeklärten Absolutismus. Sie fanden in den napoleonischen Institutionen das vollendete Ebenbild dessen, was sie erstrebten. Aus dieser Verbundenheit heraus ist die weitgehend freiwillige Übernahme der Einrichtungen des Grand Empire zu verstehen. Vielleicht war es gar keine Rezeption, sondern die gleichzeitige Entwicklung von Maximen und Praktiken aufgrund der gleichen Anschauungen und der gleichen autokratischen Tendenz." Die solcherart „eingedeutschten" Reformen leisteten auf ihre Weise einen Beitrag zur „Befreiung", weil sie nicht der bloßen Nachahmung des französischen Systems, sondern „dem Zweck der staatlichen Stärkung und Festigung" dienten. Es liegt ganz auf der Linie von HÖLZLES Interpretation, daß er seine weiteren Arbeiten der württembergischen Geschichte widmete, jenem Rheinbundstaat, auf den die These vom Spätabsolutismus am meisten zutrifft [615: Das alte Recht und die Revolution; 616: Württemberg im Zeitalter Napoleons]. Die Betonung der etatistisch-bürokratischen Grundzüge des Reformwerks brachte es jedoch mit sich, daß die Rheinbundzeit eher als Abschluß des aufgeklärt-absolutistischen Zeitalters gesehen wurde denn als Ausgangspunkt einer neuen Epoche, die die Errungenschaften der französischen Revolution auf Deutschland übertrug.

Rechts-, verwaltungs- und verfassungsgeschichtliche Darstellungen

Die von HÖLZLE aufgeworfenen Fragen und Probleme zum Thema „Napoleon und der Rheinbund" wurden in erster Linie von der Rechts- und Verfassungsgeschichte aufgenommen und weiterdiskutiert. F. HARTUNG [346: Deutsche Verfassungsgeschichte, 170 f., 193 ff.] lehnte die „günstigere Einschätzung der Rheinbundpolitik" Napoleons ab und hielt daran fest, „daß der Rheinbund als Ganzes überhaupt keine Geschichte hat". Er teilte jedoch die etatistische Interpretation HÖLZLES. Die Umbildung der inneren Staatsverwaltung im Gefolge der territorialen Umwälzung bewirkte auch nach HARTUNGS Ansicht die Durchsetzung der Staatssouveränität in den Rheinbundstaaten. E. R. HUBER [348: Deutsche Verfassungsgeschichte, Bd. 1, 75 ff.] spricht von einem „posthumen Sieg des absolutistischen Prinzips", der für Süddeutschland gleichsam die Entwicklung des friderizianischen Preußen einholte. In den napoleonischen Plänen zur Straffung des Bundessystems sieht auch HUBER „nur eine äußerliche Erklärung", denn es sei „wahrscheinlicher . . ., daß der Kaiser fürchtete, ein wirklich funktionierender Rheinbund werde stark genug sein, der französischen Vorherrschaft in Europa Schwierigkeiten zu bereiten". HUBER betont die machtpolitische Bestimmung des Rheinbundes und sieht – unter dem Eindruck zeitgeschichtlicher Erfahrungen – im napoleonischen Bundessystem „eines der ersten modernen europäischen Beispiele dafür, wie ein imperialer Staat ohne Annexion die Souveränität in fremdem Staatsgebiet an sich zu bringen und diesen Sachverhalt hinter völkerrechtlichen Scheinformen zu verbergen vermag".

In der Tradition dieser Forschungsrichtung stehen auch zwei jüngere Darstellungen über das Verwaltungs- und Rechtssystem in Deutschland unter dem Einfluß des napoleonischen Frankreich. F. L. KNEMEYER [620: Regierungs- und Verwaltungsreformen] betont die Modifikationen und Abweichungen vom französischen Modell bzw. die Rücksichten auch der Rheinbundreformer auf das „historisch Gewordene"; W. SCHUBERT [628: Französisches Recht] geht in seiner Darstellung der Grundzüge des französischen Rechts von der Frage aus, was der Rezeption für wert erachtet, was abgelehnt und abgeändert wurde und wie sich die Rechtseinflüsse auf die Reformgesetzgebung der Rheinbundstaaten und der von Frankreich annektierten Gebiete auswirkten. Das Kontinuitätsdenken des Historismus und der nationale Aspekt wirken noch nach, wenn KNEMEYER den Rheinbundreformern bestätigt, daß sie trotz aller berechtigten Klagen der Untertanen über die „Vielregiererei" und das „Organisationsfieber" durchaus „historisch" und „pragmatisch" dachten, oder wenn SCHUBERT nachweist, daß viele Rheinbundjuristen „national" empfanden und nicht alle einer „unkritischen Verehrung" des französischen Rechts erlagen.

Dalbergforschung

Eine positive Resonanz fanden HÖLZLES Thesen zuerst in der Dalbergforschung. Schon das ältere und bis heute unentbehrliche Werk von K. FRHR. V. BEAULIEU-MARCONNAY [571: Karl von Dalberg und seine Zeit] hatte die Verdienste Dalbergs um Reformen im Geiste der katholischen Aufklärung gewürdigt. Die Rheinbundpolitik Dalbergs hingegen stieß in der nationalgeschichtlichen Historie auf scharfe Ablehnung. Erst die 1952 erschienene Dissertation von W. HERTEL [579: K. Th. von Dalberg zwischen Reich und Rheinbund] führte zu einer partiellen Aufwertung auch der außenpolitischen Zielsetzung Dalbergs, die sich nach HERTEL aus reichspatriotischen Motiven erklären läßt: Dalberg habe sich darum bemüht, mit Hilfe Napoleons und der Organisation des Rheinbundes das Reich in zeitgemäßer Form zu erneuern und „vor der Vernichtung durch den nationalen Staat zu bewahren". „Dalberg . . . hoffte", so hat es später K. O. FRHR. V. ARETIN [570: Heiliges Römisches Reich, Bd. 1, 500] im Anschluß an HERTELS Deutung formuliert, „auf diesem Umweg die Reichsverfassung und mit ihr die deutsche Kirchenverfassung zu retten." H. RÖSSLER versuchte 1957 in einer Untersuchung mit dem bezeichnenden Titel „Napoleons Griff nach der Karlskrone" [586] nachzuweisen, daß Napoleon tatsächlich eine Zeitlang das deutsche Kaisertum angestrebt habe. Es gibt allerdings zahlreiche gegenteilige Äußerungen und politische Stellungnahmen des Kaisers, die RÖSSLERS These eindeutig widerlegen. Zuletzt hat E. WEIS [588: Napoleon und der Rheinbund] die Gegenbeweise noch einmal zusammengefaßt und kritisch angemerkt, RÖSSLER habe die – realitätsfernen – Kaiserträume Dalbergs in die napoleonischen Pläne hineinprojiziert.

Dagegen konnte R. WOHLFEIL in seiner Dalbergstudie [591: Untersuchungen zur Geschichte des Rheinbundes] aus Pariser Archivmaterialien den Nachweis erbringen, daß nicht nur von Dalberg, sondern auch von französischer Seite Entwürfe zu einer verfassungsmäßigen Ausgestaltung und zentralistischen Organisation des Rheinbundes vorlagen. WOHLFEIL sieht insofern HÖLZLES Annahme bestätigt, daß der Rheinbund für Napoleon weit mehr gewesen sei als eine bloße militärische Präfektur. Über das Verhältnis Dalbergs zu Napoleon äußert sich WOHLFEIL eher kritisch; er spricht geradezu von einem „Treue-Komplex" Dalbergs. Auch E. WEIS [588: Napoleon und der Rheinbund, 77] betont, daß die französischen Entwürfe einer Rheinbundkonstitution weit präziser und realistischer waren als die „unklaren Elaborate Dalbergs, hinter denen persönlicher Ehrgeiz und ein verschwommener Reichspatriotismus, aber kein konkretes politisches Programm, standen". WEIS setzt zugleich einen Schlußstrich unter die

Debatte über die Rheinbundkonzeption Napoleons. Er weist nach, daß Napoleon keinen ernsthaften Versuch unternahm, die Entwürfe seiner Mitarbeiter über eine zentralistische Rheinbundverfassung zu verwirklichen. Ausschlaggebend hierfür waren nach WEIS Überlegungen militärischer Zweckmäßigkeit, Rücksicht auf den Zaren und dann auf Kaiser Franz I. sowie die Ablehnung der Dalbergschen Pläne, das alte Reich unter Ausschluß der deutschen Großmächte zu erneuern oder gar ein einheitliches Deutschland zu schaffen: „Der Rheinbund von 1806 bis 1813 war in der historischen Realität ein reines Militärbündnis, das bis zu seinem Auseinanderbrechen den Zweck erfüllte, den ihm sein Gründer und Protektor zugedacht hatte, nämlich Napoleon Soldaten und Aufmarschgebiete zu liefern und Pufferstaaten gegen Österreich, Preußen und Rußland zu bilden" [ebd., 57]. WEIS fügt allerdings mit Nachdruck hinzu, daß damit die Bedeutung des Rheinbundes für Deutschland nicht erschöpft sei: „Unter dem Schutz dieses Bündnisses konnten nach der Auflösung des alten Reiches Reformen durchgeführt werden, die den teilweise anders konzipierten preußischen Reformen ebenbürtig waren" [ebd., 80].

Raumer: Gleichrangige Bedeutung der preußischen und rheinbündischen Reformen

In der neueren Forschung dominiert das Thema der napoleonisch-rheinbündischen Reformen und ihrer Auswirkungen auf den Modernisierungs- und Entfeudalisierungsprozeß. Erst 1965 wurde SCHNABELS Interpretation wieder aufgenommen und fortgeführt in der großen Handbuchdarstellung von K. v. RAUMER [354: Deutschland um 1800]. Auch RAUMER betont die gleichrangige Bedeutung des politisch-gesellschaftlichen Umbruchs in Reformpreußen wie in den Rheinbundstaaten, der für die weitere Entwicklung des 19. Jahrhunderts als „Stachel und Antrieb" die Tradition der Reform begründete. Wenngleich der spätabsolutistisch-bürokratische Charakter des rheinbündischen Reformwerks, die „Kontinuität von Aufklärung, Revolution und Empire", hervorgehoben wird, so schildert RAUMER in den einzelnen Länderabschnitten doch auch die „Auflockerung" der Sozialordnung und die zumindest „beschränkte Bedeutung" der Verfassungsreform. Der napoleonische Anteil am Reformwerk wird sehr differenziert beurteilt. RAUMER verweist auf die inneren Widersprüche der napoleonischen Politik. Der Rheinbund sollte mehrere Funktionen gleichzeitig erfüllen: er war einerseits eine militärische Präfektur als Rekrutendepot und Glacis für Napoleons Herrschaft; er diente andererseits dem Zweck, Europa zu revolutionieren; er war aber auch dazu bestimmt, den Anschluß an das geschichtliche Europa zu vermitteln. So entstand eine „bonapartistische Erneuerungsform", „in der sich historisches Recht und Vernunftrecht, Privilegienwesen und Rechtsgleichheit, Absolutismus und Scheinkonstitutionalismus, zählebiges, noch immer fortschreitendes Altständetum und bürgerliches Streben nach dem ersten Platz im Staat und nach repräsentativer Verfassung, aber auch politischer und wirtschaftlicher Vormachtstellung widerspruchsvoll verbanden" [ebd., 267].

Die nähere Bestimmung dieses Grundwiderspruchs zwischen „revolutionär" wirkendem Reformanspruch und realistischer, sich an dem bestehenden Gesellschaftssystem orientierender Machtpolitik bildet das Thema neuerer Spezialstu-

Wohlfeil: Napoleonische Modellstaaten

dien. R. Wohlfeil geht in seinem Aufsatz über die napoleonischen Modellstaaten [639] von der Frage aus, „worin denn eigentlich die Ordnungselemente des Grand Empire zu sehen sind". Vermittelten die sog. Modellstaaten Anregungen und Vorbilder „für eine Neugestaltung des sozialen Lebens"? Wohlfeil kommt zu dem Schluß, daß man in der napoleonischen Rheinbundpolitik „nirgendwo ein doktrinäres Schema finden kann". Die Inkonsequenz der in Berg und Westfalen durchgeführten Reformen, die vorrangig auf die Verwaltungsreorganisation konzentriert gewesen seien, habe den Modellcharakter dieser Staaten „unglaubwürdig" gemacht. Napoleon, so lautet das Fazit, besaß keine Konzeption für eine dauerhafte Friedensordnung in Europa. Das Scheitern der Modellstaatspläne „war wohl nicht so sehr in Fehlern der Konstruktion, als im Wesen ihres Schöpfers begründet". Die Rheinbundpolitik war Ausdruck eines „situationsverhafteten instinktiven Machtwillens". Allerdings bleibt bei Wohlfeil die Frage offen, warum Napoleon die offiziell verkündete und in der westfälischen Konstitutionsakte verankerte Politik der bürgerlichen Gleichstellung aufgab.

Berding/ Fehrenbach: Modernisierende Auswirkungen der napoleonischen Machtexpansion

Mit diesem Problem beschäftigen sich zwei 1973/74 erschienene Arbeiten über die Landschenkungspolitik Napoleons im Königreich Westfalen [595: H. Berding, Napoleonische Herrschafts- und Gesellschaftspolitik] und über die Rezeption des Code Napoléon in den Rheinbundstaaten [608: E. Fehrenbach, Traditionale Gesellschaft und revolutionäres Recht]. Beide Untersuchungen zeigen, daß die Reformpolitik des Kaisers nicht nur die institutionelle Modernisierung, sondern auch die soziale Absicherung der imperialen Macht beabsichtigte. Der Code Napoléon war sowohl ein propagandistisch wirksames Instrument für moralische Eroberungen, als auch und vor allem ein Mittel zur Herrschaftssicherung, um innerhalb des Empire eine einheitliche Rechts- und Sozialordnung zu schaffen. Der Rezeptionsimpuls stieß jedoch rechtsrheinisch auf den Widerstand der Nutznießer der alten Ordnung: Standesherren, Reichsritter, adlige Grundherren, deren Positionen durch Schutzbestimmungen der Rheinbundakte und durch die Wahrnehmung politischer und gesellschaftlicher Führungsfunktionen, die vom Bürgertum noch nicht übernommen werden konnten, abgesichert waren. Außerdem beruhte dieser Widerstand zugleich auf objektiven Verhältnissen, nämlich auf der geradezu chaotischen Vielfalt der feudalen Besitz- und Eigentumsrechte sowie auf einem System kaum zu entwirrender „privat"- und „öffentlich"-rechtlicher Beziehungen. Die traditionale Gesellschaft mit dem revolutionären Recht auf dem Wege der Reform in Einklang zu bringen, kam der Quadratur des Zirkels gleich. Napoleon mußte sich nolens volens den bestehenden Verhältnissen anpassen. Die Geschichte der Rechtsrezeption liefert so zugleich ein aufschlußreiches Beispiel für die vielschichtigen politisch-sozialen Probleme im Übergang vom ständischen Rechtspartikularismus zum liberalen Rechtsstaat.

H. Berding hat den Zielkonflikt der napoleonischen Herrschafts- und Gesellschaftspolitik am Beispiel Westfalens demonstriert. Das Reformziel, Westfalen zu einem bürgerlichen, auf Rechtsgleichheit, d. h. Beseitigung der

Adelsprivilegien, der Leibeigenschaft und der Korporationen, beruhenden „Modellstaat" zu machen, geriet in Widerspruch zu der Grundabsicht des Kaisers, um seinen Thron eine ihm ergebene und auch materiell an den Herrscher gebundene militärisch-bürokratische Elite zu scharen. Die Landschenkungspolitik, die im Zentrum der Analyse BERDINGS steht, bzw. die Konstituierung einer neuen französischen Aristokratie, der die Hälfte der westfälischen Allodialdomänen zufiel, schuf eine neue Form der Vasallität, auch um den Preis einer teilweisen Refeudalisierung.

Trotz der geringen Erfolge bestätigen jedoch die Bemühungen um verfassungs- und sozialpolitische Reformen auf deutscher Seite, daß die Rheinbundstaaten nicht nur unter dem Gesichtspunkt der „administrativen Integration" (E. R. HUBER), sondern auch unter demjenigen der Modernisierung im liberalen Sinn zu sehen sind. Ein Vergleich der preußischen mit den rheinbündischen Reformen läßt erkennen, daß die Rheinbundstaaten viel enger an die Errungenschaften der französischen Revolution anknüpften als Reformpreußen [610: E. FEHRENBACH, Verfassungs- und sozialpolitische Reformen; 694: K. O. FRHR. V. ARETIN, Bayerns Weg zum souveränen Staat]. Der konsequente Ausbau des bürokratisch-obrigkeitlichen Staates, der alle partikularen, bisher eigenberechtigten Gewalten seiner Herrschaft unterwarf, förderte zugleich die Befreiung des Einzelnen von den korporativ-ständischen Bindungen und die Durchsetzung der auf dem Gleichheitsprinzip gegründeten Staatsbürgergesellschaft. Die Verfassungspläne, auch wenn sie vorerst im „Scheinkonstitutionalismus" steckenblieben, wiesen über den bürokratischen Absolutismus bereits hinaus. „Der süddeutsche Frühkonstitutionalismus bildet den Schlußstein im Gefüge des rheinbündischen Reformwerkes" [599: H. BERDING/H.-P. ULLMANN, Hrsg., Deutschland zwischen Revolution und Restauration, 22].

Ullmann: Der Durchbruch zur modernen öffentlichen Finanzwirtschaft

Exemplarisch hat H.-P. ULLMANN den Modernisierungsprozeß im Schlüsselbereich des Finanzwesens untersucht [633: Staatsschulden und Reformpolitik; 634: Die öffentlichen Schulden in Bayern und Baden; vgl. auch die Aufsätze in den Sammelbänden 597, 598, 599, 638]. Am Beispiel Bayerns und Badens analysiert ULLMANN die Ursachen und Folgen der „Schuldenexplosion", die parallel zur Finanzverwaltungs- und Steuerreform die Zentralisierung der Schuldenadministration, die Unifizierung der zersplitterten Schuldenmassen sowie die Verrechtlichung und Kommerzialisierung des Kredits erzwang. Mit der zunehmenden Marktabhängigkeit der öffentlichen Schuld verstärkte sich der Druck auf den bürokratischen Staat, Rechtsgarantien für die Gläubiger zu schaffen, eine Entwicklung, die schließlich auf die Konstitutionalisierung der Finanz- und Schuldenwirtschaft in den Verfassungen von 1818 hinauslief. Die Rheinbundzeit als „Epochenschwelle" markiert somit „den entscheidenden Wendepunkt vom territorialstaatlichen Finanzwesen des Ancien Régime zur modernen öffentlichen Finanzwirtschaft des frühkonstitutionellen Staates".

Das besondere Interesse der Rheinbundforschung gilt der Montgelas-Ära in Bayern, die ein höchst eindrucksvolles Beispiel für die Grenzen und Möglichkeiten einer „Revolution von oben" bietet. Den wohl wichtigsten Beitrag liefert die moderne, ganz aus den Quellen gearbeitete Montgelas-Biographie von E. Weis [635], von der bis jetzt allerdings nur der erste Band über die Zweibrücker Jahre bis zum Beginn der Ministerzeit vorliegt. Schon der erste Band läßt jedoch erkennen, wie stark der Einfluß der französischen Revolution auf Montgelas' Reformprogramm gewesen ist. Die Briefe aus der Revolutionszeit und die umfangreichen Denkschriften – darunter die große Ansbacher Reformdenkschrift von 1796, die Weis zu Recht im Range der Nassauer Denkschrift Steins und der Rigaer Denkschrift Hardenbergs gleichsetzt – entwickelten verfassungs- und gesellschaftspolitische Zielvorstellungen, die weit über das hinausreichten, was Montgelas als Minister verwirklichen konnte. Er forderte die Neuregelung der grundherrschaftlichen Verhältnisse, die Ausdehnung der Menschenrechte auf alle Klassen der Bürger, eine Nationalversammlung, an der Bürger und Bauern nach einem Zensuswahlrecht beteiligt werden sollten, die gesetzgebende (!) Gewalt des Landtags, die Steuerpflicht für alle Stände, die bürgerliche und politische (!) Freiheit der Bürger. Das bisher bekannte Montgelasbild veränderte sich grundlegend. Hinter dem kühlen Machtpolitiker und rücksichtslosen Verfechter der Staatssouveränität, wie ihn die ältere Forschung darstellte, wird ein „aufklärerischer Idealist" sichtbar, der freilich seine weitreichenden Konzeptionen immer mit den Ergebnissen der Erfahrung abzustimmen wußte.

Weis/Demel: Die Montgelas-Ära in Bayern

W. Demel, ein Schüler von E. Weis, hat in seinem Buch über den bayerischen „Staatsabsolutismus" [605] die Diskrepanzen zwischen dem „aufklärerischen Idealismus" und einer „absolutistischen" Regierungspraxis herausgearbeitet, die von außenpolitischen Voraussetzungen, sozial- und wirtschaftspolitischen Rücksichten und vor allem von den finanziellen Zwängen abhängig blieb. In den Mittelpunkt der Analyse tritt „die gewaltige quantitative und qualitative Expansion staatlicher Macht" in einer neuen Herrschaftsordnung, die zwar alle innerstaatlichen Korporationen des Adels und des Bürgertums ausschaltete, aber doch die wirtschaftliche Stellung der Betroffenen schonte. Der Adel konnte deshalb gemeinsam mit dem privilegierten Beamtentum seine staatstragende Funktion auch weiterhin erfüllen [Vgl. zur Adelspolitik auch Demels Aufsatz in: 638: E. Weis, Hrsg., Reformen im rheinbündischen Deutschland, 213–228. Zur Entstehung des Berufsbeamtentums, das mit dem Adel zu einer neuen Elite verschmolz, vgl. 640: B. Wunder, Privilegierung und Disziplinierung]. Andererseits hebt auch Demel hervor, daß sich in Bayern die Lehre vom Staat als Rechts- und Freiheitsschutzanstalt durchsetzte und „zur partiellen Bindung der Staatsgewalt an eine (früh)konstitutionelle Repräsentation führen sollte".

Bilanz der Rheinbundforschung

Die Ergebnisse der Rheinbundforschung sind mittlerweile in die Epochen- und Handbuchdarstellungen eingegangen [242: E. Weis, Der Durchbruch des Bürgertums; 340: K. O. Frhr. v. Aretin, Vom Deutschen Reich zum Deutschen Bund; 353: Th. Nipperdey, Deutsche Geschichte]. Der neueste Forschungsstand wird in den von Berding/Ullmann und Weis herausgegebenen Sammelbänden dokumentiert [599, 638]. Allerdings rief die Rehabilitierung der

Rheinbundforschung auch Kritiker auf den Plan, die davor warnten, die Rangfolge, die lange Zeit den preußischen Reformen ihren Platz vor den rheinbündischen sicherte, einfach umzukehren und so mit entgegengesetzter Bewertung die alte ideologische Polarisierung fortzusetzen [688: B. VOGEL, Allgemeine Gewerbefreiheit, 10 f.; 353: TH. NIPPERDEY, Deutsche Geschichte, 78 f.]. Daß die Reformen im rheinbündischen Deutschland „einen eigenständigen und dauerhaften Weg der Modernisierung einleiteten, der den preußischen Reformen ebenbürtig war" (E. WEIS), wird jedoch heute von den Fachleuten nicht mehr bestritten.

7. Kontroversen über die wirtschaftlichen Auswirkungen der Kontinentalsperre

Das Urteil über die napoleonische Wirtschaftspolitik hat sich im Verlauf verschiedenartiger Forschungskontroversen stark differenziert. Alternativfragen wie die nach Erfolg oder Mißerfolg der Kontinentalsperre bzw. nach den Vor- oder Nachteilen der Blockade- und Zollpolitik für die wirtschaftliche Entwicklung lassen sich nicht mehr pauschal beantworten. Die jeweilige Einschätzung differiert, je nachdem welche Wirtschaftssektoren, welche Wirtschaftsregionen, ob kurzfristige oder längerfristige Folgen, ob die Auswirkungen der Kontinentalsperre oder die des Kontinentalsystems gemeint sind.

Ältere Forschung

Im Mittelpunkt der älteren Literatur stand die Schutzzollwirkung der Kontinentalsperre, die allerdings häufig durch die Brille aktueller Kontroversen zum Schutzzoll oder Freihandel gesehen wurde. So kam es, daß manche deutschen Historiker, die bis dahin der französischen „Fremdherrschaft" kaum etwas Positives abgewinnen konnten, gegen die Freihandelstheoretiker zu Felde zogen und in Napoleon den Wegbereiter Friedrich Lists feierten [z. B. 312: R. Hoeniger, Die Kontinentalsperre]. Die gegensätzlichen Meinungen über die Wirksamkeit der Kontinentalsperre prallten scharf und unversöhnlich aufeinander. Noch das 1922 erschienene Buch des englischen Wirtschaftshistorikers E. F. Heckscher [311: The continental system], die erste größere Gesamtdarstellung über die Kontinentalsperre, stand ganz im Banne der Freihandelstheorien und ließ deshalb von vornherein keinen Zweifel an der Ineffizienz der Blockade zu.

Dunan: blocus continental und système continental

Eine sachlichere Beurteilung bahnte sich an, als M. Dunan 1942 [308: Napoléon et l'Allemagne] die schon zeitgenössische Unterscheidung zwischen Kontinental*sperre* (blocus continental) und Kontinental*system* (système continental) in die Debatte einführte. Während Handel und Gewerbe der deutschen Staaten, einmal abgesehen vom Ausfall des Überseehandels, unter der Kontinentalsperre wenig zu leiden hatten, was Dunan am Beispiel Bayerns nachweist – die eigene Produktion wurde angeregt und von der englischen Konkurrenz befreit –, wirkte sich das Kontinentalsystem negativ aus. Dieses System, das die traditionellen Handelsbeziehungen zerriß, insbesondere durch den französisch-italienischen Handelsvertrag und durch die Zollschranken am Rhein sowie an der bayerisch-österreichischen Grenze, diente allein dem wirtschaftlichen Imperialismus Frankreichs und war insofern das Gegenteil einer kontinentaleuropäischen Wirtschaftseinheit. [Vgl. zuletzt hierzu: R. Dufraisse, Französische Zollpolitik, Kontinentalsperre und Kontinentalsystem im Deutschland der napoleonischen Zeit, in: 599: H. Berding/H.-P. Ullmann, Hrsg., Deutschland zwischen Revolution und Restauration, 328 ff.].

Für den englisch-französischen Wirtschaftskrieg hat das Standardwerk von F. Crouzet [297: L'économie britannique et le blocus continental] durch eine detaillierte Analyse der Krisenanfälligkeit der englischen Wirtschaft die „Legende" von der Unwirksamkeit der Blockade zurückgewiesen. CROUZET unterscheidet mehrere Phasen: Zwar war das Festland niemals hermetisch abgeschlossen, aber vom Juli 1807 bis Juli 1808, d. h. vom Tilsiter Frieden bis zum spanischen Aufstand, und vom Frühjahr 1810 bis zum Desaster in Rußland funktionierte die Kontinentalsperre. Und diese Abschließung Europas, so meint CROUZET, hatte zumindest ernsthafte, wenn auch keine ruinösen Folgen für die wirtschaftlichen Aktivitäten der Briten, zumal da 1808 und 1811/12 die Abriegelung der amerikanischen Märkte hinzukam. CROUZET hebt vor allem die Schwächung des Finanz- und Kreditsystems hervor, die zur Entwertung des Pfundes führte. 1808 verringerte sich der englische Export um ein Viertel; die Industrieinvestitionen gingen erheblich zurück. Das war noch keine Katastrophe, aber doch eine ernstzunehmende Krise, die sich, begleitet von sozialen Unruhen (Ludditenaufstände), 1810/11 wiederholte. Ausschlaggebend für den letztendlichen Mißerfolg Napoleons waren nach CROUZET eher die politischen und militärischen Ereignisse. CROUZET knüpft an die These LEFEBVRES [268: Napoléon] an, der russische Winter von 1812 habe England gerettet. „Mag diese Auffassung angesichts der Wirtschafts- und Flottenstärke Großbritanniens auch überspitzt sein," schreibt E. WEIS [242: Der Durchbruch des Bürgertums, 270] hierzu, „so läßt sich umgekehrt sagen, daß das Jagen nach der Fata Morgana des wirtschaftlichen Sieges über England Napoleon von einem Abenteuer ins andere gestürzt hat: Portugal, Spanien, Toskana, Parma, Kirchenstaat, Niederlande, Nordwestdeutschland und schließlich Rußland, das zum Zusammenbruch des Empire entscheidend beigetragen hat."

Crouzet: Auswirkungen auf die englische Wirtschaft

CROUZETS Arbeiten lieferten zugleich eine Korrektur der Industrialisierungsforschung. Die in den fünfziger Jahren vorgelegten Untersuchungen über das Wirtschaftswachstum errechneten eine jährliche Wachstumsrate von 3% für die französische Produktion im Zeitraum von 1796 bis 1812, was einige Wirtschaftshistoriker dazu veranlaßte, die take-off-Phase der französischen industriellen Revolution bereits in das Empire zu verlegen. CROUZET [299: Angleterre et France] bestritt diese Ergebnisse, indem er nachwies, daß die französische Wirtschaft nur die in der Zeit der Revolutionswirren erlittenen Rückschläge wieder aufholte. In seinem wichtigen Aufsatz [300: Kriege, Kontinentalsperre und wirtschaftliche Veränderungen] spricht CROUZET vielmehr von einer „désindustrialisation" und „pastoralisation" infolge des Verlustes der überseeischen Märkte und des Zusammenbruchs der „atlantischen Wirtschaft". In den Küstengebieten Frankreichs, Hollands, Spaniens und Portugals bewerkstelligten Kriege und Kontinentalsperre eine anhaltende Rückläufigkeit der wirtschaftlichen Entwicklung und eine Verschiebung ganzer Landstriche zum Ackerbau hin, auch wenn diese Krise teilweise durch das Entstehen neuer Industriezweige ausgeglichen werden konnte: „Die Bilanz der Napoleonischen Kriege für den Kontinent als Ganzes kann deshalb etwa so aussehen: Zusammenbruch der ‚maritimen' Industrie, Ruin der Leinenindustrie, Stagnation der primären Eisenindustrie, beschei-

Crouzet: „désindustrialisation"

denes Wachstum der Woll-, Seiden- und sekundären Metallindustrien, relativ schneller Fortschritt der Baumwollindustrie und ein bescheidener Anstieg der industriellen Gesamtproduktion."

Crouzet: Verlagerung der „Wirtschaftsachsen"

Die wichtigste Veränderung im Wirtschaftsgefüge geschah nach CROUZET durch die Verschiebung der Industrien von den Küsten weg ins Innere Europas entlang neuer „Wirtschaftsachsen" am Rhein, im sog. „goldenen Dreieck" (Paris-Hamburg-Mailand) und weiter östlich von Sachsen über Böhmen nach Österreich. Die Folge war eine Konzentration auf die nationalen inländischen Märkte und die Schaffung größerer Wirtschaftseinheiten durch Abbau der Binnenzölle, die in Deutschland schließlich zur Gründung des Zollvereins führte.

Ältere Urteile über die Auswirkungen auf die deutsche Wirtschaft

Die Auswirkungen der napoleonischen Politik auf die relativ rückständigen wirtschaftlichen Verhältnisse in den deutschen Staaten sind lange Zeit mit überwiegend negativen Vorzeichen versehen worden. F. DREYFUS [302: Bilan économique des Allemagnes en 1815] kam noch 1965 zu dem Schluß, daß von einzelnen Regionen (linksrheinische Gebiete, Sachsen) und Industriezweigen (Ersatzstoffindustrien, Baumwolle) abgesehen, der Einfluß der Kontinentalsperre nur gering zu veranschlagen sei. Wie M. BARKHAUSEN [358: Der Aufstieg der rheinischen Industrie], F. SCHULTE [395: Die Entwicklung der gewerblichen Wirtschaft in Rheinland-Westfalen] und F. STEINBACH [400: Die rheinischen Agrarverhältnisse] betonte DREYFUS, daß der wirtschaftliche Aufschwung im Rheinland längst vor der französischen Zeit eingesetzt habe.

Die Gegenargumente zu dieser Kontinuitätsthese wurden vor allem von H. KISCH [316: The impact of the French Revolution on the Lower Rhine textile districts; 315: The textile industries in Silesia and the Rhineland] und L. BERGERON [295: Remarques sur les conditions du développement industriel] vorgetragen. BERGERON hält daran fest, daß die Baumwollindustrie als „Leitsektor" einer „allerersten Phase der industriellen Revolution" anzusehen sei. Er verweist in diesem Zusammenhang auf die wichtige Unterscheidung zwischen kurzfristigen und längerfristigen Folgen „entre les phénomènes de caractère épisodique, conjoncturel . . . et des phénomènes de longue durée". Unter dem Aspekt langfristiger Strukturwandlungen entfällt der oft vorgebrachte Einwand, beim Aufschwung der Baumwollindustrie habe es sich lediglich um eine Scheinblüte gehandelt, die nach der englischen Rückeroberung der europäischen Märkte rasch wieder zusammengebrochen sei. Die institutionellen Innovationen und technischen Informationen überdauerten die vorübergehende Krise und verfehlten insofern nicht ihre Wirkungen. H. KISCH trat schon früh als Kritiker jener Wachstumsforschung auf, die sich vornehmlich mit den rein ökonomischen Mechanismen der industriellen Entwicklung beschäftigt. Er betont die mit der französischen Reformgesetzgebung erheblich verbesserten politisch-institutionellen und sozialen Rahmenbedingungen, die vor allem dem Rheinland zu einem wirtschaftlichen Vorsprung verhalfen, der ohne die „revolutionäre Herausforderung" kaum möglich gewesen wäre, auch wenn die französischen Neuerungen günstige Voraussetzungen bereits antrafen. Für die rheinische Textilindustrie

Unterscheidung zwischen kurzfristigen und längerfristigen Folgen für die deutsche Gewerbeentwicklung habe sich jedenfalls die napoleonische Herrschaft „in ihren langfristigen Folgen" „als wahrer Segen" erwiesen.

Unterscheidung zwischen Absichten und Folgen der Wirtschaftspolitik

Die Zielsetzung der Wirtschaftspolitik ist allerdings von ihren – womöglich unbeabsichtigten – Folgen zu unterscheiden. G. LEFEBVRE hat in seiner Napoleonbiographie [268] mit Nachdruck die fiskalisch-merkantilistischen und „unökonomischen" Motive der napoleonischen Blockade- und Zollpolitik herausgestellt. Im Zusammenhang damit steht die grundsätzliche Frage nach der Bedeutung des Faktors „politisches Handeln" für die wirtschaftliche Entwicklung. L. BERGERON [295: Remarques sur les conditions du développement industriel] kommt beispielsweise zu dem hypothetischen Schluß, daß die Blockade eine Entwicklung lediglich beschleunigte – Niedergang der traditionellen Leinenindustrie und des Überseehandels –, die sich ohnehin eingestellt hätte. Insofern habe sich die Politik bereits vorhandenen Trends angepaßt.

Industrialisierungspolitik?

Insbesondere für die Wirtschaftspolitik der süddeutschen Rheinbundstaaten gilt, daß sie eine Industrialisierung nach englischem Muster eher zu verhindern suchten. Trotz der grundlegenden Arbeiten von W. FISCHER über Baden [366, 367] und W. ZORN über Bayern [405–407] wissen wir allerdings im Detail noch sehr wenig über die finanz-, zoll-, handels- und gewerbepolitischen Maßnahmen der Rheinbundzeit. Alles deutet jedoch darauf hin, daß der Abbau der Manufaktur- und Zunftprivilegien sehr vorsichtig eingeleitet wurde. Die Gewerbeförderung, die bis tief in den Vormärz hinein mittelständisch orientiert blieb, konzentrierte sich nach wie vor auf die verlegerisch organisierte Heimindustrie. Wo der badische Staat Industriegründungen anregte oder unterstützte – FISCHER spricht von einer „Gründungswelle" in den Jahren 1806–1812 – geschah es vor allem aus seiner Fürsorgepflicht gegenüber den Untertanen. Der badische Staat, so lautet FISCHERS Fazit, betrieb „keine Industrialisierungspolitik im eigentlichen Sinne". Zu dem gleichen Ergebnis kommt die Dissertation von F. F. WAUSCHKUHN über die Anfänge der württembergischen Textilindustrie [404]. Die Arbeiten zum Manufaktur- und Fabriksystem – z. B. von J. KERMANN [376: Die Manufakturen im Rheinland], O. REUTER [392: Die Manufaktur im fränkischen Raum], R. FORBERGER [368: Die Manufaktur in Sachsen] und G. SLAWINGER [399: Die Manufaktur in Kurbayern] – laufen leicht Gefahr, die „Vorbereitungsphase" der Industrialisierung überzubetonen. Neuerdings hat es sich die Erforschung der sog. „Proto-Industrialisierung" [381: P. KRIEDTE/H. MEDICK/J. SCHLUMBOHM, Industrialisierung vor der Industrialisierung] zum Ziel gesetzt, die Heimindustrie bzw. die gewerbliche Warenproduktion auf dem Land als eigenständige Wirtschaftsform vom entfalteten Kapitalismus zu unterscheiden und die Produktionsverhältnisse der „Übergangsphase" präziser zu erfassen. Ob das ländliche Exportgewerbe „mehr als ein bloßer Annex der Landwirtschaft war, sich aus der Umklammerung durch diese löste und seinen eigenen Gesetzen folgte", blieb umstritten [382: DIES., Die Proto-Industrialisierung auf dem Prüfstand der historischen Zunft].

Proto-Industrialisierung

Wie die Arbeiten von M. DUNAN über Bayern [308: Napoléon et l'Allemagne]

und von F. L'Huillier über Baden [319: Etude sur le blocus continental] gezeigt haben, richtete sich der Widerstand der Rheinbundstaaten vor allem gegen die Behinderungen der traditionellen Handelsbeziehungen und des für Süddeutschland lebenswichtigen Transithandels durch das Kontinentalsystem.

Studien über den deutschen Binnen- und Außenhandel

Allerdings ist jüngst durch neuerarbeitete statistische Daten die gängige Auffassung widerlegt worden, wonach die Wirtschaftsentwicklung unter der Kontinentalsperre sich zwar teilweise positiv auf die gewerbliche Wirtschaft, jedoch in jedem Fall negativ auf den Außenhandel Deutschlands ausgewirkt habe. Schon die in Deutschland wenig beachteten älteren Studien von E. Tarlé [333: Deutsch-französische Wirtschaftsbeziehungen zu Napoleons Zeit; 335: L'union économique du continent européen sous Napoléon] hatten auf die wachsende Bedeutung des kontinentaleuropäischen Binnenhandels aufmerksam gemacht, insbesondere auf den Aufschwung der Leipziger Messe. Die Leipziger Messe war zur napoleonischen Zeit „wirklich der Zentralpunkt des kontinentalen Handels. Der Norden und der Osten Europas verkehrten mit dem Süden und mit dem Westen eben durch Vermittlung der Leipziger Messen". Auch der Umfang der deutschen Schmuggelexporte, nicht zuletzt nach Frankreich, wurde lange Zeit unterschätzt. Die neueren Arbeiten von R. Dufraisse zu diesem Thema [304–306] versuchen auf der Quellenbasis der Gerichtsakten das Ausmaß des Schleichhandels wenigstens annähernd festzustellen. Die Fälle waren nicht selten, wo das Schmuggelgeschäft in den rheinischen Metropolen einem Kaufmann oder Bankier einige hunderttausend Francs jährlich einbrachte. Am Beispiel Hamburgs, das durch die Unterbrechung seiner weltweiten Handelsbeziehungen am meisten unter der Kontinentalsperre zu leiden hatte, wies F. Röhlk [328: Schiffahrt und Handel zwischen Hamburg und den Niederlanden] in einer umfangreichen statistischen Analyse nach, daß Handel und Verkehr zwar deutlich auf die kleinsten politischen und wirtschaftlichen Veränderungen reagierten, jedoch nur kurzfristig behindert wurden, so daß die Krise relativ rasch überwunden werden konnte. Für den gesamten deutschen Außenhandel unternahm M. Kutz [317: Deutschlands Außenhandel von der Französischen Revolution bis zur Gründung des Zollvereins] den mühseligen Versuch, den Realwert der deutschen Exporte und Importe auf der Grundlage zeitgenössischer außerdeutscher Handelsstatistiken neu zu berechnen. Für die deutsch-französischen Handelsbeziehungen kommt Kutz zu dem „erstaunlichen" Resultat, daß eine ausgeglichene Warenbilanz selbst unter den Bedingungen des Kontinentalsystems durchaus denkbar erscheint. Die deutschen Exporte nach Frankreich – vor allem landwirtschaftliche Produkte und Rohstoffe – blieben trotz aller Hindernisse durch Einfuhrverbote und Zollpräferenzen ausnehmend hoch und wiesen eine verhältnismäßig günstige Stellung Deutschlands auf. Die französischen Exportüberschüsse verringern sich, wenn der Anteil am Zwischenhandel – allein der mit Rußland machte 20–25% der Importe aus Frankreich aus – abgerechnet und die deutschen Schmuggelexporte mit berücksichtigt werden. Nach den Ergebnissen von Kutz ist die These von der Stagnation der gewerblichen Wirtschaft im Hinblick auf die angeblich defizitäre Handelsbilanz nicht mehr haltbar: „Deutschlands Rolle während des Kontinentalsystems kann gesamtwirtschaftlich gesehen nicht so schlecht gewesen sein."

Forschungsdesiderata

Diese vorsichtige Formulierung läßt freilich erkennen, daß die wenigen punktuellen Spezialstudien über die Auswirkungen der Kontinentalsperre für eine statistisch abgesicherte Gesamtbeurteilung noch nicht ausreichen. Es fehlen vergleichbare Analysen des innerdeutschen Handels und der binnenwirtschaftlichen Verflechtungen; es fehlt auch an Studien über Geld- und Kreditwesen, Zoll- und Steuerbelastungen, Löhne und Preise, eine Lücke, die sich erst für die Zeit ab 1830/50 zu schließen beginnt.

8. Die historische Bedeutung der preussischen Reformen für die deutsche Geschichte

Ältere Forschung: Die Reformzeit im Prozeß der Nationalstaatsbildung

Die preußischen Reformen bilden seit je ein zentrales Thema der Geschichtswissenschaft. Für die ältere Forschung galt die Reform- und Erhebungszeit als ein durch den erfolgreichen Gang des 19. Jahrhunderts gerechtfertigtes Kapitel preußisch-deutscher Nationalgeschichte. Das friderizianische und das reformierte Preußen begründeten die Anwartschaft auf die kommende Führung in Deutschland, „im Kampf", wie TREITSCHKE schrieb, „um die Grundlagen staatlicher Macht und freier Gesittung" [357: Deutsche Geschichte, Bd. 1,3]. Dem Preußen der Reform ohne Revolution kam eine Modellbedeutung für jenen idealisierten Macht- und Nationalstaat zu, der in Bismarcks Reichsgründung seine Vollendung gefunden habe. Die Reformzeit schien erstmalig die Synthese von Macht und Geist, von Staatsräson und Humanität, von „Weltbürgertum und Nationalstaat" zu verwirklichen: „In ihr", so schrieb MEINECKE im Säkularjahr 1906, „kam der deutsche Geist dem deutschen Staat in echter freier Neigung entgegen, in ihr wurden Quellen erschlossen, die weit über das unmittelbare Ziel der Befreiung des Landes hinaus das gesamte Leben Deutschlands befruchtet haben" [712: Das Zeitalter der deutschen Erhebung, 7].

Rankeanische Interpretation

Die Einheit des „Realgeistigen" schien zugleich die Geschichtsauffassung Rankes zu bestätigen. Auf Reformpreußen trafen mehrere Maximen der Rankeaner zu: Geschichte konnte am Beispiel der „organischen" Reformen als bewahrende Macht der Kontinuität und als Auswirkung geistiger Potenzen dargestellt werden; das Wirken der preußischen Staatsmänner bewies die Polarität von schöpferischer Einzelpersönlichkeit mit Gesamtgeist und Tendenz der Epoche. Die biographisch-ideengeschichtliche Betrachtung der Reformzeit überwog: „So ist die Geschichte der preußischen Reformzeit in erster Linie eine Geschichte historischer Persönlichkeiten" [355: F. SCHNABEL, Deutsche Geschichte, Bd. 1,318].

Die Vielzahl der Biographien kann hier nicht im einzelnen aufgeführt werden. Sie galt zunächst und bezeichnenderweise den großen Soldaten der Epoche, angefangen mit DROYSENS „Yorck" über DELBRÜCKS „Gneisenau" zu LEHMANNS „Scharnhorst" und MEINECKES „Boyen". Nur M. LEHMANNS große Stein-Biographie von 1905 [664] war der zivilen Reform gewidmet. Mit ihr begann die für die Historie der Reformzeit bis heute grundlegende Freiherr-vom-Stein-Forschung.

Stein-Forschung

Das kontroverse Schrifttum über die politische und geistesgeschichtliche Einordnung Steins wuchs auch deshalb so rasch an, weil man die zum nationalen Heros avancierte Gestalt seit jeher für aktuelle politische Strömungen vereinnahmen wollte. Das Problem stellte sich schon den Zeitgenossen, seit die Reformer in Kreisen der Reaktion in den Verdacht gerieten, Jakobiner zu sein. LEHMANNS

Biographie versuchte wissenschaftlich nachzuweisen, daß Stein von den „Ideen von 1789“ beeinflußt gewesen sei. Sie brachte Stein in Verbindung mit den Idealen von Freiheit und Gleichheit und löste damit entschiedene Proteste aus [668: E. v. MEIER, Französische Einflüsse]. Seitdem riß die Diskussion über die Herkunft der politischen Ideenwelt Steins nicht mehr ab. Man verwies – im Gegensatz zu LEHMANN – auf das praktische Vorbild des englischen „selfgovernment“, auf das von Montesquieu und Burke sowie durch den Hannoveraner Freundeskreis um Rehberg und Brandes vermittelte englische Verfassungsideal oder fand den Kontrast zum französisch-revolutionären Denken in der altdeutschen Tradition. Je nachdem wechselte die politische und geistesgeschichtliche Etikettierung. Stein galt als liberal und konservativ, als Anhänger und Gegner der Aufklärung, als Romantiker mit Orientierung an altdeutschen Freiheitsvorbildern, z. B. Ständetum und städtische Autonomie [642: E. BOTZENHART, Die Staats- und Reformideen des Freiherrn vom Stein] oder auch, gestützt auf seine Äußerungen nach 1815, als Verteidiger der Restauration [644: W. GEMBRUCH, Freiherr vom Stein]. Hinzu kam die Schwierigkeit, daß die Grenzlinien der politischen Sammelbegriffe, denen Steins Gedankenwelt zugeordnet wurde, fließend waren. Nur ein sehr offener Liberalismusbegriff, der alle Freiheitsbestrebungen seit dem 18. Jahrhundert einschloß, umfaßte auch die Freiheitsidee Steins, die jedenfalls nicht individualistisch und naturrechtlich-dogmatisch begründet war. „Das Ganze ist stärker vom Staat her gedacht als vom Individuum, mehr von den Pflichten als von den Rechten; es ist die eigentümlich idealistische Fassung der Freiheit als Freiheit zum Staat“ [353: TH. NIPPERDEY, Deutsche Geschichte, 34]. Für eine differenzierte Deutung erwies sich das Arbeiten mit Begriffspaaren wie „Liberalismus“ und „Konservatismus“ oder „Aufklärung“ und „Romantik“ als unergiebig. „In der Tat“, so lautete schließlich das Fazit der Kontroverse, „schien die politische Gedankenwelt Steins vielfach zwischen den politischen Strömungen seiner Zeit zu liegen“ [682: D. SCHWAB, Die „Selbstverwaltungsidee“ des Freiherrn vom Stein, 16]. Am besten trifft noch die Bezeichnung „Reformkonservativismus“ zu, die K. EPSTEIN vorschlug [436: Die Ursprünge des Konservativismus].

Die Suche nach Vorbildern weckte auch die Befürchtung, daß Steins Originalität verkannt werde. F. SCHNABEL gab zwar zu, daß Stein viel gelesen habe: „Aber alle diese Einflüsse sind doch nur sekundär, sie haben nur ausgelöst und bestärkt, was eigenkräftig in Stein geworden war“ [355: Deutsche Geschichte, Bd. 1,330]. G. RITTER [676: Stein] betonte die unableitbare Eigenart der Steinschen Ideenwelt, auch wenn geistesgeschichtliche Einflüsse nicht geleugnet werden könnten.

Ritters Stein-Biographie

Die 1931 erstmals erschienene Steinbiographie RITTERS unternahm den großangelegten Versuch einer Synthese der bisherigen Forschung. Stein wird „nicht so sehr als politischer Denker, fruchtbar in neuen ‚Ideen‘, sondern als politischer Charakter, als Mann des Willens und der Tat“ geschildert [676: Stein, 10]. Neben staatstheoretischen Einflüssen – das englische Verfassungsideal und die altdeutsche Tradition, die sich in einer besonderen Art der Freiheitsgesinnung geäußert und an Mösers Vorstellung der altgermanischen Gemeinfreiheit erinnert habe – sind nach Ritter in besonderem Maße die Lebenserfahrungen des Reichsritters wirksam geworden, auch und vor allem seine vor den Reformjahren liegende Tätigkeit in Westfalen, wo er ein noch funktionierendes Ständewesen kennenlernte. Letztlich wird das Staatsethos Steins, sein „handfester Moralismus", aus dem Kern seiner Persönlichkeit erklärt: der protestantischen Religiosität. „Wenn er die oberste Aufgabe des Staates darin sieht, die Menschen von egoistischer Tätigkeit zu tätigem, gemeinnützigem Leben zu führen, so ist das letztlich nur eine säkularisierte Neuformung der altlutherischen, patriarchalischen Staatsauffassung" [ebd., 200]. Die These vom moralisch-pädagogischen Reformansatz Steins hat sich durchgesetzt, auch wenn die Begründung allein aus Charakter und Religiosität nicht immer geteilt wird.

Revision des nationalen Stein-Bildes

Die neuere Forschung hat manche verklärenden Züge der Stein-Interpretation abgetragen. Im Vergleich zu der „modernen" Staatsauffassung der Rheinbundreformer wirkt Steins antiaufklärerischer Reformansatz traditionalistisch [694: K. O. Frhr. v. Aretin, Bayerns Weg zum souveränen Staat; 610: E. Fehrenbach, Verfassungs- und sozialpolitische Reformen]. Auch das Bild vom „Vorkämpfer nationaler Freiheit und Einheit" [676: G. Ritter] hat sich gewandelt. „Was Stein beseelte", so hieß es noch in der Stein-Biographie Ritters, „war die Idee der nationalen Einheit und Freiheit in unbedingter Reinheit, losgelöst von allen partikularistischen Interessen." Wie W. Mager [710: Das Problem der landständischen Verfassungen] gezeigt hat, waren Steins Verfassungspläne von 1814 jedoch darauf abgestellt, die Vorherrschaft der deutschen Großmächte zu sichern und die innere Souveränität der Rheinbundstaaten einzuschränken. Stein habe sich nicht an nationalstaatlichen Vorstellungen orientiert, sondern am Vorbild der alten Reichsverfassung. In Zusammenarbeit mit dem mediatisierten, ehemals reichsunmittelbaren Adel, dem Intimfeind der Rheinbundfürsten, habe er das eindeutig restaurative Ziel verfolgt, die alten Landstände und die Kreisverfassung wiederherzustellen, ein System, das der Knebelung der deutschen Mittelstaaten dienen sollte. Mager [ebd., 345] faßt dieses System mit den Worten zusammen: „Eindämmung des Rheinbundabsolutismus und Restitution der ständischen Führungsschichten, dies war Stein und seinen Anhängern wichtiger als ein großes Deutschland."

Hardenberg-Forschung

Im Gegensatz zu Stein hat Hardenberg noch keinen Biographen gefunden. H. Haussherrs, aus seinem Nachlaß von K. E. Born herausgegebene Biographie [648] blieb Fragment; P. G. Thielens Biographie von 1967 [685] bietet in erster Linie eine anschauliche Berichterstattung über Leben und Werk Hardenbergs, jedoch keine grundlegende Analyse der Sachprobleme der Epoche. „Die ‚Moralpolitik' eines Stein", resümiert W. Bussmann in einem Literaturbericht der GWU von 1972, „war offensichtlich geschichtswürdiger als die ‚Realpolitik' Hardenbergs." Selbst Haussherr teilt die negative Beurteilung schon der Zeitgenossen, Hardenberg sei im Vergleich zu Stein „keine Persönlichkeit von wirklicher Größe" gewesen. Ihm stand „wohl die überlegene diplomatische Geschicklichkeit, der Machtinstinkt, die Fähigkeit, Realitäten zu sehen und sich ihnen zu beugen, zu Gebote", aber ihm fehlte „die Kraft des Glaubens, jene große und gefährliche Gabe" (Teil III, 325 f.). Die Gründe für den Sympathievorsprung Steins liegen wohl nicht nur in den vielgerügten charakterlichen Mängeln Hardenbergs – „Verschwendungssucht", „Leichtsinn", „Grundsatzlosigkeit", „Opportunismus", „Wurzellosigkeit", „Flachheit" etc. – sondern, ganz ähnlich wie im Falle der Rheinbundreformer, darin, daß Hardenberg zu jenen „esprits à système" (wie Stein tadelte) gehörte, die den Vorwurf der Abhängigkeit von westlichen Vorbildern nicht scheuten. So erklärt es sich, daß Hardenberg als „politischer Opportunist" [676: G. Ritter, Stein, 378] ebenso wie als „kompromißloser" Doktrinär [H. O. Sieburg, in: 282: Ders., Hrsg., Napoleon und Europa, 211] geschildert werden konnte. Schon die Studien über den jungen Hardenberg und seine Tätigkeit in Hannover und Braunschweig [685: P. G. Thielen, Hardenberg, 34 ff.; 648: H. Haussherr, Teil I, Hardenberg, 66 ff.], vor allem aber in den fränkischen Fürstentümern Ansbach und Bayreuth [646: F. Hartung, Hardenberg und die preußische Verwaltung in Ansbach-Bayreuth] deckten die Kontinuität bestimmter Grundsätze einer rationalen Staats- und Gesellschaftsordnung auf, die auch für die Staatskanzlerzeit gültig blieben, wenngleich sie sich nicht voll durchsetzen konnten. Am Beispiel der Gewerbepolitik Hardenbergs hat neuerdings B. Vogel [688: Allgemeine Gewerbefreiheit] die Reformphase ab 1810 als „ein neues ‚System'" gewürdigt, „weil erst jetzt eine Modernisierungspolitik zur Steigerung wirtschaftlicher Effizienz und sozialer Mobilität einsetzte" [ebd., 12 f.].

Kontinuitätsproblem der Stein-Hardenbergschen Reformen

Das verbindende Moment der Stein-Hardenbergschen Reformen liegt – jenseits der privaten Motivation – in den sachlichen Bedürfnissen und Zielen der preußischen Reformpolitik. Hardenberg hat vieles von dem fortgesetzt, was Stein begann und plante. Das gilt mehr oder weniger für die Agrarreform, die Durchsetzung der Gewerbefreiheit und die Verfassungsprojekte. Dennoch ist immer wieder die Frage nach der Kontinuität in der inneren Politik Steins und Hardenbergs gestellt worden. Zumeist wird es für sinnvoll gehalten, die Reformen als ein Gesamtwerk zusammenzufassen. Für E. Klein hingegen ist die „unleugbare Verschiedenheit" der politischen Anschauungen und Intentionen ausschlaggebend [661: Von der Reform zur Restauration]. Er betont – mit Ritter – die „zukunftsweisenden Elemente" der Steinschen Konzeption, „vor allem die Heranbildung des politisch mitverantwortlichen Staatsbürgers, die Erziehung zu einem ethisch fundierten Staatsbewußtsein". Im Gegensatz zu Stein sei es Hardenberg nicht um eine „Regeneration", sondern nur um eine „Reorganisation" des Staates zu tun gewesen: „Steins Wollen war von Anfang an auf eine echte Reform der Staatsverfassung gerichtet, während es Hardenberg lediglich um eine effektivere Verwaltung ging" [ebd., 313 f.]. Im Zentrum der Analyse Kleins stehen die Finanzpläne Hardenbergs, für die alle anderen Reformen nur Mittel zum Zweck gewesen seien. Kleins Interpretation zeigt zwar deutlich, wie stark der Kanzler noch im Aufgeklärten Absolutismus des 18. Jahrhunderts verwurzelt war, andererseits verwischt sie die gemeinsamen Schwierigkeiten, denen sich beide Staatsmänner, Stein wie Hardenberg, gegenübersahen. Außerdem lassen sich die Wirtschafts- und Verfassungsreformen nicht einseitig auf fiskalische Zweckmäßigkeitserwägungen, so unbestreitbar sie am Ursprung der Reformen standen, reduzieren. Hardenberg hat an dem Endziel einer „Konstitution" festgehalten. Sein Konzept einer „allgemeinen Gewerbefreiheit", das von HAUSSHERR dem Wirtschaftsliberalismus zugerechnet wird, konnte neuerdings „als bürokratische Modernisierungsstrategie" interpretiert werden [688: B. VOGEL, Allgemeine Gewerbefreiheit].

Kontroverse über die „Vorreformen"

Im Zusammenhang mit dem Kontinuitätsproblem wird häufig auch das der sog. „Vorreformen" diskutiert. Gemeint sind damit die Versuche vor 1806, die spätabsolutistische Staats- und Gesellschaftsordnung evolutionär fortzubilden [651: O. HINTZE, Preußische Reformbestrebungen vor 1806; 348: E. R. HUBER, Deutsche Verfassungsgeschichte, Bd. 1,99 ff.]. Die Anfänge der Regierungs- und Verwaltungsreformen, die Kodifikation des Allgemeinen Landrechts sowie erste Ansätze zur Rationalisierung der Bodenbewirtschaftung auf staatlicher Ebene und in Privatinitiative einzelner Rittergutsbesitzer fielen bereits in die Zeit vor dem militärischen Zusammenbruch. Der Nachweis solcher Reformversuche als Beleg dafür, daß nicht erst die Revolutionskriege die Initialzündung auslösten, ließ sich besonders gut in die Vorstellung „organischer" Reformen einfügen. Es bleibt allerdings mehr als fraglich, ob Preußen sich ohne Anstoß von außen gleichsam aus sich selbst heraus reformiert hätte. „Reformen", so resümiert TH. NIPPERDEY, „wurden auf vielen Gebieten vorbereitet, . . . aber es fehlte ihnen an Energie wie an innerem Zusammenhang und an Gewicht für die Gesamtordnung" [353: Deutsche Geschichte, 33].

Forschungen und Kontroversen zur Agrar- und Gewerbereform

Mit der Erforschung der einzelnen Reformbereiche trat das biographische und ideengeschichtliche Interesse an der Reformzeit allmählich in den Hintergrund. Vor allem im Zusammenhang mit den Auswirkungen der Agrar- und Gewerbepolitik stellte sich die Frage nach dem Stellenwert der preußischen Reformen im Prozeß langfristiger Strukturwandlungen [Vgl. hierzu die Beiträge der neueren Forschung in 689: B. VOGEL, Hrsg., Preußische Reformen].

Die Forschungskontroverse zur Agrarreform entzündete sich zunächst am Kontinuitätsproblem der Stein-Hardenbergschen Reformen. Die Durchführung der Agrarreform durch Hardenberg und seine Mitarbeiter, insbesondere die Entschädigungsregelung und der Wegfall des Bauernschutzes, erschien der älteren Forschung wie ein Verrat an Steins Vermächtnis. In der 1887 erstmals erschienenen und in der Detailanalyse bis heute unübertroffenen Darstellung von G. F. KNAPP über die Bauernbefreiung [662] überwog die Anklage gegen die Gesetzgeber, die vor den Eigeninteressen des Adels kapituliert hätten. Die Macht der Gutsherren habe die Bauern und kleinen Leute übervorteilt; das ungeschützte Bauernland sei durch die Eingliederung in die Gutsbetriebe größtenteils vernichtet worden, und die Kleinbauern seien zu besitzlosen und unselbständigen Landarbeitern abgesunken. Durch die Aufhebung des einst von Friedrich dem Großen favorisierten Bauernschutzes habe die Agrarreform nichts anderes bewirkt als die Entstehung eines Landproletariats, das Gegenteil von dem, was in der nach wie vor bauernschützlerischen Absicht Steins gelegen hätte. Die „Schuld" an den negativen Folgen schon des Oktoberedikts fällt dem „doktrinären" Mitarbeiter Steins, dem Smithianer Theodor von Schön, zu. Spätere Untersuchungen, die dann in der Darstellung G. WINTERS [692: Zur Entstehungsgeschichte des Oktoberedikts] zusammengefaßt und weitergeführt wurden, dienten der Rehabilitierung Schöns. Auch Schön habe den bäuerlichen Besitz keineswegs preisgeben wollen, sondern im Gegenteil das Ziel verfolgt, zuerst einen Stand großer Pächter zu schaffen. Alle Reformbeamten, die am Oktoberedikt mitgewirkt hätten, ob Stägemann, Klewitz, Schrötter, Hardenberg oder Stein hätten die neue staatswirtschaftliche Richtung der unbeschränkten Entfaltung aller individuellen Kräfte vertreten.

Generell stellt sich die Frage, ob der Bauernschutz als Prüf- und Maßstab überhaupt geeignet ist, den Wert der Gesetzgebung historisch zu beurteilen. Die Hochschätzung des Bauernschutzes ist stark von einer romantischen Bewertung der eigenen Scholle beeinflußt. Die Vorstellung eines in engen, aber gesicherten Verhältnissen lebenden selbständigen Bauernstandes übersah, daß die Bauernwirtschaft der Reformzeit in einer schweren Krise steckte, die nicht erst durch das Nachdrängen landloser Unterschichten ausgelöst wurde. G. WINTER [692: Zur Entstehungsgeschichte des Oktoberedikts] wies die Pauschalverurteilung KNAPPS zurück: „Die bäuerliche Wirtschaft befand sich nicht nur seit langem in einer latenten Krisis, sondern sie war zum guten Teil überhaupt nicht mehr lebensfähig. Man hatte . . . speziell die Verhältnisse der zerstörten Provinz Preußen vor Augen; und gerade hier kann man das Vorgehen der Schön und Schrötter nicht als doktrinär und staatsschädlich bezeichnen." Den Arbeiten aus der LÜTGE-Schule, insbesondere den beiden wichtigen Untersuchungen von D. SAALFELD [679: Zur Frage des bäuerlichen Landverlustes] und G. IPSEN [654: Die preußische Bauernbefreiung], ist es zu verdanken, daß die gesamtwirtschaftliche Bedeutung der Agrarreform statistisch überprüft wurde. Die Auswertung zeitgenössischer Unterlagen über die Besitzverschiebung belegt – ganz im Gegensatz zu KNAPPS These – den Fortbestand, ja die ständige Zunahme der Kleinstbetriebe. Umwälzende Besitzumschichtungen, so lautet das Ergebnis SAALFELDS, fanden nicht statt. IPSEN interpretiert die Auswirkungen der Agrarreform nicht als „Landverlust", sondern als „Landesausbau": „Indem die hohen Landabgaben das Gutsland wesentlich vergrößerten, erhöhten sie die Markterzeugung und mit dieser die Tragfähigkeit des Landes. Indem sie gleichzeitig den Landhunger der Bauern weckten, dehnten diese den Anbau auf die geringeren Böden aus, die bisher nicht oder kaum genutzt waren. Bis 1864 wurde das Ackerland in Preußen insgesamt verdoppelt, im preußischen Nordosten unter der Reform aufs 2½fache vergrößert. So lohnte sich der Druck, der von der Auseinandersetzung ausging. Noch stärker ist der Arbeitsaufwand gestiegen.

Seit 1816 . . . hat sich der Arbeitsaufwand in der Landwirtschaft bis 1834 verdoppelt, bis 1852 verdreifacht, bis 1864 vervierfacht. Niemand kann leugnen: der Erfolg der Reform zeugt für die Fruchtbarkeit der Regelungen, die getroffen wurden" [ebd., 359 f.].

Wie die Agrarreformen so werden auch die Gewerbereformen heute nicht mehr in erster Linie für das Massenelend der ländlichen und städtischen Bevölkerung im Zeitalter des Pauperismus verantwortlich gemacht. Mit Hilfe regionaler Vergleiche kommt F. W. Henning zu dem Schluß: „Insgesamt gesehen ist der Einfluß der Gewerbefreiheit auf das Handwerk im Verhältnis zu anderen Faktoren gering gewesen. Trotz Zunftverfassung war eine Überfüllung des Handwerks dort eingetreten, wo der Bevölkerungsdruck besonders groß war und nicht mehr von anderen Wirtschaftssektoren aufgenommen werden konnte" [650: Die Einführung der Gewerbefreiheit und ihre Auswirkungen, 171]. Diese Feststellung schließt freilich nicht aus, daß die Durchsetzung der Gewerbefreiheit den Druck auf das Handwerk noch verstärkte [Zum Forschungsstand vgl. 658: K. H. Kaufhold, Gewerbefreiheit und gewerbliche Entwicklung].

In ihrem Buch über die Modernisierungspolitik Hardenbergs hat B. Vogel den inneren Zusammenhang zwischen der Agrar- und Gewerbereform herausgearbeitet [688: Allgemeine Gewerbefreiheit]. Die „allgemeine Gewerbefreiheit" intendierte nicht nur die Aufhebung der Zünfte und des städtischen Gewerbezwangs, sondern sollte in erster Linie der ländlichen Gewerbeansiedlung dienen, der stark anwachsenden Bevölkerung auf dem platten Land neue Erwerbsmöglichkeiten schaffen – „eine notwendige Ergänzung zur Regulierung des gutsherrlich-bäuerlichen Verhältnisses" – und den Rittergutsbesitzern das Recht verleihen, ländliche Industrien zu errichten oder ihr Kapital im nichtagrarischen Bereich anzulegen. Damit verband sich zugleich die Hoffnung, daß die verbesserte ländliche Wirtschaftsstruktur den gewerblichen Binnenmarkt erweitern und die Absatzchancen für städtische Fabrikate erhöhen werde, eine Zielperspektive, die vor allem von Hardenbergs Mitarbeiter Scharnweber vertreten wurde. Insofern stellt die wirtschaftliche Modernisierung nicht nur eine Folge, sondern eine Intention der Reformpolitik dar.

Grundlegung der Industrialisierung?

Ob allerdings diese „bürokratische Modernisierungsstrategie" im Sinne einer „Theorie des wirtschaftlichen Wachstums" als „Stimulans für die Industrielle Revolution" angesehen werden kann, blieb in der Forschung umstritten. Die preußischen Reformer hatten vornehmlich den ländlichen Wirtschaftsraum der alten ostelbischen Provinzen vor Augen, und ihr primär finanzpolitisch motiviertes Sofortprogramm war auf die dortigen Agrarverhältnisse zugeschnitten. „Vieles deutet eher darauf hin, daß erst die jetzt durchgeführten Reformen in Wechselwirkung mit dem einsetzenden starken Bevölkerungszuwachs in Deutschland die Grundlagen legten für die kommende Industrialisierung" [508: E. Weis, Absolute Monarchie und Reform, 210].

Die DDR-Historiker untersuchen die Auswirkungen der „kapitalistischen Agrarumwälzung" auf die industrielle Revolution im Anschluß an die These

Lenins vom sog. „preußischen Weg" der Durchsetzung des Kapitalismus in der Landwirtschaft. Für die Mark Brandenburg hat sich H. HARNISCH [645: Kapitalistische Agrarreform und industrielle Revolution] um den Nachweis bemüht, daß die Massenkaufkraft der kapitalistisch befreiten Bauern die Herausbildung des inneren Marktes förderte und eine bedeutende Zunahme insbesondere der Textilproduktion bewirkte. Für die gesamtwirtschaftliche Entwicklung in der ersten Hälfte des 19. Jahrhunderts läßt sich jedoch die angeblich für die Industrialisierung wichtige Nachfrage aus der Landwirtschaft nicht hinreichend belegen.

Die „Revolution von oben" aus marxistischer Sicht

Auch in der DDR-Historie werden die Agrar- und Gewerbereformen als Teile einer vorwärtstreibenden „Revolution von oben" verstanden [H. SCHEEL in der Einleitung zu 71: Das Reformministerium Stein; zuletzt hierzu 680: W. SCHMIDT, Waren die preußischen Reformen eine „Revolution von oben"?]. Allerdings wird die Eigenständigkeit der Bürokratie als politische und soziale Gruppe abgestritten. „Auch in der Zeit der Reformgesetzgebung war der preußische Staat seinem Klasseninhalt nach in letzter Konsequenz der Staat der Adels- und Gutsherrenklasse" [H. BLEIBER, Staat und bürgerliche Umwälzung in Preußen, in: 689: B. VOGEL, Hrsg., Preußische Reformen, 71]. Die agrarkapitalistische Entwicklung dient nicht zuletzt als Beleg dafür, daß die in der Reformzeit schrittweise eingeleitete „bürgerliche Umwälzung" zugleich im Interesse der nur noch „halbfeudalen" Klasse der preußischen Junker lag. Ein besonderes Gewicht wird deshalb jenem Teil des Adels beigemessen, der die Reformgesetzgebung akzeptierte. Nachdrücklich hat K. VETTER [687: Kurmärkischer Adel und preußische Reformen] betont, daß der preußische Adel keineswegs in geschlossener Front die Reformen bekämpfte.

Im diametralen Gegensatz zur marxistischen Interpretationsrichtung betonen die westdeutschen Historiker die dominante Rolle des preußischen Beamtenstaats als Auslöser und Motor des gesellschaftlichen Wandels. Zugleich werden neben den Bedingungen und Möglichkeiten auch die Grenzen des bürokratischen Reformwerks viel deutlicher gesehen als in der älteren Forschung. Die Perspektive orientiert sich nicht mehr auf die Reichsgründung von 1870/71 hin, sondern auf die Revolution von 1848/49, die mit den ungelösten Spannungen und nicht erfüllten Erwartungen der Reformzeit in einem ursächlichen Zusammenhang steht. Den wichtigsten Beitrag zu dieser Thematik lieferte das 1967 erschienene Buch von R. KOSELLECK über "Preußen zwischen Reform und Revolution" [663].

Koselleck: Preußen zwischen Reform und Revolution

KOSELLECKS Darstellung konzentriert sich auf drei ineinander verschränkte historische Teilprozesse im Übergang von der gerade noch ständisch eingebundenen zu einer wirtschaftlich sich frei entfaltenden Gesellschaft: die Stiftung des allgemeinen Landrechts, das bereits auf den sozialen Umbruch reagierte, jedoch noch an ständischen Relikten festhielt; die Entstehung des Verwaltungsstaates der Reformzeit und der „Behördenausbau von 1815 bis 1825 als verfassungspolitische Vorleistung"; die Entfesselung einer sozialen Bewegung, die sich in zunehmendem Maße der Steuerung und Kontrolle durch die Bürokratie entzog. Im Verlauf dieser Wandlungsprozesse – das ist die zentrale These KOSELLECKS, mit der er die Notwendigkeit der Revolution von 1848/49 begründet – zerbrach die anfangs noch weitgehend bestehende Identität von Beamtentum und eximiertem Bildungsbürgertum. Der Anspruch, das „Allgemeininteresse" zu vertreten, der in der Konstitutionalisierung der Bürokratie zum Ausdruck kam, konnte nach 1820 nicht mehr verwirklicht werden. In der Zerreißprobe zwischen der Adelsopposition einerseits, die ihren politischen Einfluß auf Guts- und Kreisebene konsolidierte, und dem Stadtbürgertum andererseits, das mit den ökonomischen Erfolgen zugleich ein politisches Selbstbewußtsein entwickelte, erlag der Verwaltungsstaat gleichsam seiner eigenen Schöpfung. Die bürgerlichen Verfassungsforderungen und die soziale Krise, die vor allem die ständisch nicht mehr eingebundenen städtischen und ländlichen Unterschichten traf, trieben zur Revolution. Für die Reformzeit weist KOSELLECK nach, daß die durch die Sozialstruktur gebotenen Prioritätsgründe des Reformprogramms, die Abstufung der Dringlichkeit von der Verwaltungs- und Heeresreform über die Wirtschaftsreform zur Verfassungsreform die Erfüllung der Verfassungsversprechen von vornherein in Frage stellten. Angesichts des Widerstandes fast aller Bevölkerungsschichten gegen die in gesellschaftliche Verhältnisse eingreifenden Maßnahmen der Regierung, angesichts der reaktionären Forderungen der altständischen Fronde sowie der Zunft- und Zollschutzwünsche der Stadtbürger hätten die Reformer eine Repräsentativverfassung nur um den Preis des Scheiterns ihrer ökonomischen und sozialen Reformen gewähren können.

Kritische Einwände gegen Kosellecks Darstellung

Kritische Einwände richteten sich vor allem gegen KOSELLECKS These von der Verwaltung als Ersatzparlament und gegen seine Interpretation der reaktionären Wende der Bürokratie nach 1820. Der von E. KEHR [659: Zur Genesis der preußischen Bürokratie] und H. ROSENBERG [678: Bureaucracy, Aristocracy and Autocracy] stärker berücksichtigte Aspekt des bürokratischen Selbstbehauptungswillens wurde hervorgehoben. J. KOCKA fragt in seiner Rezension (VSWG 57, 1970, 121–125), „ob das feudal-bürokratische Bündnis der späteren Jahre nicht auch schon 1807 ff. zumindest angelegt war; und vor allem: ob sich hinter dem von Hegel und K. für die Zeit bis 1820 anerkannten Anspruch der Bürokratie, Vertreterin und Exekutorin der Vernunft über den Einzelinteressen zu sein, nicht immer schon Herrschaftsinteressen der neuen Machtelite versteckten. Ein (von K. kaum untersuchtes) Streben der Bürokratie nach Aufrechterhaltung ihrer Herrschaft würde (neben ihrer zunehmend feudalen Bindung in einer zunehmend interessengespaltenen Gesellschaft) zu der Erklärung beitragen, warum die Bürokratie notwendig Hindernis eines von ihr initiierten Emanzipationsprozesses in dem Augenblick wurde, als dieser konsequent ihre Herrschaftsposition in Frage stellte". H. OBENAUS bezweifelt in seiner Besprechung (Göttingische Gelehrte Anzeigen 222, 1970, 155–167), daß der Ablehnung von Verfassungsforderungen durch die Bürokratie tatsächlich ein liberales Motiv zugrunde lag, da gleichzeitig mit dem Scheitern der Verfassungspläne sich auch in der Wirtschafts- und Gesellschaftspolitik eine Restauration angekündigt und keine personelle Identität zwischen den für die Ablehnung einer Konstitution und den für die liberale Wirtschafts- und Sozialpolitik Verantwortlichen bestanden habe. In seinem Buch über die „Anfänge des Parlamentarismus in Preußen" [673] weist OBENAUS nach, daß Hardenberg bis 1820 beharrlich das Ziel verfolgte, „Preußen zu einem Verfassungsstaat nach Art der süddeutschen" umzuwandeln. Jenseits der Streitfrage, von wem und warum die Verfassungsgebung verhindert wurde, besteht jedoch kein Zweifel daran, daß die Ergebnisse der erfolgreich durchgesetzten Wirtschafts- und Gesellschaftsreformen den Handlungsspielraum der Reformbürokratie in zunehmendem Maße einengten.

Das historische Urteil über die Gesamtreform ist noch keineswegs abgeschlossen. Dies hängt auch damit zusammen, daß die preußische Reform- und Erhebungszeit den Beginn der nationalstaatlichen Entwicklung markiert und damit als Meilenstein für den weiteren Verlauf der preußisch-deutschen Geschichte im 19. und 20. Jahrhundert angesehen wird.

DDR-Historie: Das „fortschrittliche Erbe" der Freiheitskriege

Das in der älteren Forschung zentrale Thema der nationalen Freiheitskriege wurde vor allem von der DDR-Historie wieder aufgegriffen und neu interpretiert [695: Der Befreiungskrieg 1813; 706: Das Jahr 1813]. Die besondere Betonung liegt dabei auf dem „fortschrittlichen Erbe" der „nationaldemokratischen Volkserhebung". Im Anschluß an die Partisanenkampftheorien Lenins und Stalins liefern die Freiheitskriege ein Beispiel dafür, daß die „antifeudalen Volksmassen" die Hauptantriebskräfte für Fortschritt und Veränderung darstellen. Außerdem trat nach 1945 in der Beurteilung des Befreiungskrieges der Aspekt der russisch-deutschen Völkerbrüderschaft im „großen vaterländischen Krieg" in den Mittelpunkt. „Das Problem", so formuliert R. RÖDER [706: Das Jahr 1813, 90 f.], „ist . . . weniger eine Folge der Interpretation der Quellen (!) als vielmehr eine Frage der Geschichtsauffassung: Machen ‚Männer' Geschichte oder die Massen." Die zentrale These lautet: In Preußen und Rußland haben sich die Regierungen dem Druck der Volksmassen beugen müssen. Die „schöpferische Rolle der Volksmassen" trug entscheidend dazu bei, daß die Konvention von Tauroggen, das russisch-preußische Bündnis, der Stimmungsumschwung bei Soldaten und Offizieren bzw. die russisch-preußische Waffenbrüderschaft zustande kamen. Auch im Hinblick auf die Geschichte des Rheinbundes fällt der „progressive" Part den Volksbewegungen gegen die „Fremdherrschaft" zu. H. HEITZER [704: Insurrectionen zwischen Weser und Elbe] betont die Paradoxie des Bündnisses zwischen der französischen „Großbourgeoisie", als deren Repräsentant Napoleon angesehen wird, mit den deutschen Fürsten. Als Fürstenallianz blieb der Rheinbund nach HEITZER [578: Der Rheinbund] „Kern des napoleonischen Unterdrückungssystems in Deutschland".

Ohne eine kritische Quellenanalyse ist die Frage allerdings nicht zu entscheiden, ob die Aufstände gegen die „Fremdherrschaft" und die patriotische Begeisterung der Freiheitskriege allein von nationaldemokratischen Zielen und Motiven bestimmt waren. In einem kritisch resümierenden Forschungsbericht über

Kontroverse über die Freiheitskriege

die von der DDR-Historie angeregte Debatte fordert H. BERDING [696: Freiheitskriege] eine sozialgeschichtliche Analyse der Freiheitsbewegung, um die Interpretation je nach Quellenbefund offen zu halten. Für die soziale Zusammensetzung der Freiwilligenbewegung liegt eine solche Untersuchung mittlerweile vor, allerdings mit unbewiesenen Schlußfolgerungen, die ihrerseits nicht ohne ideologische Voreingenommenheit der konservativen Richtung der volksgeschichtlichen Historiographie verhaftet bleiben [705: R. IBBEKEN, Preußen 1807–1813]. Die Auswertung zeitgenössischer statistischer Erhebungen ergab, daß die unteren und mittleren Schichten in der Freiwilligenbewegung am stärksten vertreten waren: ihr Anteil beläuft sich auf 82% (niederes Landvolk: 14,5%, Handwerker: 40,6%, Bauern, Jäger und Förster: 15,3%, Handlungsgehilfen und Kaufleute: 9,8%, mittlere und untere Beamte: 8%). Die von liberaler Seite stets betonte staatsbürgerliche Reife, die konstitutionellen Ideen und gesamtdeutsch-nationalen Vorstellungen, habe es, so IBBEKEN, bestenfalls bei den „gebildeten Ständen" gegeben, die mit 14,5% einen zwar proportional überdurchschnittlichen, aber absolut doch nur einen geringen Anteil an der Freiwilligenbewegung gehabt hätten. Für das Gros der Freiwilligen, die keine schriftlichen Quellen hinterließen, glaubt IBBEKEN feststellen zu können, daß die Volkserhebung „primär keine Folge einer intellektuellen Bewußtheit als vielmehr die Folge einer Emotion und Tradition" gewesen sei [ebd., 412 ff.]. Es scheint, daß sich in der Debatte der Historiker der schon zeitgenössische Streit über das politische Erbe der Freiheitskriege fortsetzt. Die Schlußfolgerung von H. BERDING [696: Freiheitskriege] liegt nahe, daß zu Beginn des Krieges unter dem politisch und ideologisch fast beliebig besetzbaren Schlagwort der Freiheit divergierende Zielsetzungen zusammentrafen.

Die „kritische" Sicht der Reformzeit

Die „historische Sozialwissenschaft" in der Bundesrepublik hat in dem Bemühen, Geschichte „von der Gesellschaft her" zu reinterpretieren, einen anderen Forschungsansatz, der angelsächsische Anregungen der Modernisierungstheorien aufnahm, vorgeschlagen. Sie fragt in kritischer Absicht nach den sozialen Gruppen und Schichten, deren Antriebskräfte Herrschaftsbewahrung und ökonomische Interessen, ideologische Programme und das Streben nach sozialer Sicherung sind. Das bleibende Ergebnis der Reformzeit, die Machtsteigerung der Bürokratie und die Konsolidierung der agrarischen Elite, wird im Hinblick auf die preußisch-deutsche „Fehlentwicklung" und im Zusammenhang langfristiger Modernisierungsprozesse untersucht. Schon W. M. SIMON [683: The failure of the Prussian reform-movement] interpretierte die Reformperiode bzw. deren Scheitern als den Punkt, an dem sich Preußen-Deutschland von der westlichen Demokratieentwicklung abkoppelte und mit der „bürokratischen Revolution von oben" den spezifisch „deutschen Weg" in die Moderne einschlug. In der Unterordnung sozialer und ökonomischer Zwecke unter politische und militärische Ziele sah auch D. S. LANDES [101: Der entfesselte Prometheus] ein bis ins 20. Jahrhundert wiederkehrendes Muster deutscher Geschichte. Nach H. ROSENBERG [678: Bureaucracy, Aristocracy and Autocracy] markiert die

Reformperiode den Durchbruch des bürokratischen Absolutismus: es entstand jenes „Herrschaftskartell“ aus staatlicher Bürokratie und selbständiger Landaristokratie, das erfolgreich liberale und demokratische Bestrebungen unterdrücken konnte. Zuletzt beschrieb H. SCHISSLER [393: Preußische Agrargesellschaft im Wandel] in einer breit angelegten Analyse der Veränderungen, die sich zwischen dem Ende des Siebenjährigen Krieges und der Revolution von 1848 in der preußischen Agrargesellschaft vollzogen, den „konservativen Typ des Wandels“, den Preußen repräsentiert: „Die Sicherung des Herrschaftsanspruchs, der die Bürokratie auf die Kooperation mit der Gutsbesitzerklasse verwies, sowie bestimmte Implikationen der Reformpolitik selber und des Legalitätsprinzips, das die Handlungsmöglichkeiten der Bürokratie begrenzte, indem es sie an ein rechtsstaatliches Verfahren band, sicherten kurz- wie langfristig die Dominanz gutsherrlicher Interessen in den Agrarreformen. Das bleibende politische Ergebnis des Kampfes um die Reformen war der Kompromiß zwischen absoluter Bürokratie und der neu sich bildenden Klasse von Agrarkapitalisten, der den Herrschaftskompromiß des 18. Jahrhunderts, den die Krone mit dem Adel geschlossen hatte, ablöste“ [ebd., 198].

Ob die Erklärungsversuche der „kritischen Geschichtswissenschaft“ im Rahmen der Debatte über den preußisch-deutschen „Sonderweg“ aussagekräftiger sind als ältere Interpretationen, die – wenn auch stark personenorientiert – vom Selbstverständnis der Reformbürokratie ausgingen, muß vorerst dahingestellt bleiben. Die Verteidiger des Historismus und der historischen Verstehenslehre warnen vor einer Verwischung der Grenze zwischen den Absichten und den unbeabsichtigten Folgen des Reformwerks, das sich nicht im Nachhinein auf eine einzige Kontinuitätslinie festlegen läßt, sondern als Wechsel auf die Zukunft mehrere Entwicklungsmöglichkeiten in sich barg. So hält TH. NIPPERDEY daran fest, daß die preußische Reform unter dem prägenden Einfluß der kantischen Philosophie eine „idealistisch-moralische Bewegung“ gewesen sei: „Und so sehr wir gegenüber vielfältigen idealisierenden Verklärungen preußisch-deutscher Geschichte kritisch und nüchtern geworden sind, dieses idealistisch-metapolitische Ethos bleibt ein Kernstück der Wirklichkeit“ [353: Deutsche Geschichte, 33].

III. Quellen und Literatur

A. QUELLEN

1. Quelleneditionen zur europäischen Geschichte

1. P. Bailleu, (Hg.), Preußen und Frankreich 1795–1807. Diplomatische Correspondenzen, 2 Bde., Leipzig 1881/1887.
2. R. St. Viscount of Castlereagh, Memoirs and correspondence of Viscount Castlereagh, hg. v. seinem Bruder, dem Marquess of Londonderry, 12 Bde. in 4 Serien, London 1848–1852.
3. H. D. Dyroff, (Hg.), Der Wiener Kongreß 1814/15. Die Neuordnung Europas, dtv-Dok. Bd. 381, München 1966.
4. H. Hüffer/F. Luckwaldt, (Hg.), Quellen zur Geschichte des Zeitalters der französischen Revolution, Teil I, 2 Bde.: Quellen zur Geschichte der Kriege von 1799 und 1800, Leipzig 1900. Teil II: Quellen zur Geschichte der diplomatischen Verhandlungen, Bd. 1: Der Friede von Campo-Formio, Innsbruck 1907.
5. J. L. Klüber, (Hg.), Acten des Wiener Kongresses in den Jahren 1814 und 1815, 8 Bde., Erlangen 1815–1833.
6. G. F. de Martens, (Hg.), Recueil des principaux traités d'alliance, de paix . . . conclus par les puissances de l'Europe . . . depuis 1761 jusqu' à présent, 7 Bde., Göttingen 1761–1801, Suppléments, 4 Bde., Göttingen 1802–1808, 2. Aufl., 1817 ff.
7. Ders., Nouveau recueil des traités . . . depuis 1808 jusqu' à présent, 16 Bde., Göttingen 1817–1842.
8. F. Montarlot/L. Pingaud, Le Congrès de Rastatt. Correspondances et documents, 3 Bde., Paris 1912/13.
9. W. Näf, (Hg.), Napoleonische Friedensverträge, Quellen zur neueren Geschichte, hg. v. Hist. Sem. d. Univ. Bern, Bd. 5, Bern 1946.
10. A. L. Naročnickij u. a., (Hg.), Vnešnjaja politika Rossii XIX i načala XX veka, Reihe 1, Bd. 8, Moskau 1972.
11. H. Temperley/L. Penson, Foundations of British Foreign Policy, Cambridge 1938.

12. Ch. K. Webster, (Hg.), British Diplomacy 1813–1815. Select documents dealing with the reconstruction of Europe, London 1921.

2. Quelleneditionen zur französischen Geschichte

13. Archives parlementaires de 1787 à 1860. Recueil complet des débats législatifs et politiques des chambres françaises. Première série: 1787 à 1799, hg. v. M. Mavidal u. E. Laurent, fortges. v. Institut d'histoire de la Révolution française unter Leitg. v. M. Reinhard, Paris 1867 ff.
14. W. Aulard, (Hg.), Recueil des actes du Comité de Salut public, 27 Bde., Paris 1889–1933, 2 Supplementbände, Paris 1966–1971.
15. Ders., (Hg.), La Société des Jacobins. Recueil de documents pour l'histoire du Club des Jacobins de Paris, 6 Bde., Paris 1889–1897.
16. Ders., (Hg.), Paris pendant la réaction thermidorienne et sous le Directoire, 5 Bde., Paris 1898–1902.
17. G. Babeuf, Textes choisis, hg. v. C. Mazauric, Paris 1965.
18. H. P. Beik, (Hg.), The French Revolution. Selected documents, New York 1970.
19. J. B. Brissot, Correspondance et papiers, hg. v. C. Perroud, Paris 1911.
20. P.-J.-B. Buchez/P.-C. Roux-Lavergne, (Hg.), Histoire parlementaire de la Révolution française ou Journal des Assemblées Nationales depuis 1789 jusqu'en 1815, 40 Bde., Paris 1834–1838.
21. P. Caron, (Hg.), Paris pendant la Terreur, Rapports des agents secrets du ministre de l'Intérieur, 6 Bde., Paris 1910–1964.
22. A. Cochin/Ch. Charpentier, (Hg.), Les actes du gouvernement révolutionnaire, 3 Bde., Paris 1920–1935.
23. G. Danton, Discours, hg. v. A. Fribourg, Paris 1910.
24. J.-B. Duvergier, (Hg.), Collection complète des lois, décrets, ordonnances, règlements, . . . de 1788 à 1824, 24 Bde., Paris 1824–1828.
25. P. Goubert/M. Denis, Les Français ont la parole. Cahiers de doléances des États généraux 1789, Paris 1967.
26. A. Goujon, (Hg.), Bulletins de la Grande Armée, 4 Bde., Paris 1820/21.
27. W. Grab, (Hg.), Die Französische Revolution. Eine Dokumentation, München 1973.
28. B. Hyslop, Répertoire critique des cahiers de doléances pour les États généraux de 1789, Paris 1933, Supplément Paris 1952.
29. S. Lacroix/R. Farge, Actes de la Commune de Paris pendant la Révolution, 16 Bde., Paris 1894–1942.
30. J. E. Las Cases, Mémorial de Sainte-Hélène, 8 Bde., Paris 1922/23, mod. Ausg. v. M. Dunan, 2 Bde., Paris 1951 und A. Fugier, 2 Bde., Paris 1961.
31. J. P. Marat, Textes choisis, hg. v. M. Vovelle, 3. Aufl., Paris 1973.

32. W. Markov/A. Soboul, (Hg.), Die Sansculotten von Paris. Dokumente zur Geschichte der Volksbewegung 1793–1794, Berlin 1957.
33. H. G. de Riqueti Graf v. Mirabeau, Ausgewählte Schriften in 2 Bde., hg. v. J. Fürstauer, Hamburg 1971.
34. Moniteur, Réimpression de l'Ancien Moniteur, 32 Bde., Paris 1847 ff.
35. A. Montglond, (Hg.), La France révolutionnaire et impériale, 6 Bde., Paris 1930–1969.
36. Napoleon I., Briefe Napoleons des Ersten, Auswahl aus der gesamten Korrespondenz des Kaisers, hg. v. F. Kircheisen, 3 Bde., Stuttgart 1909/10.
37. Napoléon Ier, Correspondance de Napoléon Ier, hg. im Auftrag Kaiser Napoleons III., 32 Bde., Paris 1858–1870.
38. J. M. Roberts/R. C. Cobb, (Hg.), French Revolution documents, Oxford 1966.
39. M. Robespierre, Œuvres, hg. v. M. Bouloiseau u. a., 10 Bde., Paris 1910 ff.
40. M. Robespierre, Ausgewählte Texte, dt. v. M. Unruh, eingel. v. C. Schmid, Hamburg 1971.
41. J. Roux, Scripta et Acta, Textes présentés par W. Markov, Berlin 1969.
42. L.-A. L. de Saint-Just, Discours et rapports, hg. v. A. Soboul, Paris 1957, 2. Aufl., 1972.
43. E. J. Sieyès, Politische Schriften 1788–1790, hg. v. E. Schmitt u. R. Reichardt, 2. erw. Aufl., München 1981.

3. Quelleneditionen zur deutschen Geschichte

44. Acta Borussica, Denkmäler der Preußischen Staatsverwaltung im 18. Jahrhundert, hg. v. d. Kgl. Ak. d. Wiss., Berlin 1892ff.
45. A. Bezzenberger, Aktenstücke des Provinzial-Archivs in Königsberg aus den Jahren 1786–1820, betr. die Verwaltung und Verfassung Ostpreußens, Königsberg 1898.
46. M. Botzenhart, (Hg.), Die deutsche Verfassungsfrage 1812–1815, Göttingen 1968 (Historische Texte Neuzeit, Bd. 3).
47. W. Conze, (Hg.), Quellen zur Geschichte der deutschen Bauernbefreiung, Göttingen 1957 (Quellensamml. z. Kulturgesch., Bd. 12).
48. Ders., (Hg.), Die preußische Reform unter Stein und Hardenberg, Bauernbefreiung und Städteordnung, 3. Aufl., Stuttgart 1973 (Quellen- und Arbeitshefte zur Geschichte und Politik).
49. G. Forster, Werke in 4 Bänden, hg. v. G. Steiner, Frankfurt a. M. 1967–1972.

50. FRIEDRICH VON WÜRTTEMBERG, Politische und militärische Correspondenz König Friedrichs von Württemberg mit Kaiser Napoleon I., hg. v. A. v. SCHLOSSBERGER, Stuttgart 1968.

51. J. GARBER, (Hg.), Revolutionäre Vernunft. Texte zur jakobinischen und liberalen Revolutionsrezeption in Deutschland 1789–1810, Kronberg 1974.

52. W. GRAB, (Hg.), Deutsche revolutionäre Demokraten, 5 Bde., Stuttgart 1971–1978 (Bd. 1: Gedichte und Lieder deutscher Jakobiner, bearb. v. H.-W. ENGELS; Bd. 2: Linksrheinische deutsche Jakobiner, bearb. v. A. KUHN; Bd. 3: Die Wiener Jakobiner, bearb. v. A. KÖRNER; Bd. 4: Jakobinerschauspiel und Jakobinertheater, bearb. v. G. STEINER; Bd. 5: Leben und Werke norddeutscher Jakobiner, bearb. v. W. GRAB).

53. J. HANSEN, Quellen zur Geschichte des Rheinlandes im Zeitalter der Französischen Revolution 1780–1801, 4 Bde., Bonn 1931–1938.

54. K. A. GRAF V. HARDENBERG, Denkwürdigkeiten des Staatskanzlers Fürsten Hardenberg, 5 Bde., Leipzig 1877–1881.

55. K. A. GRAF V. HARDENBERG, Briefwechsel des Fürsten Karl August von Hardenberg mit dem Fürsten Wilhelm Ludwig von Sayn-Wittgenstein 1806–1822, hg. v. H. BRANIG, Berlin 1972.

56. E. R. HUBER, Dokumente zur deutschen Verfassungsgeschichte, Bd. 1: Deutsche Verfassungsdokumente 1803–1850, 3. erg. Aufl., Stuttgart 1978.

57. W. VON HUMBOLDT, Gesammelte Schriften, hg. v. d. K. preuß. Ak. d. Wiss., 2. Abt.: Wilhelm v. Humboldts politische Denkschriften, hg. v. B. GEBHARDT, Berlin 1903/04; 4. Abt.: Politische Briefe, hg. v. W. RICHTER, Berlin 1936.

58. K. E. JEISMANN, (Hg.), Staat und Erziehung in der preußischen Reform 1807–1819, Göttingen 1969 (Historische Texte Neuzeit, Bd. 7).

59. KARL FRIEDRICH VON BADEN, Politische Correspondenz Karl Friedrichs von Baden 1783–1806, hg. v. K. OBSER/B. ERDMANNSDÖRFFER, 6 Bde., Heidelberg 1888–1901.

60. F. MAASS, (Hg.), Der Josephinismus, Quellen zu seiner Geschichte in Österreich 1760–1850, 5 Bde., Wien 1951–1961.

61. K. L. FÜRST V. METTERNICH, Aus Metternich's nachgelassenen Papieren, hg. v. dem Sohn des Staatskanzlers Fürsten R. METTERNICH-WINNEBURG, geord. u. zus.gest. v. A. v. KLINKOWSTRÖM, 8 Bde., Wien 1880.

62. M. J. GRAF V. MONTGELAS, Denkwürdigkeiten über die innere Staatsverwaltung Bayerns (1799–1817), hg. v. G. LAUBMANN u. M. DOEBERL, München 1908.

63. R. FREIIN V. OER, (Hg.), Die Säkularisation 1803. Vorbereitung, Diskussion, Durchführung, Göttingen 1970 (Historische Texte Neuzeit, Bd. 9).

64. Protokoll der außerordentlichen Reichsdeputation zu Regensburg, 6 Bde., Regensburg 1803.

65. H. SCHEEL, (Hg)., Die Mainzer Republik, Bd. 1: Protokolle des Jakobi-

nerclubs, Berlin 1975; Bd. 2: Protokolle des Rheinisch-deutschen Nationalkonvents mit Quellen zu seiner Vergangenheit, Berlin 1981.

66. DERS., (Hg.), Jakobinische Flugschriften aus dem deutschen Süden Ende des 18. Jahrhunderts, 2. Aufl., Berlin 1979.

67. H. SCHISSLER/H.-U. WEHLER, (Hg.), Preußische Finanzpolitik 1806 bis 1820. Quellen zur Verwaltung der Ministerien Stein und Altenstein, bearbeitet v. E. KEHR, Göttingen 1984.

68. H.-B. SPIES, (Hg.), Die Erhebung gegen Napoleon 1806–1814/15. Quellen zum politischen Denken der Deutschen im 19. und 20. Jahrhundert, Bd. 2, Darmstadt 1981.

69. K. FRHR. VOM STEIN, Briefwechsel, Denkschriften und Aufzeichnungen, hg. v. E. BOTZENHART, 7 Bde., Berlin 1931–1937.

70. K. FRHR. VOM STEIN, Briefe und amtliche Schriften, bearb. v. E. BOTZENHART, neu hg. v. W. HUBATSCH, 10 Bde., Stuttgart 1957–1974.

71. K. FRHR. VOM STEIN, Das Reformministerium Stein. Akten zur Verfassungs- und Verwaltungsgeschichte aus den Jahren 1807/08, hg. v. d. Dt. Ak. d. Wiss. z. Berlin, 3 Bde., Berlin 1966–1968.

72. C. TRÄGER, (Hg.), Mainz zwischen Rot und Schwarz. Die Mainzer Revolution 1792–93 in Schriften, Reden und Briefen, Berlin 1963.

73. DERS., (Hg.), Die Französische Revolution im Spiegel der deutschen Literatur, Frankfurt 1979.

74. E. WALDER, (Hg.), Das Ende des Alten Reiches, Quellen zur neueren Geschichte, hg. v. Hist. Sem. d. Univ. Bern, Bd. 10, Bern 1948.

75. G. WINTER/R. VAUPEL, (Hg.), Die Reorganisation des Preußischen Staates unter Stein und Hardenberg. Erster Teil: Allgemeine Verwaltungs- und Behördenreform, bearb. v. G. WINTER. Zweiter Teil: Das Preußische Heer vom Tilsiter Frieden bis zur Befreiung 1807–1814, bearb. v. R. VAUPEL, Leipzig 1931/38.

B. LITERATUR

1. Die Anfänge der industriellen Revolution in England

76. T. S. ASHTON, The Industrial Revolution 1760–1830, London 1948, letzte Aufl., London 1975.

77. K. BORCHARDT, Probleme der ersten Phase der industriellen Revolution in England, in: VSWG 55 (1968), 1–62.

78. R. BRAUN/W. FISCHER/H. GROSSKREUTZ/H. VOLKMANN, (Hg.), Industrielle Revolution. Wirtschaftliche Aspekte, Köln 1972.

79. DIES., (Hg.), Gesellschaft in der industriellen Revolution, Köln 1973.

80. J. D. Chambers/E. G. Mingay, The agricultural revolution 1750–1880, London 1966.

81. C. M. Cipolla/K. Borchardt, (Hg.), Die Industrielle Revolution, Stuttgart 1976 (Europäische Wirtschaftsgeschichte. The Fontana Economic History of Europe, Bd. 3).

82. N. F. R. Crafts, Industrial Revolution in England and France: Some thoughts on the question „Why was England first?“, in: EHR 30 (1977), 429–441.

83. Ders., British economic growth, 1700–1831: A review of the evidence, in: EHR 36 (1983), 177–199.

84. R. Davis, The Industrial Revolution and British overseas trade, Leicester 1979.

85. Ph. Deane, The First Industrial Revolution, Cambridge 1965.

86. Dies., Die industrielle Revolution in Großbritannien 1700–1880, in: C. M. Cipolla/K. Borchardt, (Hg.), Die Entwicklung der industriellen Gesellschaften, Stuttgart 1977 (Europäische Wirtschaftsgeschichte. The Fontana Economic History of Europe, Bd. 4), 1–42.

87. Ph. Deane/W. A. Cole, British economic growth, 1688–1959, trends and structure, 2. Aufl., Cambridge 1967.

88. M. W. Flinn, The origins of Industrial Revolution, London 1966.

89. R. C. Floud, D. N. Mccloskey, (Hg.), The economic history of Britain since 1700. Bd. 1: 1700–1860, Cambridge 1981.

90. M. Fores, The myth of a British Industrial Revolution, in: History 66 (1981), 181–198.

91. A. Gerschenkron, Economic backwardness in historical perspective, Cambridge/Mass. 1962.

92. D. V. Glass/D. E. C. Eversley, (Hg.), Population in History. Essays in historical demography, London 1965.

93. H. J. Habakkuk/M. M. Postan, (Hg.), The Cambridge Economic History of Europe, Bd. 6: The Industrial Revolution and after: Incomes, population, and technological change, Cambridge 1965.

94. C. K. Harley, British Industrialization before 1841: Evidence of slower growth during the Industrial Revolution, in: JEH 42 (1982), 267–289.

95. R. M. Hartwell, (Hg.), The causes of the Industrial Revolution in England, London 1967.

96. Ders., (Hg.), The Industrial Revolution, Oxford 1970.

97. Ders., The Industrial Revolution and economic growth, London 1971.

98. W. O. Henderson, Britain and Industrial Europe 1750–1870, Studies in British influence on the Industrial Revolution in Western Europe, Leicester 1965.

99. Ders., Die industrielle Revolution in Europa 1780–1914, Wien 1971.

100. E. J. Hobsbawm, Industrie und Empire, Bd. 1: Britische Wirtschaftsgeschichte seit 1750, Frankfurt 1969.

101. D. S. Landes, Der entfesselte Prometheus. Technologischer Wandel und industrielle Entwicklung in Westeuropa von 1750 bis zur Gegenwart, Köln 1973 (engl. Ausgabe 1969).

102. S. Lilley, Menschen und Maschinen. Eine kurze Geschichte der Technik in ihrer Beziehung zur gesellschaftlichen Entwicklung, Wien 1952.

103. P. H. Lindert, J. G. Williamson, English workers' living standards during the Industrial Revolution: A new look, in: EHR 36 (1983), 1–25.

104. D. Marshall, Industrial England 1776–1851, London 1973.

105. B. R. Mitchell/Ph. Deane, Abstract of British historical statistics, Cambridge 1962.

106. S. Pollard, Peaceful conquest: The Industrialization of Europe 1760–1970, London 1981.

107. W. W. Rostow, Stadien wirtschaftlichen Wachstums. Eine Alternative zur marxistischen Entwicklungstheorie, 2. Aufl., Göttingen 1967.

108. R. Rürup/K. Hausen, (Hg.), Moderne Technikgeschichte, Köln 1975.

109. A. J. Taylor, (Hg.), The standard of living in Britain in the Industrial Revolution, London 1975.

110. J. G. Williamson, Why was British growth so slow during the Industrial Revolution, in: JEH 44 (1984), 687–712.

2. Die französische Revolution

111. L. Bergeron, Die französische Gesellschaft von 1750–1820. Kontinuitäten und Diskontinuitäten, in: ZHF 4 (1977), 131–146.

112. L. Bergeron/F. Furet/R. Koselleck, Das Zeitalter der europäischen Revolution: 1780–1848, Frankfurt 1969, 14. Aufl., 1983 (Fischer Weltgeschichte, Bd. 26).

113. J.-P. Bertaud, La vie quotidienne en France au temps de la Révolution (1789–1795), Paris 1983.

114. D. D. Bien, La réaction aristocratique avant 1789: L'exemple de l'armée, in: Annales (E. S. C.) 29 (1974), 23–48, 505–534.

115. S. S. Biro, The German policy of revolutionary France, 1792–1797, 2 Bde., Cambridge/Mass. 1957.

116. M. Bloch, Les caractères originaux de l'histoire rurale française, 2 Bde., 2. Aufl., Paris 1952/56.

117. F. Bluche, Les magistrats du Parlement de Paris au XVIIIe siècle, Paris 1960.

118. P. Bois, Paysans de l'ouest, Le Mans 1960, Neuaufl. Paris 1978.

119. F. J. Bosher, French finances 1770–1795. From business to bureaucracy, Cambridge/Mass. 1970.

120. M. Bouloiseau, La république jacobine, Paris 1972 (Nouvelle histoire de la France contemporaine, Bd. 2).

121. F. Braudel/E. Labrousse, (Hg.), Histoire économique et sociale de la France, Bd. 2: Des derniers temps de l'âge seigneurial aux préludes de l'âge industriel (1660–1789), Paris 1970, Bd. 3. 1: L'avènement de l'ère industrielle, 1789 – années 1880, Paris 1976.
122. G. Chaussinand-Nogaret, La noblesse au XVIIIe siècle. De la féodalité aux lumières, Paris 1976.
123. Ders., Aux origines de la Révolution: noblesse et bourgeoisie, in: Annales (E. S. C.) 30 (1975), 265–278.
124. R. Cobb, Les armées révolutionnaires, instrument de la Terreur dans les départements, 2 Bde., Paris 1961/63.
125. Ders., Terreur et subsistances 1793–95, Paris 1965.
126. Ders., The police and the people. French popular protest (1789–1820), Oxford 1970.
127. Ders., Paris and its provinces, 1792–1802, London 1975.
128. A. Cobban, The social interpretation of the French Revolution, Cambridge 1964.
129. Ders., The myth of the French Revolution (1955), in: E. Schmitt, (Hg.), Die französische Revolution. Anlässe und langfristige Ursachen, Darmstadt 1973, 170–194.
130. M. Cubells, La Provence des Lumières. Les parlementaires d'Aix au XVIIIe siècle, Paris 1984.
131. R. Darnton, The business of enlightenment. A publishing history of the Encyclopédie, 1775–1800, Cambridge/Mass. 1979.
132. Ph. Dawson, Provincial magistrates and revolutionary politics in France, 1789–1795, Cambridge/Mass. 1972.
133. W. Doyle, The Parlement of Bordeaux and the end of the Old Regime, 1771–1790, London 1974.
134. Ders., Origins of the French Revolution, New York 1980.
135. J. Égret, La Pré-Révolution française, 1787–1788, Paris 1962, Neuaufl. 1978.
136. Ders., Necker, ministre de Louis XVI, 1776–1790, Paris 1975.
137. K. D. Erdmann, Volkssouveränität und Kirche, Köln 1949.
138. R. Forster, The nobility of Toulouse in the eighteenth century, Baltimore 1960.
139. F. Furet/D. Richet, La Révolution, 2 Bde., Paris 1965/66, dt. Übersetzung: Die Französische Revolution, Frankfurt 1968, Neuaufl. 1980.
140. F. Furet, Penser la Révolution Française, Paris 1978, dt. Übersetzung: 1789 – Vom Ereignis zum Gegenstand der Geschichtswissenschaft, Frankfurt 1980.
141. P. Gaxotte, La Révolution française, Paris 1928, Neuaufl. 1976, dt. Übersetzung: Die Französische Revolution. Mit einer Einführung von H. Diwald, München 1973.
142. L. Genet, Révolution-Empire 1789–1815, 2. Aufl., Paris 1975.

143. A. Gérard, La Révolution française, mythes et interprétations, 1789–1970, Paris 1970.

144. W. Giesselmann, Die brumairianische Elite. Kontinuität und Wandel der französischen Führungsschicht zwischen Ancien Régime und Julimonarchie, Stuttgart 1977.

145. B. Gille, Les origines de la grande industrie métallurgique en France, Paris 1947.

146. J. Godechot, La Grande Nation, l'expansion révolutionnaire de la France dans le monde, 1789–1799, Paris 1956, Neuaufl. 1983.

147. Ders., La Contre-Révolution, doctrine et action, 1789–1804, Paris 1961.

148. Ders., Les institutions de la France sous la Révolution et l'Empire, 2. Aufl., Paris 1968.

149. Ders., Les révolutions, 1770–1799, 3. Aufl., Paris 1975 (Nouvelle Clio, Bd. 36).

150. M. Göhring, Geschichte der Großen Revolution, 2 Bde., Tübingen 1950/51.

151. L. R. Gottschalk/M. Maddox, Lafayette in the French Revolution, Chicago 1973.

152. P. Goubert, L'Ancien Régime, Bd. 1: La société, Paris 1969, 7. Aufl. 1982, Bd. 2: Les pouvoirs, Paris 1973.

153. Ders., Sociétés rurales françaises au XVIIIe siècle, vingt paysanneries contrastées, quelques problèmes, in: Conjoncture économique, structures sociales, Hommage à Ernest Labrousse, Mouton 1974, 375–387.

154. W. Grab, (Hg.), Die Debatte über die Französische Revolution, München 1975.

155. H. Grange, Les idées de Necker, Paris 1974.

156. B. Groethuysen, Philosophie de la Révolution française, Paris 1956, dt. Übersetzung: Philosophie der Französischen Revolution, Neuwied 1971.

157. V. R. Gruder, The Royal Provincial Intendants. A governing elite in eighteenth-century France, New York 1968.

158. H. U. Gumbrecht/R. Reichardt/Th. Schleich, (Hg.), Sozialgeschichte der Aufklärung in Frankreich, 2 Bde., München 1981.

159. P. C. Hartmann, Das Steuersystem der europäischen Staaten am Ende des Ancien Régime, Beihefte der Francia Bd. 7, Zürich 1978.

160. G. van den Heuvel, Grundprobleme der französischen Bauernschaft 1730–1794, München 1982.

161. P. Higonnet, Class, ideology and the rights of nobles during the French Revolution, Oxford 1981.

162. E. Hinrichs, Die Ablösung von Eigentumsrechten. Zur Diskussion über die droits féodaux in Frankreich am Ende des Ancien Régime und in der Revolution, in: R. Vierhaus, (Hg.), Eigentum und Verfassung. Zur Eigentumsdiskussion im ausgehenden 18. Jahrhundert, Göttingen 1972, 112–178.

163. E. Hinrichs/E. Schmitt/R. Vierhaus, (Hg.), Vom Ancien Régime zur Französischen Revolution. Forschungen und Perspektiven, Göttingen 1978.

164. E. J. Hobsbawm, The Age of Revolution, London 1962, dt. Übersetzung: Europäische Revolution, Zürich 1962.

165. G. Kates, The „Cercle Social", the Girondins, and the French Revolution, Princeton 1985.

166. M. L. Kennedy, The Jacobin Clubs in the French Revolution. The first years, Princeton 1982.

167. H. Kessler, Terreur. Ideologie und Nomenklatur der revolutionären Gewaltanwendung in Frankreich, 1770–1794, München 1973.

168. K. Kluxen, Französische Revolution und industrielle Klassengesellschaft, in: Festschrift f. Th. Schieder, München 1968, 67–96.

169. E. Labrousse, La crise de l'économie française à la fin de l'Ancien Régime et au début de la Révolution, Paris 1944.

170. E. Le Roy Ladurie, Les paysans de Languedoc, Paris 1966, Neuaufl. 1977, dt. Übersetzung: Die Bauern des Languedoc, Stuttgart 1983.

171. Ders., Révoltes et contestations rurales en France de 1675 à 1788, in: Annales (E. S. C.) 29 (1974), 6–22.

172. G. Lefebvre, Études Orléanaises, Bd. 1: Contribution à l'étude des structures à la fin du XVIIIe siècle; Bd. 2: Subsistances et maximum 1789–An IV, Paris 1962/63.

173. Ders., Études sur la Révolution française, 2. Aufl., Paris 1963.

174. Ders., La Révolution française, 6. Aufl., Paris 1968 (Peuples et Civilisations, Bd. 13).

175. Ders., La grande peur, 3. Aufl., Paris 1970.

176. Ders., Les paysans du Nord pendant la Révolution française, 2. Aufl., Paris 1972.

177. C. Lucas, Nobles, Bourgeois and the origins of the French Revolution, in: Past and Present 60 (1973), 84–126.

178. Ders., The structure of the terror, The example of Javogues and the Loire, Oxford 1973.

179. H. Lüsebrink/R. Reichardt, La „Bastille" dans l'imaginaire social de la France à la fin du XVIIIe siècle (1774–1799), in: RHMC 30 (1983), 196–234.

180. M. Lyons, Revolution in Toulouse. An essay on provincial terrorism, Bern 1978.

181. M. Marion, Histoire financière de la France depuis 1715, 6 Bde., Paris 1914/31, Nachdruck New York 1965.

182. W. Markov, (Hg.), Jakobiner und Sansculotten, Beiträge zur Geschichte der französischen Revolutionsregierung, 1793–94, Berlin 1956.

183. Ders., (Hg.), Maximilien Robespierre 1758–1794, Berlin 1961.

184. Ders., Die Freiheit des Priesters Roux, Berlin 1967. Exkurse zu Jacques Roux, Berlin 1970.

185. R. Marx, La Révolution et les classes sociales en Basse-Alsace: structures agraires et vente des biens nationaux, Paris 1974.

186. A. Mathiez, La Révolution française, 3 Bde., Paris 1922/27, dt. Übersetzung: Die Französische Revolution, Hamburg 1950.

187. Ders., La vie chère et le mouvement social sous la Terreur, Paris 1927, Nachdruck 1973.

188. C. Mazauric, Babeuf et la conspiration pour l'égalité, Paris 1962.

189. Ders., Quelques voies nouvelles pour l'histoire politique de la Révolution française, in: AHRF 47 (1975), 134–173.

190. B. Melchior-Bonnet, Les Girondins, Paris 1969.

191. J. Meyer, La noblesse bretonne au XVIIIe siècle, 2 Bde., Paris 1966.

192. R. Monnier, Le Faubourg Saint-Antoine (1789–1815), Paris 1981.

193. R. Mousnier, Les institutions de la France: sous la monarchie absolue, 1598–1789, Bd. 1: Société et état, Bd. 2: Les organes de l'état et la société, Paris 1974/80.

194. R. Mousnier/ E. Labrousse/M. Bouloiseau, Le XVIIIe siècle. Révolution intellectuelle, technique et politique, 1715–1815, 5. Aufl., Paris 1967 (Histoire générale des civilisations, Bd. 5).

195. E. Naujoks, Die Französische Revolution und Europa, Stuttgart 1969.

196. M. Ozouf, La fête révolutionnaire, 1789–1799, Paris 1976.

197. R. R. Palmer, The Age of Democratic Revolution, 2 Bde., Princeton/N. J. 1959/64, dt. Übersetzung: Das Zeitalter der demokratischen Revolution, Frankfurt 1970.

198. A. Patrick, The men of the First French Republic: Political alignments in the national convention of 1792, Baltimore 1972.

199. S. Petersen, Lebensmittelfrage und revolutionäre Politik in Paris 1792–1793, München 1979.

200. A. Poitrineau, La vie rurale en Basse Auvergne au XVIIIe siècle, 1726–1789, Paris 1965, Neuaufl. Marseille 1979.

201. J. Quéniart, Culture et société urbaines dans la France de l'Ouest du XVIIIe siècle, Paris 1979.

202. R. Reichardt, Reform und Revolution bei Condorcet. Ein Beitrag zur späten Aufklärung in Frankreich, Bonn 1973.

203. Ders., Bevölkerung und Gesellschaft Frankreichs im 18. Jahrhundert: Neue Wege und Ergebnisse der sozialhistorischen Forschung 1950–1976, in: ZHF 4 (1977), 154–221.

204. Ders., Zu einer Sozialgeschichte der französischen Aufklärung, in: Francia 5 (1977), 231–249.

205. Ders./E. Schmitt, (Hg.), Handbuch politisch-sozialer Grundbegriffe in Frankreich 1680–1820, bisher erschienen: H. 1/2: Allgemeine Bibliographie, Einleitung, Die Wörterbücher in der Französischen Revolution;

H. 3: Philosophe, Philosophie, Terreur, Terroriste, Terrorisme, München 1985.

206. M. REINHARD, Elite et noblesse dans la seconde moitié du XVIIIe siècle, in: RHMC 3 (1956), 5–37.

207. DERS., Contributions à l'histoire démographique de la Révolution française, 2. Aufl., Paris 1970.

208. G. RICHARD, La noblesse d'affaires au XVIIIe siècle, Paris 1974.

209. R. ROBIN, La société française en 1789: Semur-en-Auxois, Paris 1970.

210. D. ROCHE, Le siècle des lumières en province: Académies et académiciens provinciaux, 1680–1789, 2 Bde., Paris 1978.

211. R. B. ROSE, Gracchus Babeuf: the first revolutionary communist, London 1978.

212. G. RUDÉ, The crowd in the French Revolution, 2. Aufl., Oxford 1967, dt. Übersetzung: Die Massen in der Französischen Revolution, München 1961.

213. P. DE SAINT-JACOB, Les paysans de la Bourgogne du Nord au dernier siècle de l'ancien régime, Paris 1960.

214. J. SANDWEG, Rationales Naturrecht als revolutionäre Praxis. Untersuchungen zur „Erklärung der Menschen- und Bürgerrechte" von 1789, Berlin 1972.

215. E. SCHMITT, Repräsentation und Revolution. Eine Untersuchung zur Genesis der kontinentalen Theorie und Praxis parlamentarischer Repräsentation aus der Herrschaftspraxis des Ancien Régime in Frankreich (1760–1789), München 1969.

216. DERS., Einführung in die Geschichte der französischen Revolution, München 1976, 2. durchges. Aufl. 1980.

217. DERS., (Hg.), Die französische Revolution: Anlässe und langfristige Ursachen, Darmstadt 1973.

218. DERS., (Hg.), Die französische Revolution, Köln 1976.

219. E. SCHMITT/R. REICHARDT, (Hg.), Die Französische Revolution – zufälliges oder notwendiges Ereignis? 3 Bde., München 1983.

220. R. SCHNUR, (Hg.), Zur Geschichte der Erklärung der Menschenrechte, Darmstadt 1964.

221. J. SENTOU, Fortunes et groupes sociaux à Toulouse sous la Révolution (1789–1799). Essai d'histoire statistique, Paris 1970.

222. A. SOBOUL, Les Sans-culottes parisiens en l'an II, Paris 1958, Neuaufl. 1979. Der Mittelteil erschien in deutscher Übersetzung: Die Sektionen von Paris im Jahre II, hg. v. W. MARKOV, Berlin 1962.

223. DERS., Paysans, Sans-culottes et Jacobins, Paris 1966.

224. DERS., La civilisation et la Révolution française, Bd. 1: La crise de l'Ancien Régime, Bd. 2: La Révolution française, Bd. 3: La France napoléonienne, Paris 1970/83.

225. DERS., Précis de l'histoire de la Révolution française 1789–1799, 3. Aufl.,

Paris 1971, dt. Übersetzung: Die Große Französische Revolution. Ein Abriß ihrer Geschichte 1789–1799, 2 Bde., 4. Aufl., Frankfurt 1982.

226. J. R. Suratteau, La Révolution française, certitudes et controverses, Paris 1973 (Dossiers Clio, Bd. 58).
227. D. Sutherland, The Chouans. The social origins of popular counterrevolution in Upper Brittany 1770–1796, Oxford 1982.
228. M. J. Sydenham, The Girondins, London 1961.
229. Ders., The First French Republic, 1792–1804, London 1974.
230. T. Tackett, L'histoire sociale du clergé diocésain dans la France du XVIIIe siècle, in: RHMC 27 (1979), 198–234.
231. J. L. Talmon, Die Ursprünge der totalitären Demokratie, Köln 1961.
232. Ch. Tilly, The Vendée, 2. Aufl., Cambridge/Mass. 1968.
233. K. D. Tønnesson, La défaite des Sans-culottes: Mouvement populaire et réaction bourgeoise en l'an III, Oslo/Paris 1959, Neuaufl. 1979.
234. M. Vovelle, La chute de la monarchie, 1787–1792, Paris 1972 (Nouvelle histoire de la France contemporaine, Bd. 1).
235. Ders., Religion et Révolution. La déchristianisation de l'an II, Paris 1976.
236. Ders., Les métamorphoses de la fête en Provence, 1790–1820, Paris 1976.
237. Ders., Die Französische Revolution – Soziale Bewegung und Umbruch der Mentalitäten, München 1982.
238. Ders., La Mentalité révolutionnaire, Paris 1985.
239. E. Weis, Frankreich von 1661 bis 1789, in: Handbuch der europäischen Geschichte, Bd. 4, hg. v. Th. Schieder, Stuttgart 1968, 166–303.
240. Ders., Ergebnisse eines Vergleichs der grundherrschaftlichen Strukturen Deutschlands und Frankreichs vom 13. bis zum Ausgang des 18. Jahrhunderts, in: VSWG 57 (1970), 1–14.
241. Ders., Der französische Adel im 18. Jahrhundert, in: R. Vierhaus, (Hg.), Der Adel vor der Revolution, Göttingen 1971, 29–40.
242. Ders., Der Durchbruch des Bürgertums 1776–1847, Propyläen Geschichte Europas, Bd. 4, Frankfurt 1978.
243. D. Woronoff, La république bourgeoise, de Thermidor à Brumaire, 1794–1799, Paris 1972 (Nouvelle histoire de la France contemporaine, Bd. 3).

3. Das napoleonische Zeitalter (Gesamtdarstellungen und Grundsätzliches)

244. W. Andreas, Das Zeitalter Napoleons und die Erhebung der Völker, Heidelberg 1955.
245. L. Bergeron, Banquiers, négociants et manufacturiers parisiens du Directoire à l'Empire, Paris 1978.

246. L. Bergeron/J. Lovie/A. Palluel-Guillard, L'épisode napoléonien. Bd. 1: Aspects intérieurs, 1799–1815, Bd. 2: Aspects extérieurs, 1799–1815, Paris 1972 (Nouvelle histoire de la France contemporaine, Bde. 4,5).

247. L. Bergeron/G. Chaussinand-Nogaret, (Hg.), Grands notables du Premier Empire, 11 Bde., Paris 1978–84.

248. E. Bourgeois, Manuel historique de politique étrangère, Bd. 2: Les Révolutions (1789–1820), Paris 1898.

249. W. Bussmann, (Hg.), Europa von der Französischen Revolution zu den nationalstaatlichen Bewegungen des 19. Jahrhunderts, Handbuch der europäischen Geschichte, hg. v. Th. Schieder, Bd. 5, Stuttgart 1981.

250. D. Chandler, Napoleon, London 1973, dt. Übersetzung: München 1974.

251. G. Chaussinand-Nogaret/L. Bergeron/R. Forster, Les notables du „Grand Empire" en 1810, in: Annales (E. S. C.) 26 (1971), 1052–1075.

252. C. H. Church, Revolution and Red Tape. The French Ministerial Bureaucracy 1770–1850, London 1981.

253. R. Cobb, Death in Paris (1795–1801), Oxford 1978.

254. I. Collins, Napoleon and his Parliaments, 1800–1815, London 1979.

255. O. Connelly, Napoleon's Satellite Kingdoms, New York 1965.

256. R. Devleeshouwer/J. Droz, (Hg.), Les pays sous domination française, Paris 1968.

257. E. Driault, Napoléon et l'Europe, 5 Bde., Paris 1910–1927.

258. M. Dunan, Napoléon et le système continental en 1810, in: Rev. d'histoire diplomatique 60 (1946), 71–98.

259. Ders., (Hg.), Napoléon et l'Europe, Paris 1961.

260. A. Ernstberger, Österreich – Preußen von Basel bis Campo Formio 1795–1797, Prag 1932.

261. A. Fournier, Napoleon I. Eine Biographie, 3 Bde., Leipzig 1886–1889, 3. Aufl., Wien 1913.

262. La France à l'époque napoléonienne, RHMC, Numéro spécial 17, Paris 1970.

263. A. Fugier, La Révolution française et l'Empire napoléonien, Paris 1954 (Histoire des relations internationales, hg. v. P. Renouvin, Bd. 4).

264. P. Geyl, Napoleon: For and against, 2. Aufl., London 1964.

265. J. Godechot, L'Europe et l'Amérique à l'époque napoléonienne, 1800–1815, 2. Aufl., Paris 1970 (Nouvelle Clio, Bd. 37).

266. W. v. Groote, (Hg.), Napoleon I. und die Staatenwelt seiner Zeit, Freiburg 1969.

267. U. Krüger-Löwenstein, Rußland, Frankreich und das Reich 1801–1803, Wiesbaden 1972.

268. G. Lefebvre, Napoléon, 6. Aufl., Paris 1969 (Peuples et Civilisations, Bd. 14), dt. Übersetzung: Baden-Baden 1955.

269. G. LEWIS, C. LUCAS, (Hg.), Beyond the Terror. Essays in French Regional and Social History, 1794–1815, Cambridge 1983.

270. L. MADELIN, Histoire du Consulat et de l'Empire, 16 Bde., Paris 1937–1954.

271. A. S. MANFRED, Napoleon Bonaparte. Aus dem Russischen v. B. HEITKAM, Köln 1981.

272. F. MASSON, Napoléon et sa famille, 13 Bde., Paris 1885–1907, 15. Aufl., Paris 1920.

273. J. MISTLER, (Hg.), Napoléon et l'Empire, 2 Bde., Paris 1968.

274. M. G. MÜLLER, Die Teilungen Polens. 1772, 1793, 1795, München 1985.

275. P. MURET, Une conception nouvelle de la politique étrangère de Napoléon Ier, in: RHMC 18 (1913), 177–200, 353–380, deutsch in: H. O. SIEBURG, (Hg.), Napoleon und Europa, Köln 1971, 113–156.

276. Occupants – Occupés 1792–1815, Brüssel 1969.

277. R. FREIIN v. OER, Der Friede von Preßburg. Ein Beitrag zur Diplomatiegeschichte des Napoleonischen Zeitalters, Münster 1965.

278. W. REAL, Von Potsdam nach Basel, Studien zur Geschichte der Beziehungen Preußens zu den europäischen Mächten vom Regierungsantritt Friedrich Wilhelms II. bis zum Abschluß des Friedens von Basel, 1786–1795, Basel 1958.

279. A. v. REDEN-DOHNA, (Hg.), Deutschland und Italien im Zeitalter Napoleons. Deutsch-italienisches Historikertreffen in Mainz 29. Mai – 1. Juni 1975, Wiesbaden 1979.

280. H. RÖSSLER, Graf Johann Philipp Stadion, Napoleons deutscher Gegenspieler, 2 Bde., Wien 1966.

281. J. SAVANT, Les Préfets de Napoléon, Paris 1958.

282. H. O. SIEBURG, (Hg.), Napoleon und Europa, Köln 1971.

283. A. SOREL, L'Europe et la Révolution française, 8 Bde., Paris 1885–1904.

284. H. v. SYBEL, Geschichte der Revolutionszeit von 1789 bis 1800, 5 Bde., Düsseldorf 1865–1879.

285. J. THIRY, Napoléon Bonaparte, 16 Bde., Paris 1946–1964.

286. J. TULARD, Nouvelle histoire de Paris, Le Consulat et l'Empire, 1800–1815, Paris 1970.

287. DERS., Napoléon ou le mythe du sauveur, Paris 1977, dt. Übersetzung: Napoleon oder Der Mythos des Retters, 2. Aufl., Tübingen 1979.

288. DERS., Le Grand Empire, Paris 1982.

289. A. WAHL, Geschichte des europäischen Staatensystems im Zeitalter der französischen Revolution und der Freiheitskriege 1789–1815, München 1912, Neudruck 1967.

290. E. GRAF v. WESTERHOLT, Lezay-Marnésia, Sohn der Aufklärung und Präfekt Napoleons, Meisenheim 1958.

291. W. WINDELBAND, Die auswärtige Politik der Großmächte in der Neuzeit von 1494 bis Versailles, 5. Aufl., Essen 1942, Neudruck: Darmstadt 1964.

292. R. WOHLFEIL, Spanien und die deutsche Erhebung 1808–1814, Wiesbaden 1965.

4. KONTINENTALSPERRE UND KONTINENTALSYSTEM

293. G. ADELMANN, Strukturwandlungen der rheinischen Leinen- und Baumwollgewerbe zu Beginn der Industrialisierung, in: VSWG 53 (1966), 162–184.
294. M. BARKHAUSEN, Die sieben bedeutendsten Fabrikanten des Roerdepartements im Jahre 1810, in: Rhein. Vierteljahresbl. 25 (1960), 100–113.
295. L. BERGERON, Remarques sur les conditions du développement industriel en Europe occidentale à l'époque napoléonienne, in: Francia 1 (1973), 537–556.
296. R. E. CAMERON, France and the economic development of Europe 1800–1914, 2. Aufl., Princeton 1966, Nachdruck 1975.
297. F. CROUZET, L'économie britannique et le blocus continental 1806–1813, 2 Bde., Paris 1958.
298. DERS., Bilan de l'économie britannique pendant les guerres de la Révolution et de l'Empire, in: RH 234 (1965), 71–110.
299. DERS., Angleterre et France au XVIIIe siècle. Essai d'analyse comparée de deux croissances économiques, in: Annales (E. S. C.) 21 (1966), 254–291.
300. DERS., Kriege, Kontinentalsperre und wirtschaftliche Veränderungen in Europa 1792–1815, in: H. O. SIEBURG, (Hg.), Napoleon und Europa, Köln 1971, 231–250.
301. P. DARMSTAEDTER, Studien zur napoleonischen Wirtschaftspolitik, in: VSWG 2 (1904), 559–615; 3 (1905) 112–141.
302. F. G. DREYFUS, Bilan économique des Allemagnes en 1815, in: RHES 43 (1965), 433–464.
303. G. DROTTBOOM, Wirtschaftsgeographische Betrachtungen über die Wirkungen der Napoleonischen Kontinentalsperre auf Industrie und Handel, Diss. Bonn 1906.
304. R. DUFRAISSE, Régime douanier, blocus, système continental: essai de mise au point, in: RHES 44 (1966), 518–543.
305. DERS., L'industrialisation de la rive gauche du Rhin, in: Souvenir napoléonien 34 (1971), 28–33.
306. DERS., La contrebande dans les départements réunis de la rive gauche du Rhin à l'époque napoléonienne, in: Francia 1 (1973), 508–536.
307. DERS., La politique douanière de Napoléon, in: Rev. de l'Institut Napoléon 130 (1974), 3–25.
308. M. DUNAN, Napoléon et l'Allemagne. Le système continental et les débuts du royaume de Bavière 1806–1810, Paris 1942.
309. G. ELLIS, Napoleon's Continental Blockade. The Case of Alsace, Oxford 1981.

310. C. Emsley, British Society and the French Wars, 1793–1815, Totowa 1979.

311. E. F. Heckscher, The continental system, London 1922.

312. R. Hoeniger, Die Kontinentalsperre und ihre Einwirkungen auf Deutschland, Berlin 1905.

313. B. de Jouvenel, Napoléon et l'économie dirigée. Le blocus continental, Paris 1942.

314. W. Kiesselbach, Die Kontinentalsperre in ihrer ökonomisch-politischen Bedeutung. Ein Beitrag zur Handelsgeschichte, Stuttgart 1850.

315. H. Kisch, The textile industries in Silesia and the Rhineland: A comparative study in industrialization, in: JEH 19 (1959), 541–564.

316. Ders., The impact of the French Revolution on the Lower Rhine textile districts, in: EHR 15 (1962), 304–327.

317. M. Kutz, Deutschlands Außenhandel von der Französischen Revolution bis zur Gründung des Zollvereins, Wiesbaden 1974.

318. M. Lévy-Leboyer, La croissance économique en France au XIXe siècle. Résultats préliminaires, in: Annales (E. S. C.) 23 (1968), 788–807.

319. F. L'Huillier, Etude sur le blocus continental. La mise en vigueur des Décrets de Trianon et de Fontainebleau dans le Grand-Duché de Bade, Paris 1951.

320. A. Meister, Die Wirkungen des wirtschaftlichen Kampfes zwischen England und Frankreich von 1791–1813 auf Westfalen, in: Zeitschrift für vaterländische Geschichte und Altertumskunde 71 (1913), 219–289.

321. J. Mistler, Hambourg sous l'occupation française, Observations au sujet du blocus continental, in: Francia 1 (1973), 451–466.

322. W. Mohrhenn, Helgoland zur Zeit der Kontinentalsperre, Berlin 1928.

323. A. v. Peez/P. Dehn, Englands Vorherrschaft. Aus der Zeit der Kontinentalsperre, Leipzig 1912.

324. F. Ponteil, La contrebande sur le Rhin au temps du Premier Empire, in: RH 175 (1935), 257–286.

325. O. Redlich, Napoleon I. und die Industrie des Großherzogtums Berg. Eine historische Skizze. Beiträge zur Geschichte des Niederrheins, in: Jahrbuch des Düsseldorfer Geschichtsvereins 17 (1902), 183–216.

326. Ders., Zur Geschichte der Industrie am Niederrhein: Die Abwanderung bergischer Industrie auf das linke Rheinufer, in: Düsseldorfer Jahrbuch 31 (1920), 51–62.

327. H. Ringel, Bergische Wirtschaft zwischen 1790 und 1860. Probleme der Anpassung und Eingliederung einer frühindustriellen Landschaft, Remscheid 1966.

328. F. Röhlk, Schiffahrt und Handel zwischen Hamburg und den Niederlanden in der zweiten Hälfte des 18. und zu Beginn des 19. Jahrhunderts, Wiesbaden 1973.

329. R. v. Roosbroeck, Betrachtungen über Ziel und Wirkungen der Kontinentalsperre, in: W. v. Groote, (Hg.), Napoleon I. und die Staatenwelt seiner Zeit, Freiburg 1969, 119–142.

330. Ch. Schmidt, L'industrie du Grand-Duché de Berg en 1810, in: RHMC 5 (1903/04), 525–541; 601–622; deutsch: Beiträge zur Geschichte des Niederrheins 19 (1905), 605–619.

331. M. Schultheis-Friebe, Die französische Wirtschaftspolitik im Roer-Departement 1792–1814, Diss. Bonn 1969.

332. W. Stieda, Die Kontinentalsperre in Sachsen, Leipzig 1913.

333. E. Tarlé, Deutsch-französische Wirtschaftsbeziehungen zu Napoleons Zeit, in: Schmollers Jahrbuch 38 (1914), 143–202.

334. Ders., Napoléon Ier et les intérêts économiques de la France, in: Rev. des études napoléoniennes 26 (1926), 117–137.

335. Ders., L'union économique du continent européen sous Napoléon, in: RH 161 (1931), 239–255.

336. Ders., Rußland und die Kontinentalsperre, in: Zs. f. d. gesamte Staatswissensch. 94 (1933), 70–106.

337. F. Voeltzer, Lübecks Wirtschaftslage unter dem Druck der Kontinentalsperre, Lübeck 1925.

338. R. Zeyss, Die Entstehung der Handelskammern und die Industrie am Niederrhein während der französischen Herrschaft. Ein Beitrag zur Wirtschaftspolitik Napoleons I., Leipzig 1907.

5. Deutschland um 1800 (Gesamtdarstellungen)

339. W. Abel, Geschichte der deutschen Landwirtschaft vom frühen Mittelalter bis zum 19. Jahrhundert, Stuttgart 1962, 2. Aufl., 1967.

340. K. O. Frhr. v. Aretin, Vom Deutschen Reich zum Deutschen Bund, Göttingen 1980 (Deutsche Geschichte, Bd. 7).

341. H. Aubin/W. Zorn, (Hg.), Handbuch der Deutschen Wirtschafts- und Sozialgeschichte, Bd. 1: Von der Frühzeit bis zum Ende des 18. Jahrhunderts, Bd. 2: Das 19. und 20. Jahrhundert, Stuttgart 1971/76.

342. M. Braubach, Von der Französischen Revolution bis zum Wiener Kongreß, in: Gebhardt. Handbuch der deutschen Geschichte, Bd. 3, 9. Aufl., Stuttgart 1970, 1–96.

343. Ch. Dipper, Die Bauernbefreiung in Deutschland 1790–1850, Stuttgart 1980.

344. R. Engelsing, Sozial- und Wirtschaftsgeschichte Deutschlands, Göttingen 1976, 3. Aufl., 1983.

345. L. Häusser, Deutsche Geschichte vom Tode Friedrichs des Großen bis zur Gründung des Deutschen Bundes (1. Aufl. 1859/60), 4. Aufl., Berlin 1869.

346. F. HARTUNG, Deutsche Verfassungsgeschichte vom 15. Jahrhundert bis zur Gegenwart, 9. Aufl., Stuttgart 1969.

347. F.-W. HENNING, Wirtschafts- und Sozialgeschichte, Bd. 1: Das vorindustrielle Deutschland, 800–1800, 3. Aufl., Paderborn 1977; Bd. 2: Die Industrialisierung in Deutschland, 1800–1914, 6. Aufl., Paderborn 1984.

348. E. R. HUBER, Deutsche Verfassungsgeschichte seit 1789, Bd. 1: Reform und Restauration 1789–1830, 2. Aufl., Stuttgart 1961.

349. F. LÜTGE, Die mitteldeutsche Grundherrschaft und ihre Auflösung, 2. Aufl., Stuttgart 1957.

350. DERS., (Hg.), Die wirtschaftliche Situation in Deutschland und Österreich um die Wende vom 18. zum 19. Jahrhundert, Stuttgart 1964.

351. DERS., Geschichte der deutschen Agrarverfassung vom Frühen Mittelalter bis zum 19. Jahrhundert, 2. Aufl., Stuttgart 1967.

352. H. MOTTEK, Wirtschaftsgeschichte Deutschlands. Bd. 2: Von der Zeit der französischen Revolution bis zur Zeit der Bismarckschen Reichsgründung, 2. Aufl., Berlin 1976.

353. TH. NIPPERDEY, Deutsche Geschichte 1800–1866: Bürgerwelt und starker Staat, München 1983.

354. K. v. RAUMER/M. BOTZENHART, Deutschland um 1800, Krise und Neugestaltung, 1789–1815, Handbuch der deutschen Geschichte, hg v. L. JUST, Bd. 3, Abschn. 1, 1. Teil, Wiesbaden 1980.

355. F. SCHNABEL, Deutsche Geschichte im 19. Jahrhundert, Bd. 1: Die Grundlagen, 5. Aufl., Freiburg 1959.

356. J. STREISAND, Deutschland 1789–1815, Berlin 1961, 5. Aufl., 1981.

357. H. v. TREITSCHKE, Deutsche Geschichte im 19. Jahrhundert, Bd. 1, 1. Aufl., Leipzig 1879.

6. Regionalstudien zur deutschen Wirtschafts- und Sozialgeschichte

358. M. BARKHAUSEN, Der Aufstieg der rheinischen Industrie im 18. Jahrhundert und die Entstehung eines industriellen Großbürgertums, in: Rhein. Vierteljahresschr. 19 (1954), 135–177.

359. DERS., Staatliche Wirtschaftslenkung und freies Unternehmertum im westdeutschen und im nord- und südniederländischen Raum bei der Entstehung der neuzeitlichen Industrie im 18. Jahrhundert, in: VSWG 45 (1958), 168–241.

360. I. BÁTORI, Die Reichsstadt Augsburg im 18. Jahrhundert. Verfassung, Finanzen und Reformversuche, Göttingen 1969.

361. A. BECKMANN-SCHAAK, Beiträge zur Wirtschaftsgeschichte der Stadt Köln während der Franzosenzeit unter besonderer Berücksichtigung der Industrialisierung, Diss. Köln 1950.

362. R. BETTGER, Das Handwerk in Augsburg beim Übergang der Stadt an das Königreich Bayern. Städtische Gewerbe unter dem Einfluß politischer Veränderungen, Augsburg 1979.

363. O. BÜSCH, (Hg.), Untersuchungen zur Geschichte der frühen Industrialisierung vornehmlich im Wirtschaftsraum Berlin/Brandenburg, 1800–1850, Berlin 1971.

364. E. ENNEN, Wirtschaftsleben und Sozialstruktur Bonns im Zeitalter der Französischen Revolution und des Kaiserreichs, in: Annalen d. hist. Vereins d. Niederrheins 166 (1964), 129–151.

365. W. P. FELDENKIRCHEN, Der Handel der Stadt Köln im 18. Jahrhundert, 1700–1814, Diss. Bonn 1974.

366. W. FISCHER, Ansätze zur Industrialisierung in Baden 1770–1870, in: VSWG 47 (1960), 186–231 (auch in: DERS., Wirtschaft und Gesellschaft im Zeitalter der Industrialisierung, Göttingen 1972, 358–391).

367. DERS., Der Staat und die Anfänge der Industrialisierung in Baden 1800–1850, Bd. 1, Berlin 1962.

368. R. FORBERGER, Die Manufaktur in Sachsen vom Ende des 16. bis zum Anfang des 19. Jahrhunderts, Berlin 1958.

369. E. FRANÇOIS, Koblenz im 18. Jahrhundert. Zur Sozial- und Bevölkerungsstruktur einer deutschen Residenzstadt, Göttingen 1982.

370. A. GRIESSINGER, Das symbolische Kapital der Ehre: Streikbewegungen und kollektives Bewußtsein deutscher Handwerksgesellen im 18. Jahrhundert, Frankfurt 1981.

371. H. HAAN, Die Anfänge der Industrialisierung in der Pfalz, in: Festschrift f. M. Spindler, München 1969, 633–655.

372. E. J. HÄBERLE, Zollpolitik und Integration im 18. Jahrhundert. Untersuchungen zur wirtschaftlichen und politischen Integration in Bayern 1765 bis 1811, München 1974.

373. W. O. HENDERSON, The State and the Industrial Revolution in Prussia 1740–1870, Liverpool 1958.

374. K. H. KAUFHOLD, Das Gewerbe in Preußen um 1800, Göttingen 1978.

375. H. KELLENBENZ, Die Zuckerwirtschaft im Kölner Raum von der napoleonischen Zeit bis zur Reichsgründung, Köln 1966.

376. J. KERMANN, Die Manufakturen im Rheinland 1750–1833, Bonn 1972.

377. H. KISCH, Die hausindustriellen Textilgewerbe am Niederrhein vor der Industriellen Revolution. Von der ursprünglichen zur kapitalistischen Akkumulation. Mit einem Beitrag v. R. TILLY, Göttingen 1981.

378. DERS., From monopoly to laissez-faire: The early growth of the Wupper valley textile trades, in: JEH 1 (1972), 298–407.

379. E. KLEIN, Die Anfänge der Industrialisierung Württembergs in der ersten Hälfte des 19. Jahrhunderts, in: Raumordnung im 19. Jahrhundert, Hannover 1967, 83–137.

380. R. KOCH, Grundlagen bürgerlicher Herrschaft. Verfassungs- und sozial-

geschichtliche Studien zur bürgerlichen Gesellschaft in Frankfurt am Main (1612–1866), Wiesbaden 1983.

381. P. KRIEDTE/H. MEDICK/J. SCHLUMBOHM, Industrialisierung vor der Industrialisierung. Gewerbliche Warenproduktion auf dem Land in der Formationsperiode des Kapitalismus, 2. Aufl., Göttingen 1978.

382. DIES., Die Proto-Industrialisierung auf dem Prüfstand der historischen Zunft. Antwort auf einige Kritiker, in: GG 9 (1983), 87–105.

383. W. R. LEE, Zur Bevölkerungsgeschichte Bayerns 1750–1850, Britische Forschungsergebnisse, in: VSWG 62 (1975), 309–338.

384. F. LÜTGE, Die bayerische Grundherrschaft. Untersuchungen über die Agrarverfassung Altbayerns im 16.–18. Jahrhundert, Stuttgart 1949.

385. H. MILZ, Das Kölner Großgewerbe von 1750–1835, Köln 1962.

386. J. MOOSER, Ländliche Klassengesellschaft 1770–1848. Bauern und Unterschichten, Landwirtschaft und Gewerbe im östlichen Westfalen, Göttingen 1984.

387. I. NICOLINI, Die politische Führungsschicht in der Stadt Köln gegen Ende der reichsstädtischen Zeit, Köln 1979.

388. W. R. OTT, Grundlageninvestitionen in Württemberg. Maßnahmen zur Verbesserung der materiellen Infrastruktur in der Zeit vom Beginn des 19. Jahrhunderts bis zum Ende des Ersten Weltkrieges, Diss. Heidelberg 1971.

389. H. POHL, Wirtschaftsgeschichte Kölns im 18. und beginnenden 19. Jahrhundert, in: H. KELLENBENZ, (Hg.), Zwei Jahrtausende Kölner Wirtschaft, Bd. 2, Köln 1975, 9–162.

390. ST. REEKERS, Beiträge zur statistischen Darstellung der gewerblichen Wirtschaft Westfalens um 1800, Teil 1: Paderborn und Münster, in: Westf. Forsch. 17 (1964), 83–176.

391. H. REIF, Westfälischer Adel 1770–1860. Vom Herrschaftsstand zur regionalen Elite, Göttingen 1979.

392. O. REUTER, Die Manufaktur im fränkischen Raum. Eine Untersuchung großbetrieblicher Anfänge in den Fürstentümern Ansbach und Bayreuth als Beitrag zur Gewerbegeschichte des 18. und beginnenden 19. Jahrhunderts, Stuttgart 1961.

393. H. SCHISSLER, Preußische Agrargesellschaft im Wandel. Wirtschaftliche, gesellschaftliche und politische Transformationsprozesse von 1763–1847, Göttingen 1978.

394. E. SCHREMMER, Die Wirtschaft Bayerns. Vom Hohen Mittelalter bis zum Beginn der Industrialisierung, Bergbau, Gewerbe, Handel, München 1970.

395. F. SCHULTE, Die Entwicklung der gewerblichen Wirtschaft in Rheinland-Westfalen im 18. Jahrhundert, Köln 1959.

396. K. SCHWARZ, Die Lage der Handwerksgesellen in Bremen während des 18. Jahrhunderts, Bremen 1975.

397. G. Seybold, Württembergs Industrie und Außenhandel vom Ende der Napoleonischen Kriege bis zum Deutschen Zollverein, Stuttgart 1974.

398. E. L. Shorter, Social Change and Social Policy in Bavaria, 1800–1860, Diss. Harvard 1968.

399. G. Slawinger, Die Manufaktur in Kurbayern. Die Anfänge der großgewerblichen Entwicklung in der Übergangsepoche vom Merkantilismus zum Liberalismus 1740–1833, Stuttgart 1966.

400. F. Steinbach, Die rheinischen Agrarverhältnisse (1925), in: Collectanea F. Steinbach, hg. v. F. Petri und G. Droege, Bonn 1967, 409–433.

401. G. Thuillier, La métallurgie rhénane de 1800 à 1830, in: Annales (E. S. C.) 16 (1961), 877–907.

402. A. Ph. Vollmer, Handwerk und Gewerbe, Handel und Verkehr in den ehemaligen Stiftsgebieten Essen und Werden, sowie der Reichsstadt Essen zur Zeit der französischen Herrschaft 1806–1813. Ein Beitrag zur Wirtschaftsgeschichte des Großherzogtums Berg, Diss. Münster 1909.

403. A. Walch, Die wirtschaftliche Entwicklung in Bayern unter Montgelas, 1799–1817, Diss. Erlangen 1935.

404. F. F. Wauschkuhn, Die Anfänge der württembergischen Textilindustrie im Rahmen der staatlichen Gewerbepolitik 1806–1848, Diss. Hamburg 1974.

405. W. Zorn, Handels- und Industriegeschichte Bayerisch-Schwabens, 1648–1870, Augsburg 1961.

406. Ders., Kleine Wirtschafts- und Sozialgeschichte Bayerns, 1806–1933, München 1962.

407. Ders., Bayerns Gewerbe, Handel und Verkehr 1806–1970, in: M. Spindler, (Hg.), Handbuch der bayerischen Geschichte, Bd. IV, 2, München 1975, 781–845.

7. Deutschland und die französische Revolution

408. M. Agethen, Geheimbund und Utopie. Illuminaten, Freimaurer und deutsche Spätaufklärung, München 1984.

409. K. O. Frhr. v. Aretin, (Hg.), Der Aufgeklärte Absolutismus, Köln 1974.

410. U. Becher, Politische Gesellschaft, Studien zur Genese bürgerlicher Öffentlichkeit in Deutschland, Göttingen 1978.

411. R. Bendix, Modernisierung in internationaler Perspektive, in: W. Zapf, (Hg.), Theorien des sozialen Wandels, 4. Aufl., Köln 1984, 505–512.

412. T. C. W. Blanning, Reform and Revolution in Mainz 1743–1803, Cambridge 1974.

413. Ders., The French Revolution in Germany: Occupation and Resistance in the Rhineland, 1792–1802, Oxford 1983.

414. M. Braubach, Das Rheinland am Vorabend der Französischen Revolution, Bonn 1939.

415. P. Brockmeier/R. Desné/J. Voss, (Hg.), Voltaire und Deutschland. Quellen und Untersuchungen zur Rezeption der französischen Aufklärung, Stuttgart 1978.

416. H. Brunschwig, Gesellschaft und Romantik in Preußen im 18. Jahrhundert. Die Krise des preußischen Staates am Ende des 18. Jahrhunderts und die Entstehung der romantischen Mentalität (1. Aufl., Paris 1947), Frankfurt 1976.

417. O. Büsch, W. Grab, (Hg.), Die demokratische Bewegung in Mitteleuropa im ausgehenden 18. und frühen 19. Jahrhundert. Ein Tagungsbericht, Berlin 1980.

418. M. Buhr, Revolution und Philosophie. Die ursprüngliche Philosophie J. G. Fichtes und die Französische Revolution, Berlin 1965.

419. P. Burg, Kant und die französische Revolution, Berlin 1974.

420. A. Conrady, Die Rheinlande in der Franzosenzeit, 1790–1815, Stuttgart 1922.

421. O. Dann, Die Anfänge der politischen Vereinsbildung in Deutschland, in: Soziale Bewegung und politische Verfassung, Festschrift f. W. Conze, Stuttgart 1976, 197–232.

422. Ders., (Hg.), Lesegesellschaften und bürgerliche Emanzipation. Ein europäischer Vergleich, München 1981.

423. K. Deinet, Konrad Engelberg Oelsner und die Französische Revolution, Geschichtserfahrung und Geschichtsdeutung eines deutschen Girondisten, München 1981.

424. J. M. Diefendorf, Businessmen and Politics in the Rhineland 1789–1834, Princeton 1980.

425. W. Dotzauer, Freimaurergesellschaften am Rhein. Aufgeklärte Sozietäten auf dem linken Rheinufer vom Ausgang des Ancien Régime bis zum Ende der Napoleonischen Herrschaft, Wiesbaden 1977.

426. F. G. Dreyfus, Sociétés et mentalités à Mayence dans la seconde moitié du XVIIIe siècle, Paris 1968.

427. J. Droz, La pensée politique et morale des cisrhénans, Paris 1940.

428. Ders., L'Allemagne et la Révolution française, Paris 1949.

429. Ders., Deutschland und die Französische Revolution, Wiesbaden 1955.

430. R. van Dülmen, Der Geheimbund der Illuminaten. Darstellung, Analyse, Dokumentation, Stuttgart 1975.

431. R. Dufraisse, Les populations de la rive gauche du Rhin et le service militaire à la fin de l'Ancien Régime et à l'époque révolutionnaire, in: RH 231 (1964), 103–140.

432. Ders., Les notables de la rive gauche du Rhin à l'époque napoléonienne, in: RHMC 17 (1970), 758–776.

433. F. Dumont, Die Mainzer Republik von 1792/93. Studien zur Revolutionierung in Rheinhessen und der Pfalz, Alzey 1982.

434. R. Engelsing, Analphabetentum und Lektüre. Zur Sozialgeschichte des Lesens in Deutschland zwischen feudaler und industrieller Gesellschaft, Stuttgart 1973.

435. Ders., Der Bürger als Leser. Lesergeschichte in Deutschland 1500 bis 1800, Stuttgart 1974.

436. K. Epstein, Die Ursprünge des Konservativismus in Deutschland: Der Ausgangspunkt: Die Herausforderung durch die Französische Revolution 1770–1806, Frankfurt 1973.

437. R. Erhardt-Lucht, Die Ideen der Französischen Revolution in Schleswig-Holstein, Neumünster 1969.

438. K. G. Faber, Verwaltungs- und Justizbeamte auf dem linken Rheinufer während der französischen Herrschaft, in: Festschrift f. F. Steinbach, Bonn 1960, 350–388.

439. Ders., Die Rheinlande zwischen Restauration und Revolution. Probleme der rheinischen Geschichte von 1814 bis 1848 im Spiegel der zeitgenössischen Publizistik, Wiesbaden 1966.

440. Ders., Andreas van Recum 1765–1828. Ein rheinischer Kosmopolit, Bonn 1969.

441. E. Fehrenbach, Deutschland und die Französische Revolution, in: GG, Sonderheft Bd. 2, Göttingen 1976, 232–253.

442. H. J. Geisinger, Aufklärung und Revolution – Die Freiheitsbewegung in Bonn am Ende des 18. Jahrhunderts, Stuttgart 1978.

443. A. Gerlich, (Hg.), Vom Alten Reich zu neuer Staatlichkeit: Kontinuität und Wandel im Gefolge der Französischen Revolution am Mittelrhein. Alzeyer Kolloquium 1979, Wiesbaden 1982.

444. K. Gerteis, Bürgerliche Absolutismuskritik im Südwesten des Alten Reiches vor der Französischen Revolution, Trier 1983.

445. H. H. Gerth, Bürgerliche Intelligenz um 1800. Zur Soziologie des Frühliberalismus, hg. v. U. Herrmann, Göttingen 1976 (1. Aufl. 1936).

446. M. Gilli, Pensée et pratique révolutionnaire à la fin du XVIIIe siècle en Allemagne, Besançon 1984.

447. G. P. Gooch, Germany and the French Revolution, 2. Aufl., London 1965.

448. W. Grab, Demokratische Strömungen in Hamburg und Schleswig-Holstein zur Zeit der Ersten Französischen Republik, Hamburg 1966.

449. Ders., Norddeutsche Jakobiner. Demokratische Bestrebungen zur Zeit der Französischen Revolution, Frankfurt 1967.

450. Ders., Eroberung oder Befreiung? Deutsche Jakobiner und die Franzosenherrschaft im Rheinland 1792–1799, Trier 1971.

451. N. Hammerstein, Aufklärung und katholisches Reich. Untersuchungen

zur Universitätsreform und Politik katholischer Territorien des Heiligen Römischen Reiches deutscher Nation im 18. Jh., Berlin 1977.

452. J. HANSEN, Das linke Rheinufer und die Französische Revolution 1789–1801, in: Mitteilungen d. Deutsch. Akad. 12 (1927), 421–455.

453. J. HASHAGEN, Das Rheinland und die französische Herrschaft, Bonn 1908.

454. U. IM HOF, Das gesellige Jahrhundert. Gesellschaft und Gesellschaften im Zeitalter der Aufklärung, München 1982.

455. K. JULKU, Die revolutionäre Bewegung im Rheinland am Ende des 18. Jahrhunderts, 2 Bde., Helsinki 1965/69.

456. L. JUST, Franz von Lassaulx. Ein Stück rheinischer Lebens- und Bildungsgeschichte im Zeitalter der großen Revolution und Napoleons, Bonn 1926.

457. R. KAWA, Georg Friedrich Rebmann (1768–1824), Studien zu Leben und Werk eines deutschen Jakobiners, Diss. Bonn 1980.

458. A. KÖRNER, Andreas Riedel, Ein politisches Schicksal im Zeitalter der Französischen Revolution, phil. Diss. Köln 1969.

459. F. KOPITZSCH, (Hg.), Aufklärung, Absolutismus und Bürgertum in Deutschland, München 1976.

460. DERS., Grundzüge einer Sozialgeschichte der Aufklärung in Hamburg und Altona, 2 Teile, Hamburg 1982.

461. DERS., Die deutsche Aufklärung. Zu ihren Leistungen, Grenzen und Wirkungen, in: AfS 23 (1983), 1–21.

462. R. KOSELLECK, Kritik und Krise, Eine Studie zur Pathogenese der bürgerlichen Welt, 2. Aufl., Frankfurt 1973.

463. DERS., (Hg.), Studien zum Beginn der modernen Welt, Stuttgart 1977.

464. A. KUHN, Der schwierige Weg zu den deutschen demokratischen Traditionen, in: NPL 18 (1973), 430–452.

465. DERS., Jakobiner im Rheinland. Der Kölner konstitutionelle Zirkel von 1798, Stuttgart 1976.

466. P. CH. LUDZ, (Hg.), Geheime Gesellschaften, Heidelberg 1979.

467. H. MATHY, Jeanbon St. André in Mainz (1802–1813). Ein Beitrag zur napoleonischen Rheinpolitik, in: Mitteilungsbl. z. rheinhess. Landeskunde 13 (1964), 145–161.

468. H. MÖLLER, Aufklärung in Preußen. Der Verleger, Publizist und Geschichtsschreiber Friedrich Nicolai, Berlin 1974.

469. DERS., Wie aufgeklärt war Preußen?, in: H.-J. PUHLE/H.-U. WEHLER, (Hg.), Preußen im Rückblick. (GG Sonderheft 6), Göttingen 1980, 176–201.

470. K. MÜLLER, Studien zum Übergang vom Ancien Régime zur Revolution im Rheinland. Bürgerkämpfe und Patriotenbewegung in Aachen und Köln, in: Rhein. Vjbll. 46 (1982), 102–160.

471. TH. NIPPERDEY, Verein als soziale Struktur in Deutschland im späten 18. und frühen 19. Jahrhundert, in: Geschichtswissenschaft und Vereinswesen

im 19. Jahrhundert, hg. v. H. BOOCKMANN u. a., Göttingen 1972, 1–44 (auch in: DERS., Gesellschaft, Kultur, Theorie, Ges. Aufs., Göttingen 1976, 174–205).

472. H. ONCKEN, Deutsche und rheinische Probleme im Zeitalter der französischen Revolution, in: Sitzungsber. d. preuß. Ak. d. Wiss. 1936, 79–116; 1937, 65–104.

473. V. PRESS, Reichsstadt und Revolution, in: E. NAUJOKS, (Hg.), Stadt und Wirtschaft (im Erscheinen).

474. H. RAAB, Joseph Görres 1776–1848. Ein Leben für Freiheit und Recht, Paderborn 1978.

475. H. REINALTER, (Hg.), Jakobiner in Mitteleuropa, Innsbruck 1977.

476. DERS., Aufgeklärter Absolutismus und Revolution. Zur Geschichte des Jakobinertums und der frühdemokratischen Bestrebungen in der Habsburgermonarchie, Köln/Wien 1980.

477. DERS., (Hg.), Freimaurer und Geheimbünde im 18. Jahrhundert in Mitteleuropa, Frankfurt 1983.

478. F. REMLING, Die Rheinpfalz in der Revolutionszeit von 1792 bis 1798, 2 Bde., Speyer 1865/66.

479. J. RITTER, Hegel und die Französische Revolution, Frankfurt 1962, 2. Aufl., 1979.

480. W. RÖDEL, Forster und Lichtenberg. Ein Beitrag zum Problem deutscher Intelligenz und französischer Revolution, Berlin 1960.

481. J. ROGALLA V. BIEBERSTEIN, Die These von der Verschwörung 1776–1945. Philosophen, Freimaurer, Juden, Liberale und Sozialisten als Verschwörer gegen die Sozialordnung, Bern 1976.

482. E. ROSENSTRAUCH-KÖNIGSBERG, Freimaurerei im josephinischen Wien: Aloys Blumauers Weg vom Jesuiten zum Jakobiner, Wien 1975.

483. W. RUPPERT, Bürgerlicher Wandel. Die Geburt der modernen deutschen Gesellschaft im 18. Jahrhundert, Frankfurt 1983.

484. R. SAAGE, Eigentum, Staat und Gesellschaft bei Immanuel Kant, Stuttgart 1973.

485. PH. SAGNAC, Le Rhin français pendant la Révolution et l'Empire, Paris 1917.

486. H. SCHEEL, Die Begegnung deutscher Aufklärer mit der Revolution, Berlin 1973.

487. DERS., Süddeutsche Jakobiner. Klassenkämpfe und republikanische Bestrebungen im deutschen Süden am Ende des 18. Jahrhunderts, 3. Aufl., Berlin 1979.

488. J. SCHLUMBOHM, Freiheit: Die Anfänge der bürgerlichen Emanzipationsbewegung in Deutschland im Spiegel ihres Leitwortes, Düsseldorf 1975.

489. F. SCHNEIDER, Aufklärung und Politik. Studien zur Politisierung der deutschen Spätaufklärung am Beispiel A. G. F. Rebmanns, Wiesbaden 1978.

490. F. Schuh, Franz Hebenstreit 1717–1795. Mensch unter Menschen, Seine Schriften ediert, Trier 1971.

491. D. Silagi, Jakobiner in der Habsburger Monarchie. Ein Beitrag zur Geschichte des aufgeklärten Absolutismus in Österreich, Wien 1962.

492. M. Springer, Die Franzosenherrschaft in der Pfalz 1792–1814, Stuttgart 1926.

493. R. Stadelmann, Deutschland und Westeuropa, Laupheim 1948.

494. A. Stern, Der Einfluß der Französischen Revolution auf das deutsche Geistesleben, Stuttgart 1928.

495. P. Stulz/A. Opitz, Volksbewegungen in Kursachsen zur Zeit der Französischen Revolution, Berlin 1956.

496. L. Uhlig, Georg Forster. Einheit und Mannigfaltigkeit in seiner geistigen Welt, Tübingen 1965.

497. F. Valjavec, Die Entstehung der politischen Strömungen in Deutschland 1770–1815, München 1951, Nachdruck Düsseldorf 1978.

498. R. Vierhaus, Montesquieu in Deutschland. Zur Geschichte seiner Wirkung als politischer Schriftsteller, in: Collegium Philosophicum. Studien J. Ritter zum 60. Geb., Basel 1965, 403–437.

499. Ders., Politisches Bewußtsein in Deutschland vor 1789, in: Der Staat 6 (1967), 175–196. Abdruck auch in: H. Berding/H.-P. Ullmann, (Hg.), Deutschland zwischen Revolution und Restauration, Königstein 1981, 161–183.

500. Ders., (Hg.), Eigentum und Verfassung. Zur Eigentumsdiskussion im ausgehenden 18. Jahrhundert, Göttingen 1972.

501. Ders., Aufklärung und Freimaurerei in Deutschland, in: Das Vergangene und die Geschichte, Festschrift f. R. Wittram, Göttingen 1973, 23–41.

502. Ders., (Hg.), Deutsche patriotische und gemeinnützige Gesellschaften, München 1980.

503. H. Voegt, Die deutsche Jakobinische Literatur und Publizistik, Berlin 1955.

504. U. Vogel, Konservative Kritik an der bürgerlichen Revolution, August Wilhelm Rehberg, Neuwied 1972.

505. J. Voss, (Hg.), Deutschland und die Französische Revolution. 17. Deutsch-Französisches Historikerkolloquium des Deutsch-Historischen Instituts Paris, München 1983.

506. U. J. Wandel, Verdacht von Democratismus? Studien zur Geschichte von Stadt und Universität Tübingen im Zeitalter der Französischen Revolution, Tübingen 1981.

507. E. Wangermann, Von Joseph II. zu den Jakobinerprozessen, Wien 1966.

508. E. Weis, Absolute Monarchie und Reform im Deutschland des späten 18. und frühen 19. Jahrhunderts, in: Festschrift f. K. Bosl, Stuttgart 1974, 436–461 (auch in: F. Kopitzsch, Hg., Aufklärung, Absolutismus und Bürgertum, München 1976, 192–219).

509. DERS., Révoltes paysannes et citadines dans les États allemands sur la rive gauche du Rhin, de 1789 à 1792, in: Francia 3 (1975), 346–358.

510. B. WEISSEL, Von wem die Gewalt in den Staaten herrührt. Beiträge zu den Auswirkungen der Staats- und Gesellschaftsauffassung Rousseaus in Deutschland im letzten Viertel des 18. Jahrhunderts, Berlin 1963.

511. H. WILHARM, Politik und Geschichte. Jakobinismusforschung in Deutschland, Bd. 1: DDR, Bd. 2: Bundesrepublik, Frankfurt 1984.

512. R. R. WUTHENOW, Vernunft und Republik. Studien zu Georg Forsters Schriften, Bad Homburg 1970.

8. Säkularisation und Mediatisierung

513. K. S. BADER, Zur Lage und Haltung des schwäbischen Adels am Ende des alten Reiches, in: Zs. f. Württ. Landesgesch. 5 (1941), 335–389.

514. DERS., Reichsadel und Reichsstädte in Schwaben am Ende des alten Reiches, in: Festschrift f. Th. Mayer, Bd. 1, Lindau 1954, 247–263.

515. O. BORST, Die Kulturbedeutung der oberdeutschen Reichsstadt am Ende des alten Reiches, in: Bl. f. dt. Landesgesch. 100 (1964), 159–249.

516. M. BRAUBACH, Maria Theresias jüngster Sohn Max Franz, letzter Kurfürst von Köln und Fürstbischof von Münster, 2. Aufl., Wien 1961.

517. R. BÜTTNER, Die Säkularisation der Kölner geistlichen Institutionen, Wirtschaftliche und soziale Bedeutung und Auswirkungen, Köln 1971.

518. CH. DIPPER, Probleme einer Wirtschafts- und Sozialgeschichte der Säkularisation in Deutschland (1803–1813), in: A. v. REDEN-DOHNA, (Hg.), Deutschland und Italien im Zeitalter Napoleons, Wiesbaden 1979, 123–170.

519. M. ERZBERGER, Die Säkularisation in Württemberg von 1802–1810. Ihr Verlauf und ihre Nachwirkungen, Stuttgart 1902, Nachdruck: Aalen 1974.

520. K. de FARIA E CASTRO, Die Nationalgüter im Arrondissement Koblenz und ihre Veräußerung in den Jahren 1803 bis 1813, Bonn 1973.

521. R. HADERSTORFER, Die Säkularisation der oberbayerischen Klöster Baumburg und Seeon. Die wirtschaftlichen und sozialen Wandlungen, Stuttgart 1967.

522. K. HAUPT, Die Vereinigung der Reichsstadt Augsburg mit Bayern, München 1923.

523. K. D. HÖMIG, Der Reichsdeputationshauptschluß vom 25. Febr. 1803 und seine Bedeutung für Staat und Kirche, unter besonderer Berücksichtigung württembergischer Verhältnisse, Tübingen 1969.

524. H. HÜFFER, Der Rastatter Congreß und die zweite Coalition, 2 Teile, Bonn 1878/79.

525. P. KAISER, Der kirchliche Besitz im Arrondissement Aachen gegen Ende des 18. Jahrhunderts und seine Schicksale in der Säkularisation durch die französische Herrschaft, Aachen 1906.

526. F. Kallenberg, Die Fürstentümer Hohenzollern im Zeitalter der Französischen Revolution und Napoleons, in: ZfGO 111 (1963), 357–472.

527. G. Kliesing, Die Säkularisation in den kurkölnischen Ämtern Bonn, Brühl, Hardt, Lechenich und Zülpich in der Zeit der französischen Fremdherrschaft, Phil. Diss. Bonn 1932.

528. W. Klompen, Die Säkularisation im Arrondissement Krefeld 1794–1814, Kempen 1962.

529. H. Klueting, Die Säkularisation im Herzogtum Westfalen 1802–1834. Vorbereitung, Vollzug und wirtschaftlich-soziale Auswirkungen der Klosteraufhebung, Köln 1980.

530. G. Kollmer, Die schwäbische Reichsritterschaft zwischen Westfälischem Frieden und Reichsdeputationshauptschluß. Untersuchungen zur wirtschaftlichen und sozialen Lage der Reichsritterschaft in den Ritterkantonen Neckar-Schwarzwald und Kocher, Stuttgart 1979.

531. M. Lahrkamp, Münster in napoleonischer Zeit 1800–1815. Administration, Wirtschaft und Gesellschaft im Zeichen von Säkularisation und französischer Herrschaft, Münster 1976.

532. A. Langner, (Hg)., Säkularisation und Säkularisierung im 19. Jahrhundert, München 1978.

533. R. Lill, Die Säkularisation und die Auswirkungen des napoleonischen Konkordats in Deutschland, in: A. v. Reden-Dohna, (Hg.), Deutschland und Italien im Zeitalter Napoleons, Wiesbaden 1979, 91–103.

534. W. Lipgens, Ferdinand August Graf Spiegel und das Verhältnis von Kirche und Staat 1789–1835. Die Wende vom Staatskirchentum zur Kirchenfreiheit. Teil 1: Darstellung, Teil 2: Quellen und Verzeichnisse, Münster 1965.

535. V. M. Lisseck, Die Mediatisierung des Fürstentums Wied-Neuwied (1806–1848), in: Nassauische Annalen 80 (1969), 153–239.

536. H. Lübbe, Säkularisierung. Geschichte eines ideenpolitischen Begriffs, Freiburg 1965, 2. Aufl., 1975.

537. R. Meister, Nassau und Reichsritterschaft vom Reichsdeputationshauptschluß bis zum Wiener Kongreß 1803–1815, Berlin 1923, Neudruck: Berlin 1965.

538. H. Ch. Mempel, Die Vermögenssäkularisation 1803/10. Verlauf und Folgen der Kirchengutenteignung in verschiedenen deutschen Territorien, T. 1: Materialien, T. 2: Text, München 1979.

539. R. Morsey, Wirtschaftliche und soziale Auswirkungen der Säkularisation in Deutschland, in: Dauer und Wandel der Geschichte. Festschrift f. K. v. Raumer, Münster 1966, 361–383.

540. H. Müller, Der letzte Kampf der Reichsritterschaft um ihre Selbständigkeit, 1790–1815, Berlin 1910, Neudruck: Berlin 1965.

541. H. Müller, Säkularisation und Öffentlichkeit am Beispiel Westfalens, Münster 1971.

542. M. Müller, Säkularisation und Grundbesitz. Zur Sozialgeschichte des Saar-Mosel-Raumes 1794–1813, Boppard 1980.

543. R. Freiin v. Oer, Zur Beurteilung der Säkularisation von 1803, in: Festschrift f. H. Heimpel, Bd. 1, Göttingen 1971, 511–521.

544. Dies., Der Eigentumsbegriff in der Säkularisationsdiskussion am Ende des alten Reiches, in: R. Vierhaus, (Hg.), Eigentum u. Verfassung, Zur Eigentumsdiskussion im ausgehenden 18. Jahrhundert, Göttingen 1972, 193–228.

545. F. Pauly, Die Säkularisation im linksrheinischen Teil des alten Erzbistums Trier, in: Arch. f. mittelrhein. Kirchengesch. 15 (1963), 482–486.

546. G. Pfeiffer, Studien zur Geschichte der fränkischen Reichsritterschaft, in: Jb. Fränk. Landesforsch. 22 (1962), 173–280.

547. F. M. Phayer, Religion und das gewöhnliche Volk in Bayern in der Zeit von 1750–1850, München 1970.

548. H. Raab, Clemens Wenzeslaus von Sachsen und seine Zeit 1793–1812, Freiburg 1962.

549. Ders., Der Untergang der Reichskirche in der großen Säkularisation, in: H. Jedin, (Hg.), Handbuch der Kirchengeschichte, Bd. 5, Freiburg 1970, 533–554.

550. A. Rauscher, (Hg.), Säkularisierung und Säkularisation vor 1800, München 1976.

551. H. Rössler, Friedrich-Ludwig Christian Graf zu Solms-Laubach, 1769–1822, Darmstadt 1957.

552. K. H. Frhr. Roth v. Schreckenstein, Geschichte der ehemaligen freien Reichsritterschaft in Schwaben, Franken und am Rheinstrome, nach Quellen bearb., 2 Bde., Tübingen 1859–1871.

553. A. Scharnagel, Zur Geschichte des Reichsdeputationshauptschlusses von 1803, in: Histor. Jahrb. 70 (1950), 238–259.

554. A. M. Scheglmann, Geschichte der Säkularisation im rechtsrheinischen Bayern, 3 Bde. in 4 Teilen, Regensburg 1903–1908.

555. R. Schier, Standesherren. Zur Auflösung der Adelsvorherrschaft in Deutschland, Heidelberg 1978.

556. A. Schlittmeier, Die wirtschaftlichen Auswirkungen der Säkularisation in Niederbayern, untersucht am Beispiel der Abtei Niederaltaich und seiner Probsteien Rinchnach und St. Oswald, Landshut 1961.

557. H. Schmid, Säkularisation und Schicksal der Klöster in Bayern, Württemberg und Schwaben 1802–1815 unter besonderer Berücksichtigung von Industrieansiedlungen in ehemaligen Konventen, Überlingen 1975.

558. Ders., Die Säkularisation der Klöster in Baden 1802–1811, Überlingen 1980.

559. A. Schneider, Der Gewinn des bayerischen Staates von säkularisierten landständischen Klöstern in Altbayern, München 1970.

560. G. Schwaiger, Die altbayerischen Bistümer Freising, Passau und Regensburg zwischen Säkularisation und Konkordat 1803–1817, München 1959.

561. W. Steffens, Rheingrenze und territoriale Entschädigungsfrage in der preußischen Politik der Jahre 1795–1798, Münster 1953.

562. W. v. Stetten, Die Rechtsstellung der unmittelbaren freien Reichsritterschaft, ihre Mediatisierung und ihre Stellung in den neuen Landen dargestellt am fränkischen Kanton Odenwald, Schwäbisch Hall 1973.

563. W.-H. Struck, Zur Säkularisation im Lande Nassau, in: Hess. Jahrb. f. Landesgesch. 13 (1963), 280–309.

564. D. Stutzer, Die Säkularisation 1803. Der Sturm auf Bayerns Kirchen und Klöster, Rosenheim 1978.

565. L. A. Veit, Zur Säkularisation in Nassau-Usingen, Freiburg 1928.

566. R. Vierhaus, Eigentumsrecht und Mediatisierung. Der Kampf um die Rechte der Reichsritterschaft, 1803–1815, in: Ders., (Hg.), Eigentum und Verfassung. Zur Eigentumsdiskussion im ausgehenden 18. Jahrhundert, Göttingen 1972, 229–257.

567. M. B. Wagner, Die Säkularisation der Klöster im Gebiete der heutigen Stadt Passau, Passau 1935.

568. E. Weis, Die Säkularisation der bayerischen Klöster 1802/03: Neue Forschungen zu Vorgeschichte und Ergebnissen, München 1983.

569. P. Wende, Die geistlichen Staaten und ihre Auflösung im Urteil der zeitgenössischen Publizistik, Lübeck 1966.

9. Reichsauflösung und Rheinbund

570. K. O. Frhr. v. Aretin, Heiliges Römisches Reich 1776–1806. Reichsverfassung und Staatssouveränität, Teil I: Darstellung; Teil II: Ausgewählte Aktenstücke, Wiesbaden 1967.

571. K. Frhr. v. Beaulieu-Marconnay, Karl von Dalberg und seine Zeit, 2 Bde., Weimar 1879.

572. K. Beck, Zur Verfassungsgeschichte des Rheinbundes, Mainz 1890.

573. M. Bernath, Die auswärtige Politik Nassaus 1805–1812. Ein Beitrag zur Geschichte des Rheinbundes und der politischen Ideen am Mittelrhein zur Zeit Napoleons, in: Nassauische Annalen 63 (1952), 106–191.

574. Th. Bitterauf, Geschichte des Rheinbundes, Bd. 1: Die Gründung des Rheinbundes und der Untergang des alten Reiches, München 1905, Nachdruck 1983 (Bd. 2 ist nicht erschienen).

575. M. Botzenhart, Metternichs Pariser Botschafterzeit, Münster 1967.

576. M. Doeberl, Rheinbundverfassung und bayerische Konstitution, in: Sitzungsber. d. Bayer. Ak. d. Wissensch., Philos.-philol. u. histor. Kl. 1924, Abh. 5, 1–92.

577. J. G. Gagliardo, Reich and Nation. The Holy Roman Empire as Idea and Reality 1763–1806, Bloomington 1980.

578. H. HEITZER, Der Rheinbund – Kern des Napoleonischen Unterdrükkungssystems in Deutschland, in: Der Befreiungskrieg 1813, Berlin 1967, 83–93.

579. W. HERTEL, K. Th. von Dalberg zwischen Reich und Rheinbund. Grundgedanken seiner Politik vom Regierungsantritt bis zur Gründung des Rheinbundes (1802–1806), Ms. Diss. Mainz 1952.

580. E. HÖLZLE, Das Napoleonische Staatensystem in Deutschland, in: HZ 148 (1933), 277–293.

581. A. JÜRGENS, Emmerich von Dalberg zwischen Deutschland und Frankreich. Seine politische Gestalt und Wirksamkeit 1803–1810, Stuttgart 1976.

582. K. v. RAUMER, Politiker des Maßes? Talleyrands Straßburger Friedensplan (17. Oktober 1805), in: HZ 193 (1961), 286–368.

583. DERS., Hügels Gutachten zur Frage der Niederlegung der deutschen Kaiserkrone, 17. 5. 1806, in: Zs. f. bayer. Landesgesch. 27 (1963), 390–408.

584. DERS., „Préfecture française", Montgelas und die Beurteilung der napoleonischen Rheinbundpolitik, in: Spiegel der Geschichte, Festschrift f. M. Braubach, Münster 1964, 635–661.

585. R. REINHARDT, Fürstprimas Karl Theodor von Dalberg (1774–1817) im Lichte der neueren Forschung, in: Tübinger theolog. Quartalschr. 144 (1964), 257–275.

586. H. RÖSSLER, Napoleons Griff nach der Karlskrone. Das Ende des alten Reiches 1806, München 1957.

587. H. RITTER V. SRBIK, Das österreichische Kaisertum und das Ende des Heiligen Römischen Reiches (1804–1806), in: Archiv f. Politik u. Geschichte 8 (1927), 133–171 u. 301–335.

588. E. WEIS, Napoleon und der Rheinbund, in: A. v. REDEN-DOHNA, (Hg.), Deutschland und Italien im Zeitalter Napoleons, Wiesbaden 1979, 57–80.

589. DERS., Bayern und Frankreich in der Zeit des Konsulats und des Ersten Empire (1799–1815), in: HZ 237 (1983), 559–595.

590. M. WIERICHS, Napoleon und das „Dritte Deutschland" 1805/1806. Die Entstehung der Großherzogtümer Baden, Berg und Hessen, Frankfurt 1978.

591. R. WOHLFEIL, Untersuchungen zur Geschichte des Rheinbundes 1806 bis 1813. Das Verhältnis Dalbergs zu Napoleon, in: ZfGO 108 (1960), 85–108.

592. K. H. v. ZWEHL, Der Kampf um Bayern 1805, Bd. 1: Der Abschluß der bayerisch-französischen Allianz, München 1937; Bd. 2: Die bayerische Politik im Jahre 1805, Urkunden, München 1964.

10. Die napoleonisch-rheinbündischen Reformen

593. W. Andreas, Geschichte der badischen Verwaltungsorganisation und Verfassung 1802–1818, Bd. 1: Der Aufbau des Staates im Zusammenhang der allgemeinen Politik, Leipzig 1913 (mehr nicht erschienen).

594. E. Anegg, Zur Gewerbestruktur und Gewerbepolitik Bayerns während der Regierung Montgelas, Diss. München 1965.

595. H. Berding, Napoleonische Herrschafts- und Gesellschaftspolitik im Königreich Westfalen 1807–1813, Göttingen 1973.

596. Ders., Die Emanzipation der Juden im Königreich Westfalen (1807 bis 1813), in: AfS 23 (1983), 23–50.

597. Ders., (Hg.), Napoleonische Herrschaft und Modernisierung, GG 6 (1980), H. 4.

598. Ders., (Hg.), Privatkapital, Staatsfinanzen und Reformpolitik im Deutschland der napoleonischen Zeit, Ostfilden 1981.

599. Ders./H.-P. Ullmann, (Hg.), Deutschland zwischen Revolution und Restauration, Königstein 1981.

600. L. Bergeron, Les idées économiques du préfet Beugnot, in: Rev. de l'Institut Napoléon 111 (1969), 79–82.

601. W. Bilz, Die Großherzogtümer Würzburg und Frankfurt. Ein Vergleich, Diss. Würzburg 1968.

602. W. K. Blessing, Umbruchskrise und „Verstörung". Die „Napoleonische" Erschütterung und ihre sozialpsychologische Bedeutung (Bayern als Beispiel), in: ZBLG 42 (1972), 75–106.

603. A. Chroust, Das Großherzogtum Würzburg (1806–1814), Würzburg 1913.

604. P. Darmstaedter, Das Großherzogtum Frankfurt. Ein Kulturbild aus der Rheinbundzeit, Frankfurt 1901.

605. W. Demel, Der bayerische Staatsabsolutismus 1806/08 bis 1817. Staats- und gesellschaftspolitische Motivationen und Hintergründe der Reformära in der ersten Phase des Königreichs Bayern, München 1983.

606. L. Doeberl, Maximilian v. Montgelas und das Prinzip der Staatssouveränität, München 1925.

607. M. Doeberl, Entwicklungsgeschichte Bayerns, Bd. 2: Vom westfälischen Frieden bis zum Tode Maximilians I. (1648–1825), 3. Aufl., München 1928.

608. E. Fehrenbach, Traditionale Gesellschaft und revolutionäres Recht. Die Einführung des Code Napoléon in den Rheinbundstaaten, Göttingen 1974, 3. Aufl., 1983.

609. Dies., Der Einfluß des napoleonischen Frankreich auf das Rechts- und Verwaltungssystem Deutschlands, in: A. v. Reden-Dohna, (Hg.), Deutschland und Italien im Zeitalter Napoleons, Wiesbaden 1979, 23–39.

610. Dies., Verfassungs- und sozialpolitische Reformen und Reformprojekte in Deutschland unter dem Einfluß des napoleonischen Frankreich, in: HZ

228 (1979), 288–316, Abdruck auch in: H. BERDING/H.-P. ULLMANN, (Hg.), Deutschland zwischen Revolution und Restauration, Königstein 1981, 65–90.

611. M. W. FRANCKSEN, Staatsrat und Gesetzgebung im Großherzogtum Berg (1806–1813), Frankfurt 1982.

612. L. GALL, Der Liberalismus als regierende Partei. Das Großherzogtum Baden zwischen Restauration und Reichsgründung, Wiesbaden 1968.

613. F. HAUSMANN, Die Agrarpolitik der Regierung Montgelas. Untersuchungen zum gesellschaftlichen Strukturwandel Bayerns um die Wende vom 18. zum 19. Jahrhundert, Bern 1975.

614. W. v. HIPPEL, Die Bauernbefreiung im Königreich Württemberg, 2 Bde., Boppard 1977.

615. E. HÖLZLE, Das alte Recht und die Revolution. Politische Geschichte Württembergs in der Revolutionszeit 1789–1805, München 1931.

616. DERS., Württemberg im Zeitalter Napoleons und der deutschen Erhebung, Stuttgart 1937.

617. H. H. HOFMANN, Adelige Herrschaft und souveräner Staat. Studien über Staat und Gesellschaft in Franken und Bayern im 18. und 19. Jahrhundert, München 1962.

618. A. JOULIA, Le département de l'Ems-Supérieur 1810–1813. Etude de la mise en place du système administratif français en milieu allemand, Diss. Straßburg 1972.

619. A. KLEINSCHMIDT, Geschichte des Königreichs Westfalen, Gotha 1893.

620. F. L. KNEMEYER, Regierungs- und Verwaltungsreformen in Deutschland zu Beginn des 19. Jahrhunderts, Köln 1970.

621. A. KOHLER, Die Bauernbefreiung und Grundentlastung in Baden, Diss. Freiburg 1958.

622. K. MÖCKL, Der moderne bayerische Staat. Eine Verfassungsgeschichte vom Aufgeklärten Absolutismus bis zum Ende der Reformzeit, München 1979.

623. H. MOLITOR, Vom Untertan zum Administré. Studien zur französischen Herrschaft und zum Verhalten der Bevölkerung im Rhein-Mosel-Raum von den Revolutionskriegen bis zum Ende der Napoleonischen Zeit, Wiesbaden 1980.

624. H. RÖSSLER, Zwischen Revolution und Reaktion. Ein Lebensbild des Reichsfreiherrn Hans Christoph von Gagern, 1766–1852, Göttingen 1958.

625. P. SAUER, Der schwäbische Zar. Friedrich – Württembergs erster König, Stuttgart 1984.

626. CH. SCHMIDT, Le Grand-Duché de Berg (1806–1813). Etudes sur la domination française en Allemagne sous Napoléon Ier, Paris 1905.

627. F. SCHNABEL, Sigismund von Reitzenstein, der Begründer des Badischen Staates, Heidelberg 1927.

628. W. SCHUBERT, Französisches Recht in Deutschland zu Beginn des 19. Jahrhunderts. Zivilrecht, Gerichtsverfassungsrecht und Zivilprozeßrecht, Köln 1977.

629. W. STEITZ, Zur Etablierung der Realbesteuerung in den süddeutschen Staaten im Rahmen der sich auflösenden Feudalstrukturen 1806–1850, in: VSWG 63 (1976), 145–179.

630. DERS., Feudalwesen und Staatssteuersystem, Bd. 1: Die Realbesteuerung der Landwirtschaft in den süddeutschen Staaten im 19. Jahrhundert, Göttingen 1976.

631. M. STOLLEIS, Die bayerische Gesetzgebung zur Herstellung eines frei verfügbaren Grundeigentums, in: Wissenschaft und Kodifikation des Privatrechts im 19. Jahrhundert, Bd. 3, Frankfurt 1976, 44–177.

632. F. THIMME, Die inneren Zustände des Kurfürstentums Hannover unter der französisch-westfälischen Herrschaft 1806–1813, 2 Bde., Hannover 1893/95.

633. H.-P. ULLMANN, Staatsschulden und Reformpolitik. Die Entstehung moderner öffentlicher Schulden in Bayern und Baden 1780–1820, Göttingen 1985.

634. DERS., Die öffentlichen Schulden in Bayern und Baden 1780–1820, in: HZ 242 (1986), 31–67.

635. E. WEIS, Montgelas. 1759–1799. Zwischen Revolution und Reform, München 1971.

636. DERS., Der Einfluß der französischen Revolution und des Empire auf die Reformen in den süddeutschen Staaten, in: Francia 1 (1973), 569–583.

637. DERS., Die Begründung des modernen bayerischen Staates unter König Max I. 1799–1825, in: M. SPINDLER, (Hg.), Handbuch der bayerischen Geschichte, Bd. IV, 1, München 1974, 3–86.

638. DERS., (Hg.), Reformen im rheinbündischen Deutschland, München 1984.

639. R. WOHLFEIL, Napoleonische Modellstaaten, in: W. v. GROOTE, (Hg.), Napoleon I. und die Staatenwelt seiner Zeit, Freiburg 1969, 33–57.

640. B. WUNDER, Privilegierung und Disziplinierung. Die Entstehung des Berufsbeamtentums in Bayern und Württemberg (1780–1825), München 1978.

641. F. ZIMMERMANN, Bayerische Verfassungsgeschichte vom Ausgang der Landschaft bis zur Verfassungsurkunde von 1818, Bd. 1: Vorgeschichte und Entstehung der Konstitution von 1808, München 1940.

11. Die preussischen Reformen

642. E. Botzenhart, Die Staats- und Reformideen des Freiherrn vom Stein. Ihre geistigen Grundlagen und ihre politischen Vorbilder, Tübingen 1927.

643. I. Freund, Die Emanzipation der Juden in Preußen unter besonderer Berücksichtigung des Gesetzes vom 11. März 1812, 2 Bde., Berlin 1912.

644. W. Gembruch, Freiherr vom Stein im Zeitalter der Restauration, Wiesbaden 1960.

645. H. Harnisch, Kapitalistische Agrarreform und industrielle Revolution. Agrarhistorische Untersuchungen über das ostelbische Preußen zwischen Spätfeudalismus und bürgerlich-demokratischer Revolution von 1848/49 unter besonderer Berücksichtigung der Provinz Brandenburg, Weimar 1984.

646. F. Hartung, Hardenberg und die preußische Verwaltung in Ansbach-Bayreuth von 1792–1806, Tübingen 1906.

647. H. Haussherr, Hardenbergs Reformdenkschrift Riga 1807, in: HZ 157 (1938), 267–308.

648. Ders., Hardenberg. Eine politische Biographie. Teil 1: 1750–1800, Teil III: Die Stunde Hardenbergs, 2. durchges. Aufl., hg. v. E. Born, Köln 1963/65.

649. H. Heffter, Die deutsche Selbstverwaltung im 19. Jahrhundert, 2. Aufl., Stuttgart 1969.

650. F. W. Henning, Die Einführung der Gewerbefreiheit und ihre Auswirkungen auf das Handwerk in Deutschland, in: W. Abel u. a., (Hg.), Handwerksgeschichte in neuer Sicht, Göttingen 1970, 142–172.

651. O. Hintze, Preußische Reformbestrebungen vor 1806, in: Ders., Regierung und Verwaltung, hg. v. G. Oestreich, 2. Aufl., Göttingen 1967, 504–529.

652. W. Hubatsch, Stein-Studien. Die preußischen Reformen des Reichsfreiherrn Karl vom Stein zwischen Revolution und Restauration, Köln 1975.

653. Ders., Die Stein-Hardenbergschen Reformen, Darmstadt 1977.

654. G. Ipsen, Die preußische Bauernbefreiung als Landesausbau, in: Zs. f. Agrargesch. u. Agrarsoz. 2 (1954), 29–53, auch in: E. W. Böckenförde, (Hg.), Moderne deutsche Verfassungsgeschichte (1815–1918), Köln 1972, 356–384.

655. K. E. Jeismann, Das preußische Gymnasium in Staat und Gesellschaft. Die Entstehung des Gymnasiums als Schule des Staates und der Gebildeten, 1787–1817, Stuttgart 1974.

656. S. A. Kaehler, W. v. Humboldt und der Staat, 2. Aufl., Göttingen 1963.

657. J. Katz, Die Anfänge der Judenemanzipation, in: R. Koselleck, (Hg.), Studien zum Beginn der modernen Welt, Stuttgart 1977, 178–193.

658. K. H. Kaufhold, Gewerbefreiheit und gewerbliche Entwicklung in Deutschland im 19. Jahrhundert, in: BLDG 118 (1982), 73–114.

659. E. KEHR, Zur Genesis der preußischen Bürokratie und des Rechtsstaats, in: DERS., Der Primat der Innenpolitik, hg. v. H. U. WEHLER, Berlin 1965, 31–52.
660. E. KESSEL, Wilhelm von Humboldt, Idee und Wirklichkeit, Stuttgart 1967.
661. E. KLEIN, Von der Reform zur Restauration. Finanzpolitik und Reformgesetzgebung des preußischen Staatskanzlers Karl August von Hardenberg, Berlin 1965.
662. G. F. KNAPP, Die Bauernbefreiung und der Ursprung der Landarbeiter in den älteren Teilen Preußens, hg. v. C. F. FUCHS, 2 Bde., 2. Aufl., München 1927.
663. R. KOSELLECK, Preußen zwischen Reform und Revolution. Allgemeines Landrecht, Verwaltung und soziale Bewegung von 1791–1848, 3. Aufl., Stuttgart 1981.
664. M. LEHMANN, Freiherr vom Stein, 3 Bde., Leipzig 1902–1905.
665. F. LÜTGE, Über die Auswirkungen der Bauernbefreiung in Deutschland, in: DERS., Studien zur Sozial- und Wirtschaftsgeschichte, Stuttgart 1963, 174–222.
666. F. MARTINY, Die Adelsfrage in Preußen vor 1806 als politisches und soziales Problem. Erläutert am Beispiel des kurmärkischen Adels, Stuttgart 1938.
667. U. MARWEDEL, Carl von Clausewitz. Persönlichkeit und Wirkungsgeschichte seines Werkes bis 1918, Boppard 1978.
668. E. v. MEIER, Französische Einflüsse auf die Staats- und Rechtsentwicklung in Preußen im 19. Jahrhundert, 2 Bde., Leipzig 1907/08.
669. DERS., Die Reform der Verwaltungsorganisation unter Stein und Hardenberg, 2. Aufl., München 1912.
670. C. MENZE, Die Bildungsreform Wilhelm von Humboldts, Hannover 1975.
671. H. MICHALSKY, Bildungspolitik und Bildungsreform in Preußen. Die Bedeutung des Unterrichtswesens als Faktor sozialen und politischen Wandels beim Übergang von der ständischen zur bürgerlich-liberalen Gesellschaft, Weinheim 1978.
672. I. MIECK, Preußische Gewerbepolitik in Berlin 1806–1844, Berlin 1965.
673. H. OBENAUS, Anfänge des Parlamentarismus in Preußen bis 1848, Düsseldorf 1984.
674. R. C. RAACK, The Fall of Stein, Cambridge/Mass. 1965.
675. K. v. RAUMER, Freiherr vom Stein, Reden und Aufsätze, Münster 1961.
676. G. RITTER, Stein, eine politische Biographie, 3. Aufl., Stuttgart 1958, Nachdruck 1981.
677. DERS., Staatskunst und Kriegshandwerk, Das Problem des Militarismus in Deutschland, Bd. 1: Die altpreußische Tradition 1740–1890, 4. Aufl., Stuttgart 1970.

678. H. Rosenberg, Bureaucracy, Aristocracy and Autocracy: The Prussian Experience 1660–1815, Cambridge,Mass. 1958.

679. D. Saalfeld, Zur Frage des bäuerlichen Landverlustes im Zusammenhang mit den preußischen Agrarreformen, in: Zs. f. Agrargesch. u. Agrarsoz. 11 (1963), 163–171.

680. W. Schmidt, Waren die preußischen Reformen eine „Revolution von oben?", in: ZfG 32 (1984), 986–999.

681. W. v. Schramm, Clausewitz, Leben und Werk, Esslingen 1976.

682. D. Schwab, Die „Selbstverwaltungsidee" des Freiherrn vom Stein und ihre geistigen Grundlagen, Frankfurt a. M. 1971.

683. W. M. Simon, The failure of the Prussian reform-movement 1807–1819, Ithaka, New York 1955.

684. H. Stübig, Armee und Nation. Die pädagogisch-politischen Motive der preußischen Heeresreform 1807–1814, Frankfurt 1971.

685. P. G. Thielen, Karl August von Hardenberg, 1750–1822. Eine Biographie, Köln 1967.

686. W. Treue, Die preußischen Agrarreformen zwischen Romantik und Rationalismus, in: Rhein. Vjbll. 20 (1955), 337–357.

687. K. Vetter, Kurmärkischer Adel und preußische Reformen, Weimar 1979.

688. B. Vogel, Allgemeine Gewerbefreiheit. Die Reformpolitik des preußischen Staatskanzlers Hardenberg (1810–1820), Göttingen 1983.

689. Dies., (Hg.), Preußische Reformen 1807–1820, Königstein 1980.

690. O. Vossler, Humboldt und die deutsche Nation, Humboldts Idee der Universität, Darmstadt 1967.

691. Th. Winkler, Johann Gottfried Frey und die Entstehung der preußischen Selbstverwaltung, Neuausgabe mit Geleitwort v. H. Rothfels, Stuttgart 1957.

692. G. Winter, Zur Entstehungsgeschichte des Oktoberedikts und der Verordnung vom 14. Febr. 1808, in: Forschungen zur brandenburgischen und preußischen Geschichte 40 (1927), 1–33.

693. G. Wollstein, Scharnhorst und die Französische Revolution, in: HZ 227 (1978), 325–352.

12. Freiheitskriege und Wiener Kongress

694. K. O. Frhr. v. Aretin, Bayerns Weg zum souveränen Staat. Landstände und Konstitutionelle Monarchie, 1714–1818, München 1976.

695. Der Befreiungskrieg 1813, Wiss. Red.: P. Hoffmann u. a., Berlin 1967.

696. H. Berding, Artikel: Freiheitskriege, in: Sowjetsystem und demokratische Gesellschaft, Bd. 2, Freiburg 1968, 681–693.

697. P. Burg, Der Wiener Kongreß. Der Deutsche Bund im europäischen Staatensystem, München 1984.

698. G. A. Craig, Probleme des Koalitionskrieges: Die Militärallianz gegen Napoleon 1813–14, in: Ders., Krieg, Politik und Diplomatie, Wien 1968, 37–65.

699. U. Eich, Rußland und Europa. Studien zur russischen Deutschlandpolitik in der Zeit der Befreiungskriege und des Wiener Kongresses, Köln 1985.

700. H. Gollwitzer, Die Standesherren. Die politische und gesellschaftliche Stellung der Mediatisierten 1815–1918, 2. Aufl., Göttingen 1964.

701. K. Griewank, Der Wiener Kongreß und die europäische Restauration 1814/15, 2. Aufl., Leipzig 1954.

702. W. D. Gruner, Die Interaktion von britischer Deutschland- und Europapolitik zur Zeit des Wiener Kongresses und in der Anfangsphase des deutschen Bundes, in: Festschrift f. J. W. P. Bourke, München 1974, 93–138.

703. K. Hammer, Die französische Diplomatie der Restauration und Deutschland 1814–1830, Stuttgart 1963.

704. H. Heitzer, Insurrectionen zwischen Weser und Elbe. Volksbewegungen gegen die französische Fremdherrschaft im Königreich Westfalen (1806–1813), Berlin 1959.

705. R. Ibbeken, Preußen 1807–1813. Staat und Volk als Idee und in Wirklichkeit, Köln 1970.

706. Das Jahr 1813. Studien zur Geschichte und Wirkung der Befreiungskriege, Gesamtredaktion F. Straube, Berlin 1963.

707. P. Graf Kielmansegg, Stein und die Zentralverwaltung 1813/14, Stuttgart 1964.

708. H. A. Kissinger, A world restored. Castlereagh, Metternich and the restoration of the peace 1812–1822, Boston 1957, dt. Übersetzung: Düsseldorf 1962.

709. E. E. Kraehe, Metternich's German Policy. Bd. 2: The Congress of Vienna, 1814–1815, Princeton 1983.

710. W. Mager, Das Problem der landständischen Verfassungen auf dem Wiener Kongreß 1814/15, in: HZ 217 (1973), 296–346.

711. W. Markert, Metternich und Alexander I., in: Osteuropa und die abendländische Welt, Göttingen 1966, 122–145.

712. F. Meinecke, Das Zeitalter der deutschen Erhebung 1795–1815, 1. Aufl. 1906, Neudruck: Göttingen 1963.

713. U. Meurer, Die Rolle nationaler Leidenschaften der Massen in der Erhebung gegen Napoleon, Diss. Freiburg 1954.

714. H. Nicolson, Der Wiener Kongreß oder über die Einigkeit unter Verbündeten 1812–1822, Zürich 1946.

715. W. Real, Die Deutsche Verfassungsfrage am Ausgang der napoleonischen Herrschaft bis zum Beginn des Wiener Kongresses, Diss. Münster 1935.

716. H. Rössler, Österreichs Kampf um Deutschlands Befreiung 1805–1815, 2 Bde., 2. Aufl., Hamburg 1947.

717. H. Sarholz, Das Herzogtum Nassau 1813–1815. Ein Beitrag zur

Geschichte des Rheinbundes und der Befreiungszeit, in: Nassauische Annalen 57 (1937), 55–119.

718. H. Schaeder, Autokratie und Heilige Allianz, 2. erg. Aufl., Darmstadt 1963.

719. Th. Schieder, Das Jahr 1813 und das heutige Europa, in: Spiegel der Geschichte, Festschrift f. M. Braubach, Münster 1964, 681–698.

720. H. Ritter v. Srbik, Metternich, der Staatsmann und Mensch, 3 Bde., München 1925–1954.

721. P. Stulz, Fremdherrschaft und Befreiungskampf. Die preußische Kabinettspolitik und die Rolle der Volksmassen in den Jahren 1811 bis 1813, Berlin 1960.

722. C. K. Webster, The Foreign Policy of Castlereagh 1815–22. Britain and the European Alliance, 2. Aufl., London 1958.

723. Ders., The Congress of Vienna 1814/15, London 1934.

724. B. Wunder, Landstände und Rechtsstaat. Zur Entstehung und Verwirklichung des Artikels 13 DBA, in: ZHF 5 (1978), 139–185.

ANHANG

Zeittafel

1760/1780	Anfänge der englischen industriellen Revolution
1770/1771	Parlamentsreform Maupeous in Frankreich; Errichtung neuer königlicher Gerichtshöfe
1772	Erste Teilung Polens
1774	Regierungsantritt Ludwigs XVI. in Frankreich. Wiedereinsetzung der Parlamente. Beginn der Reformpolitik Turgots
1776	4. 7. Unabhängigkeitserklärung der Vereinigten Staaten von Amerika
1778	Frankreich tritt auf der Seite der Amerikaner in den Krieg gegen England ein Beginn der Wirtschaftsrezession in Frankreich
1778/1779	Bayerischer Erbfolgekrieg. Friede von Teschen
1780	Beginn der Reformen Josephs II. in der Habsburger Monarchie
1780–1783	Innere Unruhen in England und Beginn der irischen Aufstände
1781	Compte rendu Neckers, der erste öffentliche Rechenschaftsbericht über die Finanzlage Frankreichs
1781/1782	Aufstände in Genf und in mehreren Kantonen der Schweiz
1783	3. 9. Friede von Versailles: Die 13 Vereinigten Staaten von Amerika werden als unabhängig anerkannt William Pitt der Jüngere wird Premierminister in England (bis 1801 und von 1804–1806)
1785	Gründung des Fürstenbundes
1786	Tod Friedrichs II. In Preußen endet die friderizianische Ära des Aufgeklärten Absolutismus Abschluß eines liberalen Handelsvertrages zwischen Frankreich und England
1786/1787	Aufstände der „Patrioten“ in den Vereinigten Niederlanden, Rebellionen in den österreichischen Niederlanden und im Fürstbistum Lüttich

1787–1792	Zweiter russisch-türkischer Krieg. Bündnis Rußlands mit Österreich
1787	Einberufung der ersten Notabelnversammlung in Paris zur Behebung der Finanzkrise. Calonne, der Nachfolger Neckers, gibt das volle Defizit bekannt. Entlassung Calonnes, er wird ersetzt durch Loménie de Brienne
	16. 7. Das Parlament von Paris fordert die Einberufung der Generalstände
1787/1788	Vorrevolution in Frankreich
1789	5. 5. Eröffnung der Generalstände in Versailles
	17. 6. Die Revolution der Abgeordneten in Versailles: Die Versammlung des Dritten Standes erklärt sich zur Assemblée nationale
	20. 6. Schwur im Ballhaussaal
	14. 7. Sturm auf die Bastille. Beginn der munizipalen Revolution
	20. 7. Grande Peur und Beginn der Bauernrevolution
1789–1792	Erste Phase der französischen Revolution. Reformwerk der Konstituante
1790	Regierungsantritt Kaiser Leopolds II. Beilegung der Aufstände in Belgien und Ungarn
	27. 7. Konvention von Reichenbach
	In England erscheinen Burkes „Reflections on the Revolution in France"
1791/1794	Ausarbeitung des Allgemeinen preußischen Landrechts
1791	3. 5. Maiverfassung in Polen
	20. 6. Fluchtversuch Ludwigs XVI. nach Varennes
	27. 8. Pillnitzer Deklaration
	20. 10. Die Girondisten eröffnen die Propaganda für den Krieg
1792	9. 1. Friede von Jassy zwischen Rußland und der Türkei
	7. 2. Kaiser Leopold II. schließt mit Friedrich Wilhelm II. von Preußen einen Freundschafts- und Defensivvertrag ab
	1. 3. Tod Leopolds II. Beginn der repressiven Ära Franz II. in der Habsburger Monarchie
	20. 4. Die Assemblée législative beschließt auf Antrag Ludwigs XVI. die Kriegserklärung an den König von Ungarn und Böhmen
	25. 7. Manifest des Herzogs von Braunschweig
	10. 8. Sturm auf die Tuilerien und Sturz Ludwigs XVI.
	2.–6. 9. Septembermassaker in den Pariser Gefängnisse
	20. 9. Kanonade von Valmy

	21. 9. Erstes Zusammentreten des Konvents: Abschaffung der Monarchie und Ausrufung der einheitlichen, unteilbaren französischen Republik
1792/1793	Mainzer Republik
1792–1794	Zweite Phase der französischen Revolution. Konventsherrschaft der Girondisten und Jakobinerdiktatur
1793	21. 1. Hinrichtung Ludwigs XVI.
	23. 1. Zweite Teilung Polens vereinbart (Abschluß 22. 7.)
	1. 2. Kriegserklärung Frankreichs an England und Holland. Bildung der ersten Koalition
	6. 4. Errichtung des Wohlfahrtsausschusses
	31. 5.–2. 6. Aufstand der Pariser Sansculotten. Sturz der Girondisten und Beginn der Jakobinerherrschaft
	23. 8. Levée en masse
	5. 9. Beginn der Terreur
	Sept. – Dez. Ausbau der jakobinischen Kriegsdiktatur
1794	13. 3. Verhaftung Héberts und seiner Anhänger (Hinrichtung am 24. 3.)
	30. 3. Verhaftung Dantons und seiner Anhänger (Hinrichtung am 5. 4.)
	8. 6. Fest des „Höchsten Wesens“
	10. 6. Beginn der „Grande Terreur“
	27. 7. 9. Thermidor des Jahres II: Sturz Robespierres. Beginn der Herrschaft der Thermidorianer
	März – Nov. Polnischer Aufstand unter Kosciuzko
1794/1795	Jakobinerprozesse in der Habsburger Monarchie
1795	3. 1. Dritte Teilung Polens (Abschluß der Verhandlungen 24. 10.)
	5. 4. Friede von Basel: Ausscheiden Preußens aus der Koalition
	16. 5. Errichtung der batavischen Republik
	22. 8. Verkündigung der französischen Direktorialverfassung
1795–1799	Direktorialregierung in Frankreich
1796/1797	Feldzüge Napoleons in Italien
1796–1799	Gründung der Tochterrepubliken Frankreichs in Italien
1797	21. 5. Verurteilung Babeufs zum Tode
	4. 9. Fructidor-Staatsstreich in Paris
	17. 10. Friede von Campo Formio zwischen Frankreich und Österreich. Anerkennung der Rheingrenze
1797/1798	Cisrhenanische Bewegung
1797–1799	Aufstandspläne süddeutscher Jakobiner

1797–1799	Kongreß zu Rastatt
1798	9. 2. Errichtung der Helvetischen Republik
1798/1799	Napoleons Zug nach Ägypten
	1. 8. 98: Sieg der englischen Flotte unter Nelson bei Abukir
1799	Bildung der zweiten Koalition unter Führung Englands mit Rußland (Zar Paul I.), Österreich, Portugal, Neapel und der Türkei, Preußen bleibt neutral
	März – Aug. Niederlagen der französischen Truppen auf allen Kriegsschauplätzen, dann Stabilisierung der Lage
	8. 10. Rückkehr Napoleons aus Ägypten
	9. 11. 18. Brumaire: Staatsstreich Napoleons mit Unterstützung von Sieyès, Talleyrand, Fouché
1799–1804	Konsularregierung Napoleons in Frankreich (ab 1802 Konsul auf Lebenszeit)
1800–1804	Neuordnung der französischen Verwaltung und Justiz in den Organischen Gesetzen
1800	Napoleon siegt bei Marengo, Moreau bei Hohenlinden
1801	9. 2. Friede von Lunéville zwischen Frankreich, Österreich und dem Reich
	15. 7. Napoleon beendet den Konflikt mit der Kirche durch ein Konkordat mit dem Papst
1802	27. 3. Friede von Amiens zwischen England und Frankreich
	Napoleon wird Präsident der „italienischen Republik". Militärische Intervention Frankreichs in der Schweiz
1803	19. 2. Mediationsakte und Umwandlung der Schweiz in einen Bundesstaat
	25. 2. Reichsdeputationshauptschluß zu Regensburg
	Wiederausbruch des Krieges zwischen England und Frankreich
1804	Veröffentlichung des Code civil
	2. 12. Gründung des Empire und Kaiserkrönung Napoleons
1804–1814(15)	Napoleon I., Kaiser der Franzosen
1805	Napoleon wird König von Italien und ernennt seinen Stiefsohn Eugen Beauharnais zum Vizekönig
	Bildung der dritten Koalition gegen Frankreich unter Führung Englands (Rückkehr Pitts in die Regierung) mit Rußland (Zar Alexander I.), Österreich und Schweden. Spanien und die süddeutschen Staaten stehen auf seiten Frankreichs
	21. 10. Sieg der englischen Flotte bei Trafalgar. Nelson fällt im Kampf
	2. 12. Dreikaiserschlacht bei Austerlitz

	15. 12. Der preußische Unterhändler Graf Haugwitz unterzeichnet den Schönbrunner Vertrag mit Frankreich
	26. 12. Friede von Preßburg zwischen Frankreich und Österreich
1806	Errichtung von napoleonischen Vasallenfürstentümern: Joseph Bonaparte wird König von Neapel, Louis Bonaparte König von Holland, Joachim Murat (Napoleons Schwager) Großherzog von Berg
	12. 7. Gründung des Rheinbundes
	6. 8. Niederlegung der Kaiserkrone durch Franz II. (seit 1804 Kaiser Franz I. von Österreich). Ende des Heiligen Römischen Reiches Deutscher Nation
1806/1807	Vierter preußisch-russischer Koalitionskrieg gegen Frankreich
1806	14. 10. Niederlage Preußens in der Doppelschlacht bei Jena und Auerstedt
	21. 11. Das Berliner Dekret Napoleons verfügt die Kontinentalsperre gegen England
1807	14. 6. Niederlage der Russen in der Schlacht von Friedland
	7.–9. 7. Friede von Tilsit
	Errichtung des Königreichs Westfalen unter Jérôme Bonaparte
	Einmarsch spanischer und französischer Truppen in Portugal
	23. 11./17. 12. Mailänder Dekrete: Verschärfung der Kontinentalsperre
	11. 11./18. 12. „Orders of Council", Verschärfung der englischen Gegenblockade
1807–1812	Reformen in Rußland unter Spiranskij
1807–1814	Preußische und rheinbündische Reformen
	1807/1808: Reformministerium Stein, Oktoberedikt über die Bauernbefreiung, Städteordnung, Reform der Staatsverwaltung.
	Ab 1810 Fortsetzung der Verwaltungs- und Agrarreformen unter der Staatskanzlerschaft Hardenbergs, Gewerbereform, Steuerreform, Judenemanzipation, Heeresreform, Bildungsreform
	1808: Verwaltungs-, Verfassungs- und Rechtsreformen im Kgr. Westfalen nach französischem Vorbild
	1808–1811: Verwaltungs- und Agrarreformen im Großherzogtum Berg
	1810: Beginn der Dalbergschen Reformen im Großherzogtum Frankfurt
	1807: Montgelas, der leitende Minister Bayerns, erklärt sich auf der Mailänder Konferenz bereit, Reformen nach französi-

	schem Vorbild durchzuführen. 1808 Erlaß der bayerischen Konstitution, in der Folgezeit Erlaß der Organischen Edikte
	1807/1809: Erlaß der von Brauer verfaßten sieben Konstitutionsedikte in Baden. 1809/1810 Verwaltungsreorganisation Reitzensteins
	1806: Auflösung der Stände in Württemberg und Organisationsplan König Friedrichs. 1806–1812 Verwaltungsreformen
1808	Joseph Bonaparte wird König in Spanien
1808–1814	Kriege Napoleons in Spanien und Portugal
1809	Erhebung Österreichs gegen Frankreich. 14. 10. Friede von Wien. Fortsetzung des Kampfes im Volksaufstand der Tiroler Bauern
	Absetzung Gustav Adolfs IV. von Schweden; Nachfolger wird Karl XIII.
1810	Der französische Marschall Jean-Bapt. Bernadotte wird von den schwedischen Ständen zum Kronprinzen gewählt und von Karl XIII. adoptiert
	Der Kirchenstaat wird mit Frankreich vereinigt.
	5. 8. Dekret von Trianon. Neuorganisation der Kontinentalblockade. Ausbau des Kontinentalsystems
	Einverleibung Hollands und der Nordseeküste in das französische Kaiserreich
1810/1811	Wirtschaftskrise in Frankreich und England
1812–1814	Krieg der Vereinigten Staaten von Amerika gegen England
1812	Die in Cadiz versammelten Cortes beschließen eine spanische Verfassung
	24. 6. Napoleon beginnt den Rußlandfeldzug
	30. 12. Konvention von Tauroggen
1813/1814	Freiheitskriege
1813	28. 2. Bündnis zwischen Rußland und Preußen zu Kalisch
	2. 5. Siege Napoleons bei Großgörschen und Lützen
	Juli/Aug. Waffenstillstand. Verhandlungen unter Vermittlung Österreichs
	12. 8. Österreich tritt dem Bündnis Rußlands, Preußens, Englands und Schwedens bei
	Vertrag zu Ried. Abfall der Rheinbundstaaten (mit Ausnahme Sachsens) von Frankreich
	16.–19. 10. Völkerschlacht zu Leipzig
1814	31. 3. Einzug der Alliierten in Paris. Sturz Napoleons, Rückkehr der Bourbonen nach Frankreich
	30. 5. Erster Friede von Paris
1814/1815	Wiener Kongreß

1815 1. 3. Rückkehr Napoleons von Elba nach Frankreich

März–Juni Herrschaft der hundert Tage

8. 6. Vereinbarung der deutschen Bundesakte auf dem Wiener Kongreß

18. 6. Niederlage Napoleons bei Waterloo. Sieg Blüchers und Wellingtons

26. 9. Stiftung der Heiligen Allianz

20. 11. Zweiter Friede von Paris

Abkürzungsverzeichnis der Zeitschriften

AfS	=	Archiv für Sozialgeschichte
AHRF	=	Annales historiques de la Révolution Française
Annales (E.S.C.)	=	Annales (Economies. Sociétés. Civilisations)
AKG	=	Archiv für Kulturgeschichte
BLDG	=	Blätter für deutsche Landesgeschichte
EHR	=	Economic History Review
GG	=	Geschichte und Gesellschaft
GWU	=	Geschichte in Wissenschaft und Unterricht
HZ	=	Historische Zeitschrift
JEH	=	Journal of Economic History
NPL	=	Neue politische Literatur
RH	=	Revue Historique
RHES	=	Revue d'histoire économique et sociale
RHMC	=	Revue d'histoire moderne et contemporaine
RhVjbll	=	Rheinische Vierteljahrsblätter
SOWI	=	Sozialwissenschaftliche Informationen
VSWG	=	Vierteljahrschrift für Sozial- und Wirtschaftsgeschichte
ZBLG	=	Zeitschrift für Bayerische Landesgeschichte
ZfG	=	Zeitschrift für Geschichtswissenschaft
ZfGO	=	Zeitschrift für die Geschichte des Oberrheins
ZHF	=	Zeitschrift für historische Forschung

Personenregister

Sachregister

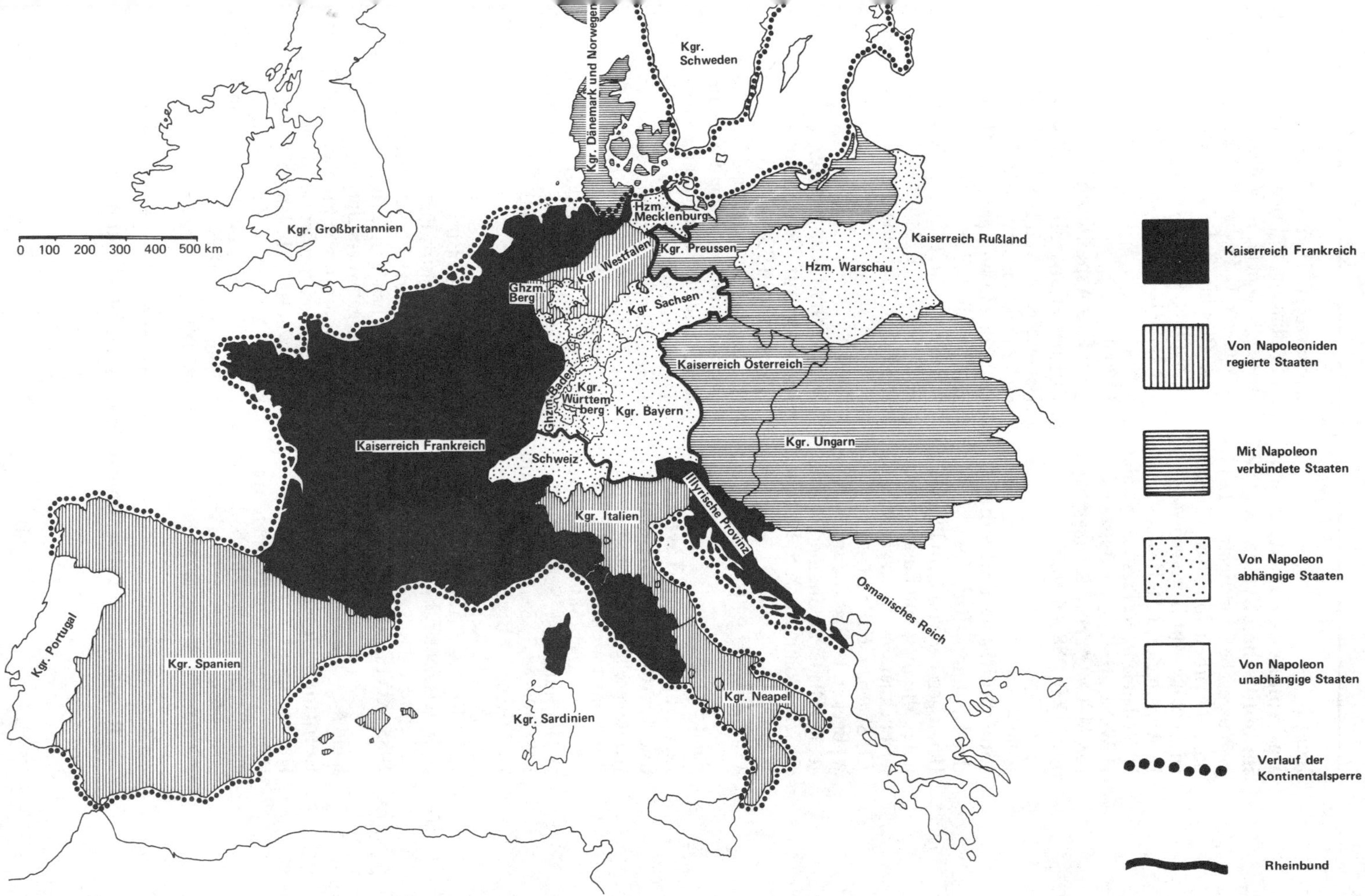

Europa zur Zeit der größten Machtentfaltung Napoleons 1812

Schriften des Historischen Kollegs

Band 1
Das römisch-deutsche Reich im politischen System Karl V.
Herausgegeben von Heinrich Lutz unter Mitarbeit von Elisabeth Müller-Luckner. Mit Beiträgen von H. Angermeier, J.M. Headley, H. Kellenbenz, V. Press, A. Kohler, H. Weber, H. Rabe, A. Luttenberger, M. Csáky, H.G. Koenigsberger.
1982. XII, 288 Seiten.

Band 2
Innenpolitische Probleme des Bismarck-Reiches
Herausgegeben von Otto Pflanze unter Mitarbeit von Elisabeth Müller-Luckner. Mit Beiträgen von J.J. Sheehan, E. Engelberg, W. Becker, D. Blackbourn, W. Conze, K.J. Bade, M. Stürmer, O. Pflanze, W.J. Mommsen, K.E, Pollmann, W.P. Fuchs, W. Pöls.
1983. XII, 304 Seiten.

Band 3
Gastfreundschaft, Taverne und Gasthaus im Mittelalter
Herausgegeben von Hans Conrad Peyer unter Mitarbeit von Elisabeth Müller-Luckner. Mit Beiträgen von O. Hiltbrunner, T. Schuler, L. Schmugge, T. Szabo, W.H. Kerntke, I. Rabecka-Brykczýnska, N. Coulet, H. Kellenbenz, J.A. Chartres, J.A. von Houtte, H. Hundsbichler, F. Glauser, K. Schulz.
1983. XIV, 275 Seiten.

Band 4
Reformen im rheinbündischen Deutschland
Herausgegeben von Eberhard Weis unter Mitarbeit von Elisabeth Müller-Luckner. Mit Beiträgen von J. Tulard, A. Kube, M. Müller, D. Stutzer, C. Dipper, R. Dufraisse, H.-P. Ullmann, P. Fried, W. von Hippel, K. Möckl, W. Volkert, B. Wunder, C. Probst, W. Deml, W.K. Blessing, E. Fehrenbach, H. Berding, R. Vierhaus.
1984. XVI, 310 Seiten.

Band 5
Säkulare Aspekte der Reformationszeit
Herausgegeben von Heinz Angermeier unter Mitarbeit von Reinhard Seyboth. Mit Beiträgen von H. Angermeier, W. Sellert, B. Diestelkamp, W. Heinemeyer, P. Stadler, W. Schulze, P. Schmid, E. Meuthen.
1983. XII, 278 Seiten.

Band 6
Die Nachwirkungen der Inflation auf die deutsche Geschichte 1924 - 1933
Herausgegeben von Gerald D. Feldman unter Mitarbeit von Elisabeth Müller-Luckner. Mit Beiträgen von T. Childers, L.E. Jones, P.C. Witt, J. Reulecke, H. Homburg, T. Balderston, C.-L. Holtfrerich, H. James, G. Schulz, K. Borchardt, P. Krüger, C.A. Wurm, S.A. Schuker, G.D. Feldman.
1985. XII, 407 Seiten.

Band 7
Arbeiter und Bürger im 19. Jahrhundert
Varianten ihres Verhältnisses im europäischen Vergleich
Herausgegeben von Jürgen Kocka unter Mitarbeit von Elisabeth Müller-Luckner. Mit Beiträgen von H.-U. Wehler, V.L. Lidtke, R. Vierhaus, J. Mooser, A. Zarnowska, H. Reif, P. Fridenson, H.-G. Haupt, J. Reulecke, J. Breuilly, J. Kocka.
1986. XVI, 342 Seiten.

R. Oldenbourg Verlag, Rosenheimer Straße 145, 8000 München 80